Teubner-Reihe Wirtschaftsinformatik

H.-G. Kemper

Architektur und Gestaltung von Management-Unterstützungs-Systemen

Lohmar, 1. November 99

Lieber Willi

mit Freude überreiche
ich Dir mein Machwerk

Georg

Teubner-Reihe Wirtschaftsinformatik

Herausgegeben von

Prof. Dr. Dieter Ehrenberg, Leipzig
Prof. Dr. Dietrich Seibt, Köln
Prof. Dr. Wolffried Stucky, Karlsruhe

Die „Teubner-Reihe Wirtschaftsinformatik“ widmet sich den Kernbereichen und den aktuellen Gebieten der Wirtschaftsinformatik.

In der Reihe werden einerseits Lehrbücher für Studierende der Wirtschaftsinformatik und der Betriebswirtschaftslehre mit dem Schwerpunktfach Wirtschaftsinformatik in Grund- und Hauptstudium veröffentlicht. Andererseits werden Forschungs- und Konferenzberichte, herausragende Dissertationen und Habilitationen sowie Erfahrungsberichte und Handlungsempfehlungen für die Unternehmens- und Verwaltungspraxis publiziert.

Architektur und Gestaltung von Management-Unterstützungs-Systemen

Von isolierten Einzelsystemen zum integrierten Gesamtansatz

Von PD Dr. Hans-Georg Kemper
Universität zu Köln

B. G. Teubner Stuttgart · Leipzig 1999

PD Dr. Hans-Georg Kemper

Geboren 1957 in Essen. Studium der Wirtschaftswissenschaften an der Universität-GH Essen. Nach einjähriger IT-Beratungstätigkeit wissenschaftlicher Mitarbeiter im Fachgebiet Betriebsinformatik der Universität-GH Essen. Promotion im Jahre 1989, Habilitation im Jahre 1999. Seit 1990 Akademischer Rat am Lehrstuhl für Wirtschaftsinformatik, insbesondere Informationsmanagement, der Universität zu Köln. Durchführung mehrerer empirischer und praxisorientierter Forschungen und Projekte zu technischen und organisatorischen Gestaltungsbereichen der Managementunterstützung.

Die Deutsche Bibliothek – CIP-Einheitsaufnahme

Ein Titelsatz für diese Publikation ist bei
Der Deutschen Bibliothek erhältlich

Printed in Germany
Druck und Binden: Präzis-Druck GmbH, Karlsruhe

Vorwort

Mit Beginn der kommerziellen Nutzung von Computern in der Mitte der 60er Jahre begannen auch die ersten Versuche, Führungskräfte von Unternehmungen mit Hilfe von Informationssystemen zu unterstützen. Vor dem Hintergrund enthusiastischer Technikgläubigkeit und eines zur damaligen Zeit stark verbreiteten mechanistischen Organisationsverständnisses wurden anfangs hehre Konzepte entwickelt, deren Umsetzungen in der Praxis jedoch alle scheiterten. Erst mit den Jahren gelang es, brauchbare Systeme zu entwickeln und erfolgreich zu implementieren. Diese Systeme wurden aufgrund ihrer Einsatzcharakteristika und ihrer Benutzergruppen abgegrenzt und prägten unter den verschiedensten Bezeichnungen – wie Management Information Systems, Decision Support Systems oder Executive Information Systems – bis weit in die 90er Jahre den Bereich der technologiebasierten Managementunterstützung.

Extreme Leistungssteigerungen bei gleichzeitiger zunehmender Standardorientierung im gesamten Bereich Informations- und Kommunikationstechnologie ermöglichen heute neue Ansätze der Managementunterstützung. So stellen die Integration des dispositiven Datenmaterials einer Unternehmung in Data Warehouses und die Versorgung des Managements mit leistungsstarken Kommunikations- und Kooperationssystemen aus technischer Sicht keine unüberwindbaren Probleme mehr dar. Zur Potentialumsetzung der Informationstechnologie bedarf es jedoch innovativer Architektur- und Gestaltungskonzepte. Diesen Themen ist das vorliegende Buch gewidmet. Es beschäftigt sich detailliert mit dem Aufbau, der Entwicklung und dem Einsatz Integrierter Management-Unterstützungs-Systeme, die sowohl den Informations- als auch den Kommunikations-/Kooperationsaspekten der Arbeit von Führungskräften Rechnung tragen.

Es sei an dieser Stelle allen Interviewpartnern gedankt, die durch ihre aktive Mitarbeit die zeitraumüberspannende empirische Untersuchung der Arbeit ermöglicht haben. Ihre große Kooperationsbereitschaft, ihre hohe fachliche Kompetenz und die offene Art, über Problembereiche bei der Entwicklung und dem Einsatz ihrer managementunterstützenden Systeme zu berichten, lieferten wertvolle Anregungen für den Aufbau einer Architektur und eines Gestaltungsmodells Integrierter Management-Unterstützungs-Systeme.

Herrn Prof. Dr. Werner Mellis danke ich recht herzlich für die konstruktiven Diskussionen und die nützlichen Empfehlungen zur Strukturierung der Arbeit. Besonderer Dank gebührt Herrn Prof. Dr. Dietrich Seibt, an dessen Lehrstuhl diese Forschungsarbeit entstand. Sein hohes Engagement und seine stete Diskussionsbereitschaft waren eine unschätzbare Hilfe bei der Erstellung des Werkes; seine Anregungen haben die Schrift maßgeblich geprägt.

Köln, im Juni 1999 Hans-Georg Kemper

Inhalt

1 Zielsetzung und Aufbau

1.1 Management-Unterstützungs-Systeme

Unternehmungen lassen sich als geschlossene, arbeitsteilige Produktionssysteme definieren, die aus Führungs- und Ausführungssystemen bestehen.[1] Die Ausführungssysteme dienen der direkten Wertschöpfung und werden durch operative IT-Anwendungssysteme unterstützt, für die häufig auch die Bezeichnung *Administrations-*, *Dispositions-* und *Abrechnungssysteme* Verwendung findet.[2] Das Führungssystem einer Unternehmung hat hingegen die Aufgabe, das Ausführungssystem zu planen, zu steuern und zu überwachen. Die Träger dieser Aufgaben werden als *Führungskräfte* oder als *Manager* bezeichnet.[3] Die technologiegestützten Informations- und Kommunikationssysteme (IuK-Systeme), die diesen Personenkreis bei der Ausführung ihrer Aufgabenerfüllungsprozesse unterstützen, sind *Erkenntnisobjekt*[4] der vorliegenden Arbeit. Sie werden im weiteren zusammenfassend als **Management-Unterstützungs-Systeme (MUS)** bezeichnet.[5] Diese Begriffswahl basiert auf Strukturierungsüberlegungen, die von *Scott Morton* im Jahre 1983 entwickelt und von ihm unter dem Begriff *Management Support Systems (MSS)* vorgestellt wurden.[6] Das herausragende Merkmal an *Scott Morton´*s Ansatz ist die breite Auseinandersetzung mit dem gesamten Forschungsfeld. So erkannte er bereits vor mehr als 15 Jahren, daß sich Managementunterstützung nicht ausschließlich auf den singulären Computereinsatz beschränken darf, sondern den kompletten Bereich der Informationstechnologie zu umfassen hat. *Scott*

---

1 Vgl. z.B. Frese /Unternehmungsführung 1987/ 15, Horváth /Controllingsystem 1993/ 143.

2 *Administrationssysteme* sind IT-Systeme, mit deren Hilfe Massenvorgänge – wie das Adressenschreiben oder das Drucken von Tabellen – abgewickelt werden. Werden kurzfristige, gut strukturierte Abläufe des Betriebes gesteuert, wie z.B. die Bestellabwicklung, kommen *Dispositionssysteme* zum Einsatz. *Abrechnungssysteme* dienen der wertemäßigen Darstellung der zur Abwicklung des Leistungsprozesses erforderlichen Basisdaten. Vgl. Mertens /Informationsverarbeitung 1 1993/ und Scheer, /Wirtschaftsinformatik 1995/ 4f.

3 Vgl. z.B. Steinmann; Schreyögg /Management 1993/ 6.

4 In der Wissenschaftstheorie bezeichnet das *Erkenntnisobjekt* das Gegenstandsgebiet, auf das sich das Forschungsinteresse bezieht. An ihm sollen mit Hilfe spezifischer Forschungsmethoden Erkenntnisse gewonnen werden, die in ihrem Wahrheitsgehalt gesichert und in systematische Ordnung gebracht werden sollen. Vgl. Wöhe /Betriebswirtschaftslehre 1996/ 23f.

5 MUS stellen somit eine Untermenge der in Unternehmungen eingesetzten Informations- und Kommunikationssysteme dar.

6 Vgl. Scott Morton /Management Support Systems 1983/ 2.

Morton konstatierte: „Rapid changes in technology make it necessary to define the ´systems´ in Management Support Systems to include several forms of information technology that go beyond and are quite different from the computer used in traditional data processing. For example, teleconferencing, electronic data bases, and graphic workstations are all information technologies that are potentially useful for MSS."[1] Neben seiner weitreichenden technologischen Auslegung empfahl *Scott Morton* auch eine breite Definition des zu unterstützenden Anwendungsgebietes bzw. der zu unterstützenden Mitarbeiter. Seine Definition von Management Support Systems umfaßt aus diesem Grunde den gesamten Managementbereich: „Management Support Systems (MSS) is the use of computers and related information technologies to support managers"[2]. In Analogie zu diesen Grundsatzüberlegungen verdeutlicht die Abb. 1-1 das dieser Arbeit zugrundeliegende Begriffsverständnis.[3]

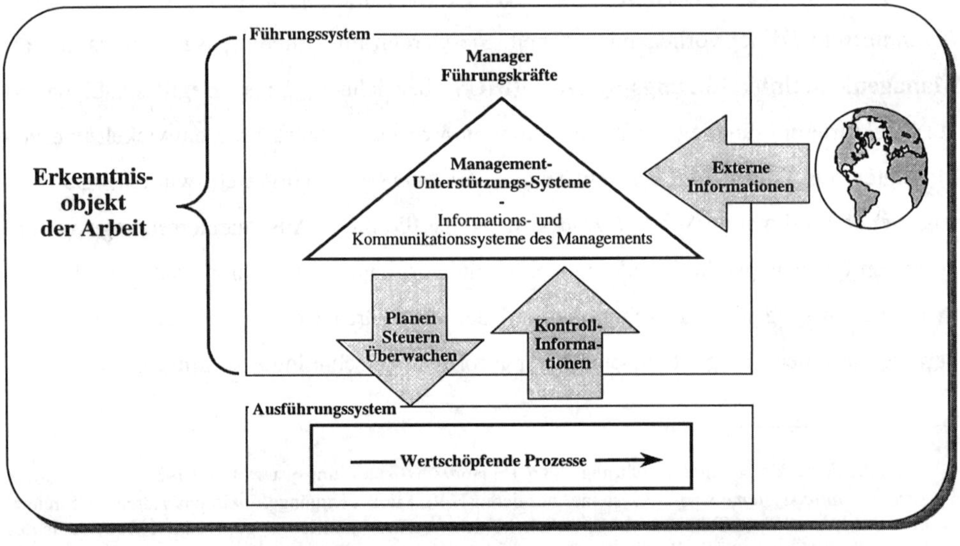

Abb. 1-1: Management-Unterstützungs-Systeme als Erkenntnisobjekt der Arbeit

---

1 Scott Morton /Management Support Systems 1983/ 2. Vgl. i.d.Z. auch Scott Morton /State of the Art 1986/ 325ff.

2 Scott Morton /Management Support Systems 1983/ 5.

3 Eine detaillierte Ableitung der Begrifflichkeiten erfolgt im 2. Teil der Arbeit.

Management-Unterstützungs-Systeme gehören demnach dem informationstechnologiegestützten Teil eines Regelsystems an, das interne Kontrollinformationen und steuerungsrelevante externe Daten als Input benötigt und Entscheidungshilfen bei der Planung, Steuerung und Überwachung als Output liefert.[1]

Zur Eingrenzung des Untersuchungsgegenstands werden in der vorliegenden Arbeit jedoch zwei Einschränkungen bezüglich der Unterstützungsformen der Führungskräfte vorgenommen. Zum einen gehören im weiteren keine technologiegestützten Systeme zum Erkenntnisobjekt der Arbeit, die traditionelle Formen der „Face-to-Face"-Zusammenarbeit in Gruppen unterstützen. Diese Klasse von Systemen, für die in der Wissenschaft der Begriff *Entscheidungsraum* oder *Electronic Meeting Room* Verwendung findet, stellen aufgrund der Einsatzcharakteristika und der erforderlichen Infrastrukturen ein eigenständiges Wissenschaftsgebiet dar, das eigene Forschungsansätze bedingt.[2]

Zum anderen sind keine Systeme Gegenstand der Arbeit, die das Management nur mittelbar unterstützen, also beispielsweise durch spezielle organisatorische Einheiten zum Zwecke der Erzeugung des papierbasierten Berichtswesens benutzt werden. Vielmehr stehen die Systeme im Mittelpunkt der Arbeit, die unmittelbar von den Managern benutzt werden. Die Führungskräfte können somit als *Endbenutzer* der managementunterstützenden Systeme bezeichnet werden, die sich der Systeme „ ... regelmäßig, mehrschichtig, variantenreich und im gewissen Rahmen eigenverantwortlich ..."[3] bedienen.

Zusammenfassend kann somit festgehalten werden, daß die Erkenntnisgewinnung in der vorliegenden Arbeit auf den IuK-gestützten *Manager-Arbeitsplatz* ausgerichtet ist, wobei

---

[1] Aus diesem Grunde wurden die Systeme bis vor kurzer Zeit von einigen Autoren auch zusammenfassend als *Entscheidungsunterstützungssysteme* bezeichnet. Vgl. z.B. Krcmar /Entscheidungsunterstützungssystem 1990/ 407 und Stahlknecht /Wirtschaftsinformatik 1995/ 408. Heute hat sich jedoch durchgesetzt, diesen Begriff enger zu fassen und ihn ausschließlich für modell- und methodenorientierte Systeme zu verwenden, die unmittelbar zur Unterstützung einer konkreten Entscheidung oder einer Klasse von Entscheidungen in semi- oder schlechtstrukturierten Entscheidungssituationen herangezogen werden. Vgl. Stahlknecht; Hasenkamp /Wirtschaftsinformatik 1997/ 427.

[2] Vgl. z.B. Krcmar /Gruppenarbeit 1992/ 425ff., Splettstößer /Computergestützte Gruppenentscheidungen 1992/ 12, Petrovic /Meeting Management 1993/ 73ff., Krcmar /Computer Aided Team 1994/ 151ff. und ausführlich in Lewe /Computer Aided Team 1995/. Auch an dem vom Verfasser geleiteten Forschungsbereich *Management-Unterstützungs-Systeme* des Lehrstuhls für Wirtschaftsinformatik, insbesondere Informationsmanagement der Universität zu Köln wurden erste Ansätze zur Evaluation von Unterstützungswerkzeugen für diesen Anwendungskomplex durchgeführt. Vgl. hierzu Schonnop /Group Support Systems 1997/.

[3] Nastansky /Endbenutzerwerkzeuge 1990/ 370.

eine Einschränkung auf spezifische Managergruppen nicht erfolgt, also sämtliche Führungsebenen vom Top-Management bis zum Lower-Management einbezogen werden.

1.2 Zielsetzung der Arbeit

Bereits in den 80er Jahren begannen intensive Diskussionen über die Veränderungen der Wettbewerbsbedingungen, die vor allem durch eine beginnende Globalisierung von Güter-, Arbeits- und Informationsmärkten initiiert wurden.[1] Aufgrund des hohen Innovationsgrades im Bereich der Computer- und Kommunikationstechnologie, der Öffnung von Märkten, der Lockerungen gesetzlicher Rahmenbedingungen sowie weiterer erheblicher Veränderungen in der ökologischen und ökonomischen Umwelt der Unternehmungen hat diese Diskussion in den letzten Jahren erheblich an Relevanz gewonnen.[2] Zum Ende des Jahrtausends sind die gravierenden Veränderungen im Marktumfeld der Unternehmungen nicht mehr allein auf Großkonzerne beschränkt, sondern betreffen immer mehr auch kleine, mittelständische Unternehmungen. Es hat sich demnach ein grundlegender Wandel in der Diskussion um die Globalisierung ergeben. Waren die Globalisierungsstrategien in den 80er Jahren eher als Option zu verstehen, um neue Märkte zu erschließen und zusätzliches Wachstum zu erwirtschaften, so haben die Auswirkungen der Globalisierung für die Unternehmungen heute existentielle Bedeutung, da sie zu erheblich erweiterter Konkurrenz auf vormals geschlossenen Märkten führen.

Aufgrund dieser Veränderungen wird zunehmend deutlicher, daß neben den traditionellen Erfolgsfaktoren der *Kostenführerschaft* und *Produktdifferenzierung*[3] die *Flexibilität* und *Innovationsfähigkeit* einer Unternehmung die entscheidenden Kriterien sind, die ihren Erfolg oder Nicht-Erfolg ausmachen.[4] Neben der Marktvergrößerung wird dieser Sachverhalt vor allem durch drei Entwicklungstendenzen bewirkt:[5]

- Verkürzung der Produktlebenszyklen für die Mehrzahl der Produkte,

---

1 Vgl. Porter /Global Industries 1986/ 19ff. und Frese /Organisation 1995/ 440.

2 Vgl. Macharzina /Unternehmensführung 1995/ 17.

3 Vgl. Porter /Wettbewerbsstrategie 1990/ 26.

4 Vgl. Dorn /Information 1994/ 12, Braun /Organisationsgestaltung 1996/ 11 und Picot; Reichwald; Wigand /Unternehmung 1996/ 10.

5 Vgl. Kattler /Wettbewerbsvorteil 1994/ 25.

- Zunahme von Produktmodifikationen,
- Ausfall von Wiederholungskäufen aufgrund kurzer Produktlebenszyklen.

Abb. 1-2: Herleitung der Zielsetzung

Wie die Abb. 1-2 verdeutlicht, reagieren die Unternehmungen auf diese veränderten Rahmenbedingungen mit neuen Konzepten der Organisationsgestaltung. So werden beispielsweise in der aktuellen Literatur unter den Bezeichnungen *Business Process Reengineering, Lean Management/Production*, *Fraktale Unternehmung* oder *Virtuelle Unternehmung* innovative Ansätze vorgestellt, mit deren Hilfe tradierte, funktionsorientierte Organisationsformen abgelöst bzw. belebt werden sollen. Der Unterschied in den jeweiligen Ansätzen liegt hierbei primär in der Gewichtung verschiedener Gestaltungsdimensionen, die sich jedoch in der Regel zusammenfassend auf die folgenden Kriterien beziehen:[1]

- Reduktion von Hierarchie,
- Vitalisierung existierender Organisationsstrukturen durch Prozeßorientierung,
- Selbststeuernde, teamorientierte Zusammenarbeit,
- Selbstbestimmung und Kompetenzdelegation,

---

[1] Eine detaillierte Beschreibung der neuen Organisationskonzepte findet sich u.a. in: Mintzberg /Struktur 1992/, Eversheim /Unternehmensorganisation 1995/, Götzer /Innovative Organisationsstrukturen 1995/ 22ff., Betzl /Unternehmenskonzepte 1996/ 38ff. und Bullinger; Warnecke (Hrsg.) /Neue Organisationsformen 1996/.

- Konzentration auf Kernkompetenzen,
- Stärkung der Kundenorientierung.

Wenngleich auch die Ansätze verschiedene organisatorische Aspekte akzentuieren, so lassen sich doch bei allen Konzepten Hinwendungen zu der prozessualen Sicht auf die Unternehmung feststellen.[1] Gemeinsam ist daher auch die Kritik der Protagonisten, daß sich die herkömmlichen Methoden zur Erhöhung der Wettbewerbsfähigkeit ausschließlich auf die Optimierung von Einzelfunktionen beschränken. „Der traditionelle Weg des Unternehmens-Management ist häufig die Unterteilung in eine Anzahl separierter Funktionen, möglichst überschaubar und individuell steuerbar.“[2] Hierbei kann es zu Schnittstellenproblemen und Suboptima kommen, die eine Analyse eines durchgängigen wirksamen Gesamtablaufes verhindern und zu Unternehmungskrisen führen.[3]
Da in den innovativen Gestaltungskonzepten der Organisation die Informations- und Kommunikationsaspekte eine dominierende Rolle einnehmen bzw. die Umsetzung dieser Ansätze erst ermöglichen[4], entwickelten sich parallel zu den neuen Organisationskonzepten

[1] Die neueren Diskussionen wurden maßgeblich durch die Veröffentlichungen von Hammer und Champy aus den Jahren 1993 und 1994 beeinflußt. Vgl. Hammer; Champy /Reengineering 1993/ und Hammer; Champy /Business Reengineering 1994/.

[2] Mertins; Jochem /Unternehmensmodellierung 1995/ 100.

[3] Nach *Gaitanides u.a.* stellt die Gemeinkostenwertanalyse ein typisches Beispiel für herkömmliche Rationalisierungsansätze dar. Hier werden mittels systematischer Analyse des verwaltungsorientierten Aufwands und anschließender sukzessiver Kürzung des nicht zwingend für die Aufgabenerfüllung erforderlichen Teils dieser Positionen Produktivitätssteigerungen angestrebt. Dreh- und Angelpunkt dieser und ähnlich ausgerichteter Bestrebungen ist es, das Ressourcen-Leistungs-Verhältnis zu verbessern, wobei die existierenden Strukturen und Arbeitsabläufe im Grunde nicht verändert werden. Vielmehr ist das Ziel traditioneller Rationalisierungsmaßnahmen in der Optimierung der funktional ausgerichteten Organisationseinheiten zu sehen, wobei implizit von der Annahme ausgegangen wird, daß die „funktionale Exzellenz“ einzelner Einheiten zu einem optimalen Organisationsergebnis führt. Vgl. Gaitanides; Scholz; Vrohlings /Prozeßmanagement 1994/ 11f.

[4] Zur Verdeutlichung der Relevanz wird die IuK auch häufig als *Enabler* innovativer Konzepte bezeichnet. Dieser angelsächsische Begriff hat sich auch im deutschsprachigen Raum durchgesetzt. Er wird wie folgt abgegrenzt:„.. an enabler ... is defined as something which can positively facilitate the effective use of reengineering constructs.“ Whitman /Identification 1994/ 6. Prägnant formulieren beispielsweise auch *Hammer; Stanton* „ ... technology should not be adapted to processes, but processes must be totally reconfigured to exploit the full potential of technology.“ Hammer; Stanton /Reengineering Revolution 1995/ 172.

ebenfalls neue Ansätze für eine angemessene IuK-Unterstützung.[1] Auch in dem hier fokussierten Bereich der Managementunterstützung sind erhebliche Veränderungen konstatierbar. So etablieren sich in jüngerer Zeit vor allem sog. *Data Warehouse-Ansätze* und *Workgroup Computing-Lösungen*[2], die sich in ihrer Konzeption grundlegend von traditionellen Management-Unterstützungs-Systemen unterscheiden. Diese neuen Ansätze sind Gegenstand der vorliegenden Schrift. Wie aus dem Titel der Arbeit erkennbar, wird hierbei zur Operationalisierbarkeit des Forschungsgegenstandes zwischen der *Architektur* und der *Gestaltung* managementunterstützender Systeme differenziert. Die Begriffe sollen im weiteren erläutert werden:

- *Architektur*

Unter dem Begriff *Architektur* – im allgemeinen Sprachgebrauch ein Pendant für den Begriff „Baukunst" – wird im Zusammenhang mit Informationssystemen eine Beschreibung der einzelnen Systembausteine hinsichtlich ihrer Art, funktionalen Eigenschaften und ihres Zusammenwirkens verstanden.[3]

- *Gestaltung*

Die *Gestaltung* beinhaltet sämtliche gestalterischen Aktivitäten innerhalb der Systemlebensdauer eines MUS und setzt sich somit aus dem Abschnitt „(Erst-)Entwicklung" und den einsatzbegleitenden Abschnitten des „Re-Engineering" zusammen.[4]

Die Zielsetzung der Arbeit ist es, eine *Architektur* und ein *Gestaltungsmodell* managementunterstützender Systeme zu entwickeln. Die *Architektur* zeichnet sich insbesondere dadurch aus, daß sie die bislang meist unverbunden nebeneinander existierenden informations- und kommunikationsorientierten Subsysteme der Managementunterstützung zusam-

---

1 Vgl. Picot; Reichwald /Unternehmung 1994/ 547ff.

2 Auf die innovativen Ansätze der Managementunterstützung wird im Rahmen der Arbeit explizit eingegangen. Eine Abgrenzung und detaillierte Beschreibung der Systeme erfolgt aus diesem Grunde hier nicht.

3 Der Begriff *Architektur* wird in der Wirtschaftsinformatik in verschiedenen Dimensionen verwendet und meint gemeinhin einen „Bauplan" eines physisch oder logisch existierenden Systems. *Strunz* versteht unter Architektur eine Beschreibung „ ... aller im Rahmen eines Gestaltungs- und Bewertungsprozesses erfaßten Merkmale eines betrieblichen oder überbetrieblichen Anwendungssystems, die dieses System von anderen Anwendungssystemen unterscheidet und zuverlässige Rückschlüsse auf seine im Rahmen dieses Prozesses als essentiell eingestuften Eigenschaften zuläßt." Strunz /Anwendungsarchitektur 1990/ 43. Vgl. in diesem Zusammenhang auch: Strunz /Informations- und Kommunikationssysteme 1990/ 439ff., Krcmar /Informationssystem-Architekturen 1990/ 396 und Scheer /Geschäftsprozeß 1998/ 1.

4 Vgl. Seibt /Lebensdauer 1996/ und Seibt /Management von Systemlebenszyklen 1998/ 1ff.

menführt, so daß eine Architektur „Integrierter Management-Unterstützungs-Systeme" entsteht.

Das *Gestaltungsmodell* beschäftigt sich mit den Aktivitätenbündeln, die erforderlich sind, um Integrierte Management-Unterstützungs-Systeme modular zu entwickeln, die Subsysteme aufeinander abzustimmen und die Teilsysteme während ihrer Einsatzdauer laufend den sich wandelnden Benutzeranforderungen anzupassen.

1.3 Einordnung in das Wissenschaftsgebiet

Geradezu leidenschaftlich diskutierten Anfang der 80er Jahre die wirtschaftswissenschaftlich orientierten Fachvertreter über Einordnung, Stellenwert und Abgrenzung der Wirtschaftsinformatik[1]. Dieser Findungsprozeß, der auch heute noch nicht als gänzlich abgeschlossen angesehen werden kann, ist vergleichbar mit den Kontroversen, die die „Mutterdisziplin" Betriebswirtschaftslehre in den 50er und 60er Jahren selbst erfahren hat und in dem sich auch die Informatik zum Teil noch befindet. Wie man weiß, haben die wissenschaftlichen Diskussionen gerade in der Betriebswirtschaftslehre erheblich zu einem gefestigten Verständnis dieses Zweiges der Wirtschaftswissenschaft geführt, so daß das betriebswirtschaftliche Studium an deutschsprachigen Hochschulen heute allgemein als harmonisiert angesehen werden darf. Wenngleich auch die Wirtschaftsinformatik als junge Wissenschaftsdisziplin bislang über kein ähnlich gefestigtes Selbstverständnis verfügt, besteht heute jedoch weitestgehend Übereinstimmung über die folgenden Punkte:[2]

- Die Wirtschaftsinformatik ist eine eigenständige Disziplin und keinesfalls ausschließlich als Untermenge der Disziplinen Informatik und Betriebswirtschaft einzuordnen.
- Die Wirtschaftsinformatik hat sich im direkten Umfeld der Wirtschaftswissenschaften entwickelt und wird aus diesem Grunde auch dieser Wissenschaft zugeordnet.[3]

---

[1] Ausgelöst wurde diese Fachdiskussion vor allem durch den ZfB-Beitrag von *Wedekind*: „Was heißt und zu welchem Ende studiert man Betriebsinformatik" Wedekind /Betriebsinformatik 1980/ 1268ff. Eine kurze Zusammenfassung dieser Diskussion findet sich bei: Scheer /Wirtschaftsinformatik 1993/ 390.

[2] Vgl. Seibt /Wirtschaftsinformatik 1990/ 7ff.

[3] Der Studiengang Wirtschaftsinformatik ist an nahezu sämtlichen Hochschulen den wirtschafts- und sozialwissenschaftlichen Fakultäten bzw. Fachbereichen zugeordnet. Vgl. Kemper; Stelzer /Wirtschaftsinformatik 1990/ 50.

- Mit der Betriebswirtschaftslehre hat die Wirtschaftsinformatik das *Erfahrungsobjekt*, nämlich den Betrieb als geplante und organisierte Wirtschaftseinheit, gemein. Das wissenschaftliche *Erkenntnisobjekt* der Wirtschaftsinformatik unterscheidet sich jedoch erheblich von entsprechenden Pendants der Betriebswirtschaftslehre. Es definiert sich als die Gesamtheit der Informations- und Kommunikationssysteme als Mensch-Maschine-Systeme im jeweiligen organisatorischen Kontext.[1]
- Kerngebiete der Informatik sind rechnergestützte informationsverarbeitende Systeme, wobei hier primär Hardware- und Softwareaspekte in den Mittelpunkt des Forschungsinteresses gestellt werden. Erkenntnisobjekt der Informatik ist somit – in Abgrenzung zur Wirtschaftsinformatik – vor allem die informationstechnische Dimension des Computereinsatzes, wobei anwendungsspezifische Problemkomplexe aufgrund der hierfür notwendigen Kenntnisse aus den jeweiligen Anwendungsdisziplinen bewußt ausgeklammert werden.[2]

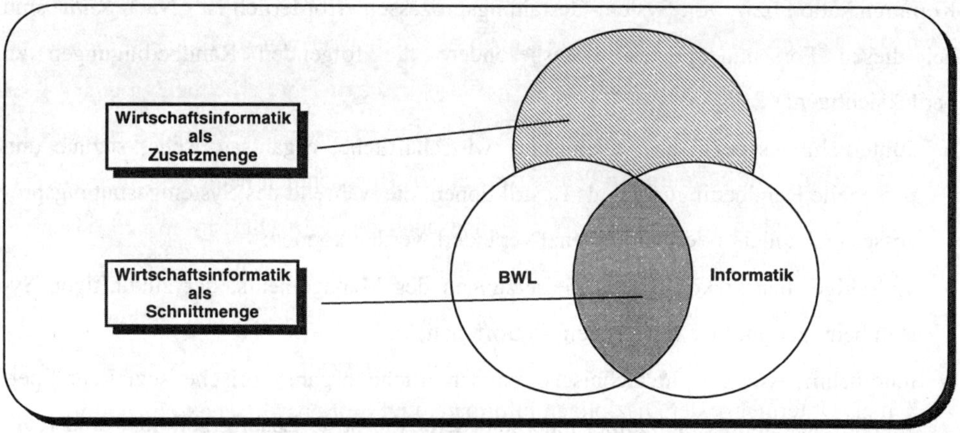

Abb. 1-3: Positionierung der Wirtschaftsinformatik[3]

---

[1] Von den meisten Fachvertretern der Wirtschaftsinformatik werden diese Systeme häufig vereinfachend unter dem weitgefaßten Begriff *Informationssysteme* subsumiert.

[2] Vgl. Kurbel; Strunz /Wirtschaftsinformatik 1990/ 5f.

[3] Angelehnt an: Mertens /Wirtschaftsinformatik 1992/ 3.

Demnach kann – wie die Abb. 1-3 verdeutlicht – die Wirtschaftsinformatik als interdisziplinäre Wissenschaft zwischen der Betriebswirtschaftslehre und der Informatik verstanden werden. Sie setzt sich primär – neben Überschneidungen mit ihren Nachbardisziplinen – mit Fragestellungen auseinander, die bisher weder von der Betriebswirtschaftslehre noch von der Informatik befriedigend angegangen wurden und begründet somit die Entwicklung ihrer eigenen Konzepte, Methoden und Modelle.[1] Die Forschungsfelder, die hierbei im Vordergrund stehen, gehen weit über die Erklärung und Gestaltung rechnergestützter Informations- und Kommunikationssysteme hinaus. Vielmehr kann als Kernaufgabe der Wirtschaftsinformatik die Entwicklung übergeordneter, technologieinvarianter Erklärungs- und Gestaltungsempfehlungen für die globale Informations- und Kommunikationsfunktion von Organisationen identifiziert werden.[2] Dieses bedeutet, daß sich die Wirtschaftsinformatik mit dem Komplex der Informationstechnologie lediglich in dem Maße widmet, wie sie zur Erklärung und Erforschung der logischen Betrachtungsebene von Information und Kommunikation bzw. von System-Gestaltungsprozessen erforderlich ist.[3] Nach *Seibt*[4] sind bei diesen Forschungsprozessen insbesondere die folgenden Randbedingungen zu berücksichtigen:

- „unternehmensspezifische, technische, wirtschaftliche, organisatorische, soziale und personelle Randbedingungen als Restriktionen, die während des Systemgestaltungsprozesses meist nicht oder nur begrenzt verändert werden können;
- vielfältige, häufig konfliktäre Zielsetzungen des Managements, der zukünftigen Systembenutzer und der vom System Betroffenen;
- unternehmensspezifische technische, wirtschaftliche, organisatorische, soziale und personelle Gestaltungsspielräume, innerhalb derer die beste Lösung gefunden und realisiert werden muß."

---

1 Vgl. Kurbel /Wirtschaftsinformatik 1987/ 90ff.

2 Vgl. Lehner; Hildebrand; Maier /Wirtschaftsinformatik 1995/ 1ff.

3 Nach *Scheer* ist daher für die Wirtschaftsinformatik „...nicht die Kenntnis der gesamten Informationstechnik von Bedeutung, sondern nur der Ausschnitt, der zu Änderungen betriebswirtschaftlicher Anwendungskonzepte führt." Scheer /Geschäftsprozeß 1998/ VII. Vgl. in dem Zusammenhang auch: Heinrich /Wirtschaftsinformatik 1986/ 63 ff.

4 Seibt /Wirtschaftsinformatik 1990/ 11.

Die vorliegende Arbeit zum Themenbereich „Architektur und Gestaltung managementunterstützender Systeme" ist – wie die obigen Erläuterungen deutlich machen – dem Wissenschaftsgebiet der Wirtschaftsinformatik zuzuordnen. Die hier betrachteten Systeme bilden eine Untermenge des als Erkenntnisobjekt der Wirtschaftsinformatik definierten, weitgefaßten Begriffs des *Informationssystems*. Um einen wissenschaftlichen Beitrag zur Lösung der Architektur- und Gestaltungsprobleme managementunterstützender Systeme zu leisten, müssen jedoch auch Erkenntnisse anderer Disziplinen integriert werden. So sind in der vorliegenden Arbeit neben Forschungsergebnissen der Wirtschaftsinformatik vor allem Erkenntnisse aus dem Bereich der Management- und Organisationsforschung einzubeziehen. Hierfür werden in der Arbeit vor allem die Erkenntnisse des entscheidungsorientierten Organisationsansatzes herangezogen, der Unternehmungen als marktorientierte, multipersonelle Entscheidungssysteme definiert, in denen Informationen erfaßt, Realisationshandlungen vorgenommen und Kontrollen durchgeführt werden.[1] Der entscheidungsorientierte Ansatz fokussiert neben den Koordinations- gezielt die Motivationsaspekte, die eng mit dem individuellen Verhalten der Unternehmungsmitglieder zusammenhängen.[2] Aus diesem Grunde weist er eine stark ausgeprägte Beziehung zu den verhaltenswissenschaftlichen Ansätzen der Managementforschung auf und stellt somit für die vorliegende Arbeit eine im hohen Maße geeignete Basis für die Analyse des Komplexes der Management-Unterstützungs-Systeme dar.

1.4 Aufbau der Arbeit

Zur Erreichung der Zielsetzung wird für die Arbeit die folgende Struktur gewählt. Neben den in Teil 1 dargelegten grundsätzlichen Ausführungen zum Erkenntnisobjekt, zur Zielsetzung, zur Einordnung in das Wissenschaftsgebiet und zum Aufbau der Arbeit stehen die in Abb. 1-4 dargestellten Hauptteile im Vordergrund der Betrachtungen.

---

1 Vgl. Frese /Organisation 1995/ 5.

2 Zum Begriffsverständnis von *Koordination* und *Motivation* vgl. Rühli /Koordination 1992/ 1164ff. und Kleinbeck; Quast /Motivation 1992/ 1420ff.

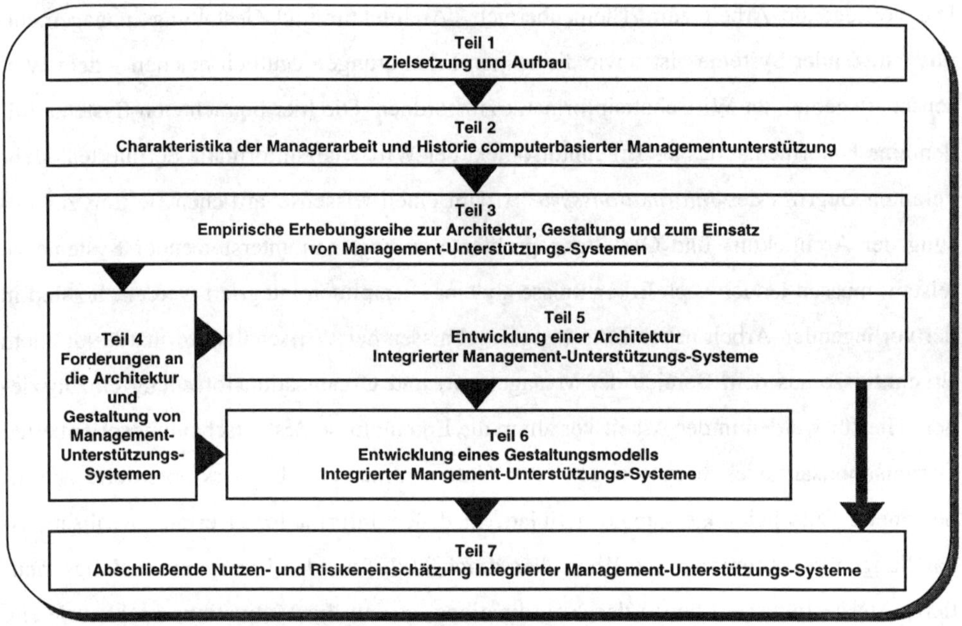

Abb. 1-4: Hauptbereiche der Arbeit

In Teil 2 werden die Charakteristika der Managerarbeit und die Historie computerbasierter Managementunterstützung dargestellt. Diese Ausführungen dienen primär der Konzeptionalisierung und der Begriffsoperationalisierung für die nachgelagerte empirische Studie, liefern jedoch auch bereits relevante Erkenntnisse für die Entwicklung des Forderungskatalogs, der im vierten Teil der Arbeit entwickelt wird. In den ersten Kapiteln erfolgt nach der Abgrenzung des Managementbegriffs eine Diskussion der Forschungsansätze im Managementbereich, wobei die wichtigsten Erkenntnisse analytisch-funktionsorientierter und empirisch-handlungsorientierter Forschungsansätze dargelegt werden. Die folgenden Hauptkapitel beschäftigen sich mit der historischen Betrachtung managementunterstützender Informations- und Kommunikationssysteme. Hier werden vor allem die verschiedenen Ansätze von den frühen 60er Jahren bis zum heutigen Zeitpunkt vor dem Hintergrund sich verändernder unternehmungsinterner und -externer Rahmenbedingungen vorgestellt.

Der Teil 3 ist der empirischen Studie der Arbeit gewidmet, deren Ergebnisse wichtige Erkenntnisse für die Entwicklung der Architektur und des Gestaltungsmodells Integrierter MUS liefern. Die in den Jahren 1994 und 1997 durchgeführten empirischen Untersuchungen konzentrieren sich auf Unternehmungen, die in jüngerer Vergangenheit innovative Projekte im Bereich der Managementunterstützung durchgeführt haben. Zielsetzung der konsequent explorativ ausgerichteten Untersuchungsreihe ist es, Erkenntnisse und Einschätzungen ausgewählter Spezialisten systematisch zu erfassen. Konkret sollten die Befragten Auskünfte über Architektur- und Gestaltungsprobleme sowie deren Lösungsansätze geben. Da die Befragungsreihe als longitudinale Untersuchung konzipiert ist und in den zweiten Interviews bewußt dieselben Ansprechpartner in den Unternehmungen ausgewählt wurden, erlaubt sie ferner, die Entwicklung einzelner Projekte über einen Zeitraum von 3 Jahre kritisch zu verfolgen.

Auf der Basis der Ausführungen des Teils 2, der in den Interviewreihen gewonnenen Erkenntnisse und ausgewählter Forschungsergebnisse der Wirtschaftsinformatik, der Organisationstheorie und der Sozialpsychologie wird in Teil 4 der Arbeit ein Katalog entwickelt, der Forderungen an die Architektur und die Gestaltung von Integrierten Management-Unterstützungs-Systemen beinhaltet.

Im Teil 5 wird auf der Basis der generierten Forderungen eine Architektur Integrierter Management-Unterstützungs-Systeme entwickelt, die sich aus der *Data Warehouse-Komponente*, der *Informations-Komponente,* der *Kommunikations-/Kooperations-Komponente* und der *Front-End-Komponente* zusammensetzt. Die *Data Warehouse- Komponente* stellt hierbei die konsistente Haltung sämtlicher für die Unternehmung relevanter dispositiver Daten sicher. Die *Informations-Komponente* ist die Architekturkomponente, die aus den dispositiven Daten entscheidungsrelevante – also subjekt- und zweckbezogene – Informationen für das Management generiert. Mit Hilfe der *Kommunikations-/Kooperations-Komponente* werden die Führungskräfte in die Lage versetzt, gewonnene Informationen synchron oder asynchron auszutauschen bzw. verschiedene Formen der technikgestützten Zusammenarbeit zu nutzen. Die *Front-End-Komponente* stellt die direkte Schnittstelle zum

Benutzer dar und erlaubt die anwenderinduzierte Auswahl geeigneter Informations-, Kommunikations- und Kooperationsmedien.

Der Teil 6 ist der Gestaltung Integrierter MUS gewidmet. In diesem Teil wird ein Gestaltungsmodell entwickelt, das sich aus einer Makro- und einer Mikroebene zusammensetzt. Hierbei beinhaltet die Makro-Ebene die Schaffung eines konzeptionellen Rahmenkonzeptes, das als grundlegende Basis die Architekturvorgaben der o.a. Subsysteme und die entwicklungsspezifischen Randbedingungen festlegt, im Zeitverlauf überprüft und – falls erforderlich – entsprechend angepaßt wird. Die Aktivitätenbündel dieser Ebene sind eng mit den Bereichen des unternehmungsumfassenden Informationsmanagements verbunden und gliedern sich in die Komplexe *Strategische Potentialplanung des MUS*, *Strategische Planung der dispositiven Datenarchitektur*, *Strategische Planung der MUS-Teilsysteme* und *Strategische Planung des Technikeinsatzes*. Die Mikro-Ebene orientiert sich an den Vorgaben der Makro-Ebene und setzt sich mit den konkreten Entwicklungs- und Re-Engineeringaktivitäten für die einzelnen Bausteine des MUS auseinander. Im Mittelpunkt des *Entwicklungsmodells* der Mikro-Ebene steht der iterative Aufbau des projektbezogenen Datenmodells, die Entwicklung des Designs des Informations- und Kommunikations-/Kooperations-Systems sowie die Phase des Prototypen-Baus. Das *Re-Engineering-Modell* konzentriert sich auf die einsatzbegleitenden Controllingphasen und die Re-Engineering-Zyklen, mit deren Hilfe die MUS-Bausteine an den sich wandelnden unternehmungsinternen und -externen Rahmenbedingungen angepaßt werden.

Im letzten Teil der Arbeit wird eine abschließende Nutzen- und Risikobetrachtung Integrierter Management-Unterstützungs-Systeme durchgeführt. Detailliert wird dargelegt, welche direkt, indirekt und nicht monetär bewertbaren Nutzeffekte Integrierte MUS aufweisen können. Bewußt sollen jedoch auch die Risiken thematisiert werden, mit denen die Organisationen bei der Gestaltung und dem Einsatz Integrierter MUS konfrontiert werden, wobei die Risiken aufgrund der technischen, organisatorischen und sozialpsychologischen Komplexität abgegrenzt werden.

2 Charakteristika der Managerarbeit und Historie computerbasierter Managementunterstützung

Die folgenden Kapitel dienen der Einführung in den Themenbereich. Sie verstehen sich vor allem als Herleitung und Operationalisierung der Schlüsselbegriffe, die für die vorliegende Arbeit relevant sind. In den ersten Kapiteln werden die Managementauffassungen und die unterschiedlichen Forschungsansätze in diesem Gebiet dargestellt. Anschließend erfolgt eine für die vorliegende Arbeit erforderliche Charakterisierung der Arbeit von Managern. In dem folgenden Hauptkapitel 2.2 wird die Historie der computerbasierten Managementunterstützung dargestellt. Hierbei werden die verschiedenen Klassen von Informations- und Kommunikationssystemen zeitlich eingeordnet und ihre Bedeutung für den Bereich der Managementunterstützung vor dem Hintergrund der jeweils gültigen Rahmenbedingungen der einzelnen Epochen diskutiert.

2.1 Management

2.1.1 Begriffliche Abgrenzungen

In der Literatur findet sich für den Begriff *Management* keine allgemein akzeptierte exakte Abgrenzung.[1] Einigkeit besteht in aller Regel jedoch darüber, daß Management sowohl *institutionelle* als auch *funktionale/handlungsorientierte* Dimensionen aufweist.[2] Die Abb. 2-1 verdeutlicht die verschiedenen Auffassungen des Managementbegriffs. Unter der *institutionellen* Begriffsdeutung bezeichnet Management den Personenkreis, der mit der Ausübung von Managementaufgaben beauftragt ist.[3] Dieser Kreis wird üblicherweise – je nach

---

1 Nach Ansicht einiger Autoren kann man sich des Eindrucks nicht erwehren, daß die Anzahl der Definitionsversuche mit der Anzahl der Buchautoren nahezu übereinstimmt. Vgl. Schirmer /Arbeitsverhalten 1992/ 11.

2 Vgl. Staehle /Management 1994/ 69 und Krcmar /Informationsmanagement 1997/ 28.

3 *Frese* definiert in diesem Zusammenhang Management als den „ ... Personenkreis mit Dienstverträgen, der kraft seiner Organstellung zur Führung der Unternehmung berufen ist." Frese /Unternehmungsführung 1987/ 18.

Stellung in der Unternehmungshierarchie – in *Top-*, *Middle-* und *Lower-Management* differenziert.[1]

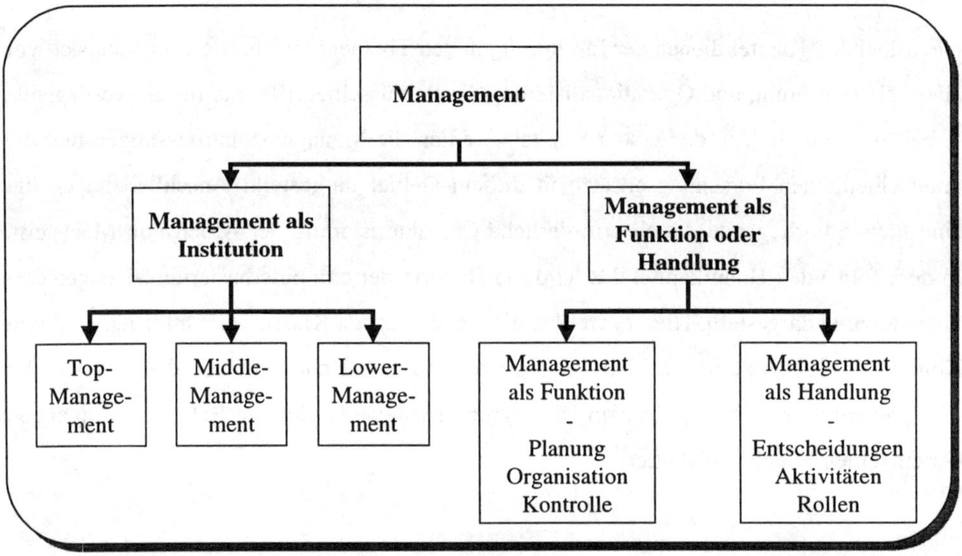

Abb. 2-1: Auffassungen des Managementbegriffs

Das *Lower-Management* ist nach dieser Strukturierung die Mitarbeitergruppe, die sich auf der Nahtstelle zwischen den operativen – also rein ausführenden – und den dispositiven Einheiten befindet, die im weitesten Sinne mit der Planung, Steuerung und Kontrolle von Unternehmungsprozessen beschäftigt sind. Im administrativen Komplex werden meist die Leiter von Arbeitsgruppen (Gruppenleiter) und in technischen Bereichen die Werkmeister zum Lower-Management gerechnet.

Das *Middle-Management* rekrutiert sich aus Mitarbeitern, die unternehmungspolitische Entscheidungen der oberen Managementebene in konkrete Programme und Pläne umzusetzen haben und für die Kontrolle der Erfüllung dieser Vorgaben verantwortlich sind. Nach *Staehle*[2] gehört diese Managementgruppe anderen sozialen Schichten an als das untere

1 Vgl. in diesem Zusammenhang bereits Grochla /Unternehmensorganisation 1976/ 65.
2 Vgl. Staehle /Management 1994/ 87f.

Management. Mitarbeiter des mittleren Managements sind nach dieser Quelle besser ausgebildet, hoch motiviert und stark karriereorientiert.

Das *Top-Management,* im amerikanischen auch als *Senior Executives* oder *General Managers* bezeichnet, umfaßt den Kreis der oberen Führungskräfte. Neben den Geschäftsführern und Vorständen werden auch die leitenden Angestellten dieser Klasse zugeordnet, die in direkter Zusammenarbeit mit der Unternehmungsspitze Führungsentscheidungen treffen und deren Umsetzung initiieren und überwachen.[1] Hierunter werden vor allem die Mitarbeiter verstanden, die direkte Verantwortung für Tochterunternehmungen, Divisionen, Sparten oder Profit Center besitzen und in diesen Positionen *echte Führungsentscheidungen* treffen bzw. maßgeblich an ihnen beteiligt sind.[2]

Die *funktionale/handlungsorientierte* Managementsichtweise umfaßt dagegen sämtliche Aufgaben, die im weitesten Sinne mit der Planung, Steuerung und Kontrolle einer Unternehmung zusammenhängen, also nicht rein ausführender (operativer) Natur sind. Im Vordergrund dieser Sichtweise stehen demnach alle Aktivitäten und Funktionen, die für die erfolgreiche Führung von Unternehmungen als arbeitsteilige, sozio-technische Organisationen erforderlich sind. Mehr noch als bei der Abgrenzung des institutionellen Managementbegriffs herrschen zu diesem Themenkomplex verschiedene wissenschaftliche Auffassungen und Theorien. So werden je nach Forschungszweck oder Theorienfundierung verschiedene Aspekte des Managements in den Mittelpunkt gestellt. Hierbei können neben den ersten systematischen Ansätzen am Anfang des Jahrhunderts vor allem verhaltenswissenschaftliche, mathematische und systemtheoretische Konzepte unterschieden werden.[3] Selbst bei der Begriffsabgrenzung zwischen *Organisation* und *Management* bietet die einschlägige Literatur keine eindeutige Orientierungshilfe. So integrieren *Kieser/Kubicek* Management als Teil der Organisationslehre, indem sie erklären: „Managementlehre und

---

1 Vgl. Oppelt /Management 1995/ 5.

2 *Echte Führungsentscheidungen* sind nach *Gutenberg* „nicht-delegierbare" Entscheidungen, die in ihrer Tragweite die Existenz der Unternehmung betreffen. Ein Katalog echter Führungsentscheidungen findet sich in Gutenberg /Unternehmensführung 1969/ 1674ff.

3 Vgl. Steinmann; Schreyögg /Management 1993/ 39ff. und Staehle /Management 1994/ 71ff.

betriebswirtschaftliche Organisationslehre, die wir hier zusammenfassend als Organisationslehre bezeichnen, wollen Richtlinien für die Gestaltung effizienter Organisationsstrukturen erarbeiten ...".[1] Die gegenteilige Meinung wird beispielsweise durch *Bleicher* vertreten. Bei ihm entwickelt sich die Managementlehre zu einer umfassenden Disziplin, die die traditionelle Betriebswirtschaftslehre in Frage stellt. Deutlich wird seine Auffassung durch die Ausführungen, die er unter der provokanten Überschrift „Von der Betriebswirtschaftslehre zur Managementlehre"[2] zusammenfaßt. Nicht ganz so umfassend formulieren Managementforscher ihr Verständnis von Organisation und Management, indem sie Organisation in Form des „Organisierens" als integralen Bestandteil des funktionalen Managements interpretieren.[3]

2.1.2 Analytisch-funktionsorientierte und empirisch-handlungsorientierte Forschungsansätze

Bei den Forschungsansätzen zum Management lassen sich zwei große Strömungen differenzieren, und zwar die frühen *analytisch-funktionsorientierten* und die *empirisch-handlungsorientierten* Forschungsrichtungen.[4] Die Inhalte und Ausrichtungen der beiden Ansätze werden im weiteren skizziert, wobei vor allem auf Erfolge und Mängel der einzelnen Ausrichtungen eingegangen werden soll.

2.1.2.1 Analytisch-funktionsorientierte Ansätze

Die funktionsorientierten Managementforschungen werden üblicherweise auf *Fayol*[5] zurückgeführt, der bereits 1916 in einer ersten Systematisierung der Arbeit von Führungskräften verschiedene Funktionen differenzierte. So unterschied er *Planung*, *Organisation*, *Führung*, *Koordination* und *Kontrolle*. Es ist das Verdienst von *Fayol*, der selbst als Ma-

1 Kieser; Kubicek /Organisation 1992/ 38.

2 Bleicher /Management 1992/ 9. Eine ausführliche Diskussion zu diesem Themenbereich findet sich auch in Wunderer (Hrsg.) /BWL 1995/.

3 Vgl. Staehle /Management 1994/ 79.

4 Vgl. Staehle /Management 1994/ 78.

5 Vgl. Fayol /Verwaltung 1916 u. 1929/ 8.

nager auf eine erfolgreiche Praxis zurückblicken konnte, daß er einen Funktionskatalog entwickelte und etablierte, der bis in die heutige Zeit in seinen Grundzügen anerkannt ist und häufig für die Gliederung von Managementlehrbüchern herangezogen wird.[1] Auch seine Hinweise darauf, daß die Bedeutung der einzelnen Funktionen in Abhängigkeit von der hierarchischen Einordnung der Manager stark variiere, Manager ein spezielles Kenntnis- und Ausbildungsprofil benötigten und einen großen Teil ihrer Kommunikation mit Hilfe von persönlichen Interaktionen durchführten, blieb bis heute richtungsweisend.[2]
Der ursprüngliche Funktionskatalog wurde im Verlaufe der Zeit von Forschern mehrfach modifiziert. So reduzierten Wissenschaftler die Liste auf die Kernfunktionen *Planung*, *Organisation* und *Kontrolle*.[3] Andere erweiterten die Ansätze in der Form, daß die Funktionen in Abhängigkeit von der Zeit als Abschnitte (Phasen) eines Prozesses betrachtet werden können.[4]

Eine der wenigen empirischen Arbeiten in dem Umfeld des funktionsorientierten Forschungsansatzes lieferten *Mahoney/Jerdee/Caroll*. Sie analysierten die Funktionen von Führungskräften und bildeten acht spezifische Aufgabentypen, deren tatsächliches Vorkommen sie anschließend empirisch überprüften.[5] Auf der Basis ihrer Befragungen entwickelten sie eine Klassifikation ebenenspezifischer Positionsanforderungen und stellten fest, daß die Relevanz der Aufgabentypen *Planer*, *Führer* und *Generalist* sich mit zunehmender Hierarchiehöhe steigerte.

Trotz dieser Erkenntnisse hatten sich die funktionalen Managementforschungen schon früh erheblicher Kritik zu stellen. Es wurde ihnen vorgeworfen, eine ausschließlich analytisch-deduktive und normativ-präskriptive Ausrichtung aufzuweisen. Sie sollten demnach als „Rezeptur" für idealisiertes Managementverhalten heranzuziehen sein und hätten den An-

---

1 Vgl. Steinmann; Schreyögg /Management1993/ 42ff. und Staehle /Management 1994/ 79.

2 Vgl. Oppelt /Management 1995/ 23.

3 Vgl. hierzu die Ausführungen in Müller-Böling; Ramme /Führungskräfte 1990/ 61.

4 Vgl. Terry; Franklin /Management 1982/ 38.

5 Vgl. Mahoney; Jerdee; Caroll /Management 1965/ 97ff. Eine ausführliche Darstellung der Untersuchung findet sich in Oppelt /Management 1995/ 27ff.

spruch eines verbindlichen Leitbildes. *Mintzberg*[1], einer der schärfsten Kritiker der funktionalen Forschungen, hielt den Ansatz für völlig ungeeignet. Er bemängelte vor allen Dingen, daß die Herleitung von Funktionen nicht das reale Verhalten von Managern widerspiegele. Vielmehr hätten die Funktionen lediglich Zielcharakter, wären keineswegs überschneidungsfrei und könnten aufgrund der in der Praxis nicht eindeutig abgrenzbaren Tätigkeiten von Managern keine nützliche Verwendung finden.

Wenngleich diese Kritik berechtigt ist, kann den funktionsorientierten Arbeiten zugute gehalten werden, daß sie sich erstmalig mit der strukturierten Darstellung der Managerarbeit auseinandersetzten und grundsätzliche Erkenntnisse dokumentierten. So fokussieren diese Ansätze die Effektivität als Zielgröße des Managementhandelns, identifizieren erstmalig dominierende Funktionen in verschiedenen Hierarchieebenen und betonen die Notwendigkeit formaler und informaler Kommunikation.[2]

2.1.2.2 Empirisch-handlungsorientierte Ansätze

Anders als bei den funktionsorientierten Ansätzen wird bei den empirisch-handlungsorientierten Konzepten das beobachtbare Verhalten von Managern in den Mittelpunkt des Forschungsinteresses gestellt.[3] Grundsätzlich können hierbei *entscheidungsprozeß-*, *aktions-* und *rollenorientierte* Ansätze unterschieden werden, die jedoch bei näherer Betrachtung durchaus Überschneidungen aufweisen.

Erste fundierte Ergebnisse entscheidungsprozeßorientierter Forschungen lieferten die frühen Arbeiten von *March/Simon*[4], für die die Art der Entscheidungsfindung eine zentrale Rolle bei der Erklärung des Verhaltens von Organisationen spielte. In ihren Untersuchungen unterschieden die Wissenschaftler die Alternativensuche bzw. Alternativenzusammenstellung, die Bestimmung der Ergebnisse der verschiedenen Alternativen sowie die Bewertung der einzelnen Varianten. Erstmalig wurde bei diesem Ansatz herausgearbeitet, daß

---

1 Vgl. Mintzberg /Managerial Work 1973/ 108.
2 Vgl. Müller-Böling; Ramme /Führungskräfte 1990/ 64 und Oppelt /Management 1995/ 33.
3 Vgl. Staehle /Management 1994/ 81.
4 Vgl. March; Simon /Organisation 1976/ 131ff.

Entscheidungsprozesse in Organisationen nicht streng rational ablaufen. Vielmehr unterliegen diese Prozesse bestimmten kognitiven Beschränkungen, die sich durch das unvollständige Wissen über Alternativen, die individuelle Bewertung verschiedener Alternativen und die Unsicherheit in den Alternativenergebnissen manifestieren, so daß sich Manager in aller Regel bereits mit satisfizierenden Lösungen begnügen. Als ausschlaggebend für die Wahl der Lösungen identifizierten die Wissenschaftler vor allem die für das Individuum verfügbaren Stimuli, die dem Entscheider in Form von Informationen zugänglich gemacht werden.

In Folgeforschungen erweiterten *March/Simon*[1] ihr Modell der beschränkten Rationalität durch die Thesen, daß das individuelle Entscheidungsverhalten stark von differenzierenden persönlichen Zielen der Entscheider sowie den Zielsetzungen einzelner Gruppen abhinge, wobei insbesondere die hieraus entstehenden Konflikte die realisierten Lösungen tangiere. Des weiteren beeinflusse die inkrementelle Art menschlicher Entscheidungsfindung, die ständige Überprüfung und die hieraus resultierende Angleichung von Zielvorstellungen den Entscheidungsprozeß erheblich.[2]

Eine zweite empirische Forschungsrichtung befaßte sich konkret mit Ermittlung von Aktivitäten, die als *managertypisch* gelten. Bei diesen Untersuchungsreihen standen vor allem die Eigenschaften der Führungsarbeit im Mittelpunkt, wobei den eigentlichen Inhalten der Managertätigkeit kaum Beachtung geschenkt wurde.[3] Vielmehr wurde mit Hilfe von empirischen Methoden – wie Selbstbeobachtung, Fremdbeobachtung und Interviewtechnik – minutiös erfaßt, womit sich Manager im Arbeitstag auseinander zu setzen haben. Hierbei wurden Aktivitäten beispielsweise in die Bereiche *Kommunikation*, *Verwaltung*, *Analyse* und *Dokumentenerzeugung* unterteilt.

Die Forschungsrichtung der exklusiven Dokumentation von Aktivitätenbündeln sah sich schnell der Kritik ausgesetzt, die Managerarbeit lediglich oberflächlich zu charakterisieren. Kreativität, Entscheidungs- und Führungsverhalten sowie die Prozesse der Konsensbildung

---

1 Vgl. March; Simon /Organisation 1976/ 107.
2 Vgl. Cyert; March /Behavioral Theory 1963/ 29ff.
3 Vgl. Müller-Böling; Ramme /Führungskräfte 1990/ 63.

ließen sich – so die Kritiker – keineswegs durch die lapidare Aufzählung von sichtbaren Manageraktivitäten erfassen.[1]

In Erweiterung dieser empirischen Arbeiten erfuhren aus diesem Grunde die Rollenkonzepte Bedeutung. *Mintzberg*, einer der Begründer dieser Forschungsrichtung, identifizierte aufgrund seiner empirischen Arbeiten Anforderungen an Manager, die sich neben den Aktivitäten aus den Verantwortlichkeiten der Führungskräfte ableiten ließen. So identifizierte *Mintzberg* insgesamt 10 Managerrollen, die er unter die Hauptpunkte *Interpersonelle Rollen, Informationsrollen* und *Entscheidungsorientierte Rollen* subsumierte.[2] Obwohl *Mintzberg*'s Rollenkonzept von etlichen Autoren aufgegriffen und verfeinert wurde[3], blieben auch diese Ansätze nicht ohne Widerspruch. Bemängelt wurde insbesondere, daß die Rollen nicht überschneidungsfrei seien, teilweise Querschnittscharakter aufwiesen oder wichtige Aspekte der Managerarbeit vernachlässigten.[4]

2.1.3 Zur Arbeitssituation von Managern – Eine Positionierung aus Sicht der vorliegenden Schrift

Obwohl die alternativen Ansätze zur Charakterisierung der Managerarbeit jeweils enormer, teilweise abwertender Kritik ausgesetzt waren, kann festgehalten werden, daß sowohl die analytisch-funktionsorientierten als auch die empirisch-handlungsorientierten Forschungen in diesem Gebiet letztendlich zum besseren Verständnis der Managerarbeit geführt haben. So ist es durchaus legitim, die Funktionen und die beobachtbaren Handlungen von Managern als verschiedene Blickwinkel der Analyse der Managerarbeit aufzufassen.[5] Manager

---

1 Vgl. Kevenhörster; Schönbohm /Management 1974/ 27.

2 *Mintzberg* identifizierte die Managerrollen (1) Repräsentant, (2) Führer, (3) Kontaktperson als „Interpersonelle Rollen", (4) Monitor, (5) Verteiler, (6) Sprecher als „Informationsrollen" und (7) Unternehmer, (8) Krisenmanager, (9) Ressourcenzuteiler, (10) Unterhändler als „Entscheidungsorientierte Rollen". Vgl. Mintzberg /Managerial Work 1973/ 54ff. und Mintzberg /Management 1991/ 29ff.

3 Eine Liste von Autoren findet sich in Müller-Böling; Ramme /Führungskräfte 1990/ 65.

4 Vgl. Koontz /Management 1980/ 181 und Steward /Management 1976/ 123.

5 Nach *Müller-Böling/Ramme* ist daher die als „Dschungelkrieg" bezeichnete Auseinandersetzung wenig sinnvoll. Nach Meinung der Autoren fokussieren die unterschiedlichen Ansätze lediglich verschiedene Dimensionen der Managerarbeit und sind daher eher als komplementäre denn als konfliktäre Forschungsansätze zu werten. Vgl. Müller-Böling; Ramme /Führungskräfte 1990/ 60.

sind demnach für die Kernfunktionen „Planung, Organisation und Kontrolle“[1] verantwortlich, wobei für die Erfüllung dieser Funktionen u.a. die folgenden empirisch nachweisbaren Charakteristika gelten:[2]

- „Der Manager ist mehr als nur ein Führer (vgl. die zehn Mintzberg-Rollen)
- Der Manager kommuniziert hauptsächlich mündlich, er lebt von sozialen Kontakten
- Kontakte mit Untergebenen dominieren, es folgen Kontakte zu Kollegen und Vorgesetzten
- Der Arbeitstag des Managers ist äußerst zerstückelt, setzt sich aus vielen kurzen, meist ungeplanten Episoden zusammen
- Der Arbeitsablauf ist folglich durch häufige Unterbrechungen gekennzeichnet, was nur kurzzyklische Arbeitstakte erlaubt.“

Obwohl nicht in allen Untersuchungen explizit dargelegt, gelten die oben angeführten Charakteristika vor allem für den Kreis von Führungskräften der oberen Hierarchieebenen.[3] Auf der Basis der breit angelegten empirischen Ergebnisse von *Müller-Böling/Ramme* können hierbei die folgenden Erkenntnisse festgehalten werden:[4]

- Top-Manager zeigen hohes Engagement für ihre Arbeit und arbeiten durchschnittlich ca. 60 Stunden in der Woche.
- Top-Manager sind überwiegend Generalisten, die keine Ausrichtung auf spezielle Fachaufgaben aufweisen. Schwerpunkte ihrer Arbeit liegen in der Führung der Mitarbeiter, der Steuerung und Kontrolle sowie der Repräsentation der Unternehmung.
- Die Arbeitszeit von Top-Führungskräften verteilt sich im Verhältnis 2:2:1 auf Kommunikationsaktivitäten, Schreibtischarbeiten und außerbetriebliche Aktivitäten.[5]

---

1 Vgl. Kapitel 2.1.2.1 dieses Teils der Arbeit.

2 Staehle /Management1994/ 85. Zu ähnlichen Ergebnissen kommen auch *Steinmann/Schreyögg*. Vgl. Steinmann; Schreyögg /Management 1993/ 13f.

3 Zu der impliziten Ausrichtung der Mehrzahl der empirischen Untersuchungen vgl. Staehle /Management 1994/ 82 und Ganter; Walgenbach /Arbeitsverhalten 1995/ 61ff..

4 Vgl. Müller-Böling; Ramme /Führungskräfte 1990/ 87.

5 Unter Kommunikationsaktivitäten fallen Offizielle Sitzungen, Besprechungen und Telefonate. Schreibtischaktivitäten werden unterteilt in Postbearbeitung, Erstellung von Schriftstücken und Lesen von Vorla-

Zusätzlich weist *Oppelt* darauf hin, daß das Arbeitsverhalten von Top-Managern – mehr als bei anderen Mitarbeitern der Unternehmung – durch sozialpsychologische Faktoren determiniert wird. „Kommunikation und Information ist danach eben nicht nur durch eine objektive, semantische, inhaltsbezogene Komponente gekennzeichnet, sondern regelmäßig auch durch einen subjektiven, sozialen oder auch (macht-)politischen, pragmatischen Beziehungsaspekt".[1] Aufgrund der positionsinhärenten Freiräume oberer Führungskräfte beeinflussen demnach die individuellen Verhaltensdeterminaten, die durch Instinkte, Triebe, Bedürfnisse, Motive, Werte und Einstellungen bestimmt werden[2], nicht unerheblich die Art und Weise, wie Manager ihre Arbeit erledigen. Aus diesem Grunde sind die Arbeitsweisen von Führungskräften oberer Hierarchieebenen – trotz identischer Aufgabenvorgaben – völlig unterschiedlich und somit nicht durch starre Systeme unterstützbar.[3]

Die Abb. 2-2 verdeutlicht zusammenfassend die o.a. Ausführungen und zeigt die unterschiedlichen Ausprägungen der Arbeitscharakteristika auf den verschiedenen Managementebenen.

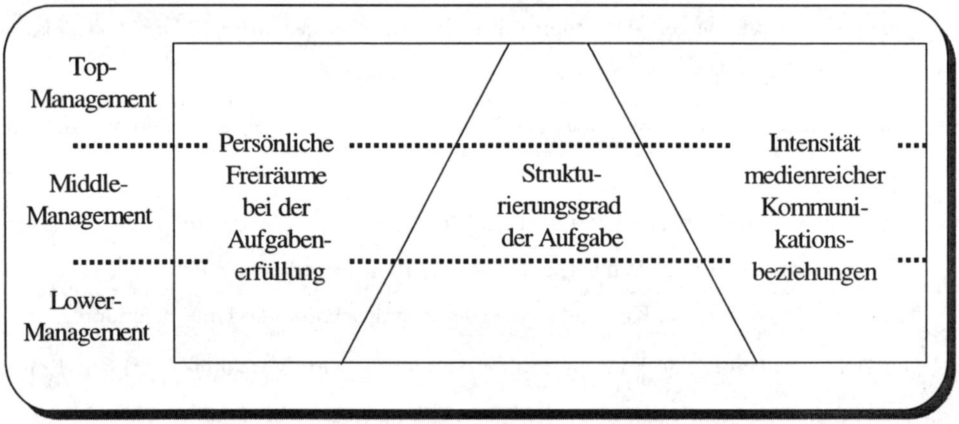

Abb. 2-2: Charakteristika der Managementaufgaben in Abhängigkeit der Hierarchieebene[4]

---

gen. Außerbetriebliche Aktivitäten sind Arbeitsessen, Gremienarbeit, Tagungen, Vorträge und Reise- sowie Fahrzeiten. Vgl. Müller-Böling; Ramme /Führungskräfte 1990/ 78f.

1 Oppelt /Management 1995/ 98.

2 Vgl. Staehle /Management 1994/ 148ff.

3 Vgl. Gemünden /Informationsverhalten 1992/ 1019ff.

4 Ähnliche Strukturierungen finden sich in: Staehle /Management 1994/ 91.

Deutlich wird, daß mit zunehmender Hierarchiehöhe die zu erfüllenden Aufgaben an Strukturiertheit verlieren, während die persönlichen Freiräume bei der Gestaltung der Aufgabenerfüllung und die Intensität der medienreichen Kommunikationsbeziehungen erheblich zunehmen.[1]

2.2 Historie computerbasierter Managementunterstützung

2.2.1 Aktuelle Begriffsvielfalt

Für den Komplex der Managementunterstützung hat sich in der Wirtschaftsinformatik bislang kein gefestigter definitorischer Gesamtrahmen gebildet. Es wäre sicherlich nicht angemessen, diesen Mißstand ausschließlich auf den hohen Innovationsgrad der Informationstechnologie zurückzuführen. Vielmehr muß sich die Wirtschaftsinformatik die Kritik gefallen lassen, im Bereich der Management-Unterstützungs-Systeme stark von Modeerscheinungen der Praxis beeinflußt zu werden.[2] Dieser Trend, der einer wissenschaftlichen Versachlichung entgegensteht, führt zunehmend zu Problemen. Es existiert heute eine kaum mehr überschaubare Begriffsvielfalt für den Komplex der managementunterstützenden Systeme, wobei diese Begriffe teilweise unscharf abgegrenzt, in vielen Fällen synonym verwendet oder sogar mehrfach für Systeme mit gänzlich verschiedenen Charakteristika herangezogen werden. So werden in der Abgrenzung von *Bullinger/Koll/Niemeier*[3] beispielsweise alle Informationssysteme von der operativen bis zur strategischen Managementunterstützung als *Führungsinformationssysteme (FIS)* bezeichnet. Strukturierungen anderer Wirtschaftsinformatiker[4] verstehen unter FIS ausschließlich Informationssysteme zur Unterstützung des Top-Managements, schränken die Benutzergruppe also eher auf den kleinen Kreis von Vorständen und Bereichsleitern ein. Auch der Begriff *Management*

---

1 Medienreiche Kommunikationsbeziehungen erlauben vielfältige Möglichkeiten des Informationsaustausches und schließen gemeinsame Dokumentensichtung sowie verbale und non-verbale Kommunikationsformen mit direktem Feedback ein. Vgl. Goecke /Kommunikation 1997/ 62.

2 Vgl. in diesem Zusammenhang auch Mertens /Moden 1995/ 25ff. Zu den negativen Konsequenzen einer starken Moden-Orientierung vgl. Mellis; Herzwurm; Stelzer /Softwareentwicklung 1998/ 44f.

3 Vgl. Bullinger; Koll; Niemeier /Führungsinformationssysteme 1993/ 33.

4 Vgl. z.B. Jahnke /Entscheidungsunterstützung 1993/ 125.

Information System (MIS) wird in ähnlicher Weise unterschiedlich interpretiert. Nachdem er im deutschsprachigem Bereich aufgrund der schlechten Erfahrungen mit ganzheitlichen MIS-Ansätzen der 60er Jahre lange Zeit kaum noch Verwendung fand, änderte sich diese Situation in den letzten Jahren grundlegend. Allerdings hat die Renaissance des MIS-Begriffs nicht viel zur klaren Strukturierung der managementunterstützenden IT-Systeme beitragen können. Eher hat die neue Begriffsinterpretation zu weiteren Verunsicherungen und zu Uneindeutigkeiten geführt. *Stahlknecht*[1] schlägt in dieser Diskussion beispielsweise vor, MIS als Vorläufer der heutigen FIS den *Entscheidungsunterstützenden Systemen (EUS)* zuzurechnen, wobei er unter EUS global sämtliche Systeme zusammenfaßt, die durch Informationsbereitstellung Führungsentscheidungen unterstützen. Einige Autoren subsumieren sämtliche Systeme zur Unterstützung aller Managementebenen unter dem Begriff *MIS*[2] oder bilden Begriffskombinationen wie *EIS/MIS-Software*[3]. Weiterhin werden MIS von anderen Fachvertretern mit Informationssystemen für das Lower-Management gleichgesetzt, für die wiederum in der Literatur und in der Praxis nicht selten auch der Begriff *Operative Informationssysteme* herangezogen wird.[4]

Die Sichtung der begrifflichen Abgrenzungen könnte an dieser Stelle vertieft werden. So existiert für die Begriffe *Decision Support Systems, Executive Support Systems* oder *Management-Unterstützungs-Systeme* eine ähnliche Definitionsvielfalt. An dieser Stelle soll jedoch auf die Deskription dieser Abgrenzungen verzichtet werden.[5] Vielmehr erscheint die genauere Betrachtung der Historie managementunterstützender IT-Systeme geeigneter, um das Phänomen der Begriffsvielfalt in diesem Wissenschaftsgebiet erklären zu können.

---

1 Vgl. Stahlknecht /Management-Informationssysteme 1990/ 266 und Stahlknecht /Wirtschaftsinformatik 1995/ 408ff.

2 MIS wird vor allem von amerikanischen Autoren häufig für den gesamten Komplex der Managementunterstützung herangezogen. Vgl. beispielsweise Kroenke; Hatch /Management Information Systems 1994/ 6.

3 Vgl. Back-Hock /Management-Informationssysteme 1993/ 112 und Hofmann /EIS 1992/ 8ff.

4 Vgl. Kaiser /Data Warehouse 1995/ und Jahnke /Entscheidungsunterstützung 1993/ 125.

5 Eine detaillierte Übersicht über die wichtigsten Abgrenzungsversuche findet sich in Kleinhans; Rüttler; Zahn /Management-Unterstützungssysteme 1992/.

2.2.2 Informations- und Kommunikationssysteme als MUS-Komponenten im historischen Kontext

Die Entwicklung der computerbasierten Managementunterstützung kann nicht ausschließlich vor dem Hintergrund des technischen Fortschritts im Bereich der Informations- und Kommunikationstechnologie analysiert werden. Andere Rahmenbedingungen, wie das Markt- und Wettbewerbsumfeld, das Informationsverständnis, das Managementwissen und das Mitarbeiterbild, unterlagen im Laufe der letzten beiden Jahrzehnte ebenfalls gravierenden Veränderungen und prägten nachhaltig die Anstrengungen um die Erstellung bedarfsangemessener Systeme zur Managementunterstützung. Die Abb. 2-3 zeigt die Hauptveränderungen der Rahmenbedingungen und positioniert auf dem Zeitstrahl die verschiedenen Subsysteme, die prägenden Einfluß auf die Entwicklung von Management-Unterstützungs-Systemen in diesen Jahren ausübten.

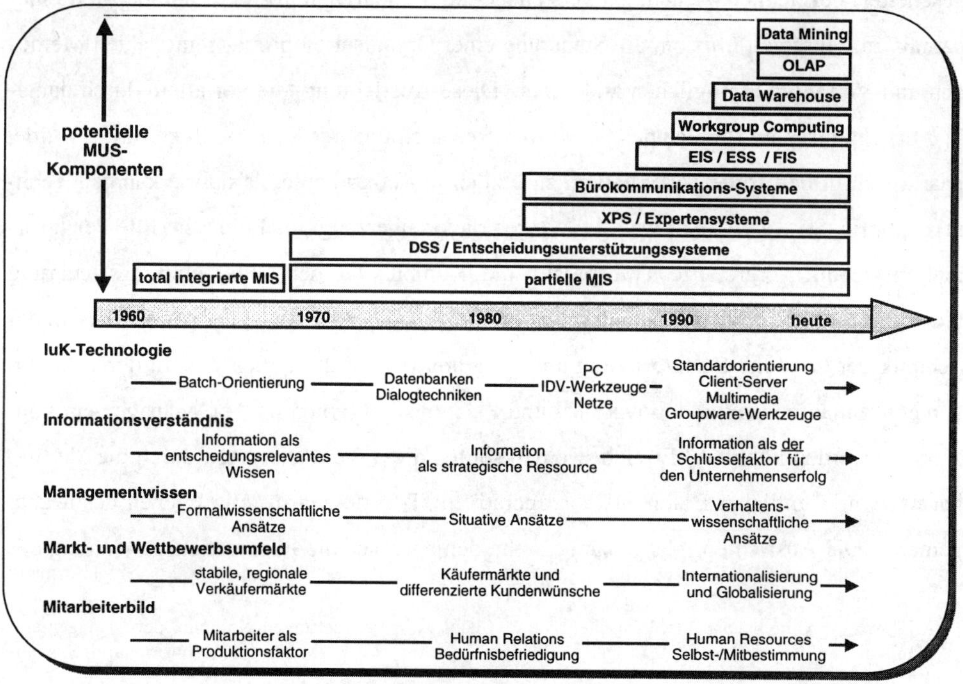

Abb. 2-3: Historie managementunterstützender IuK-Systeme

In den folgenden Kapiteln werden die in der Abbildung angeführten Subsysteme vorgestellt und ihr Potential für den Bereich der Managementunterstützung erläutert.

2.2.2.1 Total integrierte MIS

Bereits in den 60er Jahren entwickelten sich vor dem Hintergrund eher mechanistischer, formalwissenschaftlich orientierter Wissenschaftslehrmeinungen und stabiler regionaler Verkäufermärkte erste Ansätze, das Management mit Hilfe der Informationstechnologie zu unterstützen. Die allgemeine Zielsetzung dieser frühen Konzepte war es, die gesamte Unternehmung informationstechnisch abzubilden und darüber hinaus – neben der reinen Informationsfunktion – die Kontroll- und Steuerungsfunktionen zu automatisieren. Diese allumfassenden Ansätze, die in der Literatur rückblickend auch als *Total System Approach* oder als *Total Integrierte MIS*[1] bezeichnet werden, können aus heutiger Sicht allesamt als gescheitert bezeichnet werden. Zu verstehen sind sie lediglich vor dem Hintergrund einer damals ausgeprägten Illusion, die Steuerung einer Organisation primär mit exakten Methoden und Verfahren ermöglichen zu können. Diese Ausrichtung, die vor allem durch damalige Erkenntnisse im Bereich des Operations Research und der Kybernetik gefördert wurde, paarte sich in den frühen 60er Jahren zusätzlich mit einer heute als naiv erkannten Technikeuphorie. So waren nicht wenige Autoren davon überzeugt, daß die mit Hilfe der Informationstechnik vergrößerte Transparenz die Komplexität der Unternehmungssteuerung reduziere. Konkret gingen beispielsweise *Leavitt/Whisler* davon aus, daß durch Einsatz der Technik der Grad der Strukturierung und Programmierung der Arbeit des mittleren Managements zunähme, so daß Innovations- und Planungsfunktionen im Top Management konzentriert werden könnten.[2] Erreicht werden sollten diese Veränderungen durch die Verfügbarmachung sämtlicher Daten aus den operativen IT-Systemen für alle Ebenen des Managements. Die Ausrichtung der Systeme zielte demnach auf die Informationsgewinnung aus

---

1 Vgl. Neuschel /Management 1960/, Mockler /System Approach 1968/ und Young /Total System 1968/.

2 Vgl. Leavitt; Whisler /Management in the 1980´s 1958/ 41f.

internen, numerischen Daten (sog. „hard facts"), die in ihrer Detaillierung, Exaktheit und Fristigkeit bis zu diesem Zeitpunkt – also ohne IT-Einsatz – nicht erzeugbar waren.[1]

Die Entwicklungsansätze zur Realisierung dieser allmächtigen Systeme waren zu dieser Zeit vornehmlich *bottom-up* ausgerichtet, wobei eine stufenweise Einbindung existierender Teilsysteme, eine simultane, alle Geschäftsbereiche umfassende Planung und eine Unternehmungssimulation auf der Basis komplexer mathematischer Modelle integriert werden sollten.[2]

Wenngleich auch Wissenschaftler sehr früh Kritik an den umfassenden Ansätzen übten[3], wurde bis Ende der 60er Jahre das Versagen dieser Ansätze primär mit den damaligen technischen Rahmenbedingungen begründet. So wurden vor allem Nichtverfügbarkeit der Dialogtechnologie, das Fehlen von Datenbanksystemen und der Mangel an leistungsfähigen Rechenanlagen als Hauptursachen für das Scheitern der Ansätze identifiziert. Als Resultat daraus hielt man lange Zeit an der Vision eines total integrierten MIS fest, projizierte die Zielvorstellung jedoch in die Zukunft und versuchte sich mit ersten, partiellen Ansätzen zu begnügen.[4]

2.2.2.2 Neuorientierung am Anfang der 70er Jahre: Partielle MIS

Mit der Verfügbarkeit der Dialogtechnologie und erster leistungsfähiger Datenbanken Ende der 60er Jahre eröffneten sich neue Optionen für die Managementunterstützung. Mußten bislang die Manager mit computererstellten Papierberichten versorgt werden, die von IT-

---

1 *Chamoni/Zeschau* bezeichnen diesen Ansatz daher auch als „autoritären Systemansatz", mit dem man versuchte, alle Informationsbedürfnisse der Entscheidungsträger abzudecken. Vgl. Chamoni; Zeschau /Management-Support-Systems 1996/ 52.

2 Vgl. Prince /Management Planning 1966/ 243f.

3 Eine der bekanntesten Veröffentlichungen, die detailliert Stellung zu den damaligen MIS-Ansätzen nahm, war der Beitrag von *Ackhoff*, der pointiert MIS als Management *MisInformation System* bezeichnete. *Ackhoff* kritisierte insbesondere, daß das bis dahin feststellbare Informationsdefizit lediglich durch eine nicht beherrschbare Informationsüberflutung ersetzt worden wäre, die dem Management in keinem Falle hilfreich sein könnte. Vgl. Ackhoff /Management Misinformation Systems 1967/ 147ff.

4 *Bullinger/Koll/Niemeier* betonen in diesem Zusammenhang, daß verhaltenswissenschaftliche Erklärungsansätze im Zeitalter enthusiastischer Technikgläubigkeit selten Ausgangspunkt der Analyse von Ursache-Wirkungszusammenhängen waren. Vgl. Bullinger; Koll; Niemeier /Führungsinformationssysteme 1993/ 26.

Spezialisten in batchorientierten Systemen erzeugt wurden, so konnten die Manager nun selbst als aktive Systembenutzer auftreten. Erstmalig war somit eine laufende *Up-to-date-Verfolgung* des operativen Geschäftes möglich. Durch die interaktive Systembenutzung konnten sowohl benutzerspezifische Sichten generiert als auch Planungsalternativen, What-If-Analysen und Ausnahmeberichte situationsspezifisch erstellt werden.[1]

Aufgrund sich wandelnder Rahmenbedingungen im Bereich des Markt- und Wettbewerbsumfeldes, das durch einen Zuwachs von Dynamik und dem kontinuierlichen Wechsel von Verkäufermärkten zu Käufermärkten mit differenzierten Kundenwünschen gekennzeichnet war, erfuhr auch das Verständnis und der Stellenwert der Informationsversorgung einen Bedeutungswandel. Information wurde nicht mehr ausschließlich nur als entscheidungsrelevantes Wissen aufgefaßt, das vor allem aus den internen operativen Datenbeständen zu generieren war, sondern erhielt den Stellenwert einer strategischen Ressource. Eng hiermit verbunden entwickelten sich neue Paradigmen[2] der MIS-Erstellung und erste Ansätze eines gezielten Top-Down-Ansatzes wurden etabliert. So stellte *Zani* bereits Anfang der 70er Jahre ein MIS-Entwicklungsmodell vor, das bewußt von den Erfolgsfaktoren der Unternehmung ausging und das Informationsbedürfnis der Manager in den Mittelpunkt rückte.[3]

In engem Zusammenhang mit diesen Veränderungen erfuhr die Diskussion um die Management Information Systems grundlegend neue Impulse, so daß durchaus von einer fundamentalen Neuorientierung im Bereich der Managementunterstützung gesprochen werden kann.[4]

---

1 Selbst das heute noch aktuelle Thema des „papierarmen“ Berichtswesens wurde bereits Ende der 60er Jahre im Zusammenhang der MIS-Debatten als Vorteil der interaktiven Berichtsgenerierung diskutiert. Vgl. Blumenthal /Management Information Systems 1969 /169f.
Ein Vorschlag für ein MIS-Forschungsprogramm, das sich konsequent an den verschiedenen Phasen des Entscheidungsprozesses orientiert, findet sich in: BIFOA /MIS-Forschungsprogramm 1971/.

2 Ein „Paradigma“ stellt eine allgemein akzeptierte Leitidee einer Lehre dar, die einheitsstiftenden Charakter hat. Ein Paradigmenwechsel ist demnach durch das radikale Verwerfen dieser Leitidee und das Ersetzen durch eine neue Leitidee gekennzeichnet. Vgl. Steinmann; Schreyögg /Management 1993/ 39.

3 Vgl. Zani /MIS 1970/ 95ff.

4 Vgl. Oppelt /Management 1995/ 112.

Neben partizipativ ausgerichteten, den Manager involvierenden Entwick-lungsansätzen, die bereits große Ähnlichkeiten mit aktuellen prototypingorientierten Konzepten aufwiesen, waren vor allem die frühen Arbeiten von *Gorry* und *Scott Morton*[1] richtungsweisend. Waren bis dahin MIS als „allmächtige" Systeme sowohl für die Informationsversorgung als auch für die Steuerung, Kontrolle und Planentwicklung vorgesehen, so differenzierte man zu Beginn der 70er Jahre erstmalig die zu unterstützenden Entscheidungsaufgaben nach ihrem Strukturierungsgrad sowie ihren Einsatzebenen und ordnete sie verschiedenen Systemen der Managementunterstützung zu. Diese Entwicklung, die als Geburtsstunde der *Decision Support Systems (DSS)* bezeichnet werden kann, führte zu ersten größeren Begriffsverwirrungen im Umfeld von MIS. Hierbei können drei Hauptströmungen identifiziert werden.[2]

Eine erste Gruppe, die in diesem Zusammenhang zu nennen wäre, vermied den Begriff MIS. Vor allen in Deutschland wurde MIS durch eine Summe neuer Begrifflichkeiten ersetzt, die jeweils für spezielle Systeme der Managementunterstützung herangezogen wurden. So wurde (und wird auch heute noch) der Begriff MIS nicht selten durch Bezeichnungen für Teilansätze substituiert, die unter den Termini *Management Reporting Systems*, *Decision Support Systems* oder *Executive Information Systems* und deren deutschen Pendants in Wissenschaft und Praxis bekannt wurden.[3]

In den nordamerikanischen Staaten wurde der Begriff hingegen nicht gemieden, sondern erfuhr vielmehr häufig eine weiter gefaßte Auslegung. Die Bezeichnung *Management Information Systems* wurde hierbei als Sammelbegriff für sämtliche Informationssysteme zur Unterstützung des Managements herangezogen und vereinigte somit als Oberbegriff die o.a. Subsysteme.[4]

---

1 Vgl. Gorry; Scott Morton /Management Information Systems 1971/ 55ff.

2 Vgl. Oppelt /Management 1995/ 129.

3 Vgl. z.B. Gärtner /Data Warehouse 1996/ 135ff.

4 Vgl. Kroenke; Hatch /Management Information Systems 1994/ 6.

In einer dritten, auch in dieser Arbeit präferierten Abgrenzung wird der Begriff MIS seit dieser Zeit zur Bezeichnung partieller Systeme zur Managementunterstützung verwendet, die unmittelbar auf die operativen Daten einer Unternehmung zugreifen und zur Überwachung der wertschöpfenden Prozesse hauptsächlich von dem unteren Management herangezogen werden. Partielle MIS sind somit auf konkrete betriebliche Funktionen bzw. Aufgaben ausgerichtet, wie z.B. auf den Marketing- oder Personalbereich. Dem damaligen Stand der Technik entsprechend waren sie ursprünglich zu großen Teilen nicht dialogorientiert, sondern erzeugten als Stapelverarbeitungsprogramme meist starre, periodische Papierberichte. Im Laufe der Jahre wurden die partiellen MIS komfortabler und funktionsreicher. So wurden sie in ihrer Bedienung interaktiv, erhielten zusätzliche Möglichkeiten für die Darstellung von Ausnahmesituationen in Form eines integrierten Exception Reportings und wurden dem spontanen Informationsbedürfnis durch die Einbindung eines dialogorientierten Ad-hoc-Berichtswesens gerecht.[1]

2.2.2.3 DSS / Entscheidungsunterstützungssysteme

Als paralleler Zweig zu den berichtsorientierten partiellen MIS etablierten sich Anfang der 70er Jahre modell- und methodengestützte Systeme für die Managementunterstützung.[2] Diese Systeme, die als *Decision Support System – DSS* (deutsches Synonym: *Entscheidungsunterstützungssysteme – EUS*) bezeichnet werden, können auf die Arbeiten der *Sloan School of Management* des *Massachusetts Institute of Technology* zurückgeführt werden. Hier wurde von *Gorry* und *Scott Morton*[3] ein Katalog entwickelt, der für die Beurteilung der Adäquanz von Informationssystemen herangezogen werden konnte. Auf der Basis eines von *Simon*[4] entwickelten Klassifikationsschemas für Entscheidungen und *Anthony´s*[5] Konzept zur Differenzierung verschiedener Entscheidungsebenen identifizierte *Scott Morton*

---

[1] Einen detaillierten Erfahrungsbericht über die Entwicklung und Implementierung eines frühen dialogorientierten MIS, das sich aus den integrierten Komponenten Absatzplanung, Produktionsplanung und Betriebsergebnisplanung zusammensetzt, liefern Szyperski; Seibt /ISAS 1976/.

[2] Vgl. Krcmar /Entscheidungsunterstützungssysteme 1990/ 405.

[3] Vgl. Gorry; Scott Morton /Management Information Systems 1971/ 55ff.

[4] Vgl. Simon /Management Decision 1960/.

[5] Vgl. Anthony /Control Systems 1965/ und Brookes /DDS Development 1994/ 28f.

das Einsatzfeld eines neuen Typs von computerbasierten Management-Unterstützungs-Systemen, der sich im Gegensatz zu den partiellen MIS durch eine algorithmische Orientierung auszeichnet.[1] Wie auch schon bei der MIS-Diskussion entwickelte sich auch im DSS-Bereich keine einheitliche Begriffswelt. Die formelbasierte Ausrichtung der Systeme, die Integration von Optimierungs- und Simulationsmethodiken und die Paradigmen einer endbenutzerbezogenen Systementwicklung kennzeichnen jedoch die Mehrzahl der DSS-Abgrenzungsansätze und können als „kleinster gemeinsamer Nenner“ der Konzepte bezeichnet werden.[2]

Im Laufe der Jahre erfuhren die DSS aufgrund der technischen Innovationen mehrfach Entwicklungsschübe, wobei insbesondere die kommerzielle Etablierung der PC-Technologie und die Verfügbarkeit leistungsfähiger Tabellenkalkulationsprogramme am Anfang der 80er Jahre zu nennen wären. Aber auch die Erkenntnisse der künstlichen Intelligenz, die zur Entwicklung von Expertensystemen führten, beeinflußten den DSS-Komplex nachhaltig. Obwohl von einigen Autoren als spezielle DSS bezeichnet[3], sollen sie im weiteren aufgrund fundamentaler Unterschiede in ihrem Aufbau, Einsatzgebiet und ihrer ursprünglichen Zielsetzung als eigenständiger Systemtyp beschrieben werden.

2.2.2.4 XPS / Experten-Systeme

Die Entwicklung von *Expert Systems (XPS)* – im deutschen als *Expertensysteme* oder *wissensbasierte Systeme* bezeichnet[4] – stellt eine Teildisziplin des Forschungsgebietes der

---

1 Ein Algorithmus ist ein Satz von Anweisungen zur Lösung einer Klasse von Problemen. Vgl. Schmitz; Seibt /Informatik 1982/ 14ff.

2 Zur Definition, Klassifikation und Abgrenzung von DSS vgl. Hänle /Unterstützung 1993/ 32ff., Walterscheid /Management-Entscheidungsprozesse 1996/ 21ff. und Sprague; Watson /Decision Support 1996/ 102ff.

3 Vgl. z.B. Krallmann; Rieger /Decision Support System 1987/ 28ff., Mertens; Griese /Informationsverarbeitung 2 1993/ 6 und Krallmann; Mertens; Schiemann /Entscheidungsunterstützendes System 1997/ 149f.

4 Vgl. z.B. Fischer /Gestaltung wissensbasierter Systeme 1994/ 70 und Borkowski; Geis /Anwendungen 1997/ 159. Eine detaillierte Darstellung der Diskussion um das Begriffspaar „wissensbasierte Systeme“ und „Expertensysteme“, bei der die unterschiedlichen Auffassungen und inhaltlichen Nuancierungen beider Begriffe ausführlich beschrieben werden, findet sich in: Bachem /Entwicklung wissensbasierter Systeme 1994/ 15ff.

Künstlichen Intelligenz (KI) dar.[1] Das Ziel der Forschungsaktivitäten, die Ende der 80er Jahre ihren Höhepunkt erreichten, war es, das Wissen menschlicher Experten in einem eng abgegrenzten Anwendungsgebiet verfügbar zu machen.[2] Hierbei sollte nicht nur das Fachwissen der Spezialisten Berücksichtigung finden, sondern auch die Problemlösungsmechanismen der menschlichen Experten in Diagnose-, Expertise- und Beratungssysteme integriert werden. Neben formalen Entscheidungskalkülen sollten daher insbesondere die langjährigen Erfahrungen menschlicher Entscheider, die sich in Heuristiken, Vermutungen und Annahmen manifestieren, in das Unterstützungssystem einbezogen werden. Ihr Einsatzgebiet im Bereich der Management-Unterstützungs-Systeme war demnach nahezu mit dem Anwendungsfeld der Decision Support Systems identisch, wobei jedoch die Erwartungshaltung an die Systeme anfangs wesentlich höher ausfiel. So sollten XPS nicht nur eine Entscheidung in semi-strukturierten Entscheidungssituationen unterstützen, sondern sie weitestgehend übernehmen bzw. konkrete Handlungsempfehlungen offerieren. Nach *Gabriel* bieten sich Expertensysteme daher primär bei den folgenden Problemstellungen an:

- „Interpretation, d.h. Auswertung bzw. Analyse von Informationen;
- Diagnose von Systemzuständen bzw. -abläufen;
- Konstruktion bzw. Konfigurierung von Objekten aus Teilobjekten bzw. Elementen;
- Überwachung und Steuerung von Systemen;
- Planen von Aktionsfolgen;
- Vorbereiten von Entscheidungsalternativen;
- Beweisen und Verifizieren von Systemzuständen;
- Beratung für weitere Vorgehensweisen und schließlich;
- Tutoring, d.h. das Vermitteln und Einüben von Wissen.“ [3]

---

[1] Die Anfänge der KI-Forschungen reichen bis in die Mitte der 50er Jahre zurück. Ehrgeiziges Ziel der Forschungen war und ist es, IT-gestützte Systeme zu entwickeln, die „menschen-ähnliches“, intelligentes Verhalten aufweisen. KI-Forschungsgebiete umfassen dementsprechend neben dem Gebiet der Expertensysteme die Verarbeitung natürlicher Sprache, die Robotik, die Bilderkennung und -verarbeitung sowie das Gebiet der Neuronalen Netze. Vgl. z.B. Borkowski; Geis /Expertensysteme 1997/ 161f. und Lehner /Künstliche Intelligenz 1997/ 237f.

[2] Vgl. Mertens; Griese /Informationsverarbeitung 2 1993/ 35.

[3] Gabriel /Wissensbasierte Systeme 1992/ 23f. Eine detaillierte Klassifikation von Expertensystemen liefert auch Mertens; Borkowski; Geis /Expertensystem-Anwendungen 1993/ 6f.

Im Verlaufe der Zeit relativierten sich jedoch vor dem Hintergrund eher enttäuschender Entwicklungs- und vor allem praktischer Implementierungsergebnisse die anfänglichen hohen Erwartungen. So sind XPS als eigenständige Anwendungen in der Praxis heute eher selten vorzufinden.[1] Aufgrund dieser empirisch nachweisbaren Feststellungen darf jedoch nicht geschlossen werden, daß der wissensbasierte Ansatz gescheitert sei. Vielmehr zeigte sich in den letzten Jahren, daß XPS vor allem als Subsysteme integrierter Anwendungen in Form von aktiven Hilfesystemen, intelligenten Checklisten oder Zugangssystemen oder intelligenten Agenten sehr großen Nutzen entfalten[2] und daher auch für den Komplex der Managementunterstützung von besonderer Relevanz sind.

2.2.2.5 Bürokommunikations-Systeme

Mit der Durchdringung der unternehmungsinternen Vernetzung und der Verbreitung von PC´s erfuhr Anfang der 80er Jahre der elektronische Austausch von Daten und Informationen starke Verbreitung.[3] Obwohl das Anwendungsfeld für Bürokommunikationssysteme nicht primär im Bereich der Managementunterstützung angesiedelt ist, beeinflußten sie die Entwicklung der MUS erheblich. Vor dem Hintergrund einer sich damals bereits abzeichnenden Globalisierung der Märkte, die mit zunehmender Dezentralisierung und wachsender Dynamik einherging, erfuhr die Notwendigkeit des Informationsaustausches im Managementbereich eine bis dahin nicht bekannte Relevanz. Managementunterstützende Systeme wurden daher vermehrt in die Kommunikationsinfrastruktur der Unternehmung integriert, wobei den Aspekten der Dokumentenverwaltung, des Message Handling und der direkten Kommunikation besondere Beachtung geschenkt wurde. Dieser Prozeß, der bislang als nicht abgeschlossen angesehen werden kann, erhielt Anfang der 90er Jahre unter dem Begriff CSCW (Computer Supported Cooperative Work) neue Impulse und initiierte eine vertiefende wissenschaftliche Auseinandersetzung mit den Potentialen von IT-

---

1 Vgl. Oppelt /Management 1995/ 140f.

2 Vgl. Borkowski; Geis /Anwendungen 1997/ 159.

3 In der Literatur wurde aus diesem Grunde häufig auch der Begriff *Büroinformations- und Kommunikationssysteme* verwendet. Vgl. Fuhrmann /Bürokommunikation 1990/ 85 und Krallmann /Kommunikationssysteme 1990/ 543ff.

gestützten Kommunikations-, Koordinations- und Kooperationsprozessen des Managements.

2.2.2.6 EIS / ESS / FIS

Der Versuch, das Top-Management einer Unternehmung als aktive Systembenutzer durch Informationstechnologie zu unterstützen, mußte bis Anfang der 80er Jahre als gänzlich gescheitert bezeichnet werden. Informationssysteme, die diese Lücke schließen sollten, werden seitdem unter den verschiedensten Namen angeboten.[1] So existieren in diesem Bereich neben der Bezeichnung *Executive Information System (EIS)* die Begriffe *Executive Support Systems (ESS)* oder – im deutschsprachigen Gebiet – *Führungs-Informations-Systeme (FIS)*. Neben der Begriffsvielfalt bereiten auch die unscharfen Systemabgrenzungen Schwierigkeiten. Eindeutige Definitionen sind nämlich in der Literatur kaum vorzufinden. Dieses Manko gilt sowohl für den deutschen als auch für den nordamerikanischen Bereich. So versteht *Rockart*, der den Terminus Anfang der 80er Jahre prägte, EIS " ... as intensely data-oriented systems designed to provide information for executive use to improve managerial planning, monitoring, and analysis."[2] *Paller/Laska* verdeutlichen ihre Auffassung über die verwirrende Diskussion der Namensabgrenzung und die unscharfe inhaltliche Besetzung der Begrifflichkeiten mit dem Satz: „Executive Information Systems is just the latest, and perhaps not even the best, name for this phenomenon. ... Whatever you call it, senior management needed something. Many were frustrated – angry – that so much money was being spent on information systems equipment and people without making information any more useful to them."[3] Meist werden daher die Systeme aufgrund ihrer Charakteristika abgegrenzt. Eine für den deutschsprachigen Bereich frühe Darstellung über Eigenschaften von Executive Information Systems liefert beispielsweise *Rieger*.[4] Hiernach sollten moderne Executive Information Systems über die folgenden Charakteristika verfügen:

- Automatisiertes Zusammenführen interner und externer Informationsquellen,

---

[1] Boone /Leadership 1991/.

[2] Rockart; De-Long /Executive Support Systems 1988/ 15.

[3] Paller; Laska /EIS-Book 1990/ 2.

[4] Vgl. Rieger /Executive Information Systems 1990/ 106.

- Konsistente, redundanzarme Speicherung von Daten, Texten und Bildern,
- Dezentraler, sichtenspezifischer Informationsabruf auf verschiedenen Verdichtungsstufen,
- Individuelle Spezifikation von Informationsfiltern,
- Komfortable Bedienungsmöglichkeiten,
- Führungsorientierte Weiterverarbeitungsmöglichkeiten.

EIS sind nach dieser Strukturierung berichtsorientiert. Manager sollen mit Hilfe dieser Technologie in die Lage versetzt werden, selbständig führungsrelevante Steuerungsgrößen zu selektieren, auszuwerten und weiterzugeben. Hierfür sollen sie eigenständig unternehmungsinterne und -externe Informationen auf frei wählbaren Verdichtungsstufen visualisieren (Drill-down), Informationen individuell filtern und die auf diese Weise erzeugten Berichte grafisch aufbereiten sowie elektronisch weiterleiten.[1] EIS sind demnach nicht auf eine bestimmte Klasse von Entscheidungen ausgerichtet, sondern stellen den Entscheider in den Mittelpunkt. Aus diesem Grunde weisen EIS neben dem Informationsretrieval meist auch Funktionen des *Persönlichen Informations-Managements (PIM)* auf, die die Abspeicherung persönlicher Notizen, das Abstimmen von Terminen oder die Koordination von Sitzungsergebnissen erlauben.[2]

2.2.2.7 Workgroup Computing

Seit Anfang der 90er Jahre beschäftigt sich die Wissenschaft und Praxis verstärkt mit dem Forschungsbereich computergestützter kooperativer Arbeitsprozesse.[3] Unter der Bezeichnung *Computer Supported Cooperative Work* etabliert sich seitdem in der Wirtschaftsin-

---

1 Vgl. Mertens, Griese /Informationsverarbeitung 2 1993/ 33 und Kemper /Management-Informations-Systeme 1994/ 17.

2 Vgl. Seibt /Informationsmanagement 1993/ 12f. und Kemper; van Marwyk /Informationssysteme 1994/ 146f.

3 Erste Entwicklungen in diesem Bereich gab es zwar bereits vor ca. zwei Jahrzehnten. Sie galten aber in aller Regel lediglich als „akademische" Ansätze und hatten keine Praxisrelevanz. Der Begriff CSCW wurde erstmals 1984 auf einem Workshop verwendet und festigte sich seit 1986 im amerikanischen Bereich und ab 1989 auch in Europa, als unter dieser Bezeichnung in London die erste Konferenz zu der Problematik durchgeführt wurde. Vgl. Nastansky /CSCW-Forschung 1993/ 3 und Gappmaier; Heinrich /CSCW 1992/ 342.

formatik eine eigenständige Disziplin, die sich interdisziplinär[1] mit der Fragestellung auseinandersetzt, wie interpersonelle Kommunikations-, Koordinations- und Kooperationsaktivitäten durch den gezielten Einsatz der Informationstechnologie unterstützt werden können. Auch in diesem jungen Forschungsgebiet existiert eine Begriffsvielfalt, die gerade in der Praxis häufig zu Verunsicherungen führt.[2] So ist vor allem der Begriff *Groupware* zu einem Schlagwort geworden und wird häufig mit dem gesamten Gebiet des CSCW gleichgesetzt. Mittlerweile hat sich jedoch in der Forschung durchgesetzt, unter Groupware ein aus Hard- und Software bestehendes System zu verstehen, mit dessen Hilfe kooperatives Arbeiten unterstützt werden kann. Groupware ist aus diesem Grunde mit den Applikationen des CSCW gleichzusetzen und stellt daher ein situativ geformtes Ergebnis spezifischer CSCW-Forschung dar.[3] Wie alle jungen Wissenschaftsgebiete befindet sich auch CSCW noch in einer Explorationsphase. Gesicherte Erkenntnisse über eindeutige Beziehungen zwischen Einflußgrößen und die Formulierung geschlossener Erklärungsansätze und Modelle sind noch nicht feststellbar. Vielmehr konzentriert sich das Gros der Forschungsanstrengungen auf die Erstellung und Implementierung von Prototypen, mit deren Hilfe die technische Machbarkeit bewiesen und erste Erkenntnisse über die Determinanten des Forschungsgegenstands erhoben werden sollen.[4]

Generell können zwei Typen des CSCW unterschieden werden, die in der Literatur allgemein als *Workgroup Computing* und als *Workflow Management* bezeichnet werden. Unterscheiden lassen sich diese beiden durch ihre generellen Zielausrichtungen. Das Workflow Management fokussiert hierbei vor allem die ganzheitliche Unterstützung strukturierter Bürovorgänge, wobei der Optimierung der zugrundeliegenden *Prozesse* durch die wirksame Einbindung kooperativer Unterstützungssysteme besondere Beachtung geschenkt

---

1 CSCW weist als interdisziplinäres Forschungsgebiet Berührungspunkte zur Organisationslehre, zur Psychologie, zur Soziologie sowie zur Informatik auf. Vgl. Teufel u.a. /Computerunterstützung 1995/ 18ff.

2 So werden häufig die Begriffe Workgroup Computing, Cooperative Computing, Interpersonnel Computing oder Computer Aided Team für den Komplex CSCW verwandt. Vgl. Syring /Computerunterstützung 1994/ 20ff., Teufel u.a. /Computerunterstützung 1995/ 16 und Krcmar /Überblick 1992/ 4.

3 Vgl. Gappmaier; Heinrich /CSCW 1992/ 340.

4 Eine Bewertung von CSCW-Forschungsbeiträgen findet sich in Plowman; Rogers; Ramage /Workplace Studies 1995/ 309ff. Vgl. auch Kemper u.a. /Tele-Team-Support Band I 1995/ und Kemper u.a. /Konzeption 1998/.

wird.[1] Im Gegensatz hierzu stehen beim Workgroup Computing die *Benutzergruppen* im Mittelpunkt, die durch einen gezielten IT-Einsatz bei der Lösung vornehmlich schlecht strukturierter Probleme adäquat unterstützt werden sollen.[2] Gerade diese letzte Forschungsrichtung weist aus diesem Grunde signifikante Berührungspunkte zu den managementunterstützenden Informationssystemen auf.[3]

2.2.2.8 DWH

Wie das aktuelle Angebot an Symposien, Kongressen und Fachseminaren deutlich macht, gehört das Konzept *Data Warehouse (DWH)* zu den aktuellen Schwerpunktthemen, die vor allem die Praxis interessieren.[4] Definitorisch ist jedoch der Begriff des Data Warehouse bislang nicht eindeutig abgegrenzt worden. Auch die verfügbare Literatur, die sich aufgrund der Aktualität des Themas noch bislang zum großen Teil auf Zeitschriftenartikel, Konferenzberichte oder Sammelbände beschränkt, vermittelt häufig lediglich unpräzise Vorstellungen über den Themenbereich.[5] Weitestgehende Übereinstimmung besteht lediglich in der Auffassung, daß für die Umsetzung von Data Warehouse-Konzepten eigene physische Datenhaltungssysteme aufgebaut werden sollten, die – losgelöst von den operativen Systemen – für den gesamten Komplex der Informationsversorgung des Managements heranzuziehen sind. Allerdings sollte hierbei insbesondere der in der Praxis nicht selten vorkommenden Vereinfachung entgegnet werden, das Data Warehouse wäre als Synonym für den gesamten Bereich der Informationsversorgung des Managements zu betrachten.[6] Vielmehr akzentuiert der aktuelle Ansatz lediglich die Datenbasis dispositiver Systeme und

---

[1] Vgl. Elgass; Krcmar/Computerunterstützung 1994/ 67ff.

[2] Vgl. Friedrich; Rödiger /Gruppenarbeit 1991/ 11ff. Eine detaillierte Abgrenzung des Workflow Management und des Workgroup Computing findet sich in: Hasenkamp; Syring /CSCW 1994/ 26ff.

[3] Eine detaillierte Beschreibung der für Management-Unterstützungs-Systeme relevanten Workgroup Computing-Systeme erfolgt in Teil 5 der Arbeit.

[4] Aktuelle Untersuchungen signalisieren, daß sich die überwiegende Mehrzahl der Unternehmungen mit dieser Thematik beschäftigt. Vgl. hierzu: Lamersdorf /Data Warehousing 1996/ C810.03.

[5] Viele Artikel sind herstellerorientiert und fokussieren – je nach Anbieterausrichtung – hardware- oder softwaretechnische Aspekte. Vgl. beispielsweise Ricke /Realisierung des Information-Warehouse-Konzepts 1995/, Vorweg /Information Warehouse 1995/ oder Frisch /Data-Warehousing-Lösung 1995/.

[6] Plakative Schlagzeilen wie „Data Warehousing soll halten, was MIS, EIS und DSS versprachen", „Vom Datenlager zum Info-Markt" oder „Das 'Datenkaufhaus' wird zum Zauberwort der Branche" verdeutlichen diese umfassende Interpretation mancher Praktiker. Vgl. Kemper /Data Warehouse 1996/ C811.03.

kann als „ ...eine geordnete, funktions- und unternehmungsübergreifende, an Geschäftsobjekten, z.B. Kunde, orientierte Datensammlung über Zeithorizonte von mehreren Jahren“[1] verstanden werden. Im Gegensatz zu den vielen, eher vagen Begriffsabgrenzungen in der primär populären Literatur besticht vor allem die von *Inmon* – einem der Protagonisten des Data Warehouse-Ansatzes – aufgestellte Definition des Data Warehouse durch inhaltliche Fundierung und wird daher heute von vielen Autoren als Basis eigener Abgrenzungen herangezogen.[2] Nach *Inmon* ist ein Data Warehouse „ ... a subject-oriented, integrated, time-variant and nonvolatile collection of data in support of management´s decision-making process ...“.[3] Das DWH bildet demnach lediglich die Basis für die Informationssysteme des Managements, also für sämtliche Klassen von Systemen, die in den vorangestellten Kapiteln besprochen worden sind.[4]

2.2.2.9 OLAP

Die physische Datenhaltung innerhalb eines Data Warehouse stellt aufgrund der spezifischen Ausrichtung managementtypischer Datenabfragen keineswegs ein triviales Problem dar. Vielmehr müssen die Datenhaltungssysteme in der Lage sein, spontane Abfragen mit benutzergewählten, nicht antizipierbaren Dimensionsausprägungen in performanter Form zur Verfügung zu stellen.[5] Es ist in Praxis und Wissenschaft unbestritten, daß die traditionelle Form der operativen Datenhaltung für diese Art der Nutzung völlig ungeeignet ist. Uneinigkeit existiert jedoch darüber, wie die konzeptionelle und technische Lösung dieses Problembereiches angegangen werden soll. Für sehr viel Aufmerksamkeit sorgte in diesem Zusammenhang ein von *Codd* – dem Begründer der relationalen Datenhaltungssysteme – im Jahre 1993 veröffentlichter Artikel über die Anforderungen an Ad-hoc-Berichtssysteme

---

1 Martin; von Maur /Data Warehouse 1997/ 105.

2 Vgl. z.B. Behme /Business Intelligence 1996/ 30f.; Chamoni; Zeschau /Management-Support-Systems 1996/ 62; Eickholz /Data Warehouse-Strategie 1996/ C815.06; Lenz /Data Warehouse 1996/ C820.03; Mucksch /Data Warehouses 1996/ 88.

3 Inmon /Data-Warehouse 1992/ 29.

4 Eine detaillierte Diskussion über Architektur des DWH-Konzeptes erfolgt in Kapitel 5 der Arbeit.

5 So stellt z.B. eine Abfrage der Form "Umsatzhöhe des Produktes A für den Vertriebsweg B innerhalb des Verkaufsbereiches C kumuliert für die Monate April bis September des Jahres 1998" eine typische, nicht antizipierbare Managementabfrage dar.

für den dispositiven Bereich einer Unternehmung. Zu verdanken ist es *Codd*, daß unter der Bezeichnung *OLAP – OnLine Analytical Processing* eine neue Begrifflichkeit in die Diskussion eingebracht wurde, mit deren Hilfe erstmalig die spezifischen Anforderungen an dialogorientierte, stark auf Ad-hoc-Analysen zielende Systeme der Managementunterstützung in strukturierter Form dargelegt werden konnten.[1] *Codd* definierte OLAP in diesem Zusammenhang als „die Bezeichnung für die dynamische Datenanalyse im Unternehmen ... um Informationen ... zu erzeugen, zu bearbeiten, zu aktivieren und zu synthetisieren."[2] Zur Konkretisierung seiner Vorstellungen entwickelte *Codd* 12 Regeln, die aus Sicht des Anwenders an OLAP-Systeme zu stellen sind. Die ursprünglichen Regeln, die im Verlaufe der Zeit von verschiedenen Softwareanbietern und Beratungshäusern modifiziert und erweitert wurden[3], lauten:[4]

„1. Mehrdimensionale konzeptionelle Perspektiven
2. Transparenz
3. Zugriffsmöglichkeit
4. Konsistente Bericht-Erstellung
5. Client/Server-Architektur
6. Generische Dimensionalität
7. Dynamische Handhabung dünn besetzter Matrizen
8. Mehrbenutzer-Unterstützung
9. Uneingeschränkte kreuzdimensionale Operationen
10. Intuitive Datenbearbeitung
11. Flexible Berichtserstellung
12. Unbegrenzte Dimensions- und Aggregationsebenen"

---

[1] In der Wirtschaftsinformatik ist es seit einigen Jahren gebräuchlich, für die im Teilhaberbetrieb arbeitenden, transaktionsorientierten Anwendungssysteme – z.B. Buchungssysteme – den Begriff *OLTP (OnLine Transaction Processing)* zu verwenden. Vgl. Stahlknecht /Wirtschaftsinformatik 1995/ 88. In Anlehnung an diesen Begriff generierte *Codd* den Begriff *OLAP (OnLine Analytical Processing)*. Vgl. Codd; Codd; Salley /Beyond Decision Support 1993/ 87ff.

[2] Codd; Codd /On-Line Analytical Processing 1995/ 40.

[3] So wurden beispielsweise von der *Gartner Group* und von dem Werkzeuganbieter *IRI-Software* (heute *Oracle*) zusätzliche Regeln entwickelt. Vgl. Buytendijk /OLAP 1995/ 6 und Rieger /OLAP 1996/ C830.06.

[4] Codd; Codd /On-Line Analytical Processing 1995/ 42.

Es soll an dieser Stelle bewußt darauf verzichtet werden, die einzelnen Regeln detailliert zu beschreiben.[1] Eine zusammenfassende kritische Würdigung des Regelwerks führt jedoch zu der Erkenntnis, daß sämtliche Prinzipien eher allgemeingültigen, teilweise nicht mehr als plakativen Charakter aufweisen. Wenngleich sie keinesfalls als verbindliche, operationalisierbare Kriterien für die Auswahl von Datenbanksystemen zu verstehen sind, sondern lediglich als Anforderungen aus Sicht des Anwendungsbereiches „Managementunterstützung" interpretiert werden können, wurden sie in der Literatur und in der Praxis anfänglich meist synonym für den Komplex der multidimensionalen Datenhaltung verwendet. *Codd* selbst sorgte für diese simplifizierende Sicht, indem er äußerte: „However, as enabling for end-user as these new relational DBMS products and associated tools and interfaces have been, there are still significant limitations to their efficiency ... commercial DBMS products do have boundaries with respect to providing function to support user views of data."[2]

Vor diesem Hintergrund kann es nicht überraschen, daß vor allem Hersteller mehrdimensionaler Datenbanksysteme propagierten, daß ausschließlich multidimensionale Datenhaltungssysteme in den Bereichen des flexiblen Ad-hoc-Berichtswesens erfolgreich eingesetzt werden können und somit der Begriff OLAP gleichbedeutend mit dieser Form der physischen Datenhaltung sei. Die daraufhin heftig einsetzende Diskussion, die nicht von der Wissenschaft, sondern primär von den Anbietern der klassischen relationalen Datenbanksysteme initiiert wurde, kann als bislang nicht abgeschlossen angesehen werden. Als Teilergebnis kann lediglich festgehalten werden, daß unter OLAP heute mehrheitlich die technologieinvariante Form der dialogorientierten Ad-hoc-Abfragen für die Zwecke der Managementunterstützung verstanden wird, wobei bei physisch multidimensionaler Datenhaltung der Begriff *M-OLAP,* bei traditioneller relationaler Datenhaltung die Bezeichnung *R-OLAP* und bei integrierter Verwendung beider Technologien der Terminus *H-OLAP (Hybrides OLAP)* Verwendung findet.[3]

---

[1] Zu diesem Zwecke sei auf die einschlägige Literatur von *Codd* und anderen Autoren zu diesem Themenbereich verwiesen. Eine ausführliche Beschreibung der Regeln findet sich beispielsweise bei Chamoni; Zeschau /Management-Support-Systems 1996/ 71ff.

[2] Codd; Codd; Sally /OLAP 1993/ 7.

[3] Vgl. Martin /Business Performance 1998/ 32.

OLAP ist demnach – entgegen den ursprünglichen Intentionen der Produktanbieter – heute nicht mehr primär als Technologie oder Werkzeug einzustufen, sondern ist die Bezeichnung einer Kategorie von Informationssystemen, die dem Benutzer die einfache und flexible Recherche mehrdimensionaler Datenbestände, deren Auswertung und Präsentation erlauben.

2.2.2.10 Data Mining

Systeme zur Mustererkennung erleben im Rahmen der aktuellen Data Warehouse-Diskussionen meist unter der Bezeichnung *Data Mining* eine Renaissance.[1] Die Hauptgründe für diese Wiederbelebung sind vor allem auf die verbreiterte Datengrundlage und die systematische Ordnung der Daten in den neuen Data Warehouse-Konzepten zurückzuführen.[2] Das Ziel dieser modell- und methodenbasierten Systeme ist es, verstecktes Wissen in großen Datenbeständen „aufzuspüren" und den Entscheidungsträgern adäquat zu visualisieren. Aus diesem Grunde wird Data Mining auch häufig als *Knowledge Discovery in Databases* bezeichnet[3] und läßt sich definieren als „ ... die Extraktion implizit vorhandenen, nicht trivialen und nützlichen Wissens aus großen, dynamischen, relativ komplex strukturierten Datenbeständen."[4] Im Gegensatz zu traditionellen Datenabfragen – z.B. mit der Datenbankabfragesprache SQL – werden bei Data Mining Systems jedoch keine vom Benutzer spezifizierten, detaillierten Eingrenzungen der Datenrecherche vorgegeben.[5] Data Mining Systems suchen vielmehr als aktive Systeme automatisch innerhalb eines abgegrenzten Datenbestands nach speziellen Mustern, um neue Erkenntnisse zu generieren.[6] Ob jedoch eine Hypothesenformulierung durch den Benutzer zu erfolgen hat, wird zur Zeit kontrovers diskutiert. Die Abb. 2-4 zeigt die verschiedenen Auffassungen.

---

1 Erste Ansätze zur computergestützten Datenanalyse reichen bis in die 60er Jahre zurück. Vgl. Piatetsky-Sharpiro /KDD-Nuggets 1995/.

2 Vgl. Bissantz; Hagedorn; Mertens /Data-Mining 1996/ 338.

3 Vgl. Adriaans; Zantinge /Data Mining 1996/ 5.

4 Bissantz; Hagedorn /Datenmustererkennung 1993/ 481.

5 Vgl. Brackett /Data Warehouse 1996/ 301.

6 Vgl. Grabmeier /Data Mining 1996/ C816.08.

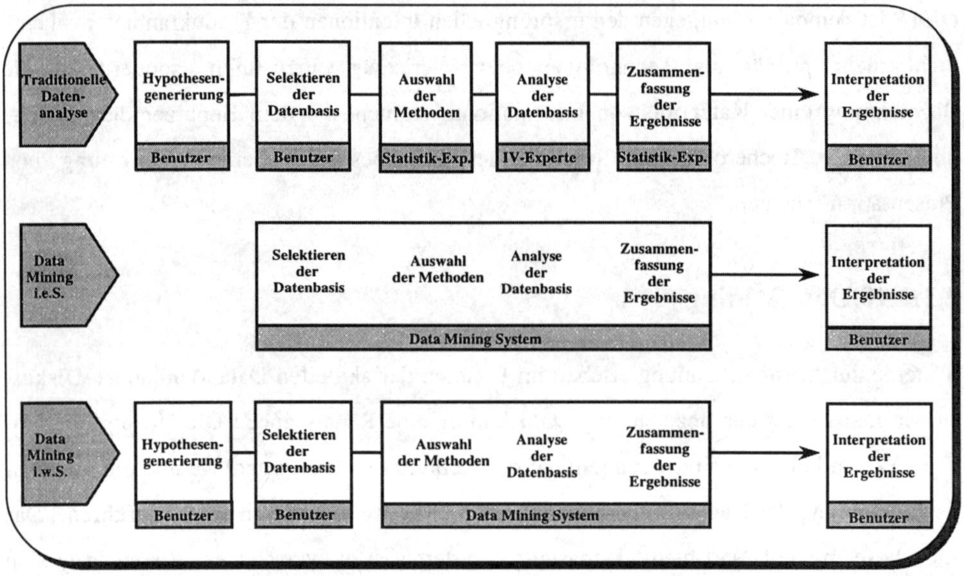

Abb. 2-4: Traditionelle Datenanalyse und Data Mining-Konzepte[1]

Wie die Abbildung verdeutlicht, sind bei der traditionellen Datenanalyse neben dem Benutzer Experten aus den Bereichen Statistik und Informationsverarbeitung erforderlich. Bei Data Mining-Konzepten konzentrieren sich die Aktivitäten auf den Anwender, wobei bei enger Begriffsauslegung dem System ohne vorherige Hypothesenbildung sowohl das Selektieren der Datenbasis und die Methodenauswahl als auch die Analyse der Daten und die Ergebnisausgabe obliegt.[2] Bei der weiteren Begriffsauslegung, die vor allem in der Praxis vorzufinden ist, konzentrieren sich die automatisierbaren Aktivitäten auf die Methodenauswahl, die Datenanalyse und deren Präsentation, wobei die Generierung von Hypothesen und die Festlegung der zu analysierenden Datenbestände den Systembenutzern zugeordnet wird.

Bereits diese Aussagen machen deutlich, daß sich ein gefestigtes Wissenschaftsverständnis des Data Mining bislang nicht etabliert hat. Ein eigenständiges Forschungsgebiet der Mu-

---

1 Modifiziert übernommen aus: Bissantz; Hagedorn; Mertens /Data-Mining 1996/ 342.

2 In der engen Begriffsauslegung gehen Wissenschaftler bereits seit Mitte der 60er Jahre von der hypothesenfreien Suche nach Mustern in selektierten Datenbeständen aus. Vgl. Piatetsky-Sharpiro /KDD-Nuggets 1995/.

stererkennung ist bislang daher nicht zu konstatieren. Vielmehr erhält das Data Mining viele Impulse aus den Bereichen der Statistik, der Datenbanktechnik und der Künstlichen Intelligenz.[1] Verbindliche Architekturvorgaben, wie sie für Decision Support Systems oder Expertensysteme bereits seit Jahren vorliegen, fehlen aus den gleichen Gründen. Allerdings kann aufgrund der engen Verwandtschaft von Data Mining Systems zu den anderen modell- und methodenorientierten Informationssystemen eine ähnliche Systemstruktur empfohlen werden. So werden zwar in Abgrenzung zu traditionellen Decision Support Systems von den Benutzern keine algorithmischen Modelle generiert, es müssen jedoch ebenfalls Daten und Methoden verwaltet werden. Auch die in Expertensystemen obligatorische Erklärungskomponente und Wissensbank ist für Data Mining Systems sinnvoll, um den Benutzern adäquate Hilfestellungen bei der Ergebnisinterpretation zu gewähren. Ein Architekturvorschlag für Data Mining Systems stellt mit dem Zusammenspiel von Dialogkomponente, Methoden- und Datenverwaltungskomponente sowie der Wissensbank- und der Erklärungskomponente daher eine Symbiose aus den Architekturen der Decision Support Systems und den wissensbasierten Systemen dar.

[1] Verbreitete Methoden, die in Data Mining Systems integriert sind, liegen in den Bereichen der Clusteranalyse, der Bayes-Statistik sowie des induktiven Lernens. Vgl. Bissantz; Hagedorn /Datenmustererkennung 1993/ 482 und Düsing /Data Mining 1998/ 293.

3 Empirische Erhebungsreihe zur Architektur, Gestaltung und zum Einsatz von Management-Unterstützungs-Systemen

Im folgenden Teil werden die Ergebnisse zweier Interviewreihen vorgestellt, die im Jahre 1994 und im Jahre 1997 mit Vertretern deutscher Unternehmungen durchgeführt wurden. Das Ziel der ersten Interviewreihe war es, an den Erfahrungen ausgewählter Spezialisten in zwanzig deutschen Unternehmungen zu partizipieren, um die in der Praxis existierenden *Architekturen* managementunterstützender Systeme zu erfassen, die herangezogenen *Gestaltungsaktivitäten* offenzulegen und die *Einsatzerfahrungen* zu dokumentieren. Hierbei wurde ein besonderer Akzent auf die technischen, organisatorischen sowie sozialpsychologischen Problemfelder gesetzt, mit denen sich die Unternehmungen konfrontiert sahen. Um den mittelfristigen Erfolg der Systementwicklungen beurteilen und Entwicklungstendenzen sowie Neuorientierungen im Bereich der Managementunterstützung evaluieren zu können, wurden für die zweite, im Abstand von 3 Jahren durchgeführte Untersuchung erneut zehn Unternehmungen aus dem gleichen Sample befragt und die Ergebnisse dieser Untersuchung mit den Erkenntnissen der Erstbefragung konfrontiert.

3.1 Entwicklung eines Untersuchungskonzeptes

Der Aufbau eines problemangemessenen Untersuchungskonzeptes – auch *Konzeptionalisierung* genannt – ist für die erfolgreiche Durchführung von Untersuchungen im Bereich der empirischen Sozialforschung von entscheidender Bedeutung. In dieser frühen Phase des Forschungsvorhabens sind grundlegende Entscheidungen zur Forschungsmethodik, Stichprobe, Auswertung und nachgelagerten Verwertung zu treffen, die durch den Anlaß des Forschungsvorhabens und den durch die Forschung angestrebten Lösungsbeitrag determiniert werden.[1] Da Fehler oder Unterlassungen bei der Konzeptionalisierung meist zu irreversiblen Mängeln im empirischen Forschungsprozeß führen, werden im weiteren dem *Anlaß der Befragung*, dem *Aufbau eines theoretischen Bezugsrahmens* und der *methodi-*

1 Vgl. Friedrichs /Sozialforschung 1990/ 54 und Atteslander /Methoden 1993/ 31ff.

schen Gestaltung sowie der *praktischen Durchführung der Erhebungen* besondere Beachtung geschenkt.

3.1.1 Anlaß der Befragung

Wie bereits im einleitenden Teil dieser Arbeit ausgeführt, existiert ein starkes Interesse der Praxis an dem Bereich „IT-Unterstützung für das Management“, ohne daß sich allerdings ein gefestigtes, allgemein akzeptiertes Verständnis für diesen Komplex hat durchsetzen können. Auch die in der Wissenschaft in den letzten Jahren durchgeführten Forschungsaktivitäten dokumentieren, daß der Komplex der Managementunterstützung für die Wirtschaftsinformatik ein innovatives Gestaltungsfeld darstellt, für das mit Hilfe primär *explorativer* empirischer Analysen[1] ein Erkenntniszuwachs gewonnen werden sollte. Eine vom Verfasser vorgenommene Recherche der neueren deutschsprachigen Untersuchungen zum Themenbereich „Management und Informationstechnologie“ verdeutlicht, daß sich die Schwerpunkte der jüngeren empirischen Forschung auf hoher Abstraktionsebene den folgenden beiden Gebieten zuordnen lassen:

- *Das Arbeits- und Berufsumfeld von Managern und ihr IT-Nutzungsverhalten*

Schwerpunkte dieser empirischen Studien sind meist die Analyse und strukturierte Darstellung der Arbeits- und Berufssituationen von Managern und ihre Einstellungen zur Informations- und Kommunikationstechnologie. Neuere Beispiele[2] für diese Analysen sind die Studien von *Eberwein/Tholen*[3], in der die IuK-Technologie jedoch nur einen Aspekt der Gesamtuntersuchung darstellt, und die sehr groß angelegte Forschungsreihe von *Müller-*

---

[1] Eine *Exploration* stellt die zielgerichtete Suche nach der Erkenntnis eines Objektes dar. Explorative Studien sind demnach Untersuchungskonzeptionen, die den Forscher mit dem Untersuchungsgegenstand vertraut machen und als Grundlage nachgelagerter Hypothesenbildung herangezogen werden können. Vgl. Friedrichs /Sozialforschung 1990/ 121ff.
In Bereich der Sozialwissenschaften dominieren explorative Studien. So wies bereits 1978 der ausgeprägt empirisch forschende Organisationswissenschaftler *Kirsch* darauf hin, daß ihm persönlich keine Untersuchung aus dem Bereich der Organisationsforschung bekannt sei, der er mehr als den Status einer empirischen Exploration beimessen würde. Kirsch /Exploration 1978/ III. Vgl. in diesem Zusammenhang auch: Müller-Böling /Organisationsforschung 1992/ 1491ff.

[2] Eine detaillierte Beschreibung älterer empirischer Forschungen (bis 1989) zu diesem Bereich findet sich in Schirmer /Arbeitsverhalten 1992/.

[3] Eberwein; Tholen /Managermentalität 1990/.

Böling/Ramme[1]. Letztere beschäftigt sich gezielt mit der Einstellung von Top-Managern zur IuK-Technologie und basiert auf einer Reihe von schriftlichen und mündlichen Befragungen, die primär mit den Führungskräften selbst durchgeführt wurden. Die Zielgruppe der Forschungen von *Schreyögg/Hübl*[2] sind Führungskräfte in mittelständischen Unternehmungen, wobei die Manageraktivitäten mit den Methoden der strukturierten teilnehmenden Beobachtung erhoben werden. Der Einfluß zwischen Organisationskultur und Kommunikationsverhalten von Führungskräften wird in der Untersuchung von *Grote*[3] analysiert. In einer jüngeren Studie von *Pribilla/Reichwald/Goecke*[4] werden vor allem die Arbeitssituationen von Top-Managern vor dem Hintergrund global operierender Unternehmungen analysiert und die Potentiale der Telekommunikation identifiziert. Eine Untersuchung der kulturellen Unterschiede von nordamerikanischen und deutschen sowie schweizerischen Top-Managern bzgl. der Nutzung von Unterstützungssystemen liefert *Rechkemmer*[5].

- *Erfahrungen bei der Entwicklung und dem Einsatz von Informationssystemen zur Managementunterstützung*

In diesen Untersuchungen, die in den letzten Jahren vermehrt von Universitäten und anderen Forschungseinrichtungen durchgeführt worden sind, werden in aller Regel Vertreter von Unternehmungen befragt, die als Anwender spezielle Werkzeuge zum Aufbau von IT-Systemen für das Management einsetzen. Wenngleich auch in den Untersuchungen teilweise verschiedene Bezeichnungen für die Systeme gewählt werden, wie etwa *Management-Informationssysteme (MIS)*[6], *Führungsinformationssysteme (FIS)*[7] oder *Executive Information Systems (EIS)*[8], ist die Berichtsorientierung für diese Systemklasse charakteristisch.

---

1 Müller-Böling; Ramme /Führungskräfte 1990/.
2 Schreyögg; Hübl /Beobachtungsstudie 1992/ 82ff.
3 Grote /Büro-Kommunikation 1993/.
4 Pribilla; Reichwald; Goecke /Telekommunikation 1996/ 153ff.
5 Rechkemmer /executive support systems 1997/ 147ff.
6 Z.B. Hichert; Stump /Management-Informationssysteme 1992/ 89ff.
7 Z.B. Bullinger; Koll; Niemeier /Führungsinformationssysteme 1993/ 41ff.
8 Z.B. Kemper /Executive Information Systems 1991/ 70ff., Kienbaum (Hrsg.) /Executive Information Systems 1991/, Hoffmann /EIS 1992/, Vogel; Wagner /Organisatorische Gestaltung 1993/ 26ff., Seibt u.a. /Executive Information Systems 1994/ und Oppelt /Management 1995/.

Inhaltlich konzentrieren sich diese Erhebungen, die sich in ihrem Stichprobenumfang, in der Breite des Untersuchungsgegenstandes und in der Wahl der Forschungsmethodik erheblich unterscheiden, primär auf die Entwicklungs- und Einsatzerfahrungen. Hierbei werden gezielt die am Markt angebotenen Entwicklungswerkzeuge analysiert, Gestaltungscharakteristika erläutert oder Einsatzpraxis sowie Durchdringungsgrade analysiert.

Bei genauerer Untersuchung dieser empirischen Forschungsarbeiten wird deutlich, daß eine strukturierte, zeitraumorientierte Dokumentation unternehmungsspezifischer Lösungen zur Unterstützung des Managements im deutschsprachigen Bereich bislang nicht durchgeführt worden ist. Eine solche explorative Basisforschung ist jedoch erforderlich, um längerfristig gültige Empfehlungen für die Architektur und die Gestaltung von managementunterstützenden Systemen entwickeln zu können. Der Anlaß für die vorliegende empirische Untersuchung ist demnach, einen Beitrag zu diesem bislang nicht ausreichend explorierten Komplex zu leisten. Eine Lücke in der bisherigen empirischen Forschung soll geschlossen werden, indem das Wissen, die Einschätzungen und die Erfahrungen von Anwendern über einen Zeitraum von 3 Jahren erfaßt, strukturiert, dokumentiert und analysiert werden. Die Abb. 3-1 verdeutlicht den generellen Aufbau der Studienreihe, die aus drei Auswertungsblöcken besteht. In einem ersten Schritt werden die Einzelergebnisse der Befragungen aus dem Jahre 1994 zusammenfassend ausgewertet. Auf der Basis der ersten Untersuchungsreihe wird ein zweiter, aus demselben Sample stammender Probandenkreis ausgewählt und im Rahmen weiterer Interviews befragt. Die bewußte Konfrontation der jeweiligen Einzelergebnisse aus der Erst- und Zweitbefragung ermöglicht in einem zweiten Block eine longitudinale Einzelauswertung, mit deren Hilfe die organisationsindividuellen Systementwicklungen exemplarisch ausgewählter Unternehmungen festgehalten werden. Die anschließend durchgeführte Zusammenfassung der Einzelergebnisse schafft in einem letzten Schritt die Möglichkeit für die dritte Auswertungsklasse, die als longitudinale, zusammenfassende Auswertung allgemeine Entwicklungstendenzen verdeutlicht und zur Überprüfung und zur Erweiterung der Thesen herangezogen wird.

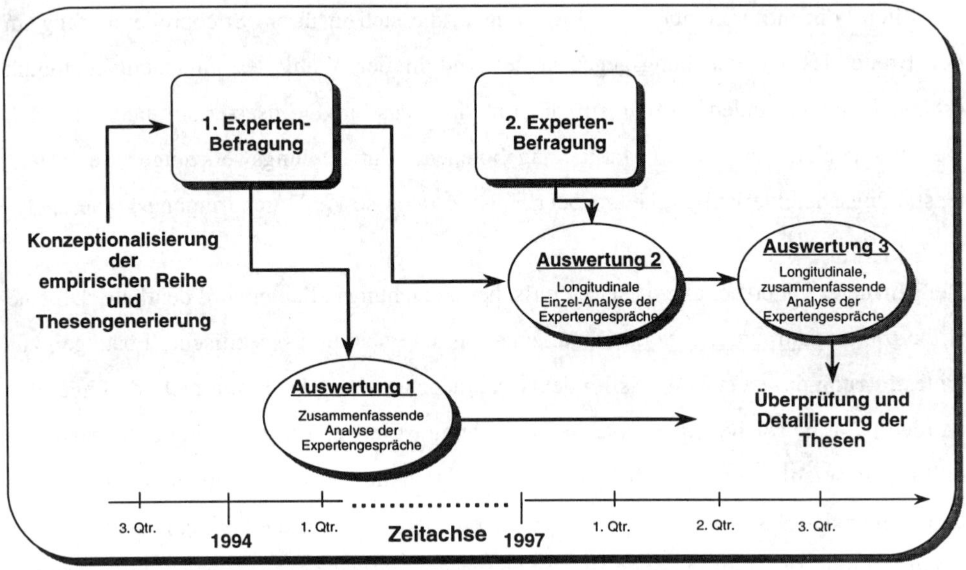

Abb. 3-1: Genereller Aufbau der Untersuchungsreihe

Im Anschluß an beide Auswertungsreihen sollen die folgenden Fragestellungen detailliert beantwortet werden können, wobei aufgrund der Konzeption der Untersuchungsreihe die unterschiedlichen Bewertungen im Jahre 1994 und 1997 für jeden Fragenkomplex deutlich gemacht werden:

- **Welche Architekturen besitzen die in der Praxis eingesetzten managementunterstützenden Systeme und welche Entwicklungen sind in den letzten Jahren feststellbar?**

Zur Beantwortung dieser Frage ist es erforderlich, die einzelnen Systembausteine der eingesetzten managementunterstützenden Systeme hinsichtlich ihrer Art, funktionalen Eigenschaften und ihres Zusammenwirkens detailliert zu beschreiben. Von besonderem Interesse ist hierbei auch die Dokumentation der Architekturveränderungen innerhalb des Beobachtungszeitraumes, wobei der Motivation für die architektonischen Modifikationen besondere Beachtung geschenkt wird.

- **Welche Probleme treten im Rahmen der Systemgestaltung auf und inwieweit führen die Erfahrungen mit diesen Problembereichen zu Modifikationen der Gestaltungskonzepte?**

Die Gestaltung von IT-Systemen ist stets ein arbeitsteiliger Prozeß, der zur Sicherung der organisatorischen Beteiligung aller Anspruchsgruppen und zur Bewältigung der Komplexität in strukturierter Form abläuft. Hierbei können mannigfaltige Probleme auftreten, die sowohl technische, organisatorische als auch sozialpsychologische Ursachen haben können. Da die Gestaltung von Systemen zur Managementunterstützung – vor allem zur Unterstützung der oberen Hierarchieebenen – für die Unternehmungen meist ein innovativer Prozeß ist, für den im eigenen Hause meist kaum Erfahrungswissen existiert, werden die Entwickler häufig mit nicht antizipierbaren Problemen konfrontiert. Gezielt wird dieses erworbene Wissen um den Gestaltungsprozeß erfaßt und bewertet, wobei bewußt auch Fehleinschätzungen (Über- bzw. Unterbewertung von Problemen) transparent gemacht und die hieraus im Verlaufe des Beobachtungszeitraumes abgeleiteten Veränderungen im Gestaltungsprozeß einer Untersuchung unterzogen werden.

- **Welche Erfahrungen sind bei dem Einsatz der Management-Unterstützungs-Systeme in den Unternehmungen gesammelt worden und welche Veränderungen sind im Zeitverlauf feststellbar?**

Nach Ablauf der Entwicklungsphase werden IT-Systeme in den operativen Einsatz gegeben. In dieser Phase des *Systemlebenszyklus*[1] sollten die Systeme im vorab geplanten Umfang zur Unterstützung der Arbeit eingesetzt werden. Jedoch lassen sich auch hier diverse Probleme feststellen, die in denselben Dimensionsausprägungen (Technik, Organisation, Verhalten) wie im Entwicklungsprozeß auftreten können. Für den innovativen Bereich der Managementunterstützung sind hierbei bislang erhebliche Erfahrungslücken konstatierbar. So sind bislang weder praxisorientierte Aussagen über technische Probleme des Einsatzes

---

1 Unter einem *Systemlebenszyklus* wird der gesamte Komplex der Entwicklung und des Einsatzes bis zur Außerdienststellung des Systems verstanden. Vgl. Schwarze /Systementwicklung 1995/ 49ff. und Seibt /Systemlebenszyklus 1997/ 393ff.

noch über organisatorische und verhaltensorientierte Implikationen strukturiert erfaßt worden. Die Sammlung des Expertenwissens zu diesen Bereichen stellt hierbei einen ersten explorativen Schritt zur Erforschung des Komplexes dar und ist für die Folgenabschätzung neuer Technologien zur Unterstützung des Managements zwingend erforderlich.

3.1.2 Theoretischer Bezugsrahmen

Ein *theoretischer Bezugsrahmen* kann als das Fundament empirischer Studien angesehen werden und besitzt die Aufgabe, das Vorwissen über das Forschungsobjekt zu strukturieren, relevante Variablengruppen abzugrenzen und vermutete Wirkungszusammenhänge darzulegen.[1] Den Bezugsrahmen der vorliegenden empirischen Studie veranschaulicht die Abb. 3-2.

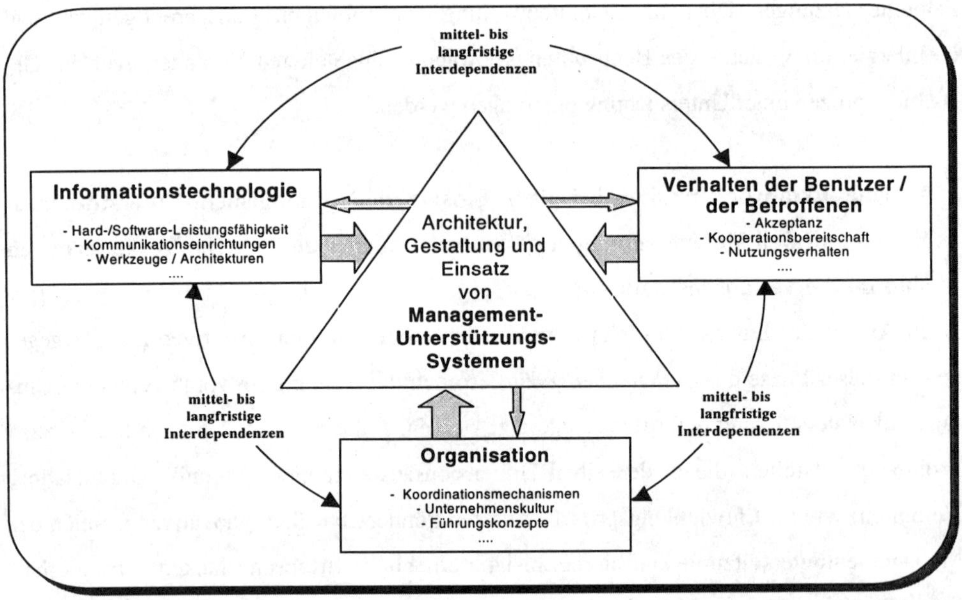

Abb. 3-2: Theoretischer Bezugsrahmen

[1] *Lamnek* weist darauf hin, daß vor einer empirischen Untersuchung kein fester theoretischer Bezugsrahmen entwickelt werden kann, da es gerade das Ziel der Forschung darstellt, detailliertes Wissen über den Forschungsgegenstand zu gewinnen. Vgl. Lamnek /Qualitative Sozialforschung Band 1 1995/ 113.

Wie erkennbar ist, wird bei der Untersuchungsreihe davon ausgegangen, daß die Architektur und die Gestaltung von managementunterstützenden Systemen durch unternehmungsexterne und -interne Rahmenbedingungen determiniert werden, die hier durch die Bereiche *Informationstechnologie*, *Organisation* und *Verhalten der Benutzer und Betroffenen* näher bestimmt werden sollen.[1] Selbstverständlich existieren auch Interdependenzen zwischen diesen Rahmenbedingungen (in der Abbildung durch Doppelpfeile angedeutet), die mittel- bis langfristig zu einem Wandel der Rahmenbedingungen führen können. So verändert beispielsweise die wachsende Durchdringung der Informationstechnologie in privaten Bereichen die grundsätzliche Einstellung des Menschen zur Technik, die wiederum zu Veränderungen der Akzeptanz für den Einsatz dieser Technologien in Unternehmungen führen kann. Da diese mittel- bis langfristigen Veränderungsprozesse in den Rahmenbedingungen jedoch nicht durch bewußte Gestaltungshandlungen der einzelnen Organisationen beeinflußt werden können, werden sie im Kontext der vorliegenden Arbeit nicht weiter thematisiert. Vielmehr stehen die Auswirkungen der Rahmenbedingungen auf die Architektur, Gestaltung und den Einsatz von Management-Unterstützungs-Systemen im Vordergrund der Forschungen. Diese Wirkungszusammenhänge sind in der Abbildung durch die breiten Pfeile angedeutet und weisen verständlicherweise ebenfalls Rückkopplungen auf. So kann das etablierte Führungsverhalten, das auf einer sich langfristig gebildeten Unternehmungskultur basiert, die technischen Möglichkeiten der Systemnutzung bewußt einschränken, während der infrastrukturelle Charakter der managementunterstützenden Systeme durchaus auch eine Katalysatorfunktion für ein sich wandelndes Verständnis von Verantwortungsdelegation und Partizipation übernehmen kann. Ferner bestimmt die verfügbare Informationstechnologie die Grenzen der Unterstützung des Managements, erfährt jedoch anderseits langfristig Impulse durch praxisorientierte Anforderungen und Erfahrungen, die zu innovativen Entwicklungen führen können.

---

1 Zweifellos beeinflussen auch die ökologischen, rechtlichen und politischen Umweltbedingungen die Aktivitäten von Unternehmungen. Aufgrund der komplexen, mehrschichtigen Interdependenzen dieser Umweltbedingungen werden sie jedoch in der Arbeit nicht weiter behandelt. Zur Komplexität der Umweltbedingungen vgl. Macharzina /Unternehmensführung 1995/ 17.

3.1.3 Thesen der empirischen Untersuchungsreihe

Aufgrund mangelnder theoretischer Erklärungsmodelle und des geringeren gesicherten Vorwissens aus dem Forschungsbereich ist die vorliegende Analyse uneingeschränkt der *qualitativen Sozialforschung*[1] zuzuordnen. Demnach ist die Zielsetzung des empirischen Teils der Arbeit primär in der grundlegenden Exploration des Forschungsgegenstandes zu sehen. Über eine Deskription und Abgrenzung des Forschungsgegenstandes hinaus wird in der Arbeit dem *Entdeckungszusammenhang* ein nicht unerheblicher Stellenwert beigemessen, da mit seiner Hilfe neue Erkenntnisse über das Forschungsobjekt erworben werden sollen.[2]

Vor dem Hintergrund dieser Charakteristika können dem Forschungsvorhaben keine Hypothesen im strengen methodologischen Sinne zugrunde gelegt werden.[3] Dementsprechend basiert die Untersuchung ausschließlich auf explorativ angelegten Thesen, die im folgenden dargestellt werden:

- ***Thesen zur Architektur von Management-Unterstützungs-Systemen***

1. These:
„Die Funktionalitäten managementunterstützender Informationssysteme beschränken sich in der Praxis meist auf die starre Berichtsorientierung und bieten keine Unterstützung für dynamische Datenauswertungen oder methodenbasierte Analysen."

---

1 Eine detaillierte Abgrenzung der hypothesentestenden quantitativen Sozialforschung und der hypothesengenerierenden qualitativen Sozialforschung findet sich bei *Lamnek*. Vgl. Lamnek /Qualitative Sozialforschung Band 1 1995/ und Lamnek /Qualitative Sozialforschung Band 2 1995/. Vgl. in diesem Zusammenhang auch: Bryman /Organization Studies 1989/ und Yin /Research 1994/.

2 Vgl. Witte /Nutzungsanspruch 1981/ 21f. und Schnell; Hill; Esser /Methoden 1989/ 75.

3 Jedoch wurde bewußt angestrebt, für die Konzeptionalisierung und die Auswertung der vorliegenden Arbeit die in dem Forschungsbereich bereits existierenden Ergebnisse und Aussagen einzubeziehen, um einen wissenschaftlichen Fortschritt in diesem Bereich zu ermöglichen. *Friedrichs* warnt vor der Tendenz, in der Sozialforschung stets neue Paradigmen zu entwickeln und vorangegangene Forschungsergebnisse unberücksichtigt zu lassen. Vgl. Friedrichs /Sozialforschung 1990/ 61ff.

2. These:

„Die Datenhaltung managementunterstützender Systeme erfolgt in aller Regel in systemausgerichteten Strukturen, so daß eine gemeinsame Nutzung der dispositiven Daten durch andere Systeme nicht gegeben ist."

3. These:

„MUS besitzen keine integrierten Subsysteme zur Unterstützung von Kommunikations- und Kooperationsprozessen des Managements."

- ***Thesen zur Gestaltung managementunterstützender Systeme***

4. These:

„Managementunterstützende Systeme werden in der Praxis bislang nicht als Instrument einer geplanten Organisationsentwicklung eingesetzt, sondern bilden vielmehr eine bestehende strukturelle Ordnung ab."

5. These:

„Im Entwicklungsprozeß besitzen die technischen Gestaltungsdimensionen erfolgskritischen Charakter."

6. These:

„Im Entwicklungsprozeß besitzen die organisatorischen Gestaltungsdimensionen erfolgskritischen Charakter."

7. These:

„Im Entwicklungsprozeß besitzen die sozialpsychologischen Gestaltungsdimensionen erfolgskritischen Charakter."

8. These:

„Aufgrund der Komplexität und Innovation des Anwendungsgebietes ist der Praxis bewußt, daß tradierte Vorgehensmodelle zur Systemgestaltung nicht anwendbar sind. In Ermangelung spezieller Vorgehensmodelle zur MUS-Gestaltung erfolgt daher häufig eine unsystematische, stark am Rapid-Prototyping orientierte Systementwicklung."

- *Thesen zum Einsatz von managementunterstützenden Systemen*

9. These:

„Der Einsatz von managementunterstützenden Systemen führt zu ungeplanten, nicht antizipierten Veränderungen im Führungsverhalten."

10. These:

„In der Praxis scheitern die Bemühungen, Top-Manager der 1. Führungsebene als aktive Benutzer von Management-Unterstützungs-Systemen zu gewinnen."

11. These:

„Die Akzeptanz zur Nutzung managementunterstützender Systeme nimmt aufgrund mangelnder Re-Engineeringaktivitäten im Verlaufe des Systemeinsatzes ab."

3.1.4 Methodische Vorüberlegungen

Der Innovationsgrad und die Komplexität des Untersuchungsgegenstands bedingen eine Erhebungsmethodik, die ein hohes Maß flexibler Anpassung an unternehmungsindividuelle Rahmenbedingungen ermöglicht und zusätzlich der persönlichen Perspektive des Befragten Rechnung trägt. Aus diesem Grunde wird für die vorliegende Untersuchung die Methodik der mündlichen Befragung herangezogen, wobei bewußt das *Intensivinterview* – in der Literatur auch häufig als *Tiefeninterview* oder *halb-standardisiertes Interview* bezeichnet[1] – Verwendung findet. Charakteristisch für diese Form des Interviews ist es, daß in Abgrenzung zu standardisierten Interviews das Gespräch ausschließlich durch einen eher grob strukturierten Interviewleitfaden geführt und gelenkt wird. Hierbei hat der Leitfaden primär die Aufgabe, die Vollständigkeit der Befragungspunkte sicherzustellen. Die Gesprächsbeteiligten besitzen hingegen Spielräume bzgl. der Reihenfolge der Fragen, der Detaillierung von relevant erscheinenden Zusatzfragen oder der situativen Gewichtung von Befragungsschwerpunkten.[2]

Die für die vorliegende Untersuchung entwickelten Interviewleitfäden beinhalten die folgenden Befragungsschwerpunkte, wobei bei der zweiten Interviewreihe speziell auch die Systemhistorie der letzten 3 Jahren einbezogen wird:

- Angaben zu der Unternehmung und zur Person des Befragten,
- Managementunterstützende Systeme im Umfeld der Führungskräfte,
- Technische, organisatorische und sozialpsychologische Problemfelder,
- Unterstützung aus dem Management, Akzeptanz des Managements,
- Effizienz-/Effektivitäts-Überlegungen,
- Zukünftige Entwicklungen im Bereich der Managementunterstützung,
- Allgemeine Statements.

Alle Schwerpunkte der Leitfäden werden durch Einzelfragen detailliert, die je nach Bedarf mit sog. *Gesprächshilfen* versehen sind. Diese Gesprächshilfen dienen dem Interviewer zur individuellen Gestaltung der Befragung und beinhalten weiterführende Zusatzfragen, Erklärungshilfen oder Beispiele. In Ergänzung hierzu wird für die Durchführung der zweiten Befragungsreihe der jeweilige Interviewleitfaden um die komprimierten Antworten der ersten empirischen Aktion bereichert. Mit Hilfe dieser „individualisierten" Leitfäden ist es möglich, den Gesprächspartner mit seinen Antworten aus der ersten Aktion zu konfrontieren und das Interview gezielt auf Entwicklungen, Neuorientierungen oder Fehleinschätzungen zu lenken.

---

1 Vgl. Alemann /Forschungsprozeß 1984/ 217.

2 Vgl. Friedrichs /Sozialforschung 1990/ 224ff.

3.1.5 Praktische Durchführung der Erhebungsaktionen

Die folgenden Kapitel beschäftigen sich mit den Randbedingungen der praktischen Umsetzung der beiden Befragungen.

3.1.5.1 Erste Interviewreihe

Da die erste Interviewreihe die Basis für die nachgelagerte empirische Aktion darstellt, kommt insbesondere dieser Befragung eine große Bedeutung zu. Aus diesem Grunde wurde der Auswahl der befragten Unternehmungen und Personen, der Durchführung einer vorangestellten Pretestphase und der Klärung von Spezifika der Befragungssituation essentieller Stellenwert beigemessen.

- Auswahl der Probanden

Entsprechend der Zielsetzung der empirischen Aktion, die Erfahrungen, Erkenntnisse und Einschätzungen ausgewählter Spezialisten in deutschen Unternehmungen systematisch zu erfassen, konzentrierten sich die Anstrengungen im Vorfeld auf die Suche nach geeigneten Unternehmungen und Interviewkandidaten. Hierbei fanden insbesondere zwei Kriterien Berücksichtigung. Zum einen wurden Interviewpartner gesucht, die als Experten für den Bereich „Managementunterstützung" über fundierte praktische Erfahrungen bei der Konzeptionalisierung, Entwicklung und dem späteren Einsatz von managementunterstützenden Systemen aufweisen sollten. Zum anderen war es für die Befragung unabdingbar, daß die Befragten ebenfalls detaillierte interne Kenntnisse über formelle sowie informelle Unternehmungsstrukturen und Führungsphilosophien bzw. -verhalten besitzen sollten, da sie im Interview Auskunft über die Rahmenbedingungen der realen Nutzung dieser Systeme geben sollten. Aus diesem Grunde konnten für die Befragung keine Mitarbeiter herangezogen werden, die ausschließlich als Berater externer System- oder Consulting-Unternehmungen in entsprechenden Projekten involviert waren.
Schließlich wurden für die Untersuchung zwanzig deutsche Unternehmungen gewonnen, die sich allesamt dadurch auszeichneten, daß sie im Bereich der Managementunterstützung in den letzten Jahren ehrgeizige Großprojekte aufgesetzt hatten. Für die Recherche des

Adressenmaterials konnte auf die Erkenntnisse eigener Forschungsaktivitäten in diesem Themenbereich zurückgegriffen werden. Des weiteren wurden die Tagungsunterlagen von Fachseminaren und Symposien einschlägiger Veranstalter nach geeigneten Probanden durchsucht und in einer breit angelegten telefonischen Befragung die größten Werkzeughersteller und Beratungsunternehmungen um Mithilfe bei der Vermittlung von geeigneten Unternehmungen gebeten.

- Pretestphase

Zur Überprüfung der Eignung des Interviewleitfadens wurden vor der eigentlichen Befragungsaktion drei *Pretests*[1] durchgeführt. Für diese Tests wurden gezielt Mitarbeiter aus Beratungshäusern gewählt, die ihre Erfahrungen aus einer großen Anzahl von Projekten einbringen konnten. In jeweils mehrstündigen Gesprächen, die mit einem Tonbandgerät aufgezeichnet wurden, konnten auf diese Weise wertvolle Empfehlungen zur Vervollständigung sowie zur Sicherstellung der Stringenz und Klarheit der einzelnen Befragungsschwerpunkte gewonnen werden.[2]

- Spezifika der Befragungssituation

Die Befragung wurde im ersten Halbjahr 1994 jeweils aufgrund telefonischer Terminabsprachen vor Ort bei den einzelnen Unternehmungen durchgeführt. In aller Regel stand für das durchschnittlich 90-minütige Interview jeweils ein Ansprechpartner zur Verfügung. Lediglich in drei der befragten zwanzig Unternehmungen wurde auf Wunsch des Interviewpartners jeweils ein zusätzlicher Mitarbeiter hinzugezogen, der als IT-Spezialist die primär technischen Charakteristika der Systemarchitektur und -gestaltung darlegen sollte. Bis auf eine Ausnahme[3] waren die Interviewpartner bereit, das gesamte Gespräch aufzeichnen zu lassen, um die Vollständigkeit der Aussagen bei der späteren Auswertung si-

---

1 *Pretests* werden bei empirischen Arbeiten im allgemeinen zur Validierung der Untersuchungskonzeption durchgeführt. Vgl. Atteslander /Methoden 1993/ 332.

2 Auf diese Weise wurden neue Fragen in den Leitfaden integriert, Gesprächshilfen komplettiert und bestehende Fragen abgeändert.

3 Ein Proband lehnte die Tonbandaufnahme ab, da nach seinen Aussagen der Bereich der Managementunterstützung höchst sensible Informationen beinhalte, die aus Sicherheitsgründen nicht in Originalform (mit seiner Stimme) aufgezeichnet werden sollten. In diesem Falle wurde ein stichwortartiges Gesprächs-

cherstellen zu können. Bei der Befragung diente der Interviewleitfaden, der zur Dokumentation der Gesprächsschwerpunkte allen Probanden nach Abschluß der Interviews überlassen wurde, ausschließlich als Orientierungshilfe und zur Vollständigkeitsüberprüfung der Befragungsinhalte. Somit wurden die Gespräche in freier Form – also ohne die konsequente Einhaltung der Fragenreihenfolge – durchgeführt und vom Interviewer lediglich durch die jeweils situativ abhängige Wahl der nächsten Frage inhaltlich gelenkt.

3.1.5.2 Zweite Interviewreihe

Für die zweite Befragungsreihe konnte auf die Basisarbeiten der ersten Interviewreihe zugegriffen werden. Somit entfielen spezielle Vorarbeiten wie die Durchführung von Pretests oder die strukturellen Überlegungen zur Vorbereitung der Gesprächssituationen. Auch die Auswahl geeigneter Probanden beschränkte sich auf die Bildung einer Untermenge aus dem Stichprobenraum der Erstuntersuchung. So wurden für die Nachfolgeuntersuchung im Jahre 1997 bewußt zehn Interviewpartner ausgewählt, die sich in der Erstuntersuchung als besonders wertvolle Partner herauskristallisierten, da ihre Unternehmungen

- umfassende managementunterstützende Systeme aufgebaut hatten,
- eine konsequente Einbindung des gesamten Top-Managements in den Benutzerkreis realisiert hatten oder
- innovative Informations- und Kommunikationstechniken einsetzten.

3.2 Auswertung 1: Zusammenfassende Analyse der Ergebnisse der Befragungsreihe aus dem Jahre 1994

Im folgenden werden die Erfahrungen und die Erkenntnisse der Befragten systematisch dargestellt, wobei das erhobene Datenmaterial klassifiziert und in entsprechende Darstellungsformen transformiert wird. Zusätzlich werden gezielt Querbezüge zwischen den Ge-

---

protokoll während des Interviews durchgeführt, das unmittelbar nach der Befragung mit Hilfe eines Erinnerungsprotokolls komplettiert wurde.

sprächsschwerpunkten analysiert, um auf der Basis des Entdeckungszusammenhangs den Erkenntnisstand über das Forschungsobjekt zu erhöhen.

3.2.1 Beteiligte Unternehmungen und Interviewpartner

Das Sample für die empirische Aktion wurde ausschließlich aufgrund des Kriteriums *„Aktive Nutzung von MUS durch Manager"* zusammengestellt. Aus diesem Grunde gehören die für die Untersuchung herangezogenen Unternehmungen verschiedenen Branchen und Größenklassen an und stellen erwartungsgemäß keinen repräsentativen Ausschnitt der realen Unternehmungsvielfalt dar. Wie Abb. 3-3 verdeutlicht, ist ein starker Überhang an Großunternehmungen im Sample feststellbar. Berücksichtigt man den eher geringen Anteil der Großunternehmungen an der Gesamtzahl der Unternehmungen in Deutschland, so läßt sich die Annahme ableiten, daß dem Bereich der Managementunterstützung vornehmlich in größeren Unternehmungen durch die Schaffung entsprechender technologiegestützter Systeme Rechnung getragen wird.

Branche	
* Großhandel	2
* Elektronik/ Telekommunikation	4
* Fahrzeugbau/ -zulieferung	2
* Chemie	4
* Metallverarbeitung	2
* Tankstellentechnik	1
* Versicherung	2
* Energieversorger	1
* Kreditinstitute	2

Summe	**20**

Mittelständische Unternehmungen/ Großunternehmungen	
Mittelständische Unternehmungen	**6**
* Umsatz-/Beitrags-/Bilanzsummen von 85 Mio. DM - 850 Mio. DM	
* durchschnittl. 1.500 Mitarbeiter	
Großunternehmungen	**14**
* Umsatz-/Beitrags-/Bilanzsummen von 1,6 Mrd. DM - 90 Mrd. DM	
* durchschnittl. 26.000 Mitarbeiter	

Summe	**20**

Abb. 3-3: Merkmale der befragten Unternehmungen

Innerhalb der Unternehmungen wurden für die Befragung gezielt Fachleute angesprochen, die in verantwortlicher Position – meist als Projektleiter – für die Systementwicklung zuständig waren und den Einsatz der Systeme betreuten.[1] In jedem Falle wurden die Probanden in der Interview-Vorbereitungsphase persönlich befragt, ob sie sich als geeigneten Ansprechpartner für den Gesamtbereich managementunterstützender Systeme im eigenen Hause sähen und auch in der Lage wären, diesen Komplex sowohl aus technischer, organisatorischer und sozialpsychologischer Sicht detailliert darstellen zu können.

Wie die Abb. 3-4 verdeutlicht, waren die Befragten in der überwiegenden Mehrzahl männlichen Geschlechts und meist in einem Lebensalter zwischen 40 und 50 Jahren. Die überwiegende Anzahl der Interviewpartner waren kaufmännisch ausgebildet. Ein technisch/naturwissenschaftliches Studium oder eine entsprechend orientierte innerbetriebliche Ausbildung wiesen lediglich ein Fünftel der Interviewten auf; reine (Kern-)Informatiker waren in keinem Falle Gesprächspartner bei der Befragung.

Lebensalter	
* unter 40 Jahren	6
* 40 - 50 Jahre	11
* über 50 Jahre	3

Summe	20

Geschlecht	
* weiblich	2
* männlich	18

Summe	20

Praktische Ausbildung/ Studium (höchster erreichter Abschluß)	
Betriebliche Ausbildung	
* kaufm. Ausbildung	3
* naturw./techn. Ausb.	1
Hochschulstudium	
* Naturwiss./Technik	3
* Wirtschafts-Ingenieure	4
* Wirtschaftswiss.	8
* Jura	1

Summe	20

Abb. 3-4: Demographische Merkmale der Interviewpartner

[1] Auf die Befragung von reinen Endbenutzern wurde bewußt verzichtet, da im Interview keine personengebundenen Einzelaussagen abgefragt werden sollten, sondern ein Unternehmungsgesamtüberblick im Mittelpunkt stehen sollte.

Obwohl die Gesprächspartner auch während ihres beruflichen Werdegangs überwiegend (zu 70 %) in den betriebswirtschaftlichen Fachabteilungen gearbeitet hatten, wiesen ihre bisherigen Tätigkeiten starke IT-Orientierungen auf. So waren sie in der Mehrzahl in ihren früheren Positionen mit Konzeptionalisierungsaktivitäten von Anwendungssystemen oder dem Komplex der Individuellen Datenverarbeitung (IDV) beschäftigt gewesen.[1] Zum Befragungszeitpunkt waren zwölf Ansprechpartner in leitenden Positionen im Bereich der Datenverarbeitung tätig, sieben der Befragten besaßen entsprechende Positionen in betriebswirtschaftlichen Fachabteilungen und ein Ansprechpartner gehörte als Mitglied dem kaufmännischen Vorstand an.

Bevor die Interviewten zum Themenbereich der Architektur und Gestaltung der im Einsatz befindlichen managementunterstützenden Systeme befragt wurden, äußerten sie sich zu früheren Entwicklungsaktivitäten im Bereich der Managementunterstützung. Hierbei bescheinigte ein unerwartet großer Teil der Befragten, daß die ersten Entwicklungsversuche managementunterstützender Systeme scheiterten. Das nachfolgende Kapitel beschäftigt sich mit diesem Phänomen.

3.2.2 Gescheiterte Altsysteme

Zehn Unternehmungen (50 %) berichteten, daß die ersten Versuche, das Management auf den oberen Führungsebenen durch den Einsatz von technikbasierten Systemen direkt zu unterstützen, scheiterten. Im krassen Widerspruch steht dieses Ergebnis zu einer im Jahr 1991 durchgeführten empirischen Exploration des Verfassers zum Themenbereich „Executive Information Systems (EIS) in deutschen Unternehmungen", in deren Rahmen 17 Unternehmungen angeschrieben wurden. In dieser Untersuchung bekannte lediglich eine Unternehmung, daß ihre Systementwicklung ein Mißerfolg war.[2] Eine Erklärung für diese Diskrepanz könnte in der Art der Befragungskonzeption gesehen werden. So wurden für die im Jahre 1991 durchgeführte Aktion die Unternehmungen schriftlich in Form eines standardisierten Fragebogens befragt. Die Anonymität der Befragung und die mangelnde

---

1 Zur Thematik der individuellen Datenverarbeitung in Fachabteilungen vgl. Kemper /Dezentrale Anwendungsentwicklung 1991/ 7ff. und Seibt /Datenverarbeitung 1992/ 497ff.

2 Vgl. Kemper /Executive Information Systems 1991/ 70ff.

persönliche Beziehung zwischen Forscher und Befragten, die sich bei freien Interviews in aller Regel während des Gesprächs aufbaut, könnten das Eingestehen von Mißerfolgen behindert haben, so daß der in der Interviewreihe festgestellte Wert mit großer Wahrscheinlichkeit die Realität exakter abbildet.
Die Mehrzahl der gescheiterten Ansätze in der vorliegenden Untersuchung lassen sich als „frühe" Versuche bezeichnen, auch das Top-Management durch den Einsatz der Informationstechnologie zu unterstützen. So reichen die ersten Bemühungen in dieser Richtung bis in das Jahr 1985 zurück. Insgesamt fallen 80 % der erfolglosen Ansätze in den Zeitraum vor dem Jahre 1990. Lediglich zwei Unternehmungen berichteten, die mißglückten Versuche in den Jahren 1990 und 1992 angegangen zu haben.

Ergebnis 1:

Viele Versuche, die Führungskräfte mit Hilfe von computerbasierten Systemen zu unterstützen, scheiterten im ersten Anlauf.

Das Scheitern früher Systementwicklungen (vor dem Jahre 1990) war nach den Aussagen der Interviewpartner auf Ursachen zurückzuführen, die sich im großen und ganzen in drei Kategorien zusammenfassen lassen können. Im einzelnen beruhten die Mißerfolge auf

- den Unzulänglichkeiten der verfügbaren Technik,
- der mangelnden Motivation der Manager und
- der stark personenorientierten Ausrichtung der Systementwicklungen.

- Unzulänglichkeiten der verfügbaren Technik

Nicht wenige der frühen Konzeptionen scheiterten an den technischen Unzulänglichkeiten der eingesetzten Software-Werkzeuge und der herangezogenen Hardware. Viele der frühen Systeme konnten weder durch Performance noch durch Qualität der Benutzerführung überzeugen und erlangten aufgrund dieser Mängel keine Akzeptanz im Management.

- Mangelnde Motivation der Manager

Grundsätzlich mißglückten bei mehreren Unternehmungen die ersten Entwicklungsansätze, da sie nicht vom (damaligen) Management getragen wurden. Einige Unternehmungen bescheinigten in diesem Zusammenhang, daß alle frühen Aktivitäten in Richtung der direkten Managerunterstützung gescheitert wären, die nicht direkt durch die Vorstände initiiert wurden. In einem Fall wurde trotz detaillierter konzeptioneller Vorarbeit das gesamte System nach drei Jahren Entwicklung und einem Aufwand von mehreren Millionen DM von der Geschäftsleitung abgelehnt. Aber selbst in den Fällen, in denen die Systeme vom Management initiiert und anfänglich auch aktiv unterstützt wurden, konnten Mißerfolge festgestellt werden. So behinderten in einer Unternehmung sogar die speziell für den Vorstand erarbeiteten zusätzlichen Komponenten, die den Komfort erhöhen sollten, die aktive Nutzung des Systems nachhaltig. In diesem Falle waren die Datenendgeräte in die Tische eingelassen und mußten zur Systemnutzung elektrisch ausgefahren werden. Der hiermit verbundene Zeitaufwand erschwerte die tägliche Nutzung der Systeme und führte mit der Zeit im Zusammenspiel mit anderen Ursachen zur Ablehnung des Systems.

- Personenorientierte Ausrichtung der Systementwicklungen

Nicht selten wurden die ersten Entwicklungsaktivitäten direkt auf die Person eines einzelnen Managers ausgerichtet, so daß personengebundene Informationssysteme entstanden. Diese Systeme waren in aller Regel exklusiv für den Vorstand aufgebaut und meist nicht in die unternehmungsinterne Berichtsstruktur der Unternehmungen eingebunden. Aus diesem Grunde stellten sie häufig isolierte „Insellösungen" dar, die lediglich mit großem Aufwand datenseitig versorgt werden konnten. Hierbei gab es nicht selten die Überlegung, lediglich voll abgestimmte, korrekte Daten in das Vorstandssystem zu integrieren, selbst wenn diese nicht den aktuellsten Stand aufwiesen. Die Strategie, die von einem Befragten prägnant als „Prinzip: Richtigkeit vor Aktualität" bezeichnet wurde, hatte häufig zur Folge, daß die parallel existierenden Papiersysteme einen höheren Aktualitätsgrad aufwiesen als die elektronisch präsentierten Informationen. In einem konkreten Fall wurde das personengebunden entwickelte System nach Ausscheiden des Vorstandsvorsitzenden sogar auf Drängen der Betreuungsabteilung nicht mehr auf der Vorstandsebene eingesetzt, da befürchtet wurde, daß die mangelnde Aktualität der präsentierten Informationen langfristig die generelle Akzeptanz im Management zerstöre.

Keiner der beiden jüngeren Entwicklungsversuche (ab dem Jahre 1990) scheiterte aus den o.a. technischen, motivationalen oder ausrichtungsorientierten Gründen. Vielmehr war das Scheitern auf nicht existente oder mängelbehaftete Gesamtkonzeptionen der Systeme zurückzuführen, die zu einer verfehlten Auswahl von Werkzeugen und Datenhaltungssystemen führten. In beiden Fällen ließen sich nach Angaben der Interviewten die wachsenden Anforderungen an die Systeme mit den gewählten Technikinfrastrukturen im Zeitablauf nicht befriedigend umsetzen, so daß die Entwicklungen nach anfänglichen, durchaus erfolgreich eingesetzten Teillösungen stagnierten. Gemeinsam war beiden Projekten, daß sie nicht abgebrochen, sondern nach der Überarbeitung der Konzeptionen und der Wahl adäquater Werkzeuge direkt neu aufgesetzt wurden.

Ergebnis 2:

Die Entwicklung und der Einsatz von managementunterstützenden Systemen scheiterte ab dem Jahre 1990 nicht mehr an technischen Unzulänglichkeiten, der Motivation der Manager oder an zu starker personeller Ausrichtung der Systeme, sondern an gravierenden Mängeln im Gestaltungsprozeß und in den Architekturen der Systementwicklungen.

3.2.3 Architekturen, Gestaltung und Einsatzerfahrungen von managementunterstützenden Systemen

Die folgenden Kapitel sind der Dokumentation und Analyse der Systemarchitekturen, der Gestaltungsprozesse sowie der Einsatzerfahrungen gewidmet, die in den zwanzig befragten Unternehmungen gemacht werden konnten.

3.2.3.1 Architektur managementunterstützender Systeme

Für die Dokumentation der Systembausteine der im Einsatz befindlichen Management-Unterstützungs-Systeme, ihrer funktionalen Eigenschaften und ihres Zusammenwirkens wird eine Differenzierung aufgrund

- der Form der physischen Speicherung der dispositiven Daten,
- der Systemfunktionalitäten zur Informationsgenerierung und -darstellung sowie
- der verfügbaren Kommunikations-/Kooperationsfunktionalitäten

vorgenommen.

3.2.3.1.1 Physische Speicherung der dispositiven Daten

Die physische Speicherung der dispositiven Daten erfolgte in den Unternehmungen auf unterschiedlichen Datenhaltungssystemen, und zwar den standardisierten relationalen Datenpools, den proprietären Datenpool-Konzepten spezieller Werkzeuganbieter und den lokalen, ebenfalls herstellerabhängigen PC-Datenhaltungssystemen.

Wie die Abb. 3-5 verdeutlicht, dominierte auch im Jahre 1994 noch der isolierte Einsatz proprietärer Datenpools, die als integrale Bestandteile der eingesetzten Werkzeugumgebungen zum Aufbau von Informationssystemen gewertet werden müssen und daher exklusive Datenhaltungskomponenten dieser Informationssysteme darstellen.[1]

[1] In einer Unternehmung existierte sogar ausschließlich die lokale, proprietäre Datenhaltung am Arbeitsplatz des Managers, so daß eine Mehrfachnutzung der dispositiven Daten nicht einmal für die gleiche Klasse von Informationssystemen gegeben war.

	Physische Datenhaltung		
Unternehmungen	stand. relationaler Datenpool	proprietärer Datenpool	lokale Datenhaltung
7 (35 %)	---	X	---
6 (30 %)	X	---	---
4 (20 %)	X	---	X
1 (5 %)	X	X	X
1 (5 %)	---	X	X
1 (5 %)	---	---	X
20 (100 %)	11 (55 %)	9 (45 %)	7 (35 %)

absolute (relative) Anteile einzelner Architektur-Profile

absolute (relative) Anteile einzelner Datenhaltungskomponeten

Abb. 3-5: Physische Speicherung dispositiver Daten

Allerdings war zum Befragungszeitpunkt bereits eine Hinwendung zu standardisierten, relationalen Datenpool-Konzepten feststellbar.[1] Diese Ansätze jedoch bereits als „Data Warehouses" zu bezeichnen, wäre nicht angemessen, da in diesen Fällen ausschließlich der Ersatz werkzeugabhängiger Datenstrukturen im Vordergrund stand und in keinem Falle eine Hinwendung zu einem datenakzentuierenden Entwicklungsansatz im Bereich der Managementunterstützung vorlag.[2] Vielmehr war es nach Aussagen der Befragten die Intention der Unternehmungen, eine zu starke Abhängigkeit von Werkzeuganbietern zu verhindern und die Datenpools auch für andere dispositive Systeme – z.B. zur Erzeugung des traditionellen Papierberichtswesens – zu nutzen.[3]

---

[1] Aus diesen Datenpools wurden – falls die Werkzeuge dieses erforderlich machten – Datenextraktionen in lokale, am Arbeitsplatz verfügbare Datenhaltungssysteme transferiert.

[2] Das Data Warehouse-Konzept wird im Teil 5 der Arbeit ausführlich behandelt.

[3] In einer Unternehmung wurde aus diesem Grunde parallel zu einem proprietären Datenpool ein relationaler Pool mit identischem Datenmaterial aufgebaut.

Ergebnis 3:

In der dispositiven Datenhaltung war ein Trend zu standardisierten relationalen Konzepten feststellbar, um die Abhängigkeiten von Herstellern zu eliminieren und den Datenpool auch für andere dispositive Systeme zugänglich zu machen.

3.2.3.1.2 Systemfunktionalitäten zur Informationsgenerierung bzw. -darstellung

Vor dem Hintergrund der Möglichkeiten, die auch bereits im Jahre 1994 in der praxisorientierten Literatur und auf einschlägigen Symposien als „bereits verfügbar" bzw. „erfolgreich in Unternehmungen eingesetzt" dargestellt wurden, müssen die Ergebnisse der vorliegenden Analyse der Systemcharakteristika als enttäuschend bezeichnet werden. Obwohl für die Befragung gezielt nur solche Unternehmungen herangezogen wurden, die aufgrund von Hinweisen und ausdrücklicher Empfehlung von Spezialisten der Szene als besonders „innovativ" in diesen Bereichen dargestellt wurden, lieferte die Befragung die Erkenntnis, daß die eingesetzten managementunterstützenden Systeme lediglich sehr eingeschränkte Funktionalität besaßen.[1] Die Abb. 3-6 verdeutlicht dieses Ergebnis. So dominierte bei allen im Einsatz befindlichen Systemen eindeutig die starre *Berichtsorientierung*, deren Ausgestaltung sich stark an den traditionellen, in den Unternehmungen bis dato eingesetzten Papierberichten anlehnte bzw. in einigen Fällen sogar lediglich eine 1:1-Abbildung dieser Berichte darstellte. Zwar wurden in der überwiegenden Mehrzahl der Unternehmungen diese elektronischen Berichte um die Möglichkeiten der farblichen Kennzeichnung quantitativer Abweichungen von definierbaren Vergleichswerten erweitert. Da diese einfachen Formen der Abweichungsanalyse jedoch zum regulären Funktionsumfang der eingesetzten

---

[1] Diese Erkenntnis ist ein deutliches Indiz dafür, daß ein beträchtliches Mißverhältnis zwischen den Aussagen der Werkzeuganbieter sowie Beratungsunternehmungen und den in der Praxis eingesetzten Systemen für den gesamten Bereich bestand.

Werkzeugumgebungen für den Aufbau der Informationssysteme gehören, kann dieser Umstand nicht verwundern.[1]

	Funktionalitäten der Informationssysteme				
Unternehmungen	starre Berichtsorientier. (EIS/MIS-Fkt.)	flexibler Datenzugriff (OLAP-Fkt.)	Modellorientierung (DSS-Fkt.)	farbl. Kennz. quantitativer Abw. (Excep. Rep.-Fkt.)	Zugriff auf externe Daten
7 (35 %)	X	---	---	X	---
6 (30 %)	X	---	---	X	X
2 (10 %)	X	---	---	---	X
2 (10 %)	X	X	X	X	---
1 (5 %)	X	X	---	X	X
1 (5 %)	X	X	---	X	---
20 (100 %)	20 (100 %)	4 (20 %)	2 (10 %)	17 (85 %)	9 (45 %)

absolute (relative) Anteile einzelner Funktionalitäts-Profile

absolute (relative) Anteile einzelner Funktionalitäten

Abb. 3-6: Funktionalitäten managementunterstützender Systeme

Im Gegensatz zur der auch im Jahre 1994 bereits populären OLAP-Diskussion in Wissenschaft und Praxis überraschte auch die geringe Anzahl von Unternehmungen aus dem Befragungskreis, die diese Systeme des flexiblen Datenzugriffs bereits einsetzten. Lediglich in vier Unternehmungen waren diese Möglichkeiten in den Systemen integriert. Einen noch geringeren Durchdringungsgrad wiesen die modellorientierten Funktionalitäten auf. So besaßen lediglich zwei Unternehmungen aus dem befragten Sample Systeme, die ihren Benutzern diese Form der Informationsaufbereitung anboten. Allerdings beschränkte sich die Bereitstellung modellorientierter Funktionalitäten auch in diesen beiden Fällen ausschließlich auf die Möglichkeit der Nutzung einfacher Tabellenkalkulationsprogramme, während anspruchsvollere modellorientierte Subsysteme – wie Data Mining oder Expert Systems – nicht zum Einsatz kamen. Im Gegensatz zu einer im Jahre 1991 durchgeführten

1 Vgl. Kemper; Ballensiefen; Schardt /Marktrecherche 1995/ und Schinzer; Zeile /Führungsinformationssysteme 1995/.

Exploration konnten die Manager im Jahre 1994 jedoch vermehrt auch auf externes Datenmaterial zugreifen.[1] Allerdings betonten die Vertreter der neun Unternehmungen, die diese externen Datenzugriffe in die Systeme integriert hatten, daß der Anteil externer Informationen gemessen am internen Datenvolumen und ihre Bedeutung als eher gering einzuschätzen wären.[2]

Ergebnis 4:

Zum Befragungszeitpunkt wurde mit Hilfe von managementunterstützenden Systemen nicht selten lediglich ein Medienwechsel von papiergestützten zu elektronischen Berichtsformen durchgeführt.

3.2.3.1.3 Kommunikations-/Kooperationsfunktionalitäten

Die Integration von Technologien zur Unterstützung der Kommunikation bzw. Kooperation innerhalb der managementunterstützenden Systeme war zum Befragungszeitpunkt im Jahre 1994 bei keiner Unternehmung gegeben. Zwar hatten die meisten Unternehmungen die Arbeitsstationen der Manager in das Netz einer existierenden Bürokommunikation eingebunden, so daß die Führungskräfte mit Hilfe von Electronic-Mail-Produkten miteinander kommunizieren konnten. In keinem Falle war allerdings die Kommunikation bis dahin konsequent in die Systemumgebung integriert, so daß bei Kommunikationsprozessen Medienbrüche toleriert werden mußten. Lediglich in zwei Unternehmungen wurde der Bereich der Kommunikationsunterstützung zum Befragungszeitpunkt in Richtung des Workgroup Computing weiterentwickelt, wobei bereits funktionsfähige Lösungen zum Befragungszeitpunkt allerdings nicht präsentiert werden konnten.

---

1 In der 1991 durchgeführten Exploration konnten erst ca. 20 % der Führungsinformationssysteme auch auf externe Daten zugreifen. Bereits damals aber wurde in der Mehrzahl der Unternehmungen konkret geplant, diese Informationszugriffsmöglichkeiten zu erhöhen. Vgl. Kemper /Executive Information Systems 1991/ 70ff.

2 Nicht selten wurden ausschließlich kostenfreie externe Informationen – z.B. bezogen über Verbandsmitgliedschaften – in das System integriert.

Ergebnis 5:

Managementunterstützende Systeme besaßen keine integrierten Funktionalitäten zur Unterstützung von Kommunikations-/Kooperationsprozessen der Führungskräfte.

3.2.3.2 Gestaltung managementunterstützender Systeme

Für die Dokumentation der Gestaltungserfahrungen wurden die Vertreter der Unternehmungen nach der *Projektinitiierung und -leitung*, der *Zieldefinition und Nutzenevaluation* sowie den *Entwicklungserfahrungen* aus technischer, organisatorischer und sozialpsychologischer Sicht befragt.

3.2.3.2.1 Projektinitiierung und -leitung

Das Ziel sämtlicher Projekte war es, eine wirksame Unterstützung des Managements aufzubauen, wobei vor allem auch das Management der ersten und zweiten Führungsebene in den aktiven Benutzerkreis einbezogen werden sollte. Allen Systementwicklungen war es gemein, daß die Initiative für den Aufbau dieser Systeme von der Fachseite erfolgte, wobei die Motivation zur Projektinitiierung nicht ausschließlich auf erkannte Mängel der bestehenden Berichtsstrukturen basierte, sondern in vielen Unternehmungen auch von Prestigegedanken getrieben wurde. So wurde von den Interviewten geäußert, daß viele Führungskräfte die elektronische Managementunterstützung als Zeichen einer „Technologie-Offenheit" werteten, die für das Renommee der Unternehmung wichtig wäre. In einem Fall wurde beispielsweise das System durch ein Mitglied des Vorstands initiiert, da ihm Kollegen einer Konkurrenzunternehmung ein solches System präsentiert hatten.

Mit der Projektleitung wurden – wie in der Mehrzahl der IV-Projekte üblich[1] – meist Mitarbeiter der zentralen IT-Bereiche beauftragt. So oblag in 12 Unternehmungen die Leitung des Projektes diesen Bereichen, während lediglich in 8 Unternehmungen Manager aus den betriebswirtschaftlichen Fachbereichen die Position eines Projektverantwortlichen über-

[1] Vgl. Stahlknecht /Wirtschaftsinformatik 1995/ 242.

nahmen. In Anbetracht der häufig diskutierten These, daß bei der Entwicklung managementunterstützender Systeme die betriebswirtschaftlichen Probleme komplexer seien als die technischen Umsetzungsschwierigkeiten[1], überrascht dieses Ergebnis und verleitet zu der These, daß viele der im weiteren Verlauf der Auswertung noch zu erläuternden Probleme auf eine dominante Technikausrichtung der Projekte zurückzuführen waren.

Ergebnis 6:

Die Mehrzahl der Projekte zur Entwicklung managementunterstützender Systeme lag im Verantwortungsbereich der klassischen IT-Bereiche.

3.2.3.2.2 Zieldefinitionen und Nutzenanalysen

Auf die Frage, welche Ziele die Unternehmung mit der Entwicklung managementunterstützender Systeme auf den oberen Führungsebenen verfolge, wurden von den Gesprächspartnern fast ausnahmslos globale, mengen- bzw. wertmäßig kaum zu fassende Zielgrößen aufgezählt. Hierbei wurden vor allen Dingen

- Flexibilität bei der Informationsrecherche,
- Elimination von Dateninseln,
- Vereinheitlichung von betriebswirtschaftlichen Kenngrößen und
- globale Erhöhung der Unternehmungstransparenz hervorgehoben.

Wie die Interviews deutlich machten, waren diese Zielgrößen in der Mehrzahl der Unternehmungen vor der Systementwicklung weder definiert noch schriftlich fixiert worden. Konkret bescheinigten 13 von den 18 Unternehmungen, die sich zu diesem Fragenbereich äußerten, daß die Zielsetzungen des Systemeinsatzes – ganz im Gegensatz zu üblichen IT-Projekten – lediglich in informellen Diskussionen zwischen den Projektmitglieder erörtert wurden. Selbst die fünf Unternehmungen, die angaben, sich vor der Systementwicklung

1 Vgl. Bullinger; Koll; Niemeier /Führungsinformationssysteme 1993/ 78.

speziell auch mit den Zielsetzungen des späteren Einsatzes auseinandergesetzt zu haben, bestätigten, daß diese Zielvorgaben nahezu in allen Fällen qualitativer Natur waren und eine Überprüfung der Zielerreichung nach Abschluß der ersten Entwicklungsarbeiten und Übergabe der Systeme nicht mehr erfolgte.[1]

Ergebnis 7:

Die Ziele der Systementwicklung wurden von der Mehrzahl der Unternehmungen nicht systematisch erhoben und schriftlich niedergelegt.

Da die Ziele meist nicht detailliert erhoben wurden, konnten in den Unternehmungen konsequenterweise auch keine aussagefähigen Analysen der Wirtschaftlichkeit und Wirksamkeit der managementunterstützenden Systeme durchgeführt werden. Zwar wiesen die Unternehmungen darauf hin, daß sie vor Systementwicklung eine detaillierte Schätzung der Kosten vorgenommen haben, jedoch wurden in keiner Unternehmung die qualitativen Wirkungen des Systemeinsatzes systematisch erhoben oder bewertet. Vielmehr beschränkten sich die Analysen ausnahmslos auf die direkt monetär bewertbaren Nutzenaspekte. Somit reduzierten sich die Aktivitäten in den wenigen Unternehmungen, die überhaupt Effizienz- und Effektivitätsbetrachtungen in Ansätzen durchführten, ausschließlich auf den Bereich der Rationalisierung des bestehenden Berichtswesens und spiegelten aus diesen Gründen keinesfalls den realen Nutzen der Systementwicklung wider.[2]

Wie eine gezielte Frage nach der persönlichen Einschätzung von Effizienz- und Effektivitätsanalysen deutlich machte, wurde das Fehlen von Wirksamkeits- und Wirtschaftlichkeitsuntersuchungen jedoch mehrheitlich von den Interviewten keinesfalls als Mangel empfunden. Die Gesprächspartner argumentierten, daß solche Analysen zur Zeit für den Be-

---

1 Das Fehlen von klaren Zielvorgaben wurde von den Befragten damit erklärt, daß aufgrund der Neuartigkeit der Problemstellung meist sehr geringe Erfahrungen existierten. In der Mehrzahl der Befragungen wurde darauf hingewiesen, daß es sich bei der Entwicklung dieser Systeme um strategische Entscheidungen handelte, die durch Beschluß der Geschäftsführung herbeigeführt worden waren.

2 Ein Befragter erklärte, daß nach vergeblichen Anstrengungen, eine sinnvolle Kosten-/Nutzenanalyse zu erarbeiten, sich in der Unternehmung die Einsicht durchsetzte, daß solche Analysen nicht möglich wären. Aufgrund eines Vorstandsbeschlusses wäre das Projekt danach – als erstes Projekt in der Unternehmung überhaupt – ohne detaillierte Wirtschaftlichkeitsanalyse durchgeführt worden.

reich der Managementunterstützung nicht sinnvoll durchführbar wären.[1] Als Begründung wurde häufig angeführt, daß der Erfolg des Managements sich ausschließlich multikausal und situativ erklären ließe, wobei der Erfolgsanteil, der einem IT-System zuzuordnen wäre, aufgrund der komplexen Problematik und der fehlenden Zurechenbarkeit grundsätzlich nicht bestimmbar sei. Fraglich wäre es sogar, ob der Systemeinsatz generell den Erfolg des Managements positiv beeinflusse. Die Entscheidungen der Unternehmungsführung wären nämlich häufig durch Einstellungen und Handlungsmaximen einzelner Manager geprägt, wobei es – nach Aussagen eines Befragten – in den Unternehmungen durchaus Manager gäbe, die nach eigener Einschätzung ohne Systemunterstützung wirtschaftlicher und wirksamer arbeiten könnten.

Ergebnis 8:

Effizienz- und Effektivitätsuntersuchungen als Ex-ante- und Ex-post-Analysen wurden im Bereich der managementunterstützenden Systeme nicht durchgeführt, wobei das Fehlen dieser Analysen in der Praxis nicht als Mangel aufgefaßt wurde.

3.2.3.2.3 Entwicklungserfahrungen: technische Aspekte

Bei den Gesprächsrunden wurden in einem der Befragungsschwerpunkte die Interviews bewußt auf den Bereich der technischen Aspekte gelenkt. Von besonderem Interesse war, welche Techniken für die Entwicklung herangezogen wurden und welche Erfahrungen im Umgang mit dieser Technik gesammelt werden konnten.

Wie bereits in Kapitel 3.2.3.1.2 dargelegt, wiesen die managementunterstützenden Systeme in sämtlichen Unternehmungen eine ausgeprägte Berichtsorientierung auf. Für die Entwicklung dieser (Teil-)Systeme, die als Rückgrat der im Jahre 1994 im Einsatz befindli-

---

[1] Nach der Einschätzung eines Probanden sind die ihm bekannten Verfahren zur Effizienz- und Effektivitätsanalyse derart mit Mängeln behaftet, daß sie nach seiner Überzeugung in privaten oder persönlichen Bereichen von keinem Menschen – selbst von denen nicht, die sie für die Unternehmung fordern – akzeptiert würden.

chen managementunterstützenden Systeme bezeichnet werden konnten, wurden vornehmlich die am Markt angebotenen Spezialwerkzeuge benutzt.[1] Lediglich eine Unternehmung gab an, in der Startphase bewußt – also nach Durchführung einer detaillierten Marktrecherche – keines der angebotenen Werkzeuge herangezogen zu haben, sondern mit konventionellen Programmiersprachen der dritten Generation und entsprechenden Werkzeugen zur Oberflächengestaltung die Entwicklung gestartet zu haben. Im Laufe der Zeit rückte aber auch diese Unternehmung von der ursprünglichen Entscheidung ab und verwendete für die Weiterführung der Systementwicklung entsprechende Standardwerkzeuge.

Bemerkenswert war die einstimmige Einschätzung der Interviewten, daß die technischen Probleme bei der Entwicklung der Systeme nicht mehr als gravierend zu bezeichnen wären.[2] Zwar existierten in zwei Drittel der befragten Unternehmungen technische Probleme bei der Systementwicklung, die nicht antizipiert werden konnten bzw. deren Ausmaß im Vorfeld unterschätzt wurde, jedoch konnten sie alle mit vertretbarem Aufwand gelöst werden. Die Abb. 3-7 detailliert den Sachverhalt.

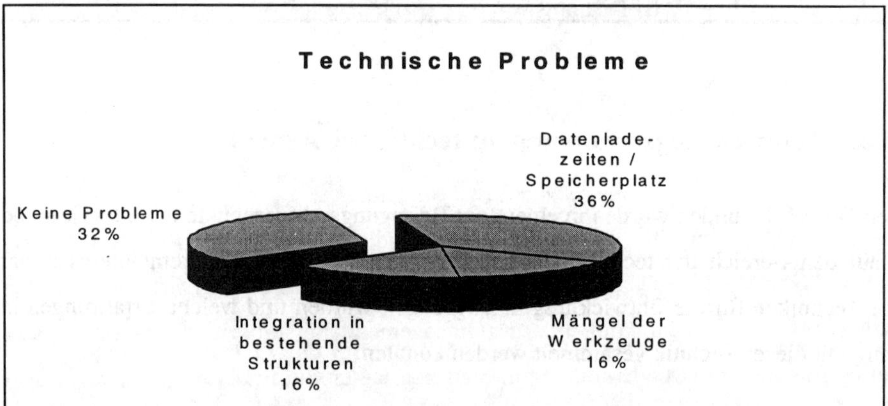

Abb. 3-7: Technische Probleme bei der Systementwicklung

---

[1] In der Befragung wurden Werkzeugumgebungen der Fa. *Breitschwerdt & Partner*, *Comshare*, *IBM*, *Information Resources* (heute *Oracle*), *Microsoft* und *Pilot* eingesetzt.

[2] Die frühen Systemkonzeptionen (vor 1990) scheiterten hingegen nicht selten an technischen Unzulänglichkeiten. Vgl. Kapitel 3.2.2 der Arbeit.

Im einzelnen wurden die folgenden Problembereiche von den Befragten identifiziert:

- Datenladezeiten und Datenspeicherbedarf,
- Unzulänglichkeiten bei den eingesetzten Entwicklungswerkzeugen,
- Integration in bestehende technische Infrastrukturen.

- Datenladezeiten und Datenspeicherbedarf

Im Rahmen der ersten Entwicklungsversuche wurde in vielen Unternehmungen deutlich, daß die Ladezeit völlig unterschätzt worden war, die für die Überführung der steuerungsrelevanten Informationen aus den operativen Datenbeständen in dispositive Datenhaltungssysteme benötigt wurde.[1] Weiterhin waren auch die anfänglichen Planungen für die Speicherplatzbelegung der Informationen keinesfalls korrekt. Meist wurde bei der Planung und der ersten Entwicklungsphase vernachlässigt, daß die Informationen aus Gründen der Performance auf verschiedenen Verdichtungsniveaus vorgehalten und gespeichert werden mußten.[2] Teilweise erhöhte sich der zu speichernde Datenumfang auf diese Weise um ein Vielfaches der ursprünglichen Datenmenge. Mit Hilfe technischer Optimierungen des Datentransfers bzw. aufgrund des Wechsels der Datenhaltungssysteme konnten diese Probleme allerdings bei sämtlichen Unternehmungen in kürzerer Zeit eliminiert werden.

- Unzulänglichkeiten bei den eingesetzten Entwicklungswerkzeugen

In einigen Unternehmungen wurde bemängelt, daß die eingesetzten Entwicklungswerkzeuge nicht die notwendige Qualität aufwiesen, den hohen Anforderungen der Benutzer an Flexibilität, Komfort und Funktionalität der managementunterstützenden Systeme gerecht zu werden. Aus diesem Grunde konnten in manchen Fällen die Erwartungen des Managements, die auch zum Teil durch Herstellerpräsentationen im eigenen Hause geweckt worden waren, nicht direkt erfüllt werden. Zwar konnten in sämtlichen Unternehmungen diese

---

1 Bei einer Unternehmung wurden in nächtlichen Datenaktualisierungsläufen anfangs CPU-Stunden benötigt, um die Daten für das System zur Verfügung zu stellen.

2 Ursprünglich war man in vielen Unternehmungen davon ausgegangen, daß die Verdichtungen sich dynamisch aufgrund der Abfragen aus den Elementardaten während der Abfrage bilden lassen. Aus Gründen des Antwortzeitverhaltens ging man jedoch schnell dazu über, diese Informationsverdichtungen vorab zu berechnen und die aggregierten Werte zusätzlich zu speichern.

Probleme gelöst werden, jedoch verursachten sie erheblichen Mehraufwand, der in seinen Ausmaßen schlecht kalkulierbar war.[1]

- Integration in bestehende technische Infrastrukturen

Die Einbindung der managementunterstützenden Systeme in die bestehenden Hardware- und Software-Infrastrukturen führte in der Praxis in einigen Fällen zu technischen Problemen, die nach Ansicht eines Probanden aufgrund der Komplexität von historisch gewachsenen IT-Infrastrukturen in ihrem Aufwand und in ihrer zeitlichen Disposition nicht antizipierbar waren.

Ergebnis 9:

Technische Probleme bei der Entwicklung managementunterstützender Systeme lagen in den Bereichen „Datenladezeiten und Datenspeicherbedarf", „Mängel der Entwicklungswerkzeuge" und „Integration in bestehende technische Infrastrukturen". Die dargestellten Probleme waren jedoch – im Gegensatz zu frühen Aussagen aus den 80er Jahren – generell lösbar und wurden als *nicht erfolgsgefährdend* beurteilt.

3.2.3.2.4 Entwicklungserfahrungen: organisatorische Aspekte

Managementunterstützende Systeme sind nicht nur in die existierenden technischen Infrastrukturen einer Unternehmung zu integrieren, sondern müssen auch in den organisatorisch-inhaltlichen Kontext eingebettet werden. Die Entwicklung der Systeme offenbart in diesem Zusammenhang häufig gravierende Mängel, die als Formalisierung des Informationsflusses den organisatorischen Gestaltungsbereichen zuzurechnen sind. Wie auch die technischen Probleme wurden diese Schwierigkeiten anfänglich von der Mehrzahl der Unternehmungen unterschätzt, wobei sich jedoch die Eliminierung dieser Probleme ungleich schwieriger gestaltete. Hierbei konzentrierten sich die aufgetretenen Konflikte auf den Be-

---

[1] Eine Unternehmung bescheinigte, die erworbenen Werkzeuge selbständig weiterentwickelt und modifiziert zu haben, um speziellen Anforderungen des Managements gerecht zu werden.

reich der Abgleichung betriebswirtschaftlicher Kenngrößen und den damit in Gang gesetzten bereichsübergreifenden Diskussionen über Dateninhalte, -fristigkeiten und -abgrenzungen. Selbst bei den Unternehmungen, die vor Projektstart davon überzeugt waren, daß sie aufgrund eines ausgereiften existierenden Papierberichtswesens keine größeren definitorischen Probleme im Bereich der Informationsbereitstellung zu erwarten hätten, wurden Inkonsistenzen innerhalb der Basisdaten festgestellt, die einer sinnvoll zu interpretierenden Aggregation dieser Daten entgegenstanden. Nicht selten wurden die hierdurch induzierten Diskussionen über die zu integrierenden Informationen kontrovers und emotional geführt und verursachten meist erheblichen Mehraufwand sowie teilweise sogar Verweigerungsreaktionen bei den betroffenen Mitarbeitern. Aufgrund dieser Erfahrungen erklärten drei Unternehmungen ausdrücklich, daß die Systeme zu früh in die Implementierungsphase geführt wurden, wobei die Ursachen für diesen Mangel sowohl durch Fehleinschätzungen der existierenden Datenqualität als auch aufgrund des Drängens des Managements zurückzuführen waren.[1]

Ergebnis 10:

Aufgrund der Entwicklungsaktivitäten wurden in vielen Unternehmungen Mängel in der Verfügbarkeit, Qualität und Abgrenzung der betriebswirtschaftlichen Basisinformationen deutlich. Die Schwere der Mängel wurde in der Mehrzahl der befragten Unternehmungen als *erfolgsgefährdend* für die Systementwicklung eingeschätzt.

---

1 Ein Experte erklärte, daß das erste (gescheiterte) System auf ausdrücklichen Wunsch des Vorstands aufgebaut wurde, obwohl den Entwicklern bereits bei Projektstart die mängelbehaftete Datenqualität bewußt war. Nach der Meinung des Probanden wäre es besser gewesen, dem Vorstandswunsch nicht nachzukommen, sondern das Interesse der Unternehmungsleitung zu nutzen, eine Harmonisierung der verfügbaren Informationen vorzunehmen.

3.2.3.2.5 Entwicklungserfahrungen: sozialpsychologische Aspekte

Im Verlaufe der Gespräche wurde deutlich, daß bei der Systementwicklung die gravierendsten Schwierigkeiten im verhaltensorientierten Bereich zu identifizieren waren.[1] Die Probleme wurden meist zusätzlich dadurch verstärkt, daß sie in ihrer Art und in ihrem Ausmaß mehrheitlich vollkommen falsch eingeschätzt worden waren. Die Beteiligten sahen sich aus diesem Grunde häufig unvorbereitet mit sozialpsychologischen Phänomenen konfrontiert und konnten in vielen Fällen nur unzureichend reagieren.

Mehrheitlich wurde festgestellt, daß bei der Erörterung von verhaltensorientierten Problemen drei unternehmungsinterne Gruppen abgegrenzt werden müssen, und zwar die Manager als spätere *Systembenutzer*, die *Systementwickler* und die – von den meisten Probanden vor der Entwicklung völlig vernachlässigten – Informationslieferanten als die vom Systemeinsatz *Betroffenen*.

Ergebnis 11:

Die sozialpsychologischen Probleme bei der Entwicklung managementunterstützender Systeme dominierten die technischen und organisatorischen Problembereiche. Sie wurden als *äußerst erfolgsgefährdend* eingeschätzt.

Die Abb. 3-8 gibt Aufschluß über die verhaltensorientierten Problemaspekte:

---

1 70 Prozent der Befragten bescheinigten, daß die verhaltensorientierten Probleme komplexer waren als sämtliche anderen Probleme.

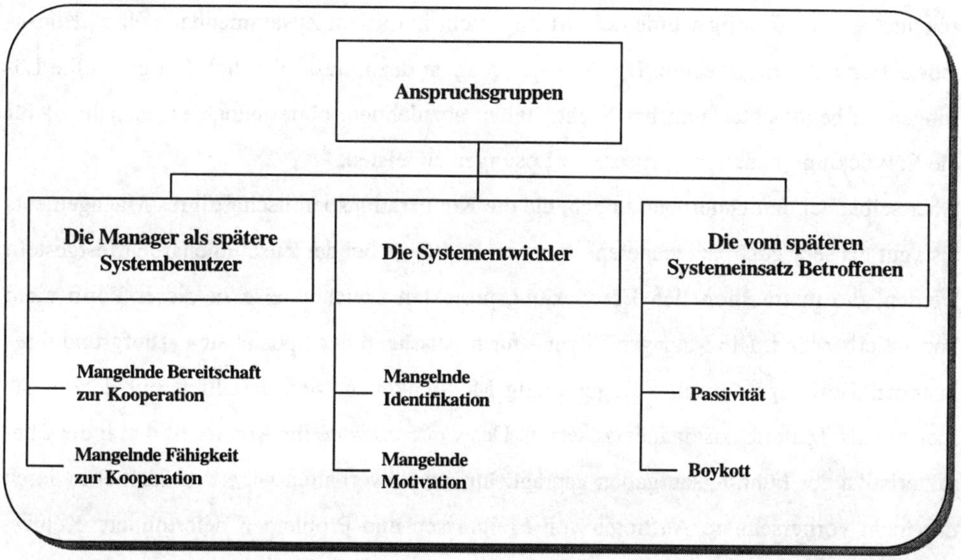

Abb. 3-8: Anspruchsgruppen bei der Systementwicklung und verhaltensorientierte Reaktionen

- Manager als spätere Systembenutzer

Von späteren Systembenutzern wird im allgemeinen erwartet, daß sie sowohl als *kooperationswillige* als auch *kooperationsfähige* Mitarbeiter in die frühen Phasen eines Systementwicklungsprozesses eingebunden werden können. Die Bereitschaft des Managements – vornehmlich der Führungskräfte der ersten und zweiten Hierarchieebene – sich aktiv im Entwicklungsprozeß zu engagieren, war jedoch nicht in allen Fällen als gegeben anzusehen. Zwar war es in nahezu sämtlichen Unternehmungen vorgesehen, gerade in den frühen Phasen – vor allem bei Erstellung des betriebswirtschaftlichen Fachkonzepts – eng mit dem Management zusammenzuarbeiten.[1] Sieben Unternehmungen erklärten jedoch ausdrücklich, daß hierfür kaum Kooperationsbereitschaft existierte. Vielmehr konnten in diesen Unternehmungen Reaktionen festgestellt werden, die meist durch Desinteresse gekenn-

[1] Lediglich eine befragte Unternehmung gab an, die Systementwicklung bewußt ohne die Einbindung der späteren Benutzer aus dem oberen Management durchgeführt zu haben. Als Argumentation wurde angeführt, daß der Kenntnisstand der Manager nicht für eine fruchtbare Zusammenarbeit ausreiche, sondern vielmehr den Entwicklungsprozeß behindere.

zeichnet waren.[1] Häufig wurde dem Management in diesem Zusammenhang eine „Konsumorientierung“ vorgeworfen. Die Manager neigten dazu, ausschließlich fertiggestellte Lösungen zu begutachten und bei Nichtgefallen abzulehnen, ohne jedoch eigenen Input für die Entwicklung bedarfsangemessener Lösungen zu leisten.

Aber selbst bei den Unternehmungen, die die Kooperationsbereitschaft ihres Managements als „gut bis sehr gut“ bezeichneten[2], konnten Probleme bei der Zusammenarbeit festgestellt werden, die in traditionellen Entwicklungsprojekten üblicherweise in dieser Form nicht konstatierbar sind. Die Manager hätten – nach Aussagen der Spezialisten – aufgrund ihres knappen Zeitbudgets in aller Regel wenig Möglichkeiten, sich detailliert mit der für sie meist neuen Materie auseinanderzusetzen. Des weiteren wäre ihr Arbeitsstil durch die Charakteristika der Führungsaufgaben geprägt. Ihr Arbeitsverhalten wäre demnach eher durch das nicht vorhersehbare Auftreten von Ereignissen und Problemen determiniert. Keinesfalls gehöre es zu managementtypischen Aufgaben, geplant und systematisch auf eine Einzellösung hinzuarbeiten.[3] Diese Form der Zusammenarbeit ist nach Meinung der Interviewten jedoch eine unabdingbare Voraussetzung für die Entwicklung von managementunterstützenden Systemen. Die Diskrepanz zwischen Kooperationsanforderungen und Kooperationsfähigkeiten des Managements wurde jedoch in vielen Unternehmungen meist erst bei den Gesprächen zur Definition der Systemanforderungen deutlich.[4]

Ergebnis 12:

Die mangelnde Kooperationsbereitschaft und -fähigkeit des Managements führte primär in den frühen Phasen der Systemkonzeptionalisierung zu erheblichen Problemen.

---

1 Ein eindeutiger Zusammenhang zwischen der Kooperationsbereitschaft in frühen Phasen der Systementwicklung und der späteren Bereitschaft, die entwickelten Systeme auch zielgerecht einzusetzen, konnte jedoch nicht festgestellt werden.

2 Erwartungsgemäß hatten die Unternehmungen, deren Systeme von der Geschäftsführung bzw. dem Vorstand initiiert wurden, meist keine Probleme mit der Kooperationsbereitschaft ihres Managements.

3 Vgl. Kapitel 2.1.4 dieser Arbeit.

4 Beispielsweise wurden von den Führungskräften entweder bereits vorhandene Strukturen repliziert oder Lösungen gefordert, die technisch und wirtschaftlich weit von jeder Realisationsmöglichkeit entfernt waren.

- *Systementwickler*

Mangelnde Motivation und Identifikation konnten auch bei den Mitarbeitern der Entwicklungsteams festgestellt werden. Die Ursachen hierfür lagen nach Einschätzung der Befragten darin, daß die Projekte meist durch – teilweise sogar wechselnde – externe Beraterteams dominiert wurden. Die Vorherrschaft der Unternehmungsberatungen ließen den eigenen Mitarbeitern zum Teil sehr geringe Freiheitsgrade bei der Gestaltung einzelner Aspekte und hatte in einer Unternehmung sogar zur Folge, daß die Mitarbeit im Projekt von den eigenen Mitarbeitern eher als Sanktion aufgefaßt wurde.

Ergebnis 13:

Die Dominanz externer Beratungshäuser im Entwicklungsprozeß führte zu Motivations- und Identifikationsproblemen bei unternehmungseigenen Systementwicklern und gefährdete den Entwicklungserfolg erheblich.

- *Vom späteren Systemeinsatz Betroffene*

Die Probleme, die auf den tieferen Hierarchieebenen festzustellen waren, waren häufig als Reaktion des erwarteten Benutzungsverhaltens des Managements zu bewerten und wurden in den Unternehmungen anfänglich meist völlig unterschätzt. Die Hauptschwierigkeiten konzentrierten sich hierbei auf die Bereiche „Erhöhung der Transparenz“ und „Machtverlust“. So bescheinigten die Unternehmungen in der Mehrzahl, daß vor allem die künftigen Lieferanten der in die Systeme einzustellenden Informationen häufig zu Opponenten der zu entwickelnden Systeme wurden.

In dieser Gruppe herrschten vor allem die folgenden Befürchtungen vor:

- Bewertungs- und Kontrollmöglichkeiten durch Dritte,
- Verlust von Verantwortlichkeit und Kompetenz,
- Prestigeverlust durch Wegfall formeller und informeller Kontakte,
- Notwendigkeit der Rechtfertigung.

- *Bewertungs- und Kontrollmöglichkeiten durch Dritte*

In einigen Unternehmungen wurde von den datenliefernden organisatorischen Einheiten befürchtet, daß mit Hilfe des Systems direkte Bewertungen und Kontrollen der erbrachten Leistungen durch das Management und auch durch benachbarte Einheiten auf gleicher hierarchischer Ebene erfolgen könnten.[1] Diese Transparenz könnte – so wurde argumentiert – zu Verlust von Macht und Ansehen führen und würde sich negativ auf die Ressourcenverteilung innerhalb der Unternehmung auswirken.

- *Verlust von Verantwortlichkeit und Kompetenz*

Mit Hilfe der in den Systemen integrierten Auswertungsmöglichkeiten können häufig vom Management eigenständig flexible Auswertungen durchgeführt werden. Über Filterung, Disaggregation und individuelle Gruppierung lassen sich auf diese Weise häufig hochwertige Berichte erzeugen, die früher ausschließlich mit entsprechendem Know-how von den datenliefernden Fachbereichen zu erstellen waren. In diesen Abteilungen bestand daher die Befürchtung, daß mit dem Systemeinsatz ein erheblicher Verlust an Verantwortlichkeit und Kompetenz verbunden wäre, der die Mitgestaltungsmöglichkeiten an Entscheidungsvorbereitungen erheblich einschränken könnte.

- *Prestigeverlust durch Wegfall formeller und informeller Kontakte*

Aufgrund des geplanten Systemeinsatzes existierte in nicht wenigen Unternehmungen die Vermutung, daß sich die Arbeitsschwerpunkte in den datenliefernden Fachbereichen auf das „anonyme“ Einstellen von Informationen verlagern würden. In diesem Falle – so die Befürchtungen – könnte ein großer Anteil an formellen aber auch informellen Kommunikationskontakten entfallen, der zu einer erheblichen Reduktion der qualitativen Aspekte der bisherigen Arbeit und somit zu einem Prestigeverlust für die organisatorische Einheit führen würde.

1 In einer Unternehmung wurde explizit angegeben, daß es vor der Systemeinführung allgemein üblich war, Manipulationen durchzuführen, um geringfügige Fehler in den Managementberichten zu verbergen.

- *Notwendigkeit der Rechtfertigung*

Einige Probanden waren davon überzeugt, daß aufgrund der neuen Transparenz Anfragen von hierarchisch höheren Ebenen induziert würden, die betriebswirtschaftlich nicht sinnvoll seien. Beispielsweise könnten vom Management Informationen abgefragt werden, die aufgrund mangelnder Detailkenntnisse ohne Kommentierung nicht zu interpretieren wären und aus diesem Grunde zu unnötigen Erklärungs- und Kommentierungsaktivitäten in den datenliefernden Abteilungen führen würden.

Diese Störgefühle bei den datenliefernden Abteilungen führten bei der Mehrzahl der Unternehmungen schon bei Beginn der Entwicklungsaktivitäten zu Abwehrreaktionen. Problematisch war vor allem, daß diese jedoch meist nicht offen diskutiert wurden, sondern sich unterschwellig durch Passivität oder gezielte Desinformation bemerkbar machten.[1]

Ergebnis 14:

Die vom späteren Systemeinsatz betroffenen Mitarbeiter boykottierten nicht selten die Systementwicklung, da sie befürchteten, daß sie aufgrund des Systemeinsatzes
- durch Dritte bewertet und kontrolliert werden könnten,
- Verantwortlichkeit und Kompetenz verlieren würden,
- Prestigeverlust durch Wegfall von Kontakten erleiden würden und
- sich gegenüber dem Management rechtfertigen müßten.

3.2.3.3 Einsatz managementunterstützender Systeme

Einen Befragungsschwerpunkt stellten die Erfahrungen dar, die in den Unternehmungen im Rahmen des Einsatzes der managementunterstützenden Systeme gesammelt werden konnten. Insbesondere war hierbei von Interesse, welche zusätzlichen Mitarbeitergruppen die Systeme während ihrer Einsatzphase als neue Benutzer gewinnen konnten und welche Bedeutung die Systeme in der Unternehmung erlangten. Des weiteren konzentrierten sich die

1 Ein Proband gab an, daß durch gezielte Falschinformationen der datenliefernden Controllingabteilung die Entwicklung des Gesamtsystems beinahe gescheitert wäre.

Gespräche auf organisatorische bzw. sozialpsychologische Dimensionen des Systemeinsatzes.[1]

3.2.3.3.1 Benutzergruppen und Bedeutung der Systeme

Das erklärte Ziel sämtlicher Systementwicklungen war es, auch das gehobene Management adäquat zu unterstützen. Zieht man zur Evaluierung dieser Zielsetzung den durchschnittlichen Durchdringungsgrad der Systeme auf den beiden ersten Führungsebenen heran, so kann insgesamt eine positive Beurteilung abgegeben werden. Die Abb. 3-9 verdeutlicht diesen Zusammenhang:

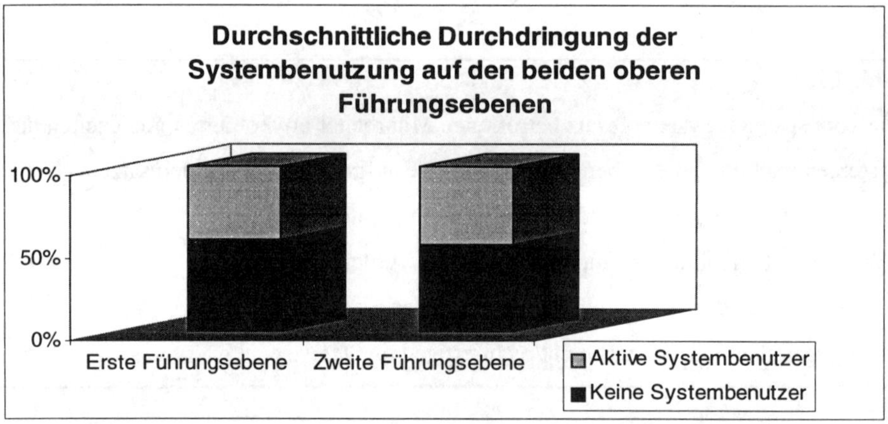

Abb. 3-9: Durchschnittliche Durchdringung der Systembenutzung auf den beiden oberen Führungsebenen

So wird deutlich, daß durchschnittlich ca. 50 Prozent aller Mitarbeiter der beiden oberen Führungsebenen als aktive Systembenutzer eingestuft werden konnten, sich also selbstän-

[1] Im Bereich der Technik wurden hierbei lediglich die Probleme angeführt, die mit den häufigen Release-Wechseln der Entwicklungswerkzeuge und den damit verbundenen Ausfallzeiten der Systeme verbunden

dig der Informationssysteme bedienten. Es wäre jedoch verfehlt, aufgrund der hohen Durchdringung der Systemnutzung auf den oberen Hierarchieebenen davon auszugehen, daß die Systeme Exklusivanwendungen für den kleinen Kreis von Top-Managern darstellten.[1] Vielmehr machte die Analyse deutlich, daß die Systementwicklungen von Mitarbeitern verschiedener Hierarchiestufen eingesetzt wurden und teilweise mehrere hundert aktive Benutzer aufwiesen.[2] Die Abb. 3-10 zeigt die durchschnittliche Zusammensetzung des Benutzerkreises der managementunterstützenden Systeme.

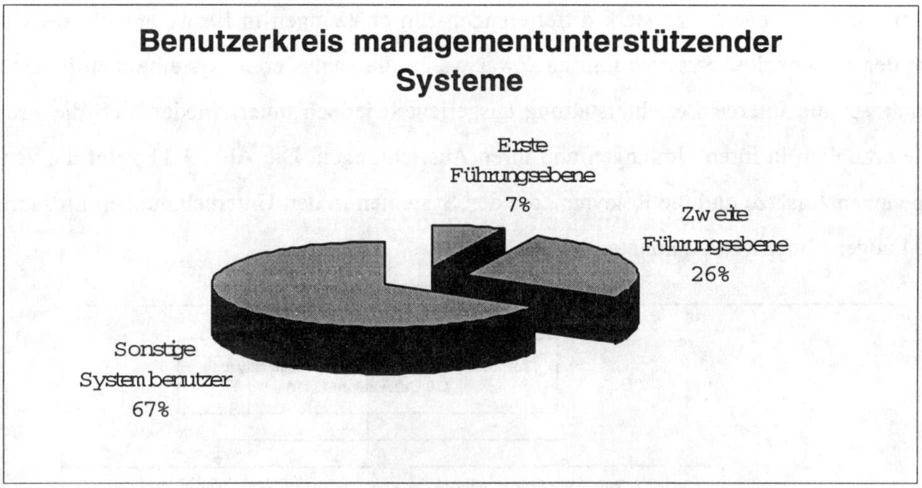

Abb. 3-10: Benutzerkreis managementunterstützender Systeme

Wie die Abbildung veranschaulicht, waren lediglich ein Drittel der aktiven Benutzer den beiden oberen Hierarchieebenen zuzuordnen. Der überwiegende Anteil der aktiven Systembenutzer rekrutierte sich demnach nicht aus den ersten beiden Hierarchieebenen, sondern setzte sich aus Mitarbeitern der Bereiche Vertrieb, Marketing und Controlling sowie den entscheidungsunterstützenden Stäben zusammen.

---

sind. Da in den Unternehmungen diese Schwierigkeiten jedoch übereinstimmend als nicht schwerwiegend eingeschätzt wurden, werden sie hier nicht weiter thematisiert.

1 Lediglich eine Unternehmung hatte ein exklusives System aufgebaut, das ausschließlich der ersten Führungsebene – den acht Vorstandsmitgliedern – zur Verfügung gestellt wurde.

2 Im Mittel lag die Anzahl der Benutzer jedoch zwischen 20 und 50 Mitarbeitern.

Ergebnis 15:

Die zum Befragungszeitpunkt im Einsatz befindlichen MUS wurden von einem großen Teil der Mitarbeiter des Top-Managements aktiv genutzt, wobei jedoch Exklusivsysteme für einen ausgewählten Kreis von Top-Managern fast ausnahmslos nicht existierten.

In den 20 befragten Unternehmungen konnten zwei grundsätzliche Systemkonzeptionen identifiziert werden, die zu stark differierenden Einschätzungen in Bezug auf die Bedeutung der entwickelten Systeme führten. Zwar waren die analysierten Systeme mehrheitlich primär auf die interne Berichterstattung ausgerichtet, jedoch unterschieden sich die Projekte erheblich in ihren Umfängen und ihren Ausrichtungen. Die Abb. 3-11 zeigt die verschiedenen Ansätze und die Relevanz, die den Systemen in den Unternehmungen im Jahre 1994 zugerechnet werden konnte.

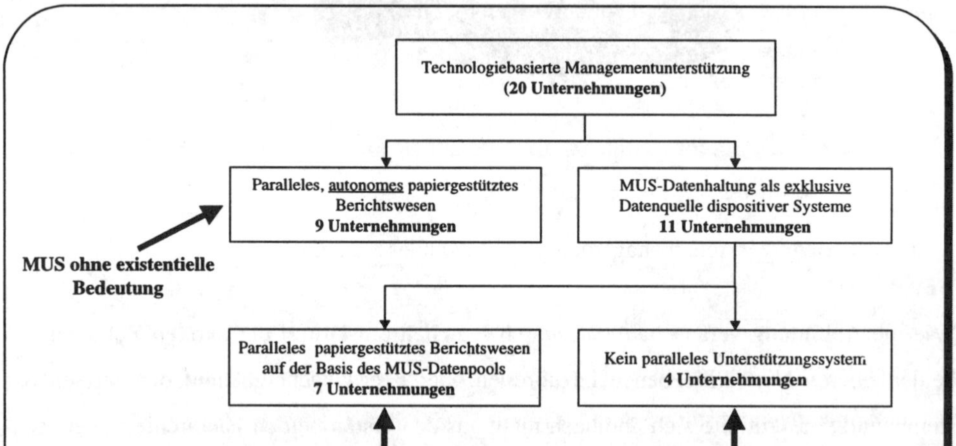

Abb. 3-11: Relevanz der entwickelten MUS

In nahezu der Hälfte der Unternehmungen wurden die Systeme als *parallele Systeme* zu bestehenden und zum Befragungszeitpunkt auch weiter eingesetzten Berichtswesen aufgebaut. Die neu entwickelten Systeme besaßen nach Aussagen dieser Probanden daher *keine existentielle Bedeutung* für das Management. Ein Wegfall dieser Systeme hätte demnach lediglich Qualitätseinbußen bei der Auswertung der Datenbestände bewirkt.

In 11 der befragten Unternehmungen existierten für die neuen Systeme hingegen *keine adäquaten Alternativlösungen*, da die Entwicklungen der managementunterstützenden Systeme mit der Ablösung der traditionellen Formen der dispositiven Datenversorgung einhergingen. Allerdings konnte festgehalten werden, daß auch in diesen Fällen mehrheitlich das traditionelle papiergestützte Berichtswesen als Parallelsystem erhalten blieb. Nach Aussagen dieser Unternehmungen könnte daher ein Verzicht auf die elektronischen Auswertungsmöglichkeiten hingenommen werden, ohne nennenswerte Einbußen in der Qualität der Informationsversorgung zu bewirken. Die mit einem Verzicht der elektronischen Benutzeroberfläche und der Systemfunktionalität verbundenen Einbußen an Flexibilität und Qualität der Informationsdarstellung könnten durch vermehrte Anstrengungen von Assistenz- und Sekretariatskräften kompensiert werden, die in diesen Fällen spezielle Auswertungen für das Management anfertigen müßten.

Lediglich in einem Fünftel der befragten Unternehmungen konnten die neuentwickelten Systeme in ihrer Gesamtheit (Datenhaltung, Funktionalität, Benutzeroberfläche) als „existentiell" eingestuft werden, da bisherige Alternativlösungen abgeschafft wurden bzw. ihr Gebrauch durch Anweisungen untersagt wurde.

Ergebnis 16:

In nahezu der Hälfte der Unternehmungen besaßen die zum Befragungszeitpunkt eingesetzten MUS keine existentielle Bedeutung für die Unternehmungen, da parallel autonome, papiergestützte Berichtssysteme weiterhin im Einsatz blieben.

Die gesamte Systementwicklung – bestehend aus Datenhaltung, Funktionalität und Benutzeroberfläche – war lediglich in vier der befragten Unternehmungen von existentieller Bedeutung.

3.2.3.3.2 Organisatorische Implikationen des Systemeinsatzes

Erstaunlicherweise gaben nahezu alle Unternehmungen an, daß vor Projektstart keine expliziten Planungen existierten, mit Hilfe des zu entwickelnden Systems strukturelle Modifikationen im Sinne aufbau- oder ablauforganisatorischer Optimierungen anzustreben. Alle Veränderungen ergaben sich demnach eher als ungeplante Konsequenz aus dem Einsatz der Systeme. So konnten in ungefähr einem Drittel der befragten Unternehmungen Veränderungen festgestellt werden, die vornehmlich in ablauforganisatorischen Bereichen anzusiedeln sind.[1] Diese Unternehmungen bestätigten, daß die durch die Systeme geschaffene Transparenz in der Unternehmung primär zu einem (ungeplanten) Wandel im Kommunikations- und Führungsverhalten führte, der nach Aussagen der Probanden sowohl positive als auch negative Effekte mit sich brachte. Die Abb. 3-12 gibt einen Überblick der Veränderungen:

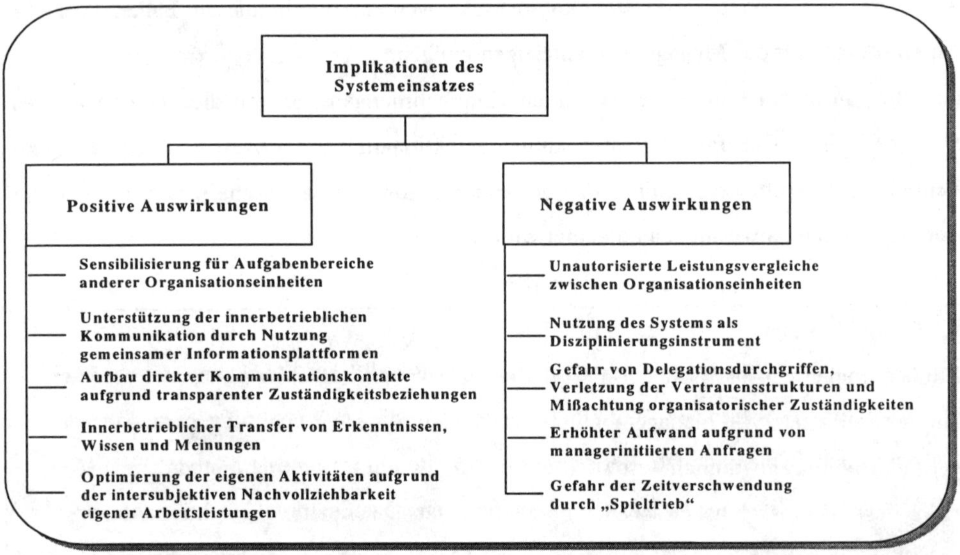

Abb. 3-12: Implikationen des Systemeinsatzes

[1] Im aufbauorganisatorischen Bereich wurden Veränderungen lediglich dadurch bewirkt, daß für die Betreuung der Systeme entsprechende Stellen bzw. Gruppen neu definiert und organisatorisch eingegliedert werden mußten.

- *Positive Auswirkungen*

Die Systeme führten nach Angaben der Befragten dazu, daß die Unternehmungen als komplexe, stark arbeitsteilige Organisationen für die Mitarbeiter überschaubarer wurden. So konnte mit Hilfe der Systeme eine bis dahin nicht gekannte Transparenz geschaffen werden, die sich positiv auf die Fähigkeit, die Bereitschaft und die Möglichkeiten der unternehmungsinternen Kommunikation auswirkte. Die Verbesserung des „mentalen Unternehmungsmodells" der Mitarbeiter führte hierbei zu intensiveren Formen der Abstimmung und der Zusammenarbeit der Mitarbeiter und unterstützte auf diese Weise den Grad der Identifikation der Mitarbeiter mit der Unternehmung. Weiterhin bewirkte das Bewußtsein, daß die eigenen Leistungen innerhalb des Systems für alle ersichtlich dokumentiert wurden, eine erhöhte Arbeitsmotivation der Mitarbeiter.

- *Negative Auswirkungen*

Neben den positiven Auswirkungen wiesen die Befragten aber auch auf ungünstige Entwicklungen hin.[1] So schaffte die neue Transparenz in den Unternehmungen Probleme, da (unautorisierte) Leistungsvergleiche organisatorischer Einheiten zu Verstimmung bei den Verantwortlichen führten. Des weiteren wurden die Systeme zum Teil von der Geschäftsleitung bzw. dem Vorstand als Disziplinierungsinstrument eingesetzt, wobei nicht selten die in der Unternehmung vereinbarten und über Jahre gewachsenen Führungsstrukturen und Führungsphilosophien ignoriert wurden. Die Kritik der Probanden konzentrierte sich in diesem Bereich auf Delegationsdurchgriffe, Verletzung der Vertrauensstrukturen und Mißachtung organisatorisch definierter Zuständigkeiten.[2] Ebenso wurde angemerkt, daß durch den Einsatz von managementunterstützenden Systemen den Mitarbeitern der Unternehmungsleitung irrtümlich vermittelt wurde, die gesamte Unternehmungskomplexität mit Hilfe des Systems zu beherrschen. Top-Manager disaggregierten die Unternehmungsdaten teilweise bis auf die Belegebene, obwohl sie aufgrund ihrer Position und ihres Aufgaben-

---

1 Im Prinzip traten sämtliche „Befürchtungen" ein, die die von der Systementwicklung Betroffenen im Vorfeld äußerten. Vgl. Kapitel 3.2.3.2.5 dieser Arbeit.

2 So wurde in einer Unternehmung anfänglich ein exklusives Vorstandssystem eingesetzt, das vom Top-Management auch als Grundlage der Leistungsbewertung einzelner Mitarbeiter herangezogen wurde. Da diese Mitarbeiter allerdings keinen Zugriff auf die im System dargestellten Informationen hatten, führte der Systemeinsatz zu Frustrationen.

gebietes weder fachlich für diese Bereiche verantwortlich waren, noch das Potential besaßen, die Datenausprägungen sinnvoll zu interpretieren.[1] Dieses Benutzerverhalten, dem aufgrund der hierarchischen Autorität des Top-Managements in der Praxis nur bedingt entgegengewirkt werden könne, gefährde nach Meinung einiger Probanden die Wirksamkeit einer arbeitsteiligen Organisation ernsthaft und stelle ein nicht zu unterschätzendes Risiko bei dem Einsatz von managementunterstützenden Systemen dar.

Ergebnis 17:

Der Einsatz von managementunterstützenden Systemen führte in vielen Unternehmungen zu gravierenden, nicht antizipierten Veränderungen im Kommunikations- und Führungsverhalten, wobei diese Veränderungen sowohl positive als auch negative Auswirkungen hatten.

3.2.3.3.3 Systembedingte Veränderungen der Managerarbeit

Verhaltensorientierte Veränderungen im Führungs- und Kommunikationsgebaren der Manager bedingen keinesfalls gleichzeitig direkte Veränderungen im unmittelbaren Arbeitsumfeld der Manager. Aus diesem Grunde wurden die Spezialisten gebeten, konkrete Aussagen über eventuelle Arbeitsumfeldveränderungen im Management zu machen, die einen eindeutigen Zusammenhang zum Systemeinsatz aufwiesen. Fast alle Probanden, die sich zu diesem Themenbereich äußerten, bestätigten, daß der Einsatz der Systeme auf den oberen Führungsebenen keine Veränderungen im direkten Arbeitsumfeld bewirkt hätte. So wurden Arbeitssitzungen der Geschäftsführung oder des Vorstands z.B. in keiner Unternehmung durch die direkte Nutzung der Systeme – etwa mit Hilfe von Notebooks oder Großbildprojektoren – unterstützt. Vielmehr konnte sogar festgestellt werden, daß sämtliche Versuche, diese Hilfsmittel im Management einzuführen, in den letzten Jahren ge-

[1] Dieses Verhalten führte in einigen Unternehmungen zu Anfragen der Unternehmungsleitung. In solchen Fällen hatten die zuständigen Mitarbeiter die Aufgabe, die "mutmaßlichen" Abweichungen ihrem Management fachlich zu erläutern, wobei für die Klärung der Sachverhalte ein nicht zu unterschätzender Auf-

scheitert waren. Immerhin bescheinigten 40 % der Unternehmungen, die technischen Möglichkeiten installiert zu haben, die für die Durchführung großbildgestützter Sitzungen notwendig wären. Die Nutzung dieser Hilfsmittel wurde jedoch in nahezu jeder Unternehmung von den Führungskräften abgelehnt, wobei zwei Unternehmungen in diesem Zusammenhang explizit von schlechten Einsatzerfahrungen berichteten, die zur Verweigerung im Management führten.

Die Ablehnungsgründe der technischen Hilfsmittel wurden vor allem auf die Unzulänglichkeiten der heutigen Technologie zurückgeführt und nicht primär auf eine generelle Technologiefeindlichkeit im Management. Beispielsweise wären die verfügbaren Großbildprojektoren zu lichtschwach und zu störungsanfällig. Des weiteren könnten spontane Informationsrecherchen (Ad-hoc-Abfragen) innerhalb der heutigen Systeme von den Managern lediglich bedingt durchgeführt werden, da die Funktionalität, Systemstabilität und Bedienungsqualität der Systeme in vielen Fällen unzureichend wären.

Die Auswirkungen auf die Arbeit der Führungskräfte könnten daher nach Ansicht der meisten Unternehmungen eher als indirekt bezeichnet werden. Die unmittelbaren Vorteile der eingesetzten managementunterstützenden Systeme sahen die Befragten vor allem in einer schnellen und individuellen Gesprächs- und Sitzungsvorbereitung. Hierbei würden in vielen Fällen mit Hilfe der Systeme situativ benötigte Spezialauswertungen unmittelbar vor den Meetings vom Manager (oder seinem Unterstützungspersonal) erstellt, die als Papier- oder Folienvorlage innerhalb der Sitzung zum Einsatz kämen.

Ergebnis 18:

Der Einsatz managementunterstützender Systeme bewirkte in den befragten Unternehmungen keine unmittelbaren Veränderungen im Arbeitsumfeld der Manager, sondern diente ausschließlich einer Qualitätssteigerung traditioneller Arbeitsformen.

---

wand sowohl in der Unternehmungsleitung als auch in den angesprochenen Fachbereichen festzustellen war.

3.2.3.3.4 Akzeptanz im Management

Unter dem Begriff *Akzeptanz* wird grundsätzlich eine aktive Bereitschaft verstanden, sich mit Sachverhalten, Personen, Ideen oder Gegenständen positiv auseinanderzusetzen. Das allgemeine Verständnis von Akzeptanz geht somit weit über eine bloße Duldung oder Toleranz hinaus.[1] Im Bereich der Wirtschaftsinformatik wird Akzeptanz – hier auch häufig als *IV-Akzeptanz* verstanden – auf das Erkenntnisobjekt der Wirtschaftsinformatik ausgerichtet und meint daher die aktive Bereitschaft, sich der fertiggestellten IV-Systeme bei der Aufgabenerfüllung in vorher definiertem Rahmen zu bedienen.[2] Die Aussagen der Interviewten über die Akzeptanz des oberen Managements boten ein heterogenes Bild. Zwar erklärten neun Unternehmungen ausdrücklich, daß eine hohe Bereitschaft im Management existierte, die entwickelten Systeme auch aktiv bei der Aufgabenerfüllung einzusetzen. Die Auswertung der Gespräche verdeutlichte jedoch ebenfalls, daß in nicht wenigen Unternehmungen die Informationssysteme auf der ersten Hierarchieebene – also auf der Ebene der Geschäftsführung und des Vorstands – häufig nur gelegentlich genutzt wurden.

Als akzeptanzfördernd und akzeptanzmindernd konnten auf der Basis der Befragung die in der Abb. 3-13 dargestellten Faktoren festgehalten werden.

---

1 Vgl. Wiendieck /Akzeptanz 1992/ 91f.
2 Vgl. Kemper /Akzeptanz 1997/ 8.

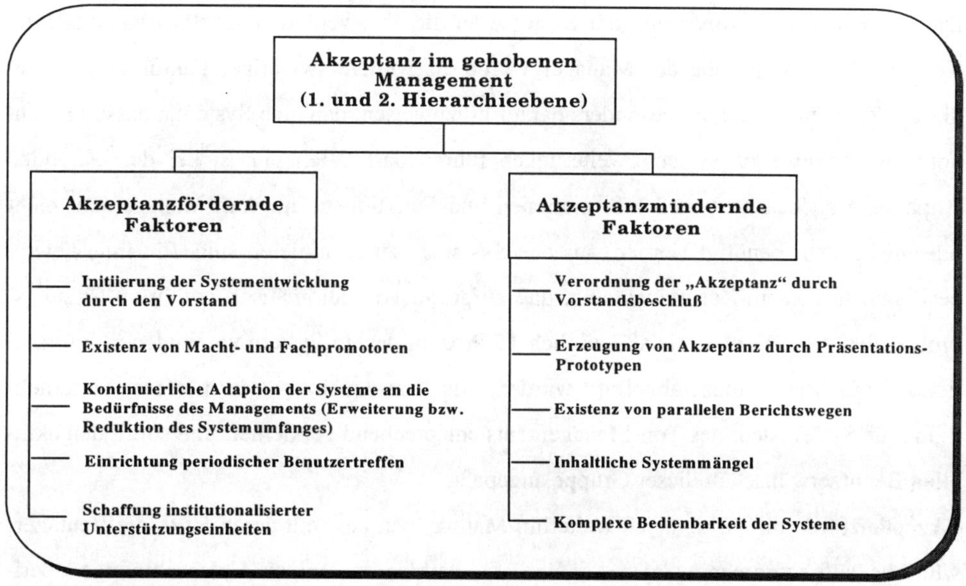

Abb. 3-13: Akzeptanzfördernde und -mindernde Einflußfaktoren

- Akzeptanzfördernde Faktoren

Wie die Analyse des Datenmaterials verdeutlicht, ist die Systeminitiierung durch den Vorstand eine der notwendigen Voraussetzungen für die spätere hohe Akzeptanz des Systems. Allerdings ist es keinesfalls ausreichend, lediglich einen Fürsprecher – einen sog. „Sponsor“ – auf der höchsten Hierarchiestufe zu besitzen. So konnte selbst in der Hälfte der Unternehmungen, in denen die Systementwicklung von einzelnen Mitgliedern des Vorstands oder der Geschäftsführung unterstützt wurden, keine hohe Akzeptanz auf den oberen Hierarchieebenen festgestellt werden. Vielmehr wurde deutlich, daß machtpolitische und inhaltliche/fachliche Unterstützung durch kompetente und anerkannte Manager der höheren Hierarchieebenen während des gesamten Entwicklungs- und Einsatzzeitraums des Systems sicherzustellen sind. Dieser Punkt wurde von den Interviewten im besonderen Maße herausgestellt, da nahezu alle Projekte mit nicht vorhersehbaren technischen, sozialpsychologischen und organisatorischen Schwierigkeiten konfrontiert wurden, die ohne fachliche und machtpolitische Unterstützung zum Scheitern der Systementwicklung geführt hätten.

Die kontinuierliche Anpassung der Systeme an die sich verändernden Informations- und Kommunikationswünsche der Manager wurde als weiterer wichtiger Faktor genannt. In diesem Zusammenhang ist besonders darauf hinzuweisen, daß eine Systemanpassung nicht notwendigerweise zu Systemerweiterungen führen darf. Vielmehr ist bei der laufenden Anpassung zu beachten, daß Informationen und Funktionen, die vom Management nicht oder nicht mehr benötigt werden, aus den Systemen zu eliminieren sind. Ein Interviewter bestätigte in diesem Zusammenhang, daß aufgrund von automatisch geführten Sitzungsprotokollen deutlich wurde, daß lediglich 15 Prozent der im System vorhandenen Informationen vom Management abgefragt wurden. Als Konsequenz wurde in dieser Unternehmung die Systemsicht des Top-Managements entsprechend verkleinert und somit den aktuellen Benutzerwünschen dieser Gruppe angepaßt.

Akzeptanzfördernd wirkten sich weiterhin Maßnahmen aus, mit deren Hilfe die Benutzerwünsche aufgenommen werden konnten. So wurden in einigen Unternehmungen periodisch wiederkehrende Gesprächsrunden etabliert. Zu diesen fest definierten Terminen wurden die Benutzer individuell, direkt an ihrem Arbeitsplatz nach Änderungswünschen befragt. Nach abschließender Diskussion dieser Wünsche und der gemeinsamen Abschätzung des Realisierungsaufwandes wurden die notwendigen technischen Umsetzungen von eigens installierten Unterstützungsgruppen (-abteilungen) umgesetzt und in die Systeme integriert.

- Akzeptanzmindernde Faktoren

Als akzeptanzmindernd wirkten sich autoritäre Formen aus, mit denen eine Systembenutzung sichergestellt werden sollte. So führte beispielsweise die „Verordnung" des Systems aufgrund eines Beschlusses der Geschäftsleitung oder des Vorstandes zur Ablehnung des Systems. Weiterhin wurde deutlich, daß die Existenz paralleler Berichtswege – wie etwa die Weiterführung papiergebundener Berichtsformen – als erheblicher Risikofaktor gewertet werden muß.[1] In diesen Fällen wäre es nicht selten, daß sich nach einer anfänglichen Euphoriephase das alte Medium wieder etablieren würde und das Neusystem erheblich an Akzeptanz einbüßen müßte. Ein Hauptargument für die Verweigerung der Manager sahen

---

1 Vgl. Kapitel 3.2.3.3.1 dieser Arbeit.

einige der Befragten jedoch auch in den Schwächen der heute verfügbaren Systeme selbst. Viele der managementunterstützenden Systeme seien für das Management unbrauchbar, weil sie die Charakteristika der Managerarbeit nicht berücksichtigten. Erschwerend käme neben der funktionalen Armut der Systeme und der fehlenden Möglichkeit medienreicher Kommunikation[1] hinzu, daß sie vom Management trotz „intuitiver" Benutzeroberfläche ohne Tastaturkenntnisse kaum bedient werden könnten.

Bemerkenswert ist weiterhin die Erkenntnis, daß sich eine anfängliche Systemabneigung mit Hilfe akzeptanzfördernder Aktivitäten während der Einsatzphase meist nicht erhöhen läßt. So konnten bei den Unternehmungen, die anfänglich eine eher geringe Akzeptanz im Management aufwiesen, fast ausnahmslos keine positiven Verhaltensveränderungen im Zeitablauf festgestellt werden, obwohl in diesen Unternehmungen bewußt Maßnahmen zur Akzeptanzsicherung bzw. -förderung durchgeführt wurden. Lediglich ein Befragter bestätigte, daß die vorab eher geringe Bereitschaft des Managements der ersten und zweiten Hierarchieebene sich im Verlaufe der Zeit erhöhte.[2]

Ergebnis 19:

Zum Befragungszeitpunkt konnten akzeptanzfördernde und -mindernde Faktoren identifiziert werden, die signifikanten Einfluß auf das Verhalten der Benutzer managementunterstützender Systemen ausübten. Jedoch ließ sich einer anfänglichen Abneigung der Benutzer während der Systemeinsatzphase nicht mehr entgegenwirken.

3.2.4 Resümee

Wie die Untersuchung belegt, existierten im Jahre 1994 noch erhebliche Mängel bei der Architektur und der Gestaltung managementunterstützender Systeme. So konnten die Systeme als funktionsarm bezeichnet werden und stellten mit ihrer starren Berichtsorientie-

1 Vgl. Kapitel 3.2.3.1 dieser Arbeit.

2 Nach Angaben dieses Interviewten gäbe es allerdings auch viel unwahre Aussagen bezüglich des Benutzungsverhaltens. So würden nicht selten Mitglieder des Vorstandes behaupten, das System zur Selektion von Informationen benutzt zu haben, obwohl aus den Login-Protokollen deutlich würde, daß diese Benutzer zu den betreffenden Zeiten nicht eingeloggt gewesen wären.

rung vielfach lediglich einen Medienwechsel zum meist sogar weiter parallel eingesetzten papiergebundenen Berichtswesen dar. In Ermangelung detaillierter Rahmenplanungen wurden viele Unternehmungen zusätzlich mit primär verhaltensorientierten Problemen bei der Entwicklung und auch bei dem Einsatz der Systeme konfrontiert, die nicht selten zu erheblichen Komplikationen führten und von den Befragten in der Retrospektive als „äußerst erfolgsgefährdend“ eingeschätzt wurden.

Die Schwächen in den Gestaltungsprozessen und die Mängel der Architektur bewirkten Korrekturmaßnahmen in den Unternehmungen, wie die Implementierung spezieller Gruppen zur ständigen Anpassung und Betreuung der Systeme oder die engere Integration sämtlicher Anspruchsgruppen in den Entwicklungsprozeß, wobei vor allem die vorab völlig vernachlässigte Gruppe der Datenlieferanten besondere Berücksichtigung fand. Auch die zum Abschluß des Interviews erhobenen mittelfristigen Planungen zur Erweiterung, Anpassung oder Veränderung der bestehenden Systeme dokumentieren einen Umdenkprozeß. So bescheinigten sieben Unternehmungen, an der Konzeption und Umsetzung von werkzeugunabhängigen Datenhaltungssystemen für den Gesamtkomplex der Managementunterstützung zu arbeiten. Berücksichtigt man zusätzlich die Unternehmungen, die bereits zum Befragungszeitpunkt auf zentrale, nicht-proprietäre Datenhaltungssysteme zugreifen konnten, wird deutlich, daß die werkzeugunabhängige Datenhaltung zum Befragungszeitpunkt als eine der wichtigsten Gestaltungsdimensionen von managementunterstützenden Systemen eingeschätzt wurde. Zu weiteren Planungsabsichten gehörte die Einbindung von zusätzlicher Funktionaliät. Fünf Unternehmungen gaben an, zukünftig DSS-charakteristische Berechnungsmöglichkeiten in das System integrieren zu wollen. Die Bereitstellung externer Informationen war für vier Unternehmungen der hauptsächliche Gestaltungsbereich der nahen Zukunft, und lediglich zwei Unternehmungen bescheinigten explizit, zukünftig stärker den Bereich der Kommunikationsanbindung und des Workgroup Computing angehen zu wollen.

3.3 Auswertung 2: Longitudinale Einzelanalyse der Befragungsergebnisse aus der ersten und zweiten Befragungsreihe

Im folgenden werden die Ergebnisse der zeitraumbezogenen Analyse dargestellt. Hierfür werden die Antworten der ersten, im Jahre 1994 durchgeführten Befragung mit den Antworten aus der zweiten Interviewrunde des Jahres 1997 unternehmungsindividuell konfrontiert. Die Abb. 3-14 verdeutlicht den grundsätzlichen Aufbau der Untersuchung und die Gliederung der Ergebnisse.

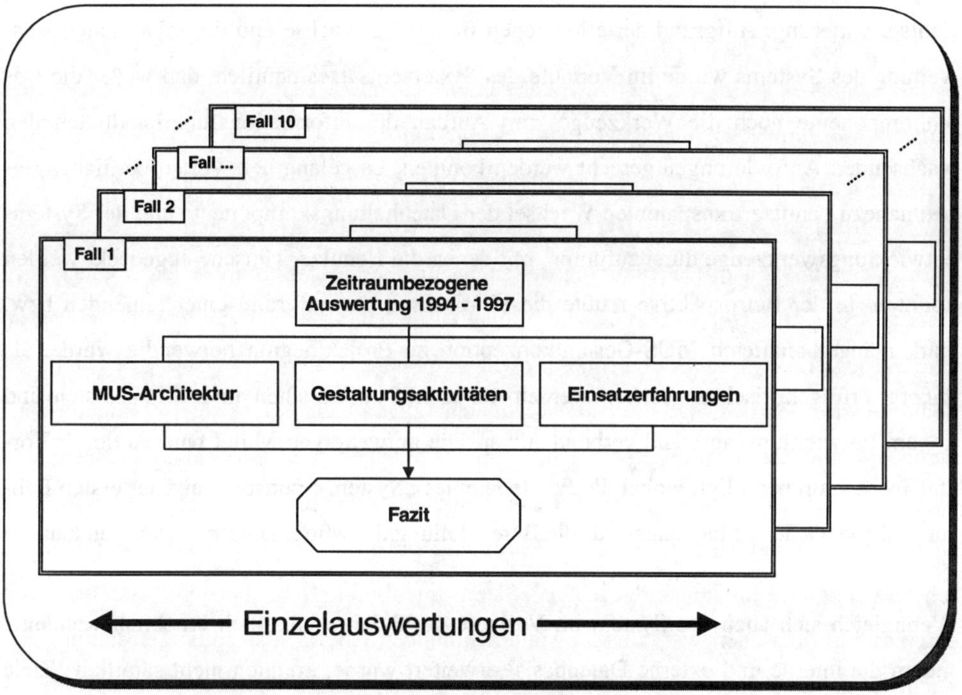

Abb. 3-14: Aufbau der longitudinalen Einzelauswertungen

Die fallstudienorientierte Vorgehensweise der Untersuchung erlaubt es, die spezifischen Entwicklungen im Bereich der Managementunterstützung für jede befragte Organisation zu erfassen und zu dokumentieren. Ein besonderer Reiz liegt bei dieser Untersuchungskonzeption vor allem in der Möglichkeit, die Interviewten mit ihren Antworten aus der Erstbefragung zu konfrontieren und somit eine kritische Diskussion über frühere Einschätzungen zu initiieren. Aus diesem Grunde wurde darauf geachtet, für das zweite Gespräch dieselben Ansprechpartner zu gewinnen, die bereits im Jahre 1994 befragt worden waren.[1]

3.3.1 Fall 1: MUS einer Großunternehmung der Chemischen Industrie

- MUS-Architektur

Für die dispositive Datenhaltung verfügte das System im Jahre 1994 über eine proprietäre Datenhaltungskomponente und eine starre, auf hochverdichtete Daten ausgerichtete Berichtsorientierung. Aufgrund der erheblichen Benutzerzuwächse und der inhaltlichen Ausweitung des Systems wurde im Verlaufe des Systemeinsatzes deutlich, daß weder die Datenkomponente noch die Werkzeuge zum Aufbau der Informationsfunktionalitäten den wachsenden Anforderungen gerecht werden konnten. Es gelang den Verantwortlichen, einen nahezu benutzertransparenten Wechsel der Datenhaltungskomponente und der Systementwicklungswerkzeuge durchzuführen, mit denen die Benutzerwünsche abgedeckt werden konnten. In der Retrospektive mußte dieser Wechsel, der aufgrund einer fehlenden bzw. stark mängelbehafteten MUS-Gesamtkonzeption zu Projektbeginn notwendig wurde, als äußerst erfolgskritisch angesehen werden, da er mit zusätzlichen Investitionskosten und hohem Entwicklungsaufwand verbunden war. Die notwendigen Mittel wurden durch Vorstandsbeschluß bewilligt, wobei die Existenz eines „System-Sponsors" auf der ersten Führungsebene als ausschlaggebend für die Bereitstellung der Mittel angesehen werden kann.

Wenngleich sich auch das System im Verlaufe der 3 Jahre inhaltlich erheblich wandelte, indem die interne und externe Datenbasis[2] erweitert wurde, konnten nicht sämtliche Ziele aus dem Jahre 1994 erfüllt werden. So blieb der Anteil strategischer und externer Informationen noch weit hinter den bei der Erstbefragung für 1997 avisierten Zielen. Auch wurde eine Integration von Kommunikationsfunktionalitäten entgegen den Planungen des Jahres

---

[1] Lediglich bei einer Unternehmung konnte nicht mehr der Ansprechpartner aus der Erstaktion befragt werden, da er aufgrund beruflicher Neuorientierungen seit bereits zwei Jahren nicht mehr für den Bereich der Managementunterstützung zuständig war.

[2] Beispielsweise wurden aktuelle externe Informationen in Form sog. „Tickerdienste" eingerichtet, die ständig als Informationsband am Bildschirmrand angezeigt wurden.

1994 nicht durchgeführt, da – so der Interviewte – die heutigen Kommunikationssysteme bislang eine zu komplexe Bedienung erfordern.

- Gestaltungsaktivitäten

Das System war in dem 3-jährigen Betrachtungszeitraum von Anfang an ununterbrochen im Einsatz und wurde funktional und inhaltlich kontinuierlich den Benutzeranforderungen angepaßt. Für diese Zwecke wurde zunächst eine Betreuungsgruppe im IT-Bereich implementiert. Da erkannt wurde, daß nicht primär die systemtechnischen Gestaltungskomplexe dominierten, sondern vielmehr die organisatorischen und sozialpsychologischen Facetten der Systemgestaltung von besonderer Relevanz waren, erschien diese Unterstützungsvariante im Jahre 1997 nicht länger ausreichend, so daß ein eigenständiges sog. „Kompetenzzentrum" aufgebaut wurde. Das Zentrum wurde bewußt aus dem IT-Bereich herausgelöst und organisatorisch eigenständig auf der 2. Führungsebene der Unternehmung implementiert, um eine Moderatorenfunktion zwischen den Fachbereichen und dem zentralen IT-Bereich übernehmen zu können. Trotz der exponierten Positionierung des Kompetenzzentrums und der dadurch zum Ausdruck gebrachten Bedeutung eines unternehmungsumfassenden, betriebswirtschaftlich-fachlichen ausgerichteten Gesamtansatzes, wurde die Systementwicklung nach Aussagen des Befragten zu keinem Zeitpunkt bewußt als Werkzeug organisatorischer Neugestaltungen herangezogen. Es wurden demnach weder (ablauf-)organisatorische Veränderungen geplant oder initiiert noch traditionelle Formen der papiergebundenen Berichtserstattung substituiert, so daß die parallelen Berichtswege auch im Jahre 1997 weiterhin existierten. Allerdings war im Betrachtungszeitraum die Tendenz feststellbar, daß für die Erstellung der Papierberichte nicht länger eigene Extraktionen aus den operativen Daten durchgeführt wurden, sondern hierfür vermehrt die Datenhaltungskomponente des managementunterstützenden Systems herangezogen wurde, da die Fachbereiche die Aktualität, Integrität und Konsistenz der Daten als hoch einschätzten.

- Einsatzerfahrungen

Das System war im Jahre 1994 bewußt auf das Top-Management der Unternehmung – den 8-köpfigen Vorstand – ausgerichtet und wurde in der ersten Einsatzphase auch fast ausschließlich von diesem Personenkreis benutzt. Im Verlaufe der Einsatzzeitraumes wuchsen

jedoch die Benutzerzahlen auf über 300 aktive Benutzer, so daß im Jahre 1997 von einer flächendeckenden Versorgung der beiden oberen Führungsebenen ausgegangen werden konnte. Aufgrund der hohen Akzeptanz des Systems bei den oberen Führungskräften wird sich das System nach Meinung des Befragten mehr und mehr im mittleren Management durchsetzen. Auch die Motivation der Datenlieferanten, die noch im Jahre 1994 als äußerst kritisch eingeschätzt wurde, änderte sich grundlegend. So lieferten die Fachabteilungen im Jahre 1997 engagiert ihren fachlichen Input für die Informationsplattform, um sich auf dem Medium präsentieren zu können.
Als großer Mangel des Systems wurde zum zweiten Befragungszeitpunkt die nicht ausreichende Möglichkeit der Gestaltung einer „Controller-Schnittstelle“ empfunden. Diese sei zwingend erforderlich, da die notwendigen Transformationsprozesse operativer Daten keinesfalls vollständig automatisiert werden könnten, sondern den aktiven Eingriff von betriebswirtschaftlichen Fachspezialisten verlangten.

- *Fazit*

Resümierend läßt sich festhalten, daß das originäre Ziel, das Top-Management als aktive Systembenutzer zu gewinnen und zu halten, erreicht wurde. Entgegen ersten Planungen weitete sich der Benutzerkreis aufgrund der wachsenden Akzeptanz – vor allem auch der datenliefernden Fachabteilungen – sogar erheblich aus und umfaßte zum zweiten Befragungszeitpunkt nahezu alle Mitarbeiter der beiden oberen Führungsebenen. Es kann positiv festgehalten werden, daß es den Verantwortlichen gelang, die hierfür erforderlichen Architektur- und Werkzeug-Migrationsprozesse weitestgehend benutzertransparent durchzuführen und das System inhaltlich zu erweitern. Allerdings traten aufgrund der Vergrößerungen der Benutzerzahlen und der Veränderungen der hard- und softwaretechnischen Infrastrukturen Probleme auf, die in der Unternehmung bislang nicht befriedigend gelöst werden konnten. Hierbei wurden vor allem die unzureichenden Möglichkeiten der Einflußnahme der Fachspezialisten bei der Überführung der operativen in betriebswirtschaftlich interpretationsfähige dispositive Daten angeführt. Die Abb. 3-15 zeigt zusammenfassend die wichtigsten Erkenntnisse.

Fall 1: Großunternehmung der chemischen Industrie		
	1994	1997
Architektur		
Datenhaltung	proprietärer Datenpool	relationaler Datenpool
Informations-Funktionalitäten	starre Berichtsorientierung	starre Berichtsorientierung
Komm.-/Koop.-Funktionalitäten	keine (aber geplant)	keine
Gestaltungsaktivitäten		
Weiterentwicklung	ja	ja
Nutzung orga. Gestaltungs-potentiale ("Enabler-Fkt.")	nein	nein
Betreuungskonzept	Betreuungsgruppe im IV-Bereich	organisatorisch eigenständiges Kompetenzzentrum
Einsatzerfahrungen		
Akzeptanz	gut	sehr gut
Benutzergruppen	1. Führungsebene (7 aktive Benutzer)	1. bis 3. Führungsebene (ca. 300 aktive Benutzer)
Fazit	- Originäre Zielsetzung erreicht (Systemeinsatz auf der 1. Führungsebene) - Ausweitung des Systemeinsatzes auf tieferen Hierarchieebenen - Inhaltliche Anreicherung unter Beibehaltung der starren Berichtsorientierung - Durchführung eines benutzertransparenten Architektur- und Werkzeugwechsels - Akzeptanz vor allem der Datenlieferanten verbessert - Größtes Problem: Schaffung einer "Controller-Schnittstelle"	

Abb. 3-15: Fall 1: MUS einer Großunternehmung der chemischen Industrie

3.3.2 Fall 2: MUS einer Großunternehmung der Elektronikindustrie

- MUS-Architektur

In dem dreijährigen Betrachtungszeitraum erfuhr das System keine grundlegenden technischen Architekturveränderungen, jedoch hatten sich die Schwerpunkte innerhalb des Systems verschoben. So veränderten sich die drei Hauptbereiche – das starre vorstandsorientierte Berichtswesen, der variable Berichtsteil und der modellorientierte Komplex – erheblich in ihren Stellenwerten. Der starre Berichtsbereich für das Top-Management wurde im Verlaufe der Zeit radikal zugunsten des variablen Auswertungsteils gekürzt. Als Begründung wurde von dem Befragten angegeben, daß in Zeiten dramatisch steigender externer

Dynamik die notwendigen Modifikationen an Programmen nur noch schwer nachvollziehbar wären und die Programme daher lediglich mit hohem Arbeitsaufwand auf einem aktuellen Stand gehalten werden könnten. Des weiteren wäre deutlich geworden, daß das bloße Abbilden der Papierberichtsstruktur nicht das Potential der Informationstechnologie ausnutze. Die damalige Intention, mit dem elektronischen starren Berichtswesen die Akzeptanz des Medienwechsels günstig zu beeinflussen, hätte sich – so der Interviewte – ebenfalls als nicht erforderlich erwiesen. Unter Würdigung dieser Gründe hätte sich die Unternehmung entschieden, die variable, benutzergesteuerte Berichtsgenerierung auszubauen.

Die modellorientierte Komponente – in der Unternehmung als DSS-Komponente bezeichnet – konnte aufgrund eines Werkzeugwechsels wesentlich komfortabler gestaltet werden und war im Jahre 1997 im Gegensatz zum ersten Befragungszeitpunkt eine tragende Säule des Gesamtkonzeptes. Sie beschränkte sich allerdings zum zweiten Befragungszeitpunkt weiterhin auf die Funktionalitäten moderner Tabellenkalkulationsprogramme, anspruchsvoller Ansätze – wie die des Data Mining o.ä. – konnten nicht ausgemacht werden.

Von den damaligen Planungen der Integration von E-Mail-Funktionalitäten und der Einbindung externer Daten konnte lediglich der erste Bereich umgesetzt werden. Allerdings muß festgehalten werden, daß die E-Mail-Integration auch im Jahre 1997 keine medienbruchfreie Kommunikation innerhalb des Systems erlaubte, sondern als isoliertes Zusatzsystem lediglich starre Inhalte transferieren konnte. Der Wunsch, externe Daten und nicht formatierte Daten (sog. „Soft-Facts") einzubinden, wurde aufgegeben, da die Qualität externer Daten zu schlecht wäre und von der Benutzerseite keine Anforderungen für diese Erweiterungen in den letzten drei Jahren geäußert worden wären.

- Gestaltungsaktivitäten

Nach Aussagen des Befragten konnte die Systementwicklung im Jahre 1997 als abgeschlossen angesehen werden, so daß die Aktivitäten sich ausschließlich auf die erforderlichen Pflege- und Anpassungsarbeiten der bestehenden MUS-Bausteine reduzierte. Diese Aktivitäten wurden zum zweiten Befragungszeitpunkt wieder in traditioneller Aufgabenteilung durch Vertreter des zentralen IT-Bereiches auf der Basis der Benutzeranforderungen durchgeführt. Die im Jahre 1994 vorgenommene Übertragung der Gesamtverantwortung für das System auf die Fachabteilungen hatte sich – so der Befragte – als nicht praktikabel erwiesen, da die Fachbereiche aufgrund der technischen Komplexität der Systeme überfordert waren und den wachsenden Anforderungen der Systementwicklung und -pflege nicht gerecht werden konnten.

Auf Anordnung der Geschäftsführung wurden in der Zwischenzeit sämtliche parallelen Papierberichtswege abgeschafft, so daß das System im Jahre 1997 die einzige Quelle für die Informationsversorgung des Managements darstellte. Allerdings – so der Befragte – wurden ansonsten weder (ablauf-)organisatorische Veränderungen explizit geplant noch beeinflußte der Systemeinsatz das direkte Arbeitsumfeld der Manager. So wurden zum zweiten Befragungszeitpunkt nach vergeblichen Versuchen, Geschäftsbesprechungen und Vorstandssitzungen direkt aus dem System mit Hilfe von Großbildprojektionen zu unterstützen, wieder die traditionellen Medien (Papier, Overhead-Folien) herangezogen, da qualitative Restriktionen einen satisfizierenden Einsatz dieser Techniken verhinderten.

- *Einsatzerfahrungen*

Die Benutzerzahlen hatten sich in dem 3-jährigen Betrachtungszeitraum ungefähr vervierfacht und waren somit auf ca. 110 aktive Systembenutzer angestiegen. Positiv wurde von dem Interviewten hervorgehoben, daß das System im Verlaufe der Zeit in die tieferen Hierarchieebenen diffundierte und im Jahre 1997 als tägliches Arbeitsmittel akzeptiert wurde, ohne jedoch die ursprüngliche Zielgruppe – das gehobene Management – als aktive Benutzer verloren zu haben. Die Verbreiterung der Basis der aktiven Systembenutzer machte jedoch deutlich, daß die durch das System gewonnene Transparenz durch positionsspezifische Zugriffsberechtigungen beschnitten werden mußte. Die Strategie, die daraufhin in der Unternehmung implementiert wurde, hatte die treffende Bezeichnung „only data need to know for the job". Aufgrund dieser Maxime wurden sowohl für das Top-Management als auch für die anderen Hierarchieebenen sog. „Datenkorridore" implementiert, die den Datenzugriff sowohl nach oben als auch nach unten begrenzten.

- Fazit

Die originäre Zielsetzung, das Management der oberen Führungsebenen dauerhaft als aktive Systembenutzer zu gewinnen, wurde erreicht. Aufgrund wachsender interner und externer Dynamik wurde der Schwerpunkt der Systemfunktionalitäten im Betrachtungszeitraum erheblich verändert, so daß im Jahre 1997 nicht mehr die starre Berichtsorientierung sondern flexible Datenrecherchen dominierten. Aufgrund der hiermit verbundenen Komplexitätssteigerung der Systembetreuung wurde die Verantwortung für diese Aktivitäten nicht länger den betriebswirtschaftlichen Fachbereichen überlassen, sondern dem traditionellen IV-Bereich der Unternehmung übergeben. Die Abb. 3-16 zeigt die Zusammenfassung der Erkenntnisse.

Fall 2: Großunternehmung der elektronischen Industrie			
		1994	1997
Architektur			
	Datenhaltung	relationaler Datenpool	relationaler Datenpool
	Informations-Funktionalitäten	starre Berichtsorientierung dominant, flexibler Datenzugriff und DSS-Fkt. in Ansätzen	starre Berichtsorien. eingeschr., flexibler Datenzugriff ausgebaut und DSS-Fkt. verbessert
	Komm.-/Koop.-Funktionalitäten	keine	keine
Gestaltungsaktivitäten			
	Weiterentwicklung	ja	nur noch Pflege der existierenden Systeme
	Nutzung orga. Gestaltungs-potentiale ("Enabler-Fkt.")	nein	nein
	Betreuungskonzept	Betreuungsgruppe in der Fachabteilung	Betreuung durch IV-Bereich
Einsatzerfahrungen			
	Akzeptanz	gut	gut
	Benutzergruppen	1. und 2. Führungsebene (30 aktive Benutzer)	1. bis 3. Führungsebene (ca. 110 aktive Benutzer)
Fazit	- Originäre Zielsetzung erreicht (Systemeinsatz auf den ersten 3 Hierarchieebenen) - Flexible Datenabfragen lösten starre Berichtsorientierung weitestgehend ab - Alleinige Betreuung des Systems durch Fachbereiche aufgrund von Überforderung gescheitert - Weiterentwicklung beschränkt sich auf notwendige Pflege und Anpassung der bestehenden MUS-Bausteine		

Abb. 3-16: Fall 2: MUS einer Großunternehmung der elektronischen Industrie

3.3.3 Fall 3: MUS einer mittelständischen Unternehmung der pharmazeutischen Industrie

- MUS-Architektur

Das Unterstützungssystem für das Top-Management veränderte sich im Betrachtungszeitraum weder in der Architektur der Datenhaltung noch in den Funktionalitäten. Entgegen den ursprünglichen Planungen wurden bis zum zweiten Befragungszeitpunkt nicht die beiden im Jahre 1994 geplanten Module zur Unterstützung des Finanz- und Produktionsbereiches entwickelt, da aufgrund von Restrukturierungsaktivitäten die personellen Kapazitäten nicht verfügbar waren. Nach Angaben des Befragten waren jedoch erhebliche Architekturveränderungen für das Jahr 1997 vorgesehen. So war zum zweiten Befragungszeitpunkt geplant, das werkzeugspezifische Datenhaltungssystem abzuschaffen und die dispositiven Daten für das MUS in einer relationalen Datenbank abzulegen, die auch für andere Systeme des Managements zugänglich gemacht werden sollte. Des weiteren sollten die proprietären Benutzeroberflächen des MUS gegen einen standardisierte, unternehmungsweit einsetzbare Benutzerführung ausgetauscht werden. Keine architektonischen Änderungen waren hingegen in den grundlegenden Funktionalitäten geplant. So sollte die starre Berichtsorientierung die einzige Form der Datenanalyse bleiben, da – nach Meinung des Befragten – Manager der höheren Führungsebenen als gelegentliche IT-Benutzer nicht in der Lage wären, komplexere Anwendungen, wie dynamische Datenabfragen oder methodenbasierte Analysen, selbständig durchzuführen.

- Gestaltungsaktivitäten

Das System wurde während der gesamten Einsatzzeit von den Fachbereichen betreut. Da jedoch im Betrachtungszeitraum keine nennenswerten Systemerweiterungen durchgeführt wurden, beschränkten sich die Aktivitäten auf die notwendigen Pflege- und Wartungsaktivitäten der bestehenden MUS-Module. Entsprechend der ursprünglichen Zielsetzung der Systementwicklung, lediglich einen Medienwechsel von Papierberichten zu einer elektronischen Berichterstattung für den begrenzten Bereich von Führungskräften der ersten und zweiten Führungsebenen durchführen zu wollen, wurden im Verlaufe der Einsatzzeit keine

Planungen entwickelt, mit Hilfe des IT-Einsatzes organisatorische Gestaltungspotentiale zu nutzen.

- *Einsatzerfahrungen*

Die Nutzung des Systems hatte sich während des Betrachtungszeitraumes ausgeweitet und konnte im Jahre 1997 als vollständig flächendeckend für die ersten beiden Führungsebenen bezeichnet werden. Hierbei wirkte – so der Interviewte – die hohe Akzeptanz der managementunterstützenden Systeme auf den ersten beiden Führungsebenen wie ein „Katalysator" für den Aufbau neuer dispositiver Systeme für das mittlere Management. Diese positive Entwicklung war vor allem darauf zurückzuführen, daß die Mängel der bestehenden Systemunterstützung der mittleren Führungsebenen aufgrund qualifizierter Top-Management-Anfragen aufgedeckt werden konnten, die einen Aufbau leistungsfähigerer Informationssysteme für das Middle-Management initiierten.

- *Fazit*

Das mit der MUS-Entwicklung verbundene Ziel, die Manager der ersten beiden Führungsebenen dauerhaft als aktive Systembenutzer gewinnen zu können, wurden erreicht. Allerdings war es den Verantwortlichen nicht geglückt, die geplanten Systemerweiterungen während des Betrachtungszeitraumes umzusetzen und das System funktional und inhaltlich zu erweitern. Die Abb. 3-17 liefert die Zusammenfassung der wichtigsten Erkenntnisse.

Fall 3: Mittelständische Unternehmung der pharmazeutischen Industrie			
		1994	1997
Architektur			
	Datenhaltung	proprietärer Datenpool	proprietärer Datenpool
	Informations-Funktionalitäten	starre Berichtsorientierung	starre Berichtsorientierung.
	Komm.-/Koop.-Funktionalitäten	keine	keine
Gestaltungsaktivitäten			
	Weiterentwicklung	ja	ist für 1997 geplant; bislang keine Weiterentwicklung
	Nutzung orga. Gestaltungs-potentiale ("Enabler-Fkt.")	nein	nein
	Betreuungskonzept	Betreuungsgruppe in der Fachabteilung	Betreuungsgruppe in der Fachabteilung
Einsatzerfahrungen			
	Akzeptanz	gut	gut
	Benutzergruppen	1. und 2. Führungsebene (20 aktive Benutzer)	1. und 2. Führungsebene (ca. 30 aktive Benutzer)
Fazit	- Originäre Zielsetzung erreicht (Systemeinsatz auf der 1. und 2. Führungsebene) - Geplante Weiterentwicklung erfolgte nicht; lediglich Pflege der existierenden MUS-Bausteine - Benutzerzahlen konnten zwar erhöht werden, eine Ausweitung der Systemnutzung auf andere Hierarchieebenen war jedoch nicht feststellbar - Systementwicklung wirkte als "Katalysator" für Neuentwicklungen im mittleren Management		

Abb. 3-17: Fall 3: MUS einer mittelständischen Unternehmung der pharmazeutischen Industrie

3.3.4 Fall 4: MUS eines Großhandelskonzerns

- MUS-Architektur

Das System hatte sich im Verlaufe des Betrachtungszeitraumes in seiner Architektur nicht verändert. Die Aktivitäten beschränkten sich seit dem Jahre 1994 vielmehr auf die Pflege und Wartung des existierenden Systems sowie auf die Optimierung der Datenextraktion. Wenngleich auch nach Aussagen des Interviewten im Bereich der Top-Managementunterstützung keinerlei Fortschritte gemacht werden konnten, so war das System jedoch Anlaß, entsprechende Systeme für die tieferen Hierarchieebenen zu entwickeln und einzuführen. Dieser Tatbestand ist vor allem darauf zurückzuführen, daß aufgrund des Systemeinsatzes im Top-Management anfangs von den Führungskräften detaillierte Nachfragen induziert wurden, die von den Fachabteilungen nur unter großem Rechercheaufwand zu beantworten waren. Diese unbefriedigende Situation veranlaßte die Fachabteilungen, umfassende Unterstützungssysteme aufzubauen, die im Jahre 1997 auf einem gemeinsamen, konsistenten Pool dispositiver Daten basierten. Die neu entwickelte Systeminfrastruktur konnte demnach als direkte Nachfolgeentwicklung des Informationssystems der ersten Hierarchieebene verstanden werden, ohne daß jedoch die Top-Managementunterstützung bis zum zweiten Befragungszeitpunkt eine Integration in dieses neu geschaffene Infrastruktursystem erfahren hatte.

- Gestaltungsaktivitäten

Im Bereich der Top-Managementunterstützung konnte das System nach Aussagen des Interviewten zum zweiten Befragungszeitpunkt als nicht mehr zeitgemäß bezeichnet werden und fand daher kaum noch Verwendung. Für das Scheitern der Top-Managementunterstützung wurde von dem Befragten die geringe Kooperationswilligkeit und -fähigkeit des Managements bei der Entwicklung eines betriebswirtschaftlichen Fachkonzeptes und die zu starke Technikausrichtung des Projektes verantwortlich gemacht, die teilweise zu Torpedierung des Projektes durch die datenliefernden Fachbereiche führte. Aufgrund fehlender System-Sponsoren und einem eher als „passive Duldung" zu bezeichnenden Akzeptanzverhalten im Top-Management wurden zwischen den Befragungszeitpunkten kaum Impulse für Systemveränderungen induziert, so daß die noch im Jahre 1994 für die Systembetreuung installierte MUS-Gruppe aufgelöst wurde und die weiteren Anpassungsaktivitäten lediglich noch durch einen Mitarbeiter des IT-Bereiches durchgeführt wurden.

- Einsatzerfahrungen

Das isolierte Unterstützungssystem des Top-Managements besaß im Jahre 1997 in der Unternehmung keine Relevanz mehr und existierte zum Zeitpunkt der Zweitbefragung nach Aussagen des Interviewten lediglich noch aus Gründen der Rechtfertigung für die hierfür verausgabten Mittel. Allerdings war das durch die damalige Systementwicklung induzierte Infrastruktursystem der mittleren Hierarchieebenen zum zweiten Befragungszeitpunkt die existentielle Grundlage für sämtliche berichts- und modellorientierten Informationssysteme der mittleren Managementebenen und sollte – so der Befragte – zukünftig auch das Rückgrat der Managementunterstützung auf der Top-Ebene werden.

- Fazit

Der MUS-Einsatz kann als gescheitert bezeichnet werden. Als Hauptursachen können hierfür vor allem die geringe Akzeptanz im Management und die hierdurch induzierte mängelbehaftete Weiterentwicklung des Systems angesehen werden. Die Abb. 3-18 zeigt die wichtigsten Ergebnisse der Analyse.

Fall 4: Großhandelskonzern		
	1994	1997
Architektur		
Datenhaltung	proprietärer Datenpool	proprietärer Datenpool
Informations-Funktionalitäten	starre Berichtsorientierung	starre Berichtsorientierung.
Komm.-/Koop.-Funktionalitäten	keine	keine
Gestaltungsaktivitäten		
Weiterentwicklung	ja	nein
Nutzung orga. Gestaltungs-potentiale ("Enabler-Fkt.")	nein	nein
Betreuungskonzept	Betreuungsgruppe in der IV-Abteilung	nur ein Mitarbeiter im IV-Bereich
Einsatzerfahrungen		
Akzeptanz	befriedigend (eher "Duldung")	nicht mehr gegeben
Benutzergruppen	1. und 2. Führungsebene (ca. 100 Benutzer angeschlossen)	keine nennenswerte Systembenutzung mehr
Fazit	- Originäre Zielsetzung nicht erreicht (im Jahre 1997 keine nennenswerte Systembenutzung mehr, System hat nur noch "Alibi-Funktion) - Geplante Weiterentwicklung erfolgte nicht; lediglich Pflege der existierenden MUS-Bausteine - Systementwicklung hatte "Katalysator-Funktion" für Neuentwicklungen des mittleren Managements	

Abb. 3-18: Fall 4: MUS eines Großhandelskonzerns

3.3.5 Fall 5: MUS einer mittelständischen Unternehmung der elektronischen Industrie

- MUS-Architektur

Die Systementwickler erweiterten das originäre MUS im Verlaufe der drei Jahre funktional um spezielle Module des Controlling und der Logistik. Die proprietäre dispositive Datenhaltung wurde durch ein standardisiertes relationales Datenhaltungssystem substituiert, das in der Unternehmung zum zweiten Befragungszeitpunkt als *Informationspool* bezeichnet wurde und die exklusive Quelle sämtlicher dispositiver Systeme darstellte. Entgegen den Planungen des Jahre 1994 konnten jedoch auch bis zum Jahre 1997 keine Kommunikations- und Kooperationsunterstützungsfunktionalitäten in das System integriert werden, da nach Aussagen des Interviewten die Unternehmung aufgrund weitreichender Umstrukturierungen sämtliche Ressourcen für die Neugestaltung der Organisation benötigte.

- Gestaltungsaktivitäten

Die Entwicklung des originären Systems wurde zum Zeitpunkt der Zweitbefragung als abgeschlossen betrachtet, so daß lediglich noch Pflege- und Wartungsaktivitäten durch Mitarbeiter der IT-Abteilung durchgeführt wurden. Nach Aussagen des Befragten gab es zu keinem Zeitpunkt eine Intention, mit Hilfe der MUS-Entwicklung organisatorische Gestaltungspotentiale umzusetzen. Vielmehr sollte ausschließlich ein Medienwechsel im Berichtswesen vorgenommen werden, wobei selbstverständlich die der Technik innewohnenden Potentiale ausgenutzt werden sollten, wie die Einbindung von Geschäftsgraphiken, die farbliche Kennzeichnung von numerischen Ausnahmewerten oder die Verknüpfung verschiedener Datensichten über Drill-down-Mechanismen. Ein detailliertes Rahmenkonzept mit betriebswirtschaftlichen und systemtechnischen Aspekten wurde daher vor der Systementwicklung nicht erarbeitet.

- Einsatzerfahrungen

Eine aktive Benutzung des originären MUS ist im Top-Management nicht mehr gegeben und auf den mittleren Führungsebenen nur noch mit abnehmender Intensität feststellbar. Allerdings kann festgehalten werden, daß die Migration der dispositiven Datenhaltung von ehemals werkzeugabhängigen zu standardisierten Techniken dazu führte, daß sich im Verlaufe der Jahre eine gemeinsame Datenplattform entwickelte, die als anerkannte Basis für sämtliche Neuentwicklungen im Bereich der Managementunterstützung diente.

- Fazit

Die ursprüngliche Zielsetzung wurde lediglich teilweise erreicht, da während des Betrachtungszeitraumes die erste Führungsebene aufgrund mangelnder Akzeptanz das System nicht länger selbständig benutzte. Die Abb. 3-19 zeigt die wichtigsten Erkenntnisse.

Fall 5: Mittelständische Unternehmung der elektronischen Industrie		
	1994	1997
Architektur		
Datenhaltung	proprietärer Datenpool	relationaler Datenpool
Informations-Funktionalitäten	starre Berichtsorientierung, DSS-Fkt.	starre Berichtsorientierung, DSS-Fkt.
Komm.-/Koop.-Funktionalitäten	keine (aber geplant)	keine
Gestaltungsaktivitäten		
Weiterentwicklung	ja	nein
Nutzung orga. Gestaltungspotentiale ("Enabler-Fkt.")	nein	nein
Betreuungskonzept	Betreuungsgruppe in der IV-Abteilung	kein explizites Betreuungskonzept mehr
Einsatzerfahrungen		
Akzeptanz	gut	geringe Akzeptanz der originären Systemfunktionalitäten, hohe Akzeptanz des dispositiven Datenpools
Benutzergruppen	gesamtes Management (25 aktive Benutzer)	Nutzung nur noch im Middle-Management
Fazit	- Originäre Zielsetzung nur teilweise erreicht (im Jahre 1997 kein Systemeinsatz auf der 1. Führungsebene mehr) - Phänomen: dispositiver Datenpool der ersten MUS-Entwicklung wurde Basis für sämtliche Neuentwicklungen	

Abb. 3-19: Fall 5: MUS einer mittelständischen Unternehmung der elektronischen Industrie

3.3.6 Fall 6: MUS eines Kreditinstituts mittlerer Größe

- MUS-Architektur

Aufgrund des Konkurses des Werkzeugherstellers hatte sich das System im Laufe des dreijährigen Betrachtungszeitraumes weder in der Form der Datenhaltung noch in seiner Funktionalität verändert. So verblieb die proprietäre, lokal am Arbeitsplatz des Managers verfügbare Form der Datenhaltung, die im Jahre 1994 noch als „Interimslösung" bezeichnet worden war, sowie die Ausrichtung des Systems auf die starre Berichtsorientierung. Erst im Laufe des Jahres 1997 sollten nach Angaben des Interviewten mit neuen Werkzeugen eine bereits 1994 beabsichtigte Architekturmigration, die Erweiterung der betriebswirtschaftlichen Funktionalitäten sowie die Integration von Kommunikations- und Kooperationsfunktionalitäten angegangen werden.

- Gestaltungsaktivitäten

Das im Jahre 1994 fertiggestellte System wurde ausschließlich durch Mitarbeiter der betriebswirtschaftlichen Fachbereiche technisch gewartet.

- Einsatzerfahrungen

Der Einsatz des Systems führte aufgrund der fehlenden Weiterentwicklung zu Frustrationen bei den Benutzern und zur rapiden Abnahme der Zahlen der aktiven Benutzer. Das System war zwar zum zweiten Befragungszeitpunkt in der Unternehmung noch verfügbar, sein Einsatz hatte jedoch eher „Alibi-Funktion" zur Rechtfertigung der Investitionen und des Entwicklungsaufwandes.

- Fazit

Die geplanten Ziele der Systementwicklung wurden nicht erreicht. Eine Zusammenfassung der Erkenntnisse liefert Abb. 3-20.

Fall 6: Kreditinstitut mittlerer Größe		
	1994	1997
Architektur		
Datenhaltung	lokale, proprietäre Datenhaltung	lokale, proprietäre Datenhaltung
Informations-Funktionalitäten	starre Berichtsorientierung	starre Berichtsorientierung
Komm.-/Koop.-Funktionalitäten	keine	keine
Gestaltungsaktivitäten		
Weiterentwicklung	ja	nein
Nutzung orga. Gestaltungs-potentiale ("Enabler-Fkt.")	nein	nein
Betreuungskonzept	Betreuung durch Mitarbeiter der Fachbereiche	kein explizites Betreuungskonzept mehr
Einsatzerfahrungen		
Akzeptanz	gut	geringe Akzeptanz
Benutzergruppen	gesamtes Management (ca. 20 aktive Benutzer)	kaum noch aktive Nutzung
Fazit	- Originäre Zielsetzung nicht erreicht (im Jahre 1997 keine nennenswerte Systembenutzung mehr) - Geplante Weiterentwicklung erfolgte nicht; lediglich Pflege der existierenden MUS-Bausteine	

Abb. 3-20: Fall 6: MUS eines Kreditinstituts mittlerer Größe

3.3.7 Fall 7: MUS einer Großunternehmung der Automobilindustrie

- *MUS-Architektur*

Konkrete Planungen sahen im Jahre 1994 vor, die werkzeugspezifische Form der dispositiven Datenhaltung durch standardisierte Datenhaltungskonzepte zu ersetzen und die starre Berichtsorientierung zugunsten dynamischer Datenabfragesysteme mit DSS-Funktionalitäten abzulösen. Aufgrund fundamentaler struktureller Neuorientierungen des Konzerns und dem Ausscheiden der Systempromotoren auf der Vorstandsebene wurden jedoch die beabsichtigten Redesignaktivitäten des Systems nicht zu Ende geführt, sondern das System im Jahre 1995 außer Dienst gestellt. Bei der Zweitbefragung bescheinigte der Befragte daher, daß der Versuch, das gehobene Management mit Hilfe von Informationtechnologie zu unterstützen, in der Unternehmung als gescheitert zu bezeichnen wäre. Die neu entwickelten Systeme zur Managementunterstützung, die zum zweiten Befragungszeitpunkt in der Unternehmung eingesetzt wurden, konnten aus diesem Grunde nicht als Weiterentwicklung des originären Systemansatzes gewertet werden. Die computerbasierte Managementunterstützung setzte bei der befragten Unternehmung im Jahre 1997 auf den mittleren Managementebenen auf und besaß im Jahre 1997 eine vollständig andere Orientierung als das System aus der Erstbefragung. Bewußt war man davon abgerückt, ein umfassendes System für die gesamte Unternehmung zu konzipieren und umzusetzen, da eine solche Entwicklung nach Aussagen des Interviewten aufgrund der internen und externen Dynamik als unpraktikabel eingeschätzt werde. Die Neusysteme des Jahres 1997 waren vielmehr konsequent in die Informations- und Kommunikationsinfrastruktur der Unternehmung integriert worden und wurden datenseitig durch verschiedene Datenpools versorgt. Die MUS stellten sich demnach als Konglomerat von modellorientierten und berichtsorientierten Einzelsystemen dar, die aus abgestimmten, für spezielle Geschäftsbereiche konzipierte Datenbasen versorgt wurden und über eine unternehmungsumfassende Kommunikationsplattform Interaktionen zwischen den Aufgabenträgern der Organisation erlaubten.

- Gestaltungsaktivitäten

Im Gegensatz zu der Erstentwicklung, bei der organisatorische und sozialpsychologische Problembereiche dominierten, konnten Verweigerungen von späteren Systembenutzern und Datenlieferanten nicht mehr konstatiert werden. Dieses war nach Aussagen des Befragten vor allem darauf zurückzuführen, daß die Systeme von den Benutzern der mittleren Hierarchieebenen als wirksame Werkzeuge zur Unterstützung ihrer Aufgabenerfüllungsprozesse aufgefaßt wurden, für die sich in der Unternehmung auch die Bezeichnung „Zielvereinbarungs-Systeme" durchsetzte. Akzeptanzsteigernd wirkte sich nach Aussagen des Interviewten auch aus, daß – im Gegensatz zur Erstentwicklung – kein zentraler, durch die IT-Abteilung dominierter Entwicklungsansatz gewählt wurde. Vielmehr oblag es den einzelnen Geschäftseinheiten, eigenständig Entwicklungsansätze zu entwickeln und umzusetzen. Die Projektdurchführung und -verantwortung lag hierbei allein im Bereich der betriebswirtschaftlichen Fachbereiche, die für die Lösung technischer Probleme IT-Spezialisten in ihre Bereiche organisatorisch verankerten und somit eine (Teil-)Dezentralisierung der ehemals ausschließlich zentralistisch ausgerichteten IT-Kompetenz bewirkten.

- *Einsatzerfahrungen*

Die neue Generation der managementunterstützenden Systeme besaß zum zweiten Befragungszeitpunkt existentielle Bedeutung für die Unternehmung, da lediglich mit diesen Systemen die durchgeführte radikale Neugestaltung der Organisation möglich wurde.

- *Fazit*

Aufgrund gravierender Veränderungen der Organisationsstruktur und personeller Veränderungen auf den oberen Führungsebenen konnten die originären Ziele nicht erreicht werden. Wie die Abb. 3-21 verdeutlicht, wurde die Systementwicklung und der Betrieb der bereits existierenden Subsysteme eingestellt. Eine Neuauflage des Projektes ist nicht vorgesehen.

Fall 7: Großunternehmung der Automobilindustrie			
		1994	1997
Architektur			
	Datenhaltung	proprietärer Datenpool	Systementwicklung und -nutzung eingestellt
	Informations-Funktionalitäten	starre Berichtsorientierung	
	Komm.-/Koop.-Funktionalitäten	keine	
Gestaltungsaktivitäten			
	Weiterentwicklung	ja	
	Nutzung orga. Gestaltungspotentiale ("Enabler-Fkt.")	nein	
	Betreuungskonzept	eigenständige Betreuungsabteilung auf 2. Hierarchieebene	
Einsatzerfahrungen			
	Akzeptanz	nicht befriedigend	
	Benutzergruppen	1. und 2. Führungsebnene (ca. 20 aktive Benutzer)	
Fazit	- Originäre Zielsetzung nicht erreicht - Systementwicklung und -nutzung wurden eingestellt, Betreuungseinheit aufgelöst - Projekt wurde nicht neu aufgesetzt - Neuentwicklungen im mittleren Management folgen neuen Gestaltungsaktivitäten		

Abb. 3-21: Fall 7: MUS einer Großunternehmung der Automobilindustrie

3.3.8 Fall 8: MUS einer Großunternehmung aus dem Bereich der Telekommunikation

- *MUS-Architektur*

Eine Weiterentwicklung der Datenhaltungskomponente oder der grundlegenden Funktionalitäten war entgegen den Planungen des Jahres 1994 im Betrachtungszeitraum nicht vorgenommen worden. Nach Ansicht des Befragten konnte das System zum Zeitpunkt der Zweitbefragung als technisch veraltet bezeichnet werden. Nach seinen Aussagen war es verpaßt worden, das System rechtzeitig um die Funktionalitäten dynamischer Datenrecherchen und medienbruchfreier Kommunikation zu bereichern. Weiterhin wäre es versäumt worden, die Datenhaltungskomponente, die zwar bereits im Jahre 1994 in relationaler Technik realisiert war, zu einem konsistenten, für den gesamten dispositiven Bereich verbindlichen Datenpool zu erweitern.

- *Gestaltungsaktivitäten*

In dem dreijährigen Betrachtungszeitraum beschränkten sich die Gestaltungsaktivitäten auf die betriebswirtschaftlich und technisch notwendigsten Anpassungsaktivitäten, u.a. eine Hardwareaufrüstung für den Datenbankserver. Als Begründung wurde von dem Befragten angeführt, daß in Ermangelung konzeptioneller Rahmenkonzepte die Zuständigkeiten für die Weiterentwicklung und Nutzung nicht klar geregelt waren. So verhinderte beispielsweise die weitere Duldung des traditionellen, papiergestützten Berichtsweges, der sich eigener Datenextraktionen aus den operativen Datenquellen bediente, nach Meinung des Interviewten, daß Anregungen zu Systemerweiterungen oder -modifikationen von Seite des Managements gemacht wurden.

- *Einsatzerfahrungen*

Im Laufe der Zeit erhöhte sich die Anzahl der potentiellen – also am System angeschlossenen – Benutzer auf von 80 auf 150 Mitarbeiter. Allerdings wurden von dem Interviewten zum zweiten Befragungszeitpunkt bescheinigt, daß keiner der Führungskräfte der 1. Hierarchieebene mehr zu dem aktiven Benutzerkreis gezählt werden könnte und von den übrigen Managern lediglich ca. 70 Mitarbeiter als aktive, „gelegentliche" Benutzer eingeschätzt werden dürften. Vielmehr setzten sich bei den Führungskräften nach anfänglicher Euphorie die tradierten Formen der Berichterstattung wieder durch und verhinderten nachhaltig die erforderlichen Anpassungsaktivitäten des Systems an die sich ändernden betriebswirtschaftlichen und technischen Anforderungen.

- Fazit

Die Zielsetzungen wurden lediglich teilweise erreicht, wobei ein Scheitern der Systementwicklung ohne grundlegende Korrekturen in der Architektur des Systems nach Aussagen des Interviewten in naher Zukunft wahrscheinlich sei. So erklärte der Befragte im Jahre 1997, daß über 50 Prozent der in dem managementunterstützenden System verfügbaren Daten nochmals aus operativen Quellen gezogen und von den Fachbereichen eigenständig zu papierbasierten Berichten aufbereitet würden, wobei es nicht selten wäre, daß die Ergebnisse der beiden Berichtswege nicht konsistent wären und zum Anlaß genommen würden, die Integrität des MUS anzuzweifeln. Die Abb. 3-22 verdeutlicht die Erkenntnisse.

Fall 8: Großunternehmung aus dem Bereich der Telekommunikation		
	1994	1997
Architektur		
Datenhaltung	relationaler Datenpool	relationaler Datenpool
Informations-Funktionalitäten	starre Berichtsorientierung	starre Berichtsorientierung
Komm.-/Koop.-Funktionalitäten	keine	keine
Gestaltungsaktivitäten		
Weiterentwicklung	ja	nein
Nutzung orga. Gestaltungspotentiale ("Enabler-Fkt.")	nein	nein
Betreuungskonzept	Betreuungsgruppe im Fachbereich	kein explizites Betreuungskonzept mehr
Einsatzerfahrungen		
Akzeptanz	gut	nicht befriedigend
Benutzergruppen	gesamtes Management (ca. 70 aktive Benutzer)	mittleres Management (ca. 70 aktive, aber nur "gelegentliche" Benutzer)
Fazit	- Originäre Zielsetzung nur teilweise erreicht (im Jahre 1997 kein Systemeinsatz auf der 1. Führungsebene mehr; nur noch "gelegentliche" Benutzer im mittleren Management) - Geplante Weiterentwicklung erfolgte nicht; lediglich Pflege der existierenden MUS-Bausteine - Das MUS-Projekt soll neu aufgesetzt werden	

Abb. 3-22: Fall 8: MUS einer Großunternehmung aus dem Bereich der Telekommunikation

3.3.9 Fall 9: MUS der Konzernholding einer Handelsunternehmung

- *MUS-Architektur*

Infolge einer marktdeterminierten, radikalen Neustrukturierung des IT-Bereiches (Ausgliederung des Rechenzentrums aufgrund des unvorhergesehenen Ausscheidens eines Großkunden), konnte die damalige host-basierte Systementwicklung nicht wie beabsichtigt weitergeführt werden. Vielmehr wurden sämtliche Entwicklungen in diesem Bereich bereits im Jahre 1994 neu geplant und der veränderten Situation angepaßt. Das aus damaliger Sicht als schwere Krise eingestufte Ereignis erfuhr durch den Verantwortlichen zum zweiten Befragungszeitpunkt eine andere Bewertung. So boten sich durch den Neubeginn der Systementwicklung Chancen, das System bewußt infrastrukturell auszurichten. Nach Einschätzung des Befragten war das Altsystem zu stark auf den Kreis der obersten Führungskräfte ausgerichtet und hätte aufgrund der Architektur der eingesetzten Entwicklungswerkzeuge nicht in andere Hierarchieebenen diffundieren können. Das Neusystem wurde bewußt nicht auf die Informationsbedürfnisse des kleinen Kreises von Top-Managern ausgerichtet, sondern auf der Basis der Anforderungen des Controlling erstellt. Insbesondere wurden berichts- und modellorientierte Subsysteme sowie Systeme zur Integration von Kommunikations- und Kooperationsaspekten zu einer vom Befragten als „Managementplattform" bezeichneten Systemlandschaft zusammengefaßt.

Die Datenversorgung aller dispositiven Systeme erfolgte zum zweiten Befragungszeitpunkt mit Hilfe mehrerer werkzeugspezifischer Datenhaltungssysteme, deren Integrität und Konsistenz über Replikationsmechanismen und mit Hilfe einer gemeinsamen Metadaten-Verwaltung sichergestellt wurden. Die auf diesen Datenpools aufsetzenden Informationssysteme erlaubten starre Berichterstattung mit vorab antizipierten Berichtssequenzen, flexible Datenrecherchen und methodenbasierte Auswertungen. Zur Unterstützung der Kommunikation und Kooperation der Mitarbeiter wurden sämtliche Arbeitsplätze der an diesem System angeschlossenen Mitarbeiter zusätzlich mit Workgroup Computing-Systemen ausgestattet, mit deren Hilfe alle Benutzer (oder definierte geschlossene Benutzergruppen) verschiedene Formen der asynchronen Zusammenarbeit realisieren können. So wurden Dokumentenbanken für fertiggestellte Berichte entwickelt, Diskussionsforen eingerichtet und Bulletin Board-Systeme zur Abfrage allgemein zugänglicher Unternehmungsinformationen entwickelt. Eine vollständig medienbruchfreie Integration dieser einzelnen MUS-Bausteine war jedoch auch zum zweiten Befragungszeitpunkt noch nicht erfolgreich umgesetzt worden. Nach Einschätzung des Befragten fehlten dem MUS in diesem Zusammenhang die Möglichkeiten, mit Hilfe dynamischer Verbindungen Detailinformationen zu Geschäftsvorfällen oder weitere Informationen zu benachbarten Themenkomplexen anzubieten und im Bedarfsfalle die Kommunikation hierüber mit anderen Partnern zu ermöglichen.

- Gestaltungsaktivitäten

Zum Zeitpunkt der ersten Befragung im Jahre 1994 wurden sämtliche Gestaltungsaktivitäten der damals primär auf das Top-Management ausgerichteten Systeme durch eine eigens eingerichtete MUS-Betreuungsgruppe durchgeführt. Im Verlaufe des dreijährigen Untersuchungszeitraumes veränderte sich dieser Ansatz gravierend. So verstand sich die Betreuungsgruppe nach Aussagen des Befragten im Jahre 1997 vielmehr als Kompetenzzentrum, das alle Aktivitäten im Bereich der Informations-, Kommunikations und Kooperationsunterstützung des gesamten Managements plante, koordinierte und auf Konzeptverträglichkeit überprüfte, wohingegen die IT-technische Realisierung weitestgehend den Geschäftseinheiten oblag. Bewußt wurden nach Angaben des Interviewten hierbei auch die organisatorischen Gestaltungspotentiale, die der Informationstechnologie innewohnen, mit in die Planungen des MUS-Rahmenkonzeptes einbezogen. Zwar wurden aus unternehmungspolitischen Gründen keine expliziten Effektivitäts- oder Effizienzanalysen durchgeführt, jedoch konnten durch die Konzeptumsetzung aufbau- und ablauforganisatorische Optimierungen umgesetzt werden. So konnten aufgrund der neu entwickelten MUS Unterabteilungen der Zentralabteilung „Betriebswirtschaft", die vorher mit der Aufbereitung und Präsentation von Informationen beschäftigt waren, aufgelöst werden und die Mitarbeiter mit analytischen Aufgaben betraut werden.

- Einsatzerfahrungen

Das System hatte zum zweiten Befragungszeitpunkt ca. 300 aktive Benutzer aus allen Managementebenen und erfreute sich zum Zeitpunkt der Zweitbefragung sowohl im Top-Management als auch in den darunterliegenden Hierarchieebenen sehr guter Akzeptanz. Vom Befragten wurde hierbei insbesondere die große Bereitschaft des mittleren und unteren Managements zur kreativen Weiterentwicklung der Systembausteine hervorgehoben, die nach seiner Einschätzung darauf zurückzuführen war, daß diese Mitarbeitergruppen sich nicht lediglich als Datenlieferanten für Exklusivsysteme des Top-Managements fühlten, sondern selber als aktive Systembenutzer auftreten konnten.

- Fazit

Die erfolgreiche Systementwicklung zeichnet sich durch eine starke Integration von Workgroup Computing-Systemen aus und wird in der Unternehmung bewußt als organisatorisches Gestaltungswerkzeug eingesetzt. Die Abb. 3-23 veranschaulicht die wichtigsten Erkenntnisse.

Fall 9: Konzernholding einer Handelsunternehmung			
		1994	1997
Architektur			
	Datenhaltung	proprietärer Datenpool	mehrere, proprietäre Datenpools und Dokumentenbanken
	Informations-Funktionalitäten	starre Berichtsorientierung und DSS-Fkt.	starre Berichtsorientierung, flexibler Datenzugriff und DSS-Fkt. erheblich ausgebaut
	Komm.-/Koop.-Funktionalitäten	ja	ja (erheblich ausgebaut)
Gestaltungsaktivitäten			
	Weiterentwicklung	ja	ja
	Nutzung orga. Gestaltungs-potentiale ("Enabler-Fkt.")	nein	ja
	Betreuungskonzept	eigenst. Betreuungsgruppe in der Zentralabteilung Betriebswirt. (2 Mitarbeiter)	eigenst. Betreuungsgruppe in der Zentralabteilung Betriebswirt. (10 Mitarbeiter)
Einsatzerfahrungen			
	Akzeptanz	gut	sehr gut
	Benutzergruppen	1. und 2. Führungsebene (ca. 20 aktive Benutzer)	gesamtes Management (ca. 300 aktive Benutzer)
Fazit	- Originäre Zielsetzung erreicht (Systemeinsatz im gesamten Management) - Erstentwicklung wurde aufgrund der Änderung unternehmungsexterner Rahmenbed. gestoppt - Neuer MUS-Ansatz unterscheidet sich gravierend von der Erstentwicklung - Workgroup Computing-Systeme als tragende Säule des Gesamtansatzes		

Abb. 3-23: Fall 9: MUS der Konzernholding einer Handelsunternehmung

3.3.10 Fall 10: MUS einer Großunternehmung der chemischen Industrie

- *MUS-Architektur*

Die Unternehmung hatte in den 3 Jahren zwischen den beiden Befragungen nach einer Unternehmungsfusion eine Hinwendung zu einem geschäftsprozeßorientierten Organisationsverständnis vollzogen. Mit dieser Neuorientierung waren sowohl architektonische Auswirkungen auf die operativen Systeme als auch auf die managementunterstützenden Systeme verbunden. Auf der operativen Ebene wurde flächendeckend eine integrierte Systemlösung implementiert, auf die nach Aussagen des Interviewten verschiedene, relationale dispositive Datenpools aufgesetzt wurden, wobei die Integrität und Konsistenz der Daten über abgestimmte Metadaten-Verwaltungen und Replikationsmechanismen sichergestellt wurden. Dieses Konglomerat von Datenhaltungssystemen, das zum Zeitpunkt der Zweitbefragung noch nicht flächendeckend eingesetzt wurde, sollte im Laufe des Jahres 1997 die teilweise noch vorhandenen werkzeugspezifischen Datenhaltungssysteme im dispositiven Bereich ablösen. Bei der Aufbereitung der betriebswirtschaftlich abgestimmten Daten der Datenpools hatten sich im Verlaufe des dreijährigen Betrachtungszeitraumes keine gravierenden Veränderungen ergeben, so daß weiterhin starre, vorab definierte Berichte, flexible Datenabfragen und einfache, methodenbasierte Auswertungen benutzerseitig abrufbar waren. Im Bereich der Kommunikation/Kooperation waren in der Unternehmung jedoch erhebliche Entwicklungsaktivitäten durchgeführt worden. So wurden asynchrone Workgroup Computing-Systeme entwickelt, die eine gemeinsame Dokumentenverwaltung unterstützten, in Form von Diskussionsforen den Gedankenaustausch förderten und über Bulletin Board-Systeme die Recherche allgemein zugänglicher Informationen möglich machten.

- *Gestaltungsaktivitäten*

Die Gestaltung der Systeme konnte nach Meinung des Befragten zum zweiten Interviewzeitpunkt nicht länger als singuläres Projekt sondern eher als Sammlung verzahnter, über einen Rahmenkonzept abgestimmter Einzelprojekte zur Schaffung einer Kommunikations- und Informationsinfrastruktur aufgefaßt werden. Betreut, koordiniert und überwacht wurden diese Projekte, deren Leitung stets den Mitarbeitern der Fachbereiche oblag, im Jahre

1997 mit Hilfe eines zentral installierten Kompetenzzentrums, dessen Verantwortungsbereich den gesamten Komplex der dispositiven Systemgestaltung umfaßte.

Nach Aussagen des Interviewten lagen die technische Probleme vor allem in der Bewältigung der operativen Datenvolumina, die aus Benutzersicht zur Füllung der Datenpools erforderlich waren. Hierbei wurde deutlich, daß die Kapazitäten der Netzinfrastruktur der Unternehmung nicht ausreichten, die Datenmengen aus den operativen Quellen in der vom Benutzer geforderten Detaillierung und Periodizität in die dispositiven Datenpools zu transferieren, so daß den Benutzern die Daten teilweise nicht in gewünschter Recherchetiefe zur Verfügung gestellt werden konnten. Gravierender als die technischen Probleme wurden von dem Befragten allerdings die Schwierigkeiten der notwendigen Harmonisierungsprozesse der dispositiven Daten gewertet, die zum Befragungszeitpunkt bereits seit über drei Jahren im Hause durchgeführt wurden und ausschließlich über den Druck der hierarchischen Anordnung in Gang kamen.

Aufgrund der Architekturveränderungen bei den operativen und dispositiven Systemen stagnierte jedoch die Entwicklung der Systeme zur Unterstützung der ersten Führungsebene. So waren zum Zeitpunkt der Zweitbefragung lediglich Prototypen des Top-Managementssystems erstellt, die bis dato nicht in den operativen Einsatz gebracht werden konnten.

- *Einsatzerfahrungen*

Die Akzeptanz der Systeme hatte sich im Verlaufe des dreijährigen Betrachtungszeitraumes sowohl im gehobenen Management als auch bei den mittleren und unteren Führungsebenen verbessert und konnte im Jahre 1997 bei beiden Gruppen als „gut“ eingeschätzt werden. Die große Akzeptanz im gehobenen Management führte der Interviewte vornehmlich auf die seit Jahren umgesetzte Strategie der Unternehmung zurück, die Positionen der 1. und 2. Führungsebene konsequent durch jüngere Mitarbeiter zu besetzen. So wären sämtliche Manager dieser Ebenen zum zweiten Befragungszeitpunkt zwischen 35 und 45 Jahren alt und hätten nach Einschätzung des Befragten keine „Berührungsängste“ im aktiven Umgang mit der Informationstechnologie, sondern würden vielmehr ihren Einsatz forcieren. Bei den mittleren und unteren Führungsebenen ergaben sich jedoch anfangs erhebliche Akzeptanzschwierigkeiten. Diese waren hauptsächlich darauf zurückzuführen, daß die

Mitarbeitergruppen dieser Führungsebenen bereits isolierte IT-gestützte Lösungen einsetzten, die aufgrund der neuentwickelten MUS obsolet wurden. Von den Betroffenen wurden die mit dem Einsatz der Neusysteme verbundenen Veränderungen ihres Arbeitsumfeldes anfangs als negativ empfunden, zumal die Qualität der Altsysteme von vielen Mitarbeitern höher eingeschätzt wurde als die der Neuentwicklungen. Des weiteren bereitete anfangs die mit den neuen Systemen verbundene Erhöhung der Transparenz erhebliche Probleme in den Fachabteilungen, da die Mitarbeiter befürchteten, daß sie mit Verlust der Verantwortlichkeit, mit Überwachung ihrer Leistungsfähigkeit und mit gravierenden Veränderungen der historisch gewachsenen Führungsstruktur der Unternehmung verbunden wäre. Diese anfänglichen Probleme konnten nach Aussagen des Befragten jedoch innerhalb der dreijährigen Einsatzzeit des MUS mit Hilfe von organisatorischen Richtlinien und konstruktiven Veränderungen innerhalb der Systeme eliminiert werden. So wurden die von vielen Mitarbeitern bereits geringschätzig als „elektronischer Datenfriedhof" bezeichneten Systeme mit wirksamen benutzer(-gruppen)spezifischen Filterungsmechanismen ausgestattet, um einer Informationsüberflutung der Mitarbeiter vorzubeugen und unautorisierte Datenrecherchen zu unterbinden.

- *Fazit*

Die originäre Zielsetzung, das gesamte Management aktiv durch das MUS zu unterstützen, war zum Zeitpunkt der Zweitbefragung noch nicht vollständig erreicht, da in der Unternehmung eine konsequente Bottom-up-Entwicklungsstrategie umgesetzt wurde, die im Jahre 1997 noch nicht abgeschlossen war. Allerdings konnte festgestellt werden, daß der Systementwicklungsprozeß bis zum zweiten Befragungszeitpunkt planmäßig umgesetzt werden konnte und die im Einsatz befindlichen Systeme sich nach anfänglichen Problemen hoher Akzeptanz erfreuten. Neben der Implementierung organisatorischer Richtlinien zur Systemnutzung und Durchführung konstruktiver Systemmodifikationen konnte diese Entwicklung durch eine ausgeprägte Benutzerorientierung im Gestaltungsprozeß bewirkt werden. So wurde vom Interviewten hervorgehoben, daß sämtliche MUS-Projekte von Mitarbeitern der Fachbereiche geleitet würden und Initiativen für Neuprojekte mit Hilfe von im MUS integrierten „Ideen-Börsen" durch die Endbenutzer direkt angeregt werden könnten.

Eine Zusammenfassung der wichtigsten Erkenntnisse der zeitraumorientierten Analyse liefert Abb. 3-24.

Fall 10: Großunternehmung der chemischen Industrie			
		1994	1997
Architektur			
	Datenhaltung	proprietäre Datenpools	mehrere relationale und proprietäre Datenpools und Dokumentenbanken
	Informations-Funktionalitäten	starre Berichtsorientierung, flexibler Datenzugriff und DSS-Fkt.	starre Berichtsorientierung, flexibler Datenzugriff und DSS-Fkt.
	Komm.-/Koop.-Funktionalitäten	ja	ja (erheblich ausgebaut)
Gestaltungsaktivitäten			
	Weiterentwicklung	ja	ja
	Nutzung orga. Gestaltungspotentiale ("Enabler-Fkt.")	nein	ja
	Betreuungskonzept	eigenst. Kompetenzzentrum für Gesamtunternehmung	eigenst. Kompetenzzentrum für Gesamtunternehmung
Einsatzerfahrungen			
	Akzeptanz	gut	gut (nach Anfangsprobl. im mittleren und unteren Management)
	Benutzergruppen	1. und 2. Führungsebene (ca. 80 aktive Benutzer)	gesamtes Management mit Ausnahme der 1. Führungsebene
Fazit	- Originäre Zielsetzung bislang erreicht (Systemeinsatz im gesamten Management außer auf der 1. Führungsebene, deren MUS-Anbindung plangemäß im Jahre 1997 erfolgen soll) - Erstentwicklung wurde aufgrund einer Unternehmungsfusion erheblich verändert - Sehr starke Involvierung der Fachbereiche bei der Projektinitiierung und -leitung ("Ideen-Börse" für Neu-Projekte; Projektleiter wird immer aus dem Fachbereich rekrutiert) - Starke Integration von Workgroup Computing-Systemen zur Unterstützung der asynchronen Kommunikation/Kooperation		

Abb. 3-24: Fall 10: MUS einer Großunternehmung der chemischen Industrie

3.4 Auswertung 3: Longitudinale, zusammenfassende Analyse der beiden Interviewreihen

Die zeitraumorientierte, zusammenfassende Analyse der Interviews stellt die dritte Auswertungsklasse der Arbeit dar.[1] Das Ziel dieser Untersuchung ist es, durch die Zusammenfassung der Einzelauswertungen zu allgemeineren Aussagen über die Erfahrungen und Entwicklungstendenzen zu gelangen. Insbesondere sollen die folgenden Fragestellungen im Mittelpunkt der Analyse stehen:

- Welche Systementwicklungen haben sich als erfolgreich erwiesen?
- Welche Faktoren können den Erfolg fördern und welche ihn gefährden?

3.4.1 Erfolg der Systementwicklung

Der Erfolg einer Systementwicklung kann im weiteren lediglich an Indikatoren festgemacht werden, da in keiner Unternehmung – wie im ersten empirischen Teil dargelegt – Wirtschaftlichkeitsanalysen in Form von Kosten-/Nutzenuntersuchungen durchgeführt worden waren. Als Hilfestellungen zur Erfolgsermittlung dienen daher die Beantwortung der folgenden Fragen:

- War das System über den dreijährigen Betrachtungszeitraum im Einsatz?
- Wurde das System in dieser Zeit der originären Zielsetzung entsprechend benutzt?
- Wurde das System im Verlaufe des Betrachtungszeitraumes weiterentwickelt?
- Erfolgte in der Einsatzzeit eine Ausweitung der Systembenutzung auf andere Führungsebenen?

Da in der Interviewreihe keine Unternehmung existierte, die das System weiterentwickelte, ohne daß sich die Anzahl der Benutzergruppen erhöhte, werden die beiden letzten Fragen

---

[1] Vgl. Kapitel 3.1.1 der Arbeit.

im weiteren zusammengezogen. Auf diese Weise entsteht der in Abb. 3-25 dargestellte mehrstufige Filter zur Erfolgsermittlung der Systementwicklungen.[1]

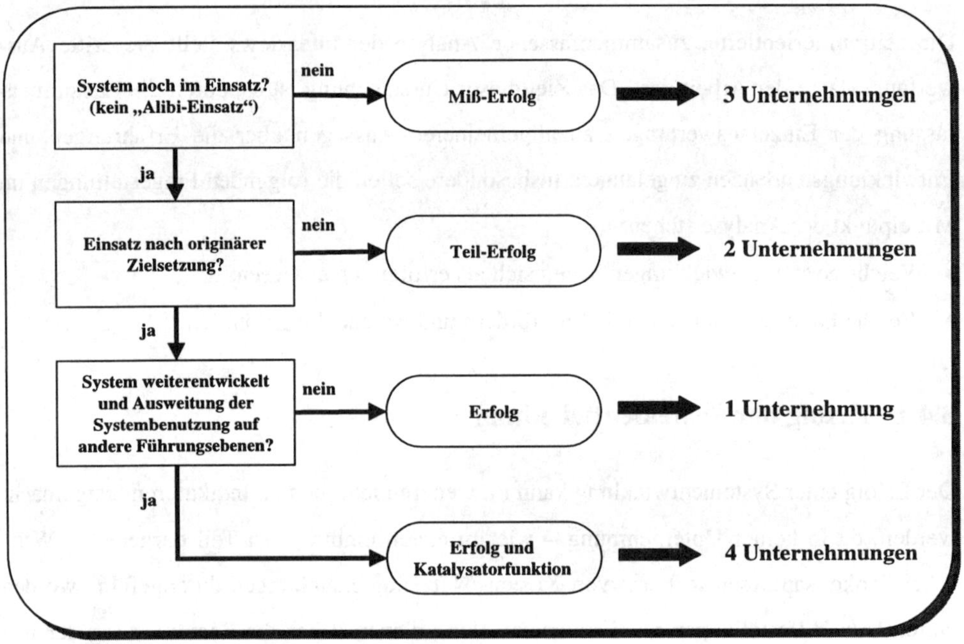

Abb. 3-25: Struktur zur Erfolgsmessung der Systementwicklungen

Da die MUS in drei Unternehmungen sich nicht mehr im Einsatz befanden bzw. keine ernsthafte Nutzung der Systeme zum Zeitpunkt der Zweitbefragung mehr vorlag, wurden die Systementwicklungen als Mißerfolg gewertet. Zwei Unternehmungen konnten lediglich einen Teil-Erfolg verzeichnen, da die Systeme zwar im Jahre 1997 weiterhin im Einsatz waren, die originäre Absicht, das Top-Management der Unternehmung als aktive Benutzer zu gewinnen, jedoch als gescheitert angesehen werden mußte. Unverändert in der Archi-

---

1 Es sei an dieser Stelle darauf hingewiesen, daß die hier verwendeten Einteilungen von „Miß-Erfolg", „Teil-Erfolg", „Erfolg" und „Erfolg und Katalysatorfunktion" nicht deckungsgleich mit den Aussagen der Interviewten sind. Von den befragten Unternehmungen gaben lediglich die drei Unternehmungen, die die Systeme nicht mehr oder nur noch unzureichend im Einsatz hatten, zu, daß die Entwicklung gescheitert wäre. Nach Ansicht aller anderen Befragten wären die Entwicklungen unternehmungsintern als Erfolg zu werten. In diesem Zusammenhang konnte jedoch in sämtlichen Fällen festgestellt werden, daß die Zielsetzungen aus Gründen der Rechtfertigung im Laufe der Zeit den Realitäten angepaßt worden waren.

tektur, im Umfang und in den Funktionalitäten blieb lediglich ein System im Einsatz. Obwohl in der Unternehmung – entgegen den Planungen des Jahres 1994 – eine funktionale Erweiterung des Systems nicht umgesetzt wurde, wird dieses System hier dennoch als Erfolg gewertet, da es innerhalb des Betrachtungszeitraumes kontinuierlich der originären Projektzielsetzung entsprechend im Einsatz war und sich in dieser Zeitspanne hoher Akzeptanz im Top-Management erfreute. In vier der zehn befragten Unternehmungen hatten sich die Entwicklungen des Jahres 1994 auch drei Jahre nach der Erstbefragung als vollständiger Erfolg erwiesen. Obwohl auch in diesen vier Fällen teilweise erhebliche Dissonanzen zwischen den konkreten Planungen des Jahre 1994 und den tatsächlich umgesetzten Veränderungen feststellbar waren, wurden in diesen Unternehmungen die ursprünglichen Ziele erreicht. Zusätzlich wurden die Systeme funktional erweitert und erfolgreich weiteren Mitarbeitern anderer Führungsebenen zugänglich gemacht.

3.4.2 Erfolgsfördernde bzw. -gefährdende Faktoren

Wie die Auswertung deutlich macht, sind ca. 1/3 der Systementwicklungen völlig gescheitert und in zwei lediglich als Teil-Erfolg zu werten, da sie nicht mehr ihrer originären Zielsetzung entsprechend verwendet werden. Somit sind in der Hälfte der befragten Unternehmungen die Top-Manager keine aktiven Systembenutzer mehr und werden demnach (wieder) mit Hilfe der traditionellen, papiergebundenen Berichte durch entscheidungsunterstützende Stäbe und Fachabteilungen informiert. Die Gründe für diese unbefriedigende Situation sind vielschichtig und können nicht auf einige wenige allgemeine Statements reduziert werden. Im weiteren soll daher der Versuch unternommen werden, die von den Befragten angeführten Rahmenbedingungen zu skizzieren, die nach Ansicht der Interviewten maßgeblich Einfluß auf den Erfolg bzw. den Mißerfolg der Systementwicklung ausüben.

3.4.2.1 Wahl der Entwicklungsstrategie

Die Interviews machten deutlich, daß generell zwei grundlegende Arten der Systementwicklung identifiziert werden können, die im weiteren als *Bottom-up-Strategie* und als *Top-down-Strategie* bezeichnet werden sollen. Hierbei wird unter der *Top-down-Strategie* ein Konzept verstanden, dessen Entwicklungsausgangspunkt die Unterstützung des Top-Managements ist. Erst in einem zweiten Schritt sollen bei diesem Ansatz die Mitarbeiter der mittleren und unteren Hierarchieebenen als aktive Benutzergruppen eingebunden werden. *Bottom-up-Ansätze* stellen das gegenteilige Vorgehen dar. Zwar existiert dieselbe Zielsetzung, jedoch gilt als Ausgangspunkt der Systemkonzeption die Verbesserung der Unterstützung des mittleren Managements. Grundgedanke hierbei ist es, daß auf der Basis einer bereinigten und konsistenten Managementunterstützung auf den mittleren Führungsebenen im nachhinein eine wirksame und abgestimmte Unterstützung der Top-Führungskräfte aufgesetzt werden kann.

Bei den befragten Unternehmungen dominierte eindeutig die Anwendung der Top-down-Strategie. Als Begründung für die Top-down-Verfahrensweise wurde von vielen Interviewten angeführt, daß bei dieser Entwicklungsrichtung kurzfristig lauffähige Lösungen für das gehobene Management entstehen können, die aus Gründen der Akzeptanz im Top-Management erforderlich wären.

- *Top-down-Strategie*

Die Erfahrungen, die die Unternehmungen mit der Verwendung einer stringenten Top-down-Strategie machten, können als ambivalent bezeichnet werden (siehe Abb. 3-26). So sind neben erfolgreichen Entwicklungen (Typ 1 und 2) sämtliche gescheiterten Systeme (Typ 4) nach diesem Paradigma entwickelt worden.

Als spezielles Risiko dieser Vorgehensweise wurde von den Interviewten angeführt, daß bei diesen Systemen, die anfänglich für den beschränkten Kreis von bis zu 20 Mitglieder des Top-Managements konzipiert und implementiert wurden, gravierende Veränderungen bei der Ausweitung der Benutzerkreise durchgeführt werden mußten. So waren die Erweiterung der Benutzerzahlen (z.B. von 8 Top-Managern auf über 300 Benutzer verschiedener Hierarchieebenen) lediglich durch grundlegende Änderungen der Systemarchitekturen möglich. Betroffen waren hierbei vor allem die verwendeten Entwicklungswerkzeuge, die Datenhaltungssysteme und die nachträgliche Entwicklung und Integration von benutzerspezifischen Autorisierungskonzepten. Erschwerend kam nach Aussagen der Befragten hinzu, daß diese Modifikationen weitestgehend benutzertransparent durchgeführt werden mußten, um im Management keine akzeptanzmindernden Effekte aufgrund von Stillstandzeiten oder größeren Veränderungen im Bereich der Benutzerschnittstellen zu provozieren.

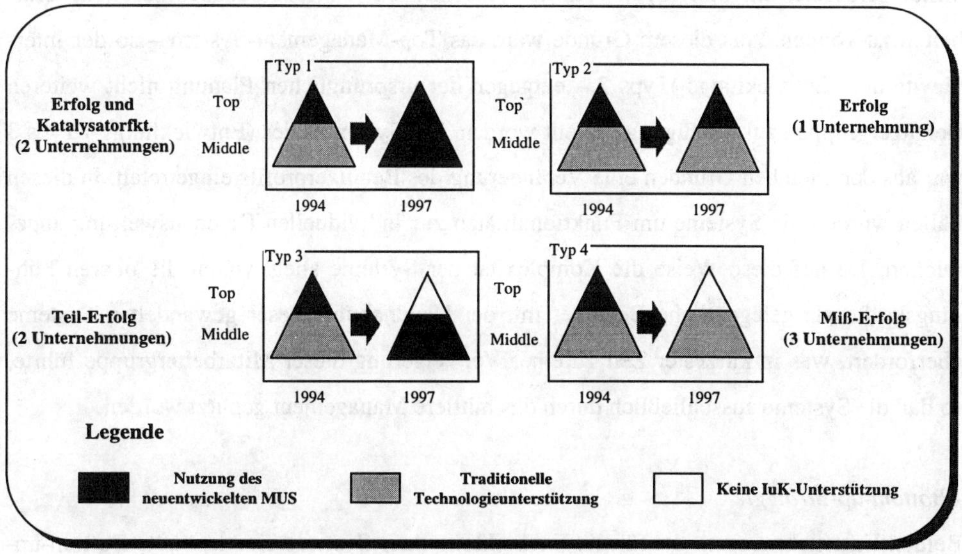

Abb. 3-26: Top-down-Entwicklungen und ihr Erfolg

Von den Interviewten, in deren Unternehmungen mit Hilfe des Top-down-Ansatzes keine satisfizierenden Lösungen entwickelt werden konnten (Typ 3 u. 4), wurden verschiedene Erklärungsansätze abgegeben. Im Falle des vollständigen Mißerfolges (Typ 4) wurde argumentiert, daß die Systeme aufgrund der schlechten Datenqualität kaum Akzeptanz im Management gefunden hätten. Des weiteren bestünde bei dieser Art der Entwicklung die Gefahr, personengebundene Systeme zu erstellen, die direkt auf einen Manager – meist den Sponsor – ausgerichtet wären. Im Falle personeller Änderungen im Management würden diese Systeme in aller Regel nicht weiter eingesetzt, da sie nicht die Flexibilität besäßen, auf die individuellen Arbeitsstile der neuen Mitarbeiter angepaßt zu werden.

Ein Erklärungsansatz, der vor allem von den Unternehmungsvertretern des (Entwicklungs-) Typs 2 und 3 angeführt wurde, zielt auf die unterschiedlichen Merkmale der Managerarbeit auf mittleren und oberen Führungsebenen ab. So argumentierten die Interviewten, daß die

Systeme der oberen Führungskräfte kaum von großem Nutzen für das mittlere Management wären. Auf den mittleren Führungsebenen wäre wesentlich mehr Funktionalität und Flexibilität gefordert, um individuelle Ad-hoc-Analysen zur Entscheidungsvorbereitung erarbeiten zu können. Aus diesem Grunde wäre das Top-Management-System – so der Interviewte des (Entwicklungs-)Typs 2 – entgegen der ursprünglichen Planung nicht weiteren Benutzergruppen zur Verfügung gestellt worden. Bei Systemen des (Entwicklungs-) Typs 3 war aus den gleichen Gründen eine Veränderung des Benutzerprofils eingetreten. In diesen Fällen wurden die Systeme um Funktionalitäten zur individuellen Datenauswertung angereichert. Da auf diese Weise die Komplexität der Systeme stieg, waren die oberen Führungskräfte als gelegentliche Benutzer mit der Handhabung dieser gewandelten Systeme überfordert, was in kürzester Zeit zu einer Verweigerung dieser Mitarbeitergruppe führte, so daß die Systeme ausschließlich durch das mittlere Management genutzt wurden.

- Bottom-up-Strategie

Beiden Unternehmungen, die für die Entwicklung ihrer Systeme eine bewußte Bottom-up-Strategie verwendeten, ist gemeinsam, daß es ihnen innerhalb der drei Jahre zwischen den beiden Befragungsaktionen spät bzw. nur in Form erster Prototypen glückte, das Top-Management als aktive Systembenutzer zu integrieren. Nach Aussagen der Interviewten war die Ursache hierfür, daß die Komplexität des ganzheitlichen Ansatzes zu groß war, um in kurzer Zeit Lösungen für das gehobene Management zu entwickeln. An dieser Stelle setzten auch die Bedenken der Befragten bzgl. der gewählten Vorgehensweise an. So berge der lange Zeitraum zwischen Projektinitiierung und -abschluß erhebliche Gefahren, die zu einer Demotivation des Top-Managements führen könnten. Dieses wäre vor allem dann von entscheidender Relevanz, wenn die Projektentwicklung von der Geschäftsleitung initiiert worden wäre und sie selbst auch als aktiver Systembenutzer eingebunden werden wollte.

3.4.2.2 Definition realistischer Ziele

Die Mehrzahl der Interviewten erklärte, daß eine – häufig von Berater- und Herstellerseite geförderte – hohe Erwartungshaltung zu Frustrationen beim täglichen Betrieb der Systeme führte. Zwar wären Demonstrator-Systeme, die aus realistischen Szenarien des Umfeldes der Unternehmung abzuleiten seien – grundsätzlich akzeptanzfördend, da dem meist nicht IT-versierten Management mit Hilfe dieser Systeme ein Gefühl für die Einsatzpotentiale des Systems zu vermitteln sei. Allerdings würde nicht selten der gravierende Fehler begangen, mit Hilfe dieser Demonstratorsysteme überzogene Erwartungshaltungen im Management zu wecken. Hierbei würden vor allem Auswertungsmöglichkeiten suggeriert, die aufgrund der mangelnden Datenverfügbarkeit in der eigenen Unternehmung (wirtschaftlich) nicht durchführbar wären.[1] Des weiteren wären in vielen Fällen gravierende Differenzen bzgl. der Flexibilität bei der Informationsauswertung, dem Antwortzeitverhalten bei komplexen Abfragen und der Qualität der Benutzerführung zwischen Demonstrator- und Realsystemen feststellbar.

3.4.2.3 Einbindung der datenliefernden Fachbereiche

Wie die Erstuntersuchung bereits deutlich machte, sind die datenliefernden Fachbereiche häufig Opponenten der Systementwicklung und reagieren mit Passivität oder Boykott, da sie befürchten, mit Hilfe des Systems bewertet und kontrolliert werden zu können und gleichzeitig einen Prestigeverlust aufgrund des Wegfalls von formellen und informellen Kontakten zu erleiden.[2] Bei den beiden Unternehmungen, die als Entwicklungsmethodik die Bottom-Up-Strategie wählten, lösten sich diese Probleme im Verlaufe der Weiterentwicklung der Systeme von allein. Als Begründung wurde von den beiden Befragten angeführt, daß die Fachbereiche als spätere (Mit-)Benutzer der Systeme wesentlich höher motiviert wären, sich aktiv in den Entwicklungsprozeß einzubringen. In der Mehrzahl der top-down-entwickelnden Unternehmungen mußte hingegen aktiv eingegriffen werden, um Konflikte mit den datenliefernden Fachbereichen zu entschärfen. In diesem Zusammen-

---

1 So wurden beispielsweise in einer Versicherungsunternehmung Auswertungen mit Hilfe eines Demonstratorsystems präsentiert, bei denen anhand der versicherten Objekte die bestehenden Versicherungsverträge recherchiert werden konnten. Es wurde den Managern demnach suggeriert, daß mit dem System gezielte Potentialanalysen für neue Vertragsangebote zu erzeugen wären. Während der Entwicklung des Systems wurde jedoch deutlich, daß die für diese Analyse erforderlichen Daten sich nicht aus den operativen Datenbeständen ableiten ließen, da das versicherte Objekt lediglich als Attribut bei den Einzelverträgen abgespeichert war.

2 Vgl. Kapitel 3.2.3.2.5 der Arbeit.

hang ist es nach Ansicht der Interviewten anzustreben, die Fachbereiche von Projektstart an organisatorisch in den Entwicklungsprozeß zu integrieren, die spätere Systemnutzung durch die Fachbereiche von Beginn an mit als Projektziel zu definieren und Mechanismen zu entwickeln, die die fachliche Verantwortung für die Integrität, Konsistenz und Aktualität der im System eingestellten Daten dokumentieren. So wurde beispielsweise vorgeschlagen, das System so zu gestalten, daß zu sämtlichen Dateninhalten Informationen über den verantwortlichen Mitarbeiter systemseitig gespeichert und auf Wunsch während der Datenanalyse angezeigt werden können.

3.4.2.4 Weiterentwicklung der Systeme

In den Jahren zwischen den beiden Befragungsaktionen haben viele Unternehmungen gravierende strukturelle/organisatorische Veränderungen erfahren und sehen sich heute einer sprunghaft gestiegenen internen und externen Dynamik ausgesetzt. In diesem Zusammenhang wird vor allem der Bereich der Managementunterstützung – vor allem der Unterstützung der obersten Führungskräfte – kritischer gesehen als noch zum ersten Befragungszeitpunkt im Jahre 1994 vor drei Jahren. So sind die Befragten mehrheitlich der Meinung, daß Informationssysteme mit starren, vorgedachten Selektionen heute nicht mehr zur Steuerung der Unternehmung ausreichen. Aus diesem Grunde ist es nach der Meinung der meisten Unternehmungsvertreter unabdingbar, die Systeme während ihrer Einsatzzeit in kurzen Zyklen den veränderten Rahmenbedingungen anzupassen. Insbesondere müssen hierbei Funktionalitäten modifiziert, erweitert, flexibilisiert und in einigen Fällen auch eliminiert werden. Diese dynamischen, einsatzbegleitenden Aktivitäten bergen jedoch nach Ansicht der Befragten enorme Probleme. Sie sind vor allem darauf zurückzuführen, daß das Management als Systembenutzer in aller Regel solche fachlichen, konzeptionellen Änderungen nicht anregt bzw. ihr Fehlen nicht einmal anmahnt. Vielmehr wäre meist beobachtbar, daß die Systemnutzung bei fehlender Weiterentwicklung des Systems sich verringere und mit der Zeit sogar zum Stillstand käme. Da die Mehrzahl der Manager diese „Konsumhaltung" aufwiesen und aufgrund ihrer exponierten hierarchischen Stellung in der Unternehmung in aller Regel auch nicht durch Anweisungen zur Systemnutzung angehalten werden könnten, wäre nach Ansicht der Befragten eine visionäre Weiterentwicklung durch spezielle

Systembetreuer notwendig, die Veränderungen induzieren und sie mit flankierenden „Marketingmaßnahmen" dem Management näherbringen. Allerdings wären diese Aufgaben äußerst anspruchsvoll und würden von den Betreuern neben IT-technischen Kenntnissen fundiertes betriebswirtschaftliches Wissen verlangen. Häufig wären jedoch die verantwortlichen Mitarbeiter diesen hohen Anforderungen nicht gewachsen und würden lediglich die technische Wartung der Systeme durchführen.

3.5 Überprüfung und Modifikation der Thesen

Im weiteren werden die in Kapitel 3.1.3 der Arbeit entwickelten Thesen der Untersuchungsreihe einer Prüfung unterzogen, wobei die Thesenprüfung nach der Erst- und Zweitbefragung differenziert wird.[1] Aus Gründen der besseren Anschaulichkeit wird das Kapitel anhand der Basisfragen der Untersuchungsreihe gegliedert.[2]

3.5.1 Welche Architekturen besitzen die in der Praxis eingesetzten managementunterstützenden Systeme und welche Entwicklungen sind in den letzten Jahren feststellbar?

- *Funktionalitäten managementunterstützender Informationssysteme*

In der These 1 der Untersuchung wurde davon ausgegangen, daß die in der Praxis eingesetzten managementunterstützende Systeme primär starre Berichtssysteme sind, die kaum Funktionalitäten für dynamische Datenauswertungen und methodenbasierte Analysen bieten. Die Abb. 3-27 verdeutlicht das Ergebnis der Überprüfung der These und die Ableitung einer Thesenmodifikation. Die Ergebnisse der Erstbefragung bestätigen die These vollständig. In dem Zeitraum zwischen den Befragungen sind jedoch Veränderungen in den Ausrichtungen der erfolgreich eingesetzten Systementwicklungen feststellbar. So ist bei diesen

---

1 Zwar ist es nicht das Hauptziel der vorliegenden Analyse, als Voruntersuchung einer hypothesentestenden, empirisch quantitativ ausgerichteten Untersuchung zu dienen. Die Prüfung der Thesen (Stärkung oder Schwächung) ist jedoch im großen Maße geeignet, Hilfestellungen bei der Hypothesengenerierung zu leisten, so daß sie einen wertvollen Beitrag für zukünftige Untersuchungen in diesem Forschungsbereich bieten kann.

2 Vgl. Kapitel 3.1.1 der Arbeit.

in dem dreijährigen Betrachtungszeitraum mehrheitlich der Umfang der starren Berichtssysteme zugunsten der o.a. Analysesysteme eingeschränkt worden. Dieses Ergebnis erlaubt die in der Abb. 3-27 dargestellte Thesenmodifikation, der zufolge in künftigen MUS gerade den über eine starre Berichterstattung hinausgehenden Funktionalitäten eine herausragende Rolle beigemessen werden wird, die maßgeblich über den Erfolg oder Mißerfolg der Systementwicklungen entscheiden wird.

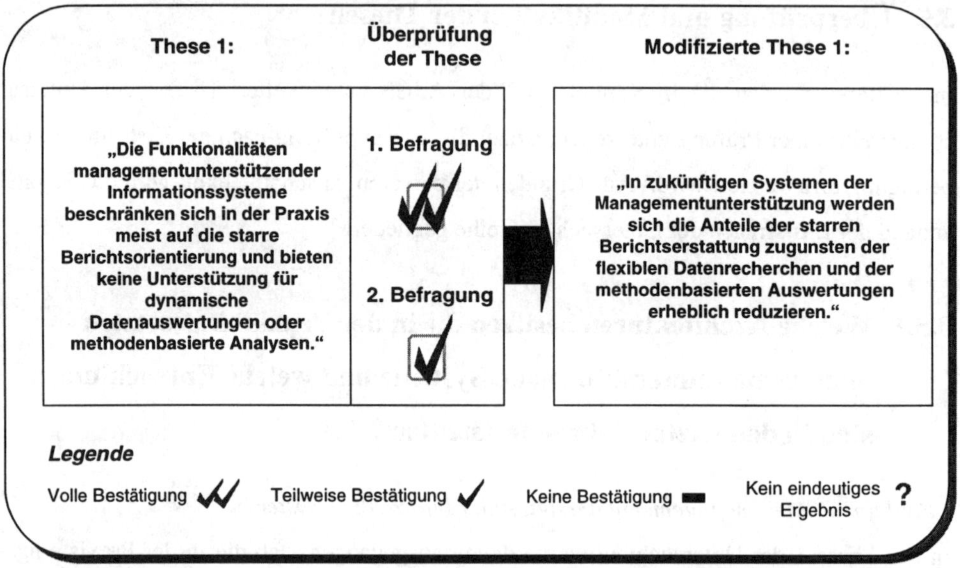

Abb. 3-27: Überprüfung der These 1 und Formulierung einer Thesenmodifikation

- *Datenhaltung managementunterstützender Informationssysteme*

Die zweite These der Untersuchung beschäftigte sich mit den Datenhaltungssystemen managementunterstützender Systeme. Es wurde am Anfang der Untersuchungsreihe davon ausgegangen, daß mehrheitlich die dispositive Datenspeicherung in systemspezifischen Strukturen erfolge und somit eine Mehrfachnutzung der dispositiven Daten nicht möglich sei. Wie die Ergebnisse der Thesenüberprüfung in der Abb. 3-28 verdeutlichen, erfuhr diese These bei der Erstuntersuchung eine teilweise Bestätigung. So waren zwar noch in der Mehrzahl der Unternehmungen systemspezifisch ausgerichtete Datenhaltungsstrukturen vorzufinden, jedoch war bereits im Jahre 1994 eine Hinwendung zur Mehrfachnutzung der dispositiven Daten erkennbar. Im Verlaufe des Betrachtungszeitraumes verstärkte sich dieser Trend erheblich. Nahezu alle Unternehmungen unternahmen oder planten in den letzten Jahren Aktivitäten, die häufig proprietären, auf Einzelsysteme ausgerichteten Datenhaltungssysteme in unternehmungsweite dispositive Datenbasen zu überführen, die als exklusive Quelle allen Berichts- und Planungssystemen des Managements zur Verfügung stehen sollten. Auf der Basis dieser Erkenntnisse erfolgt daher die Thesenmodifikation, daß die dispositive Datenhaltung zukünftiger Systementwicklungen in (logisch) gemeinsamen, konsistenten Datenhaltungssystemen vorgenommen werden wird, wobei diese Datenhaltungskomponente das Fundament des gesamten Komplexes der technikbasierten Managementunterstützung darstellen wird.

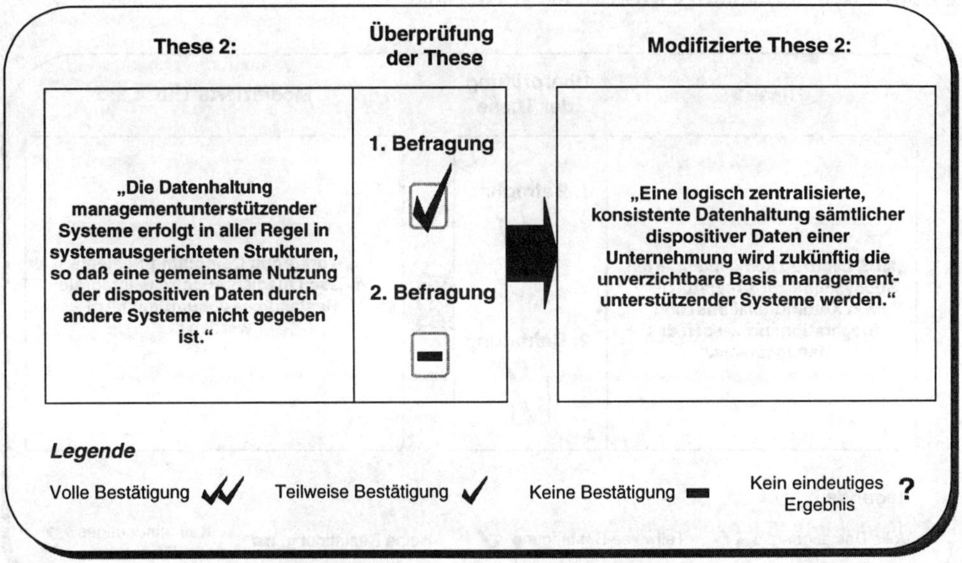

Abb. 3-28: Überprüfung der These 2 und Formulierung einer Thesenmodifikation

- Kommunikations-/Kooperationsfunktionalitäten

In der abschließenden These zur MUS-Architektur wurde angenommen, daß die im Einsatz befindlichen Systeme nicht über integrierte Funktionalitäten zur Unterstützung von Kommunikations- und Kooperationsprozessen der Manager verfügen. Diese These konnte im

Rahmen der Erstuntersuchung vollständig bestätigt werden. In der Zweituntersuchung wurde jedoch deutlich, daß gerade die erfolgreich eingesetzten Systementwicklungen erste Ansätze zur Integration dieser Funktionalitäten aufwiesen. Hierbei besaßen vor allem die beiden bottom-up entwickelten Systeme eine sehr starke Einbindung von Workgroup Computing-Systemen, die allerdings bis zum zweiten Befragungszeitpunkt lediglich asynchrone Formen der Zusammenarbeit unterstützten und bis dato nicht eng genug mit den Informationssystemen gekoppelt waren, so daß Medienbrüche bei der Systemnutzung toleriert werden mußten. Auf der Grundlage der Untersuchungsergebnisse und den Erkenntnissen empirischer Studien über die Charakteristika der Arbeitssituationen von Führungskräften[1] wird daher im weiteren davon ausgegangen, daß Workgroup Computing-Systeme zur Unterstützung von zeitgleichen und zeitverschobenen Kommunikations- und Kooperationsprozessen in zukünftige MUS zu integrieren sind.

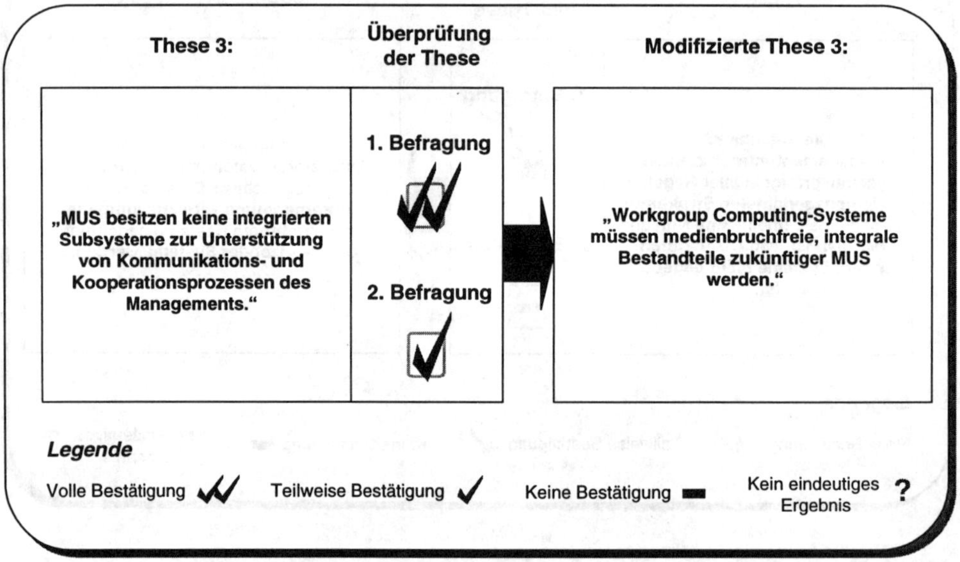

Abb. 3-29: Überprüfung der These 3 und Formulierung einer Thesenmodifikation

[1] Vgl. Kapitel 2.1.4 der Arbeit.

3.5.2 Welche Probleme treten im Rahmen der Systemgestaltung auf und inwieweit führen die Erfahrungen mit diesen Problembereichen zu Modifikationen der Gestaltungskonzepte?

- Intention bei der Systemgestaltung

In der These 4 wurde die Vermutung dargelegt, daß die managementunterstützenden Systeme in der Praxis bislang lediglich als Medienwechsel im Berichtswesen verstanden werden können. Wie die Abb. 3-30 verdeutlicht, konnte diese These durch die Ergebnisse der Erstbefragung uneingeschränkt unterstützt werden. So konnte eindeutig in allen befragten Unternehmungen festgehalten werden, daß vor Projektstart weder organisatorische Aufbau- noch Ablaufveränderungen durch den Systemeinsatz konkret geplant waren.

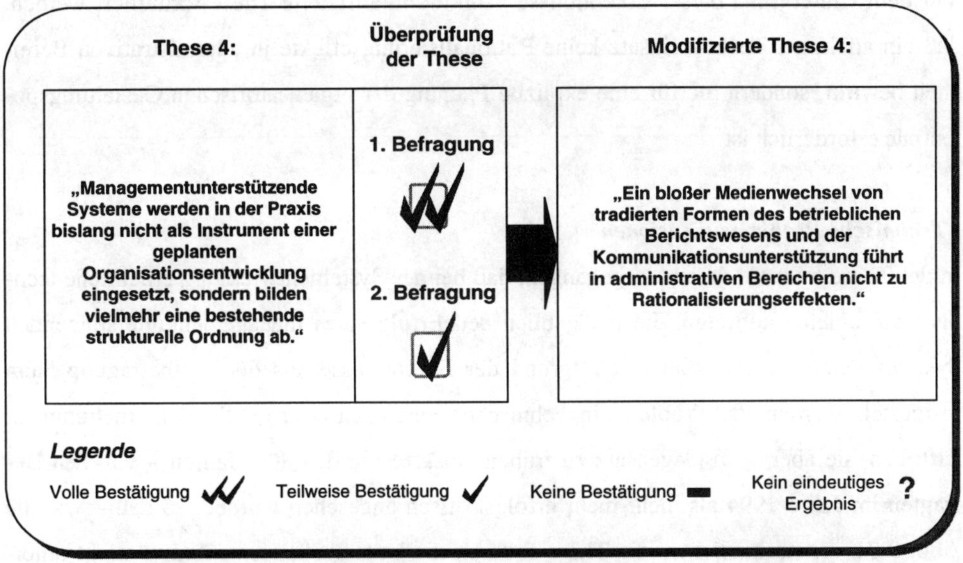

Abb. 3-30: Überprüfung der These 4 und Formulierung einer Thesenmodifikation

Im allgemeinen wird die These auch durch die Zweituntersuchung unterstützt. Dieses trifft vor allem für die Unternehmungen zu, die klassische top-down-orientierte Entwicklungsansätze durchgeführt und demnach das Top-Management der Unternehmung als bevorzugten Adressatenkreis ihrer Systeme ausgewählt hatten. Die beiden Unternehmungen hingegen, die ihre managementunterstützenden Systeme bewußt bottom-up entwickelten, also zunächst den Kreis des mittleren Managements mit Informations- und Kommunikationssystemen versorgten, bescheinigen ausdrücklich, daß die Zielsetzung der Systementwicklung keinesfalls ausschließlich ein Medienwechsel im traditionellen Berichtswesen war. Vielmehr wurden mit den Systemen Plattformen geschaffen, die eine organisatorische Neugestaltung ermöglichten. Konkret wurde hierbei angeführt:

- Verbesserung der Anbindung dezentraler Niederlassungen,
- Verteilung von Funktionseinheiten im Rahmen von Internationalisierungsstrategien,
- Reduktion von Hierarchien,
- Verbesserung der Kommunikationsmöglichkeiten zwischen vormals eigenständigen Einheiten.

Vor dem Hintergrund dieser Erkenntnisse kann die modifizierte These formuliert werden, daß ein alleiniger Technikeinsatz keine Rationalisierungseffekte in administrativen Bereichen bewirkt, sondern hierfür eine explizite Planung der organisatorischen Gestaltungspotentiale erforderlich ist.

- Technische Problemdimensionen

In der These 5 wurde davon ausgegangen, daß bei der Systementwicklung erhebliche technische Probleme auftreten, die maßgeblich den Erfolg eines managementunterstützenden Systems determinieren können. Aufgrund der Erkenntnisse aus der Erstbefragung kann festgestellt werden, daß Probleme in technischen Bereichen zwar in allen Unternehmungen auftraten, sie aber – im Gegensatz zu frühen Ansätzen in den 80er Jahren – von den Befragten im Jahre 1994 als nicht mehr erfolgskritisch angesehen wurden, so daß – wie die Abb. 3-31 veranschaulicht – die These 5 durch die Untersuchungsergebnisse nicht unterstützt werden konnte. Bei der Analyse der Zweitbefragung ließ sich ein Wandel feststellen. So bescheinigten viele Unternehmungen, daß die Weiterentwicklung der Systeme mit zunehmender Durchdringung in der Unternehmung und damit auch steigenden Benutzerzahlen zu erheblichen technischen Problemen führte. Diese Probleme waren vor allem im Bereich der Datenmodellierung, der performanten Bereitstellung der Daten sowie der Implementierung von Filter- und Berechtigungskonzepten zu sehen. Aufgrund dieser Aussagen kann vermutet werden (modifizierte These 5), daß die systemtechnische Dimension verstärkt zum erfolgskritischen Faktor bei der MUS-Entwicklung wird.

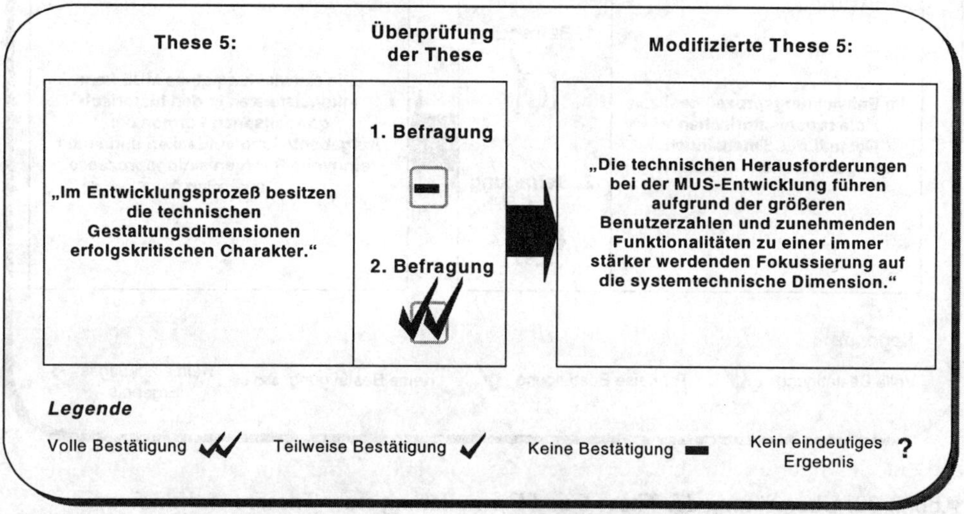

Abb. 3-31: Überprüfung der These 5 und Formulierung einer Thesenmodifikation

- Organisatorische Problemdimensionen

Bei der Formulierung der Ausgangsthese 6 wurde davon ausgegangen, daß Entwickler bereits bei dem Gestaltungsprozeß eines Management-Unterstützungs-Systems mit erheblichen erfolgsgefährdenden Problemen konfrontiert werden, die aufgrund einer etablierten, durch die Organisation legitimierten Form der Aufgabenteilung verursacht wird. Konkret wurde angenommen, daß die spezialisierten, häufig auf die einzelnen Funktionsbereiche ausgerichteten operativen Systeme eine Abstimmung des erforderlichen Datenmaterials nicht oder nur unter großem Aufwand erlauben. Wie die Abb. 3-32 zeigt, konnten die Ergebnisse der Erstbefragung diese These bestätigen. So wurden in nahezu sämtlichen Unternehmungen Mängel in der Verfügbarkeit, der Qualität und der Abgrenzung von Basisdaten deutlich, die eine Verdichtung der Informationen für Managementzwecke erheblich erschwerten bzw. teilweise unmöglich machten.

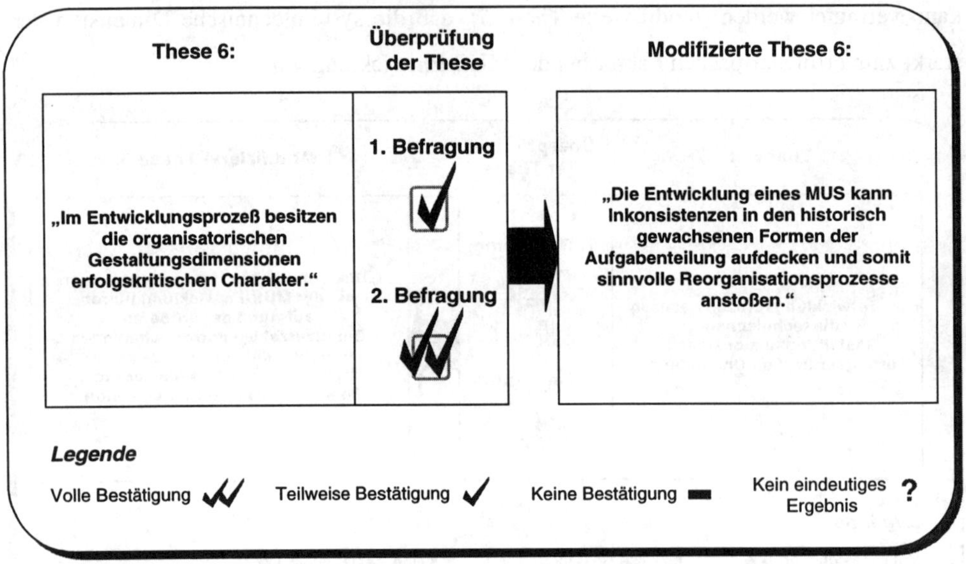

Abb. 3-32: Überprüfung der These 6 und Formulierung einer Thesenmodifikation

Die zweite Untersuchung im Jahre 1997 unterstützt die These noch eindeutiger als die Erstbefragung, da aufgrund von funktionalen Systemerweiterungen, der Erhöhung der Benutzerzahlen und dem damit verbundenen Zusammenwachsen der dispositiven Systeme der Transformationsprozeß zur Überführung operativer in harmonisierte dispositive Daten sich wesentlich komplexer gestaltete. Aufgrund dieser Erkenntnisse wird bei der Formulierung der Thesenmodifikation davon ausgegangen, daß bereits in frühen Phasen der Entwicklung eines Management-Unterstützungs-Systems Inkonsistenzen bei den etablierten, in den Unternehmungen meist über Jahre gewachsenen Formen der Aufgabenverteilung erkennbar werden, die Auslöser von Reorganisationsprozessen werden können.

- Sozialpsychologische Problemdimensionen

In der These 7 standen die sozialpsychologischen Aspekte der MUS-Entwicklung im Mittelpunkt. Es wurde davon ausgegangen, daß diese Gestaltungsdimensionen als erfolgsrelevant einzuschätzen sind. Wie Abb. 3-33 zeigt, konnte diese These in der Erstbefragung voll bestätigt werden. So waren nach Ansicht der Interviewten die schwerwiegendsten Probleme in den verhaltensorientierten Bereichen anzusiedeln. Auffällig war, daß hierbei sowohl das

Kooperationsverhalten und -vermögen der vorgesehenen Systembenutzer als auch das der vom späteren Systemeinsatz Betroffenen von besonderer Relevanz war. Obwohl ein Zusammenhang zwischen Kooperationsintensität und dem späteren Erfolg des Systems nicht festgestellt werden konnte, wurde die Zusammenarbeit mit dem Top-Management innerhalb der Projektorganisation in vielen Unternehmungen bemängelt. Die zweite Gruppe – die Gemeinschaft der vom Systemeinsatz Betroffenen – wurde vornehmlich aufgrund vermuteter Auswirkungen im eigenen Aufgabenumfeld nicht selten zum Opponenten des Systems und störte den Entwicklungsprozeß empfindlich.

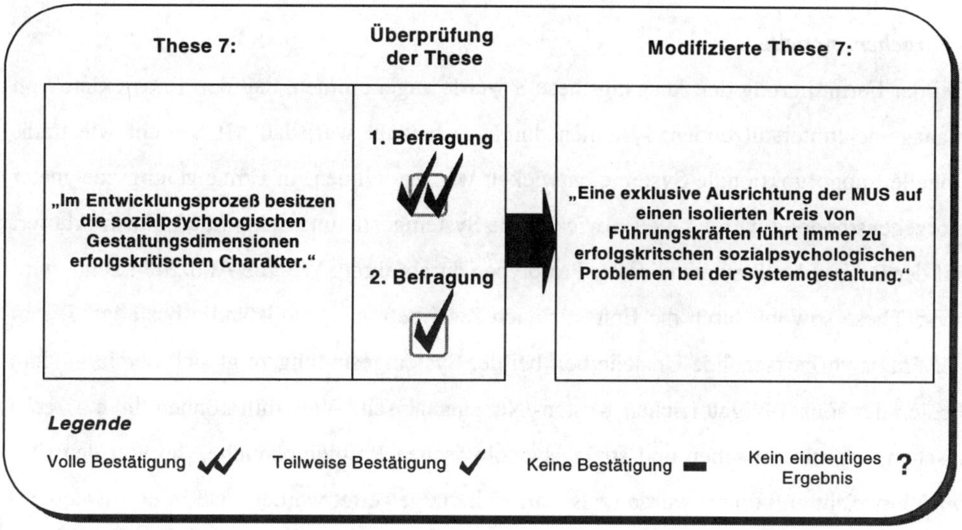

Abb. 3-33: Überprüfung der These 7 und Formulierung einer Thesenmodifikation

Auch bei der Zweituntersuchung konnten die Aussagen, die das Top-Management betreffen, weiterhin uneingeschränkt bestätigt werden. So wurde die Kooperationsbereitschaft und -fähigkeit der oberen Führungsebenen, sich aktiv in den Entwicklungsprozeß einzubringen, weiterhin als äußerst gering bezeichnet. Eine gravierende Änderung der Einstellung zu den Systemen konnte jedoch bei den Managern der mittleren und unteren Führungsebenen und den datenliefernden Fachabteilungen festgestellt werden. Boykott oder gezielte Desinformation waren bei diesen Mitarbeitergruppen in aller Regel nicht mehr feststellbar. Als Begründung hierfür wurde von den Interviewten angegeben, daß die Ausweitung der Systeme auf tiefere Hierarchiestufen einen Motivationsschub in den Fachbereichen bewirkt hätte, da die Mitarbeiter nun selbst aktive Benutzer der zu entwickelnden Systeme wären und aus diesem Grunde die Systeme auch als Präsentationsplattform zur Dokumentation ihrer Leistungen anerkannt hätten. Auf der Basis dieser Erfahrungen wird bei der Formulierung der Thesenmodifikation daher davon ausgegangen, daß eine Systementwicklung, die die Mitarbeiter der betroffenen Fachbereiche von vornherein nicht explizit als aktive Benutzer einbezieht, stets mit erfolgskritischen sozialpsychologischen Problemen im Systemgestaltungsprozeß konfrontiert wird.

- *Vorgehensmodelle*

Bei der Formulierung der Ausgangsthese 8 wurde angenommen, daß den Entwicklern von managementunterstützenden Systemen durchaus bewußt war, daß MUS nicht wie traditionelle, monofunktionale Systeme entwickelt werden können. In Ermangelung geeigneter Vorgehensmodelle würden die Entwickler die Systemgestaltung daher häufig unstrukturiert auf der Basis schnell zu erstellender Prototypen durchführen. Wie die Abb. 3-34 zeigt, wird diese These sowohl durch die Erst- als auch Zweitbefragung vollständig bestätigt. Die in der Praxis vorherrschende Unsicherheit bei der Systemgestaltung zeigt sich bereits in dem Fehlen der sonst obligatorischen Kosten-/Nutzenanalysen. Weiterhin können die o.a. technischen, organisatorischen und sozialpsychologischen Problembereiche, die von den Entwicklern nicht antizipiert wurden, als starkes Indiz gewertet werden, daß in den Unternehmungen erhebliche Lücken in der methodischen Unterstützung bei der MUS-Gestaltung existierten. Aufgrund dieser Erkenntnisse wird in der Thesenmodifikation davon ausgegangen, daß der Aufbau neuer, auf das Spezialgebiet der Managementunterstützung ausgerichteter Gestaltungsmodelle zwingend erforderlich ist, um in den Zeiten wachsender Komplexität und Dynamik erfolgreiche Management-Unterstützungs-Systeme entwickeln und einsetzen zu können.

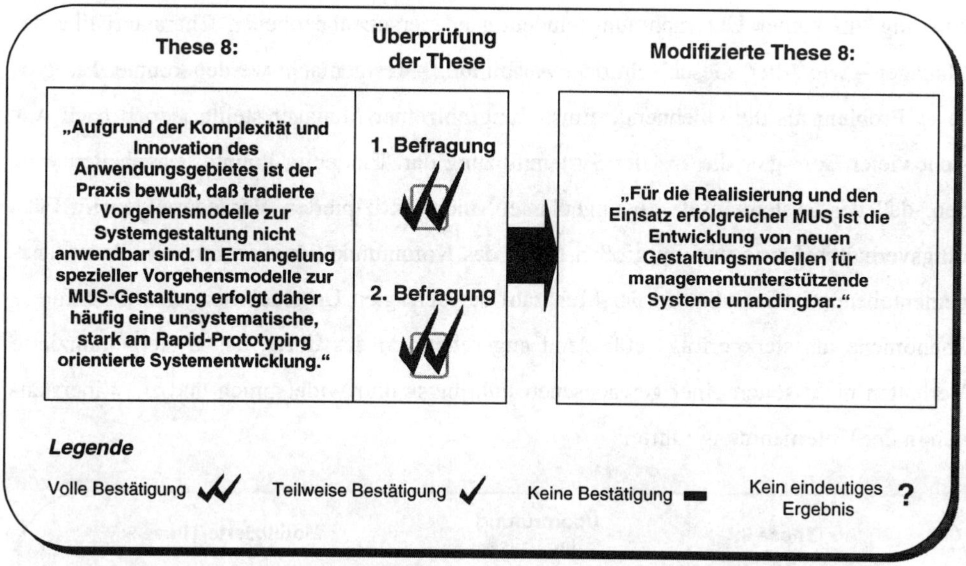

Abb. 3-34: Überprüfung der These 8 und Formulierung einer Thesenmodifikation

3.5.3 Welche Erfahrungen können bei dem Einsatz der Management-Unterstützungs-Systeme in den Unternehmungen gesammelt werden und welche Veränderungen sind im Zeitverlauf feststellbar?

Die These 9 behandelte das Führungsverhalten in der Unternehmung. Sie erfuhr in der Erstbefragung – wie die Abb. 3-35 zeigt – uneingeschränkte Unterstützung. Ungefähr 70 Prozent der befragten Unternehmungen, die sich detailliert zu diesem Fragenkomplex äußerten, gaben an, daß auch bei dem Systemeinsatz die verhaltensorientierten Probleme in der eigenen Unternehmung größere Schwierigkeiten verursachten als die technischen oder organisatorischen. In Analogie zum Entwicklungsprozeß konnten hierbei wieder die direkten Systembenutzer auf den oberen Managementebenen und die Gruppe der Mitarbeiter auf den darunterliegenden Hierarchieebenen unterschieden werden. Die Gruppe der unmittelbaren Systembenutzer verursachte aufgrund ihrer Einstellung zu den Systemen verhaltensorientierte Probleme. Hierbei wurde von den Unternehmungen erwartungsgemäß der konsequente Boykott des Systems durch einzelne Manager aufgeführt, wobei die „Nicht-

Nutzung“ in keiner Unternehmung eindeutig an personenbezogenen Charakteristika der Manager – wie Alter, Geschlecht oder Ausbildung – festgemacht werden konnte. Ein größeres Problem als die ablehnende Einstellung einzelner Manager stellte jedoch nach Ansicht vieler Befragter die Art der Systemnutzung dar. Eindeutig konnte festgehalten werden, daß der Systemeinsatz zu ungeplanten, nicht antizipierten Veränderungen im Führungsverhalten führte und im großen Maße das Kommunikationsgebaren auf allen Managementebenen beeinflußte. In der Mehrzahl der befragten Unternehmungen wurden diese Phänomene als stark erfolgsgefährdend angesehen, da das durch das System induzierte Verhalten nicht selten einer gewachsenen Führungskultur widersprach und zu Widerständen in der Unternehmung führte.

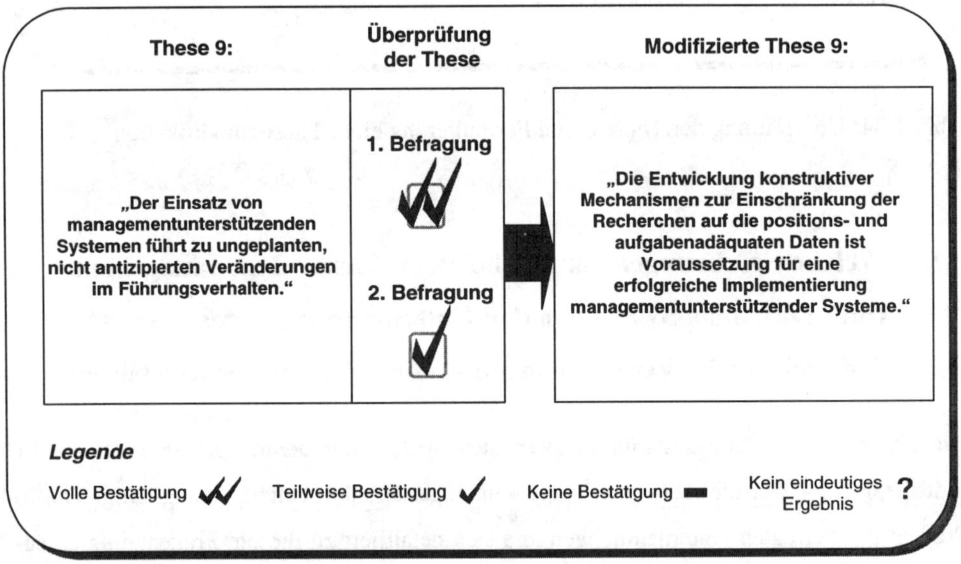

Abb. 3-35: Überprüfung der These 9 und Formulierung einer Thesenmodifikation

In der Zweitbefragung wurde dieser Problemkomplex als nicht mehr so gravierend beurteilt wie noch 3 Jahre zuvor. Dieses Phänomen wurde von den Befragten zum großen Teil darauf zurückgeführt, daß die Systeme sich aus ihrer Pilotphase gelöst hätten und die anfängliche Nutzungseuphorie auf den Führungsebenen einer realistischen Einschätzung der Systemmöglichkeiten gewichen wäre. Allerdings hatte die Ausweitung der Benutzerkreise und die damit verbundene Vergrößerung der Daten- und Funktionsbasen neue Probleme geschaffen, die als „elektronische Informationsüberflutung“ bezeichnet werden können. Aus diesem Grunde kann vermutet werden (modifizierte These 9), daß für den erfolgreichen Einsatz managementunterstützender Systeme der Aufbau von konstruktiven Mechanismen erforderlich ist, um eine positions- und aufgabenadäquate Informationsversorgung gewährleisten zu können.

Die These 10 betraf die Akzeptanz des Managements zur Nutzung der Systeme und ging davon aus, daß die Bereitschaft zur MUS-Nutzung auf der obersten Führungsebene nicht gegeben wäre. Aufgrund der Ergebnisse der Erstbefragung konnte diese These wegen der Heterogenität der Antworten weder bestätigt noch falsifiziert werden (siehe Abb. 3-36). So erklärte zwar ungefähr die Hälfte der Probanden, daß insgesamt eine hohe Bereitschaft zur Systemnutzung im Management existiere. Einige erklärten jedoch, daß die Systeme entgegen den ursprünglichen Intentionen lediglich sporadisch im Top-Management benutzt und von einzelnen Führungskräften auch vollständig boykottiert würden. In diesem Zusammenhang wurde von den Befragten darauf hingewiesen, daß es für den Erfolg des Systems keinesfalls ausreiche, einen sog. „Sponsor“ auf der ersten Hierarchieebene zu besitzen. Vielmehr könnten als Determinanten des Akzeptanzverhaltens primär die persönliche IT-Attitüde, die unternehmungskulturellen Rahmenbedingungen und die Systemqualität ausgemacht werden.

Neben diesen Problemen konstatieren ca. 40 Prozent der Unternehmungen, daß das Vermögen einzelner Manager, sich dieser Systeme situationsgerecht zu bedienen, anfangs völlig falsch eingeschätzt worden sei. Vor allem wurde bemängelt, daß einige Benutzer auf den oberen Ebenen trotz sehr guter Softwareergonomie häufig bei der Systemnutzung überfordert seien. Verstärkt wurden diese Ergebnisse durch die Auswertung der Zweituntersuchung. So wurde angemerkt, daß aufgrund wachsender interner und externer Komplexität im Umfeld der Unternehmung einfache Berichtssysteme, die auch von nicht IT-versierten Benutzern bedienbar seien, den Anforderungen der Unternehmungsführungsaufgabe nicht mehr gerecht würden. So liegt die Vermutung nahe (modifizierte These 10), daß problemangemessene Systeme aufgrund ihrer erforderlichen Bedienungskomplexität nicht von

Top-Managern benutzt werden könnten, so daß die mangelnde Nutzung eher als Problem des „Nicht-Könnens" als des „Nicht-Wollens" zu bezeichnen sei.

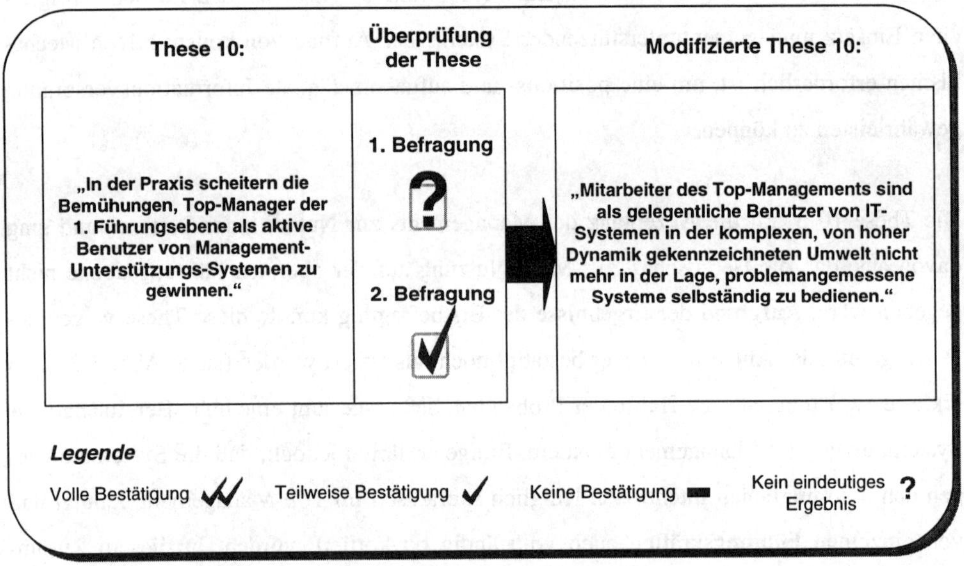

Abb. 3-36: Überprüfung der These 10 und Formulierung einer Thesenmodifikation

In der These 11 wurde die Vermutung geäußert, daß die Akzeptanz zur Nutzung der Systeme aufgrund mangelnder Weiterentwicklungen während der Einsatzzeit des Systems geringer werde. In der Erstbefragung (vgl. Abb. 3-37) konnte diese These teilweise bestätigt werden, in der Zweitbefragung erfolgte sogar eine noch eindeutigere Unterstützung dieser Annahme. So gab die Mehrzahl der Befragten an, daß die Systeme ständig an den sich schnell ändernden internen und externen Rahmenbedingungen angepaßt werden müßten, um ein hohes Interesse des Managements an den Systemen zu gewährleisten. Allerdings wurde vornehmlich den Managern der oberen Führungsebenen in diesem Zusammenhang der Vorwurf gemacht, kaum fachlich verwertbaren Input für diese Veränderungen einzubringen. Die Systeme würden von diesem Klientel vielmehr nicht mehr eingesetzt, wenn sie ihren Anforderungen nicht mehr entsprächen. Die oberen Führungskräfte würden in diesen Fällen häufig aufgrund ihrer exponierten hierarchischen Position die traditionellen Wege der Informationsbeschaffung wieder etablieren und ihre Mitarbeiter aus den zugeordneten Stabs- und Fachabteilungen anhalten, entsprechende Informationen zur Entscheidungsvorbereitung zu recherchieren und aufzubereiten. Um diese Situation vermeiden zu können, seien nach Ansicht der Befragten spezielle Betreuungsinstanzen erforderlich, die eine kontinuierliche technische und betriebswirtschaftliche Anpassung der Systeme sicherzustellen hätten.

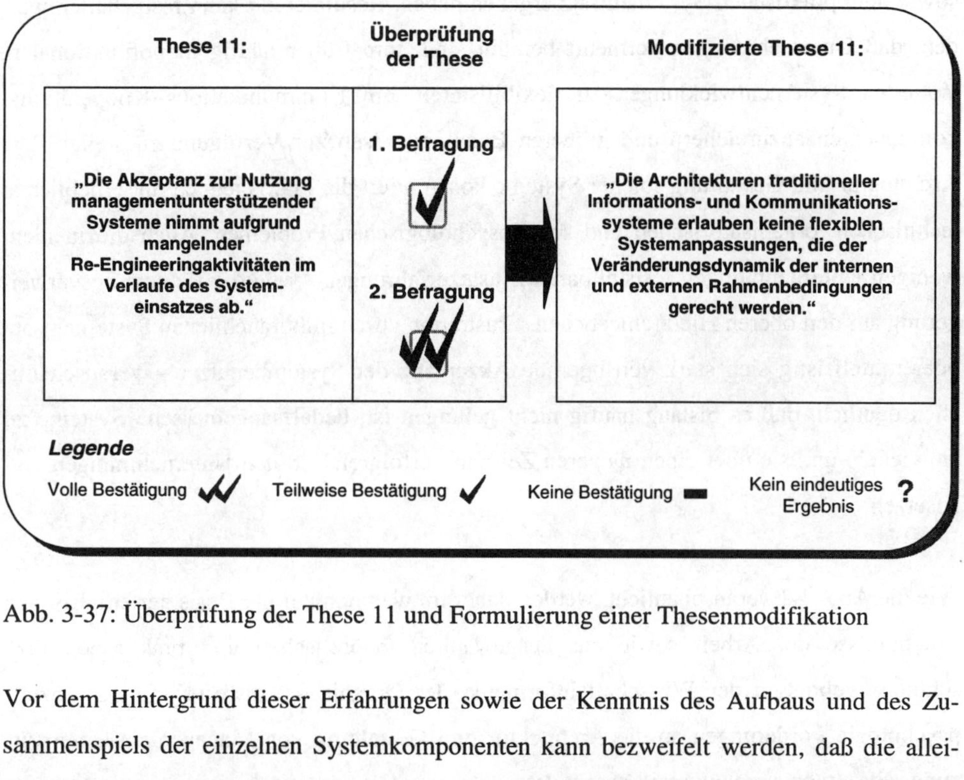

Abb. 3-37: Überprüfung der These 11 und Formulierung einer Thesenmodifikation

Vor dem Hintergrund dieser Erfahrungen sowie der Kenntnis des Aufbaus und des Zusammenspiels der einzelnen Systemkomponenten kann bezweifelt werden, daß die alleinige Einrichtung organisatorisch verankerter Unterstützungseinheiten die o.a. Problematik lösen kann. Viel eher kann vermutet werden (modifizierte These 11), daß die heutigen Systeme aufgrund ihrer Architektur nicht die erforderliche Flexibilität aufweisen, um kurzfristig Adaptionen an die sich schnell ändernden unternehmungsinternen und -externen Rahmenbedingungen sicherstellen zu können.

4 Forderungen an die Architektur und Gestaltung von Management-Unterstützungs-Systemen

Prägnant zeigen die in dieser Arbeit empirisch erfaßten Ergebnisse, daß sich im Zeitverlauf teilweise erhebliche Modifikationen in der Architektur und der Gestaltung der Systeme sowie dem praktischen Systemeinsatz ergeben haben. Resümierend kann festgehalten werden, daß Unternehmungen vermehrt bemüht sind, ihre früher häufig monofunktionalen, isolierten Systementwicklungen zu flexibilisieren, um Kommunikations-/Kooperationskomponenten anzureichern und größeren Benutzerkreisen zur Verfügung zu stellen. Die Architektur und Gestaltung solcher Systeme konfrontiert die Praxis jedoch mit erheblichen technischen, organisatorischen und sozialpsychologischen Problemen. Auch die in nicht wenigen Unternehmungen feststellbaren Einsatzerfahrungen – wie die Benutzungsverweigerung auf den oberen Hierarchieebenen, Frustration durch mißbräuchlichen Systemeinsatz oder mittelfristig sich stark verringernde Akzeptanz der Systembenutzer – veranschaulichen deutlich, daß es bislang häufig nicht gelungen ist, bedarfsangemessene Systeme zu entwickeln und sie über einen längeren Zeitraum erfolgreich in den Unternehmungen einzusetzen.

Wie die Abb. 4-1 veranschaulicht, werden daher im weiteren auf der Basis der empirischen Erkenntnisse der Arbeit sowie aus ausgewählten theoretischen und praktischen Forschungsergebnissen der Wirtschaftsinformatik, der Organisationstheorie und der Sozialpsychologie Forderungen an die Architektur und Gestaltung von Management-Unterstützungs-Systemen abgeleitet und begründet.

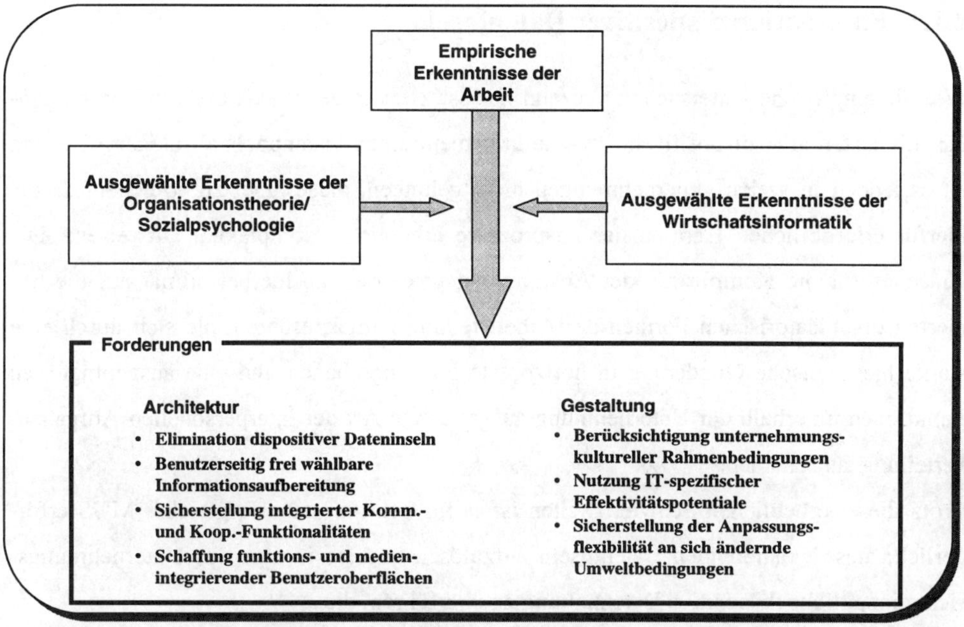

Abb. 4-1: Ableitung von Forderungen an die Architektur und Gestaltung von Management-Unterstützungs-Systemen

4.1 Forderungen an die Architektur

Wie bereits im einführenden Teil der Arbeit beschrieben, bezeichnet der Begriff *Architektur* die Beschreibung der einzelnen Bausteine eines Systems hinsichtlich ihrer Art, funktionalen Eigenschaften und ihres Zusammenwirkens.[1] Die folgenden Forderungen betreffen demnach ausgewählte Systembausteine von Management-Unterstützungs-Systemen, wobei die ersten beiden Forderungen primär die Informationsversorgung, die dritte die Kommunikations- und Kooperationsunterstützung und die vierte Forderung die funktions- und medienintegrierende Schnittstelle zwischen Benutzer und System zum Gegenstand haben.

1 Vgl. Kapitel 1.2 der Arbeit.

4.1.1 Elimination dispositiver Dateninseln

Wie die empirische Untersuchung gezeigt hat, ist zwar in der Praxis die Tendenz erkennbar, die Daten aller dispositiven Systeme in gemeinsamen Datenpools abzulegen.[1] Bislang ist es jedoch in vielen Unternehmungen nicht gelungen, dieses Ziel zu erreichen, da die hierfür erforderlichen Harmonisierungsprozesse erhebliche Komplexität aufweisen.[2] Die Ursachen für die Komplexität der Abstimmungsprozesse sind hierbei primär auf die tradierten organisatorischen Formen der Arbeitsteilung zurückzuführen, die sich durch eine starke hierarchische Gliederung in horizontale Führungsebenen und eine ausgeprägte, an Funktionen innerhalb der Unternehmung ausgerichtete Art der interpersonellen Aufgabenverteilung auszeichnen.[3]

Trotz dieser erheblichen Schwierigkeiten ist es für den Aufbau erfolgreicher MUS erforderlich, diese existierenden Dateninseln aufzulösen und sie in eine aus Unternehmungssicht einheitliche dispositive Datenhaltung zu überführen, die

- eine technische Implementierung der Daten auf verschiedenen Datenhaltungssystemen erlaubt,
- sich auf der untersten Detaillierungsebene neutral gegenüber einzelnen Informationssystemen verhält,
- auf eindeutigen, harmonisierten betriebswirtschaftlichen Kenngrößen basiert,
- das für die Unternehmungsplanung, -steuerung und -kontrolle erforderliche Datenangebot der Gesamtunternehmung abbildet und
- die gemeinsame begriffliche Basis für die Kommunikation aller am Systemerstellungsprozeß und Anwendungsprozeß Beteiligten darstellt.

---

1 Vgl. Kapitel 3.5.1 der Arbeit.

2 Bei der Zweitbefragung gab beispielsweise ein Interviewter an, daß der Prozeß der Harmonisierung bereits seit 3 Jahren in der Unternehmung andauere und keineswegs als abgeschlossen angesehen werden könne. Vgl. Kapitel 3.3.10 der Arbeit.

3 Vgl. Kargl /Informations- und Kommunikationssysteme 1998/ 82.

Selbstverständlich könnte dieser Forderung nach dispositiver Datenintegration leichter nachgekommen werden, wenn die Daten der operativen Administrations-, Dispositions- und Abrechnungssysteme in bereits integrierter, harmonisierter Form vorhanden wären. Obwohl in der Praxis auch in diesem Bereich ein deutlicher Trend aufgrund des zunehmenden Einsatzes integrierter Standardanwendungspakete erkennbar ist[1], kann jedoch davon ausgegangen werden, daß eine vollständig bereinigte operative Datenwelt – deren Umsetzung von *Vetter*[2] als das „Jahrhundertproblem der Informatik" bezeichnet wurde – zur Zeit in den wenigsten Unternehmungen vorhanden ist.[3]

Für die Diskussion um eine harmonisierte dispositive Datenbereitstellung ist jedoch diese Grundsatzdiskussion der vollständigen Modellierung der operativen Datenwelt, die von *Mertens* sogar gänzlich abgelehnt wird[4], nicht von elementarer Relevanz. Diese Erkenntnis muß vordergründig überraschen, erklärt sich aber aufgrund der unterschiedlichen Ausrichtungen der operativen und dispositiven Systeme. So steuern die operativen Systeme direkt die für die Wertschöpfung erforderlichen betriebswirtschaftlichen Geschäftsprozesse und bilden in aller Regel ihren aktuellen Stand ab, wobei eine ständige Datenmodifikation durch Transaktionen erfolgt. Die operativen Systeme generieren demnach Daten, die aufgrund ihrer zweckbezogenen Abgrenzungen, ihrer aufgabenspezifischen Periodizitäten und dynamischen Aktualisierungen völlig ungeeignet für den Komplex der Managementunterstützung sind. Daten aus operativen Systemen müssen demnach immer durch Transformationen in managementrelevante Daten überführt werden. Ohne Frage würde ein implementiertes unternehmungsweites Datenmodell diese Transformationsaktivitäten erleichtern, keinesfalls würden sie jedoch überflüssig werden.

---

1 Anbieter integrierter operativer Standardsoftware sind z.B. die Firmen *SAP*, *Baan*, *Oracle*, *JD Edwards* oder *People Soft*. Vgl. Martin /Business Performance 1998/ 25f.

2 Vgl. Vetter /Informationssysteme 1994/ 5. Vgl. in diesem Zusammenhang auch: Derigs; Ems /Datenmanagement 1995/ 1021.

3 Die Frustrationen, die in der Praxis im Rahmen von ehrgeizigen Projekten der unternehmungsweiten Datenmodellierung in operativen Bereichen festgestellt werden konnten, sind von *Oesterle* kompakt unter dem provokanten Titel „Von der Vision in die Illusion – Bleibt das unternehmensweite Datenmodell weiterhin Wunschdenken?" zusammengefaßt dargestellt worden. Vgl. Oesterle /Illusion 1994/ 16. Vgl. in diesem Zusammenhang auch: Mistelbauer /Datenmodellverdichtung 1991/ 289ff., Gemünden; Schmitt /Datenmanagement 1991/ 22ff. und Ortner /Datenmodellierung 1991/ 269ff.

4 Vgl. Mertens /Moden 1995/ 40.

4.1.2 Benutzerseitig frei wählbare Informationsaufbereitung

Die Harmonisierung und gemeinsame Speicherung dispositiver Daten allein bietet dem Management noch keine Hilfe bei Planungs-, Steuerungs- und Kontrollprozessen. Vielmehr stellen *dispositive Daten* definitionsgemäß – wie alle Daten in der Unternehmung – lediglich Zeichen oder kontinuierliche Funktionen dar, die auf der Basis bekannter oder vereinbarter Abmachungen Informationen zum Zwecke ihrer Verarbeitung abbilden.[1] Daten können somit lediglich als Rohmaterial zur Gewinnung von Informationen bezeichnet werden.[2] *Informationen* werden hierbei in der Betriebswirtschaftslehre üblicherweise in Anlehnung an frühe Arbeiten von *Wittmann*[3] als „zweck- und handlungsorientiertes Wissen um Alternativen und Bedingungen" verstanden.[4] In dieser engen Auslegung der Begriffsabgrenzung können dementsprechend Informationen ausschließlich durch die situative Interpretation der Daten durch Individuen generiert werden.[5] Ein Informationssystem muß aus diesem Grunde als ein „Mensch-Maschine-System" bezeichnet werden, das sich aus personellen, organisatorischen und technischen Komponenten zusammensetzt.[6] In der Wirtschaftsinformatik ist es üblich, den durch die Informationstechnik zu unterstützenden Teil des Informationsprozesses als „IT-gestütztes Informationssystem" oder vereinfachend

---

1 Vgl. DIN /DIN 44300 1988/.

2 Vgl. Semen; Baumann /Management-Unterstützungssystem 1994/ 39.

3 Vgl. Wittmann /Unternehmung 1959/ 14ff. Eine ausführliche Abhandlung des Informationsverständnisses von *Wittmann* findet sich in Wittmann /Information 1980/ 894ff. Ein detaillierter Exkurs zum Informationsbegriff neueren Datums findet sich in Berthel /Informationsbedarf 1992/ 872ff. und Oppelt /Management 1995/ 195ff.

4 In der Praxis und auch in der wissenschaftlichen Auseinandersetzung der Wirtschaftsinformatik mit diesen Komplexen lassen sich Unschärfen erkennen, die aus pragmatischen Gründen durchaus ihre Existenzberechtigung haben. So müßten beispielsweise die heute als „Online-Informationsdienste" angebotenen Services eigentlich als „Online-Datendienste" bezeichnet werden, da die Informationen sich subjekt- und handlungsbezogen aus der individuellen Verwendung der Daten ergeben.

5 Beispielsweise könnte der Hinweis aus einem technikgestützten Personalinformationssystem, daß ein Mitarbeiter 30 Jahre alt ist, für die Beurteilung seines Sozialverhaltens irrelevant sein und wäre damit keine Information. Wäre dieser Mitarbeiter für die Besetzung einer Hauptabteilungsleiterstelle vorgesehen, würde das Lebensalter zu einer Information, wobei wahrscheinlich das Alter für die Besetzung der Position als zu gering erachtet werden könnte. Im Gegensatz hierzu könnte dasselbe Lebensalter eines Mitarbeiters als zu hoch eingeschätzt werden, wenn er sich um die Teilnahme an einer Grundqualifikationsmaßnahme bemühen würde. Auch hier wäre dasselbe Datum eine Information, die jedoch durch die situativen Rahmenbedingungen zu einer anderen Interpretation („zu alt") führen würde.

6 Vgl. Picot; Maier /Informationssysteme 1992/ 923.

auch nur als „Informationssystem" zu bezeichnen.[1] Informationssysteme haben nach dieser allgemein anerkannten Begriffsabgrenzung den Zweck, „betriebliche Informations- und Informationsverarbeitungsprozesse zu unterstützen" *(Hervorhebung nicht im Original).*[2] Sie übernehmen nach diesem Verständnis „Teilfunktionen" innerhalb eines komplexen Informationsprozesses, indem sie Entscheidungsträgern bei der Informationsgewinnung geeignete Hilfestellungen bieten. Das Informationssystem und die Benutzer stellen somit ein gemeinsames übergeordnetes System dar, „... wobei der Output dieses Systems durch Interaktionen zwischen den menschlichen und maschinellen Elementen erzielt wird."[3] Managementunterstützende Informationssysteme bereiten gemäß diesen theoretischen Ausführungen die dispositiven Daten durch ihre systemspezifischen Funktionalitäten auf, die auf diese Weise zu führungsrelevanten Informationen für die Benutzer werden. Bei traditionellen MUS stehen diese Funktionalitäten im Mittelpunkt der Abgrenzung der einzelnen Systemklassen und werden meist stark simplifizierend den einzelnen Führungsebenen der Unternehmung zugeordnet.[4] Aufgrund der zunehmenden externen und internen Dynamik und des sich wandelnden Organisationsverständnisses, das sich durch Reduktion von Hierarchie, Hinwendung zu einer Geschäftsprozeßorientierung und Bildung erfolgsverantwortlicher, eigenständiger Geschäftseinheiten auszeichnet, kann diese Einteilung nicht länger als sinnvoll angesehen werden.[5] Die Tätigkeits- und Aufgabenschwerpunkte der einzelnen Managementebenen, die sich traditionell aufgrund ihrer Strukturiertheit, ihrer strategischen Ausrichtung und im Grad ihrer Unbestimmtheit differenzieren lassen, gleichen sich vor dem Hintergrund der o.a. Rahmenbedingungen mehr und mehr einander an und bedingen einen Umdenkungsprozeß. Diese Aussage wird auch durch die hier vorliegende empirische

---

1 Fachvertreter der Wirtschaftsinformatik sind sich darüber einig, daß diese vereinfachende Auslegung des Terminus „Informationssystem" keinesfalls eine technikorientierte Fokussierung darstellen soll. Vielmehr wird in nahezu sämtlichen Abhandlungen stets mit Vehemenz darauf verwiesen, daß die Entwicklung von Informationssystemen im jeweiligen situativen Kontext des Mensch-Maschine-Systems zu erfolgen hat. Vgl. Kurbel; Strunz /Wirtschaftsinformatik 1990/ 8ff.

2 Seibt /Wirtschaftsinformatik 1990/ 10.

3 Picot; Maier /Informationssysteme 1992/ 923.

4 So werden starre, berichtsorientierte Executive Information Systems dem Top-Management zugeordnet. Freie Datenrecherchesysteme und methodenbasierte Systeme – wie das Data Mining, Expertensysteme oder Decision Support Systems – werden dem mittleren Management und Berichtssysteme eingeschränkter Funktionalität – wie Management Information Systems – den unteren Führungsebenen zugeordnet.

5 Vgl. in diesem Zusammenhang auch Martin /Business Performance 1998/ 26.

Analyse unterstützt. So bescheinigt ein großer Teil der befragten Unternehmungen, daß vermehrt flexible Datenrecherchen und methodenbasierte Analysen in die Systeme integriert und sämtlichen Führungsebenen zur Verfügung gestellt werden.[1] Für neue Konzepte in der Managementunterstützung sind diese ersten Ansätze konsequent weiterzuentwickeln und die freie, nicht an Hierarchien ausgerichtete Wahl der Informationsaufbereitung zu perfektionieren.

4.1.3 Sicherstellung integrierter Kommunikations- und Kooperations-Funktionalitäten

Kommunikation bezeichnet den Austausch von Informationen und stellt als soziale Interaktion eine der grundlegenden Voraussetzungen einer wirksamen Arbeitsteilung dar.[2] Empirische Studien zeigen sehr eindrucksvoll die Wichtigkeit der Kommunikation gerade im Bereich des Managements. So belegen die umfangreichen Studien von *Müller-Böling/Ramme*, daß Top-Manager ca. 40 Prozent ihrer Arbeitszeit mit kommunikativen Tätigkeiten verbringen, wobei die Autoren im Rahmen ihrer Untersuchung nach „offiziellen Sitzungen" (8 %), „Besprechungen" (19 %) und „Telefonaten" (13 %) unterscheiden.[3] Wie auch die hier vorliegende empirische Studie verdeutlicht, vernachlässigen heutige Systeme der Managementunterstützung diesen Komplex elementar. Zur Differenzierung grundlegender Kommunikationsarten soll im weiteren eine an *Frese* angelehnte Unterteilung der Kommunikation herangezogen werden. Hierbei wird unterschieden in:[4]

- **Kompetenzbezogene Kommunikation**

  Diese Art der Kommunikation stellt den im Rahmen der vertikalen Arbeitsteilung notwendigen Austausch von Informationen zwischen übergeordneten Stellen und deren nachgeordneten Einheiten dar.

---

1 Vgl. Kapitel 3.5.1 der Arbeit.

2 Vgl. Gebert /Kommunikation 1992/ 1110.

3 Vgl. Müller-Böling; Ramme /Führungskräfte 1990/ 78. Zu ähnlichen Ergebnissen kommen auch andere Forscher. Vgl. z.B. Mintzberg /Management 1991/ 31, Schreyögg; Hübl /Beobachtungsstudie 1992/ 82ff., Grote /Büro-Kommunikation 1993/ 153ff. Eine Übersicht internationaler und nationaler empirischer Untersuchungen zu diesem Themenbereich findet sich in Schirmer /Arbeitsverhalten 1992/ 49ff. und erweitert in Pribilla; Reichwald, Goecke /Telekommunikation 1996/ 26f.

4 Vgl. Frese /Organisation 1995/ 106f.

- **Interdependenzbezogene Kommunikation**

  Die interdependenzbezogene Kommunikation fokussiert den Informationsaustausch hierarchisch unabhängiger Entscheidungseinheiten und dient primär der Abstimmung zwischen verschiedenen Entscheidungsprozessen.

- **Entscheidungsunabhängige Kommunikation**

  Unter entscheidungsunabhängiger Kommunikation werden die Aktivitäten des Informationsaustausches zusammengefaßt, die nicht direkt mit der vertikalen Aufgabenverteilung oder den interdependenzbezogenen Kommunikationsaktivitäten zusammenhängen. Diese Art der Kommunikation ist richtungsmäßig ungebunden und wird häufig auch als „informelle" Kommunikation bezeichnet.

Kommunikationsbeziehungen folgen keinesfalls ausschließlich der hierarchischen Strukturierung oder den etablierten, dynamischen Ablaufformen einer Organisation.[1] Aus diesem Grunde betont *Staehle*[2], daß es nicht vertretbar sei, die Kommunikationsstrukturen in pyramidaler, hierarchieangeglichener Form darzustellen. Vielmehr könne die Kommunikation ausschließlich als Netzwerk verstanden werden, das der organisatorischen Struktur überlagert werden muß. Die Abb. 4-2 veranschaulicht diese Auffassung.

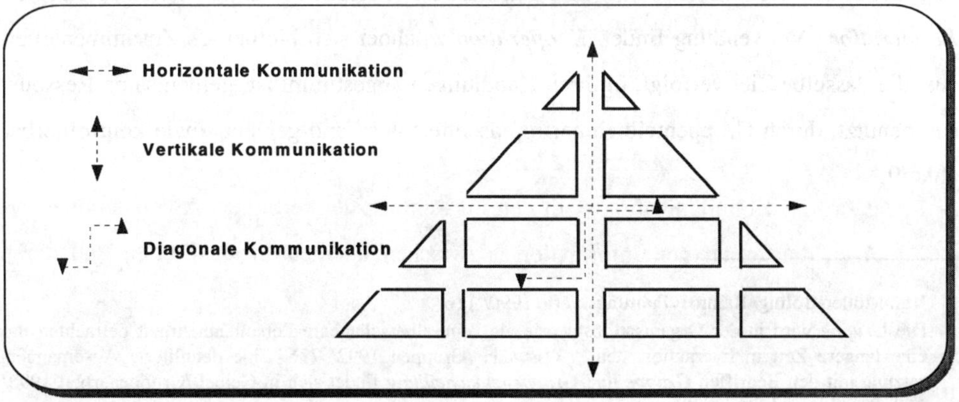

Abb. 4-2: Kommunikationsrichtungen[3]

---

1 Vgl. Braun /Leitsätze 1996/ 131.

2 Vgl. Staehle /Management 1994/ 550.

3 Verändert übernommen aus: Staehle /Management 1994/ 550.

Managementunterstützende Systeme haben diese Kommunikationsnetzwerke wirksam abzubilden. Hierbei muß den Managern als Systembenutzer die Möglichkeit eingeräumt werden, neben den verschiedenen Kommunikationsrichtungen auch die vielfältigen Formen der Kommunikation zu pflegen. In diesem Zusammenhang kann es daher nicht ausreichen, lediglich die asynchrone – also zeitversetzte – schriftliche Kommunikation zu ermöglichen, die bislang jedoch als dominierende Form des Informationsaustausches von der überwiegenden Zahl der angebotenen Kommunikationssysteme unterstützt wird. Vielmehr sind die vom Management präferierten Formen der verbalen Kommunikation[1] systemseitig umzusetzen. Hierbei sind zum einen Möglichkeiten der synchronen Kommunikationsunterstützung zu integrieren, die eine direkte Konversationsbeziehung zwischen zwei oder mehreren Teilnehmern gestatten. Zum anderen haben die Systeme ebenfalls die asynchrone verbale Kommunikation zu ermöglichen. Hierunter wird die sprachliche Übermittlung von Informationen mittels Sprachspeicher-Systemen verstanden, die es Gesprächspartnern erlaubt, aufgezeichnete Nachrichten zeitversetzt abzurufen.

In Erweiterung zur Kommunikation – definiert als einfacher Austausch von Informationen zwischen Interaktionspartnern – stellen technikgestützte Kommunikationsnetze die Grundvoraussetzung für die interpersonelle, verteilte Zusammenarbeit von Managern in Form von *Gruppen*[2]oder *Teams*[3] dar, für die im CSCW-Forschungsbereich auch der Begriff *Kooperation*[4] Verwendung findet. *Kooperation* zeichnet sich hierbei als Zusammenarbeit aus, die dasselbe Ziel verfolgt, in ihren Handlungen abgestimmt ist, gemeinsame Ressourcen benutzt, durch Gruppenteilnehmer repräsentiert wird und geplant sowie kontrollierbar abläuft.[5]

---

[1] Vgl. Müller-Böling; Ramme /Führungskräfte 1990/ 116.

[2] Die *Gruppe* wird in der Organisationstheorie als „eine überschaubare Personenmehrheit betrachtet, die eine längere Zeit in Interaktion steht." Wiswede /Gruppen 1992/ 736. Eine detaillierte Auseinandersetzung mit den Begriffen *Gruppe* und *Gruppenentscheidung* findet sich in Geibel /Gruppenarbeit 1993/ 15ff.

[3] *Teams* sind spezielle Formen von Gruppen, die sich durch ihre Größe, die zeitliche Konstanz, ihre Leistungsorientierung und ihren Arbeitsstil charakterisieren lassen. Vgl. Wiendieck /Teamarbeit 1992/ 2376.

[4] In der einschlägigen Literatur wird der Begriff *Kooperation* äußerst differenziert abgegrenzt. Eine detaillierte Diskussion und Übersicht verschiedener Abgrenzungen und Sichtweisen des Begriffs *Kooperation* findet sich u.a. Kronen /Unternehmungskooperation 1994/ 6ff. und Zerbe; Schwarzer; Krcmar /Kooperation 1995/.

[5] Vgl. Bornschein-Grass /Groupware 1995/ 67f.

Bei der Analyse von charakteristischen Formen der Zusammenarbeit, die als Erweiterung einer einfachen Kommunikation über die Ziele des ausschließlichen Informationsaustausches hinausgehen, kamen *Müller-Böling/Ramme* bei ihrer Untersuchung zu dem Ergebnis, daß im Management die Ideenfindung, die Verhandlung und die Entscheidungsfindung relevant sind, wobei die Führungskräfte bei diesen Kooperationsformen eindeutig die mündliche Kommunikation im Rahmen eines persönlichen Kontaktes präferieren.[1] Diese Erkenntnis ist vor dem Hintergrund der heute etablierten Kommunikationstechnologien kaum verwunderlich. Bislang existiert in den meisten Unternehmungen lediglich das traditionelle Telefon als Alternative zum persönlichen Kontakt, wenn als Medium die mündliche Kommunikationsform gewählt werden soll.[2] Wahrnehmungs- und Ausdrucksformen sind jedoch bei dieser Alternative der Kooperation im Gegensatz zu persönlichen Kontakten äußerst eingeschränkt. So können die Gesprächspartner sich untereinander nicht sehen, so daß der gesamte Bereich der zum Kommunikationsgebaren und zur Kommunikationssteuerung gehörenden non-verbalen Ausdrucksformen wegfallen muß. Des weiteren sind die Systeme zur mündlichen Kommunikationsübertragung heute in aller Regel isolierte Systeme, die weder in die sonstige Informationsinfrastruktur eingebunden sind noch über Methoden und Verfahren zur Unterstützung der oben angeführten Arten von Kooperationsprozessen verfügen. Diese Schwächen sind bei der Konzeption von managementunterstützenden Systemen bewußt zu vermeiden. Hierzu sollen die funktionalen und kommunikationsorientierten Anforderungen gezielt um die Belange der Kooperationsunterstützung ausgedehnt werden. Neben der Schaffung einer geeigneten technischen Infrastruktur, die zusätzlich zu dem arbeitsplatzintegrierten Audio/Video Conferencing die Formen des zeitgleichen und zeitversetzten gemeinsamen Bearbeitens von Dokumenten oder Bedienen von Applikationen erlaubt, sind vor allem auch Methoden und Verfahren zu adaptieren bzw. zu entwickeln, die die typischen Kooperationsprozesse der Managerarbeit adäquat unterstützen können. Als Beispiele methodischer Hilfsmittel zur Unterstützung von „Tele"-Verhandlungen können Verfahren zur Konversationsstrukturierung, Erstellung und Verteilung von Tagesordnungen und Sitzungsdokumentationen usw. herangezogen werden.

---

1 Vgl. Müller-Böling; Ramme /Führungskräfte 1990/ 126.

2 Vgl. Kapitel 3.5.1 der Arbeit.

Für die Ideen- und Entscheidungsfindung sind die traditionellen Verfahren der Kreativitätsförderung und die Techniken der Alternativenbewertung zu integrieren und um die speziellen Aspekte der technologiegestützten Anwendung zu erweitern.[1]

4.1.4 Schaffung funktions- und medienintegrierender Benutzeroberflächen

Für innovative Konzepte der Managementunterstützung ist die medienbruchfreie Einbindung der Kommunikations- und Kooperationsfunktionalitäten in den Informationskontext zu fordern. Diese Anforderung erklärt sich vor dem Hintergrund der betrieblichen Aufgabenverteilung. Informationssysteme des Managements benachrichtigen Führungskräfte über entscheidungsrelevante Fakten, die meist in Form von Berichten, Graphiken oder numerisch aufbereiteten Darstellungen angeboten werden. Diese Dokumente sind in aller Regel spezifisch recherchierte oder methodenaufbereitete Sichten auf unternehmungsinterne und/oder -externe Daten, die entweder durch den Entscheider selbst oder durch andere Organisationseinheiten für den Entscheider erarbeitet werden. Häufig sind somit diese elektronischen Dokumente Gegenstand oder Basis der kompetenz- und interdependenzbezogenen Kommunikation bzw. Kooperation zwischen Organisationsteilnehmern.[2] Eine Medientrennung zwischen der Kommunikations-/Kooperationsunterstützung und der Präsentation der informationstragenden Dokumente, die Basis oder Gegenstand der Kommunikations-/Kooperationsprozesse sind, ist daher zu vermeiden. In der Abb. 4-3 ist dieser Zusammenhang als „Systemseitige Integration“ bezeichnet.

1 Zu Techniken zur Förderung des kreativen Denkens und der Bewertung vgl. Brauchlin /Entscheidungstechniken 1995/ 348f.

2 Vgl. Bialetzki /Multimedia-Kommunikation 1993/ 29ff.

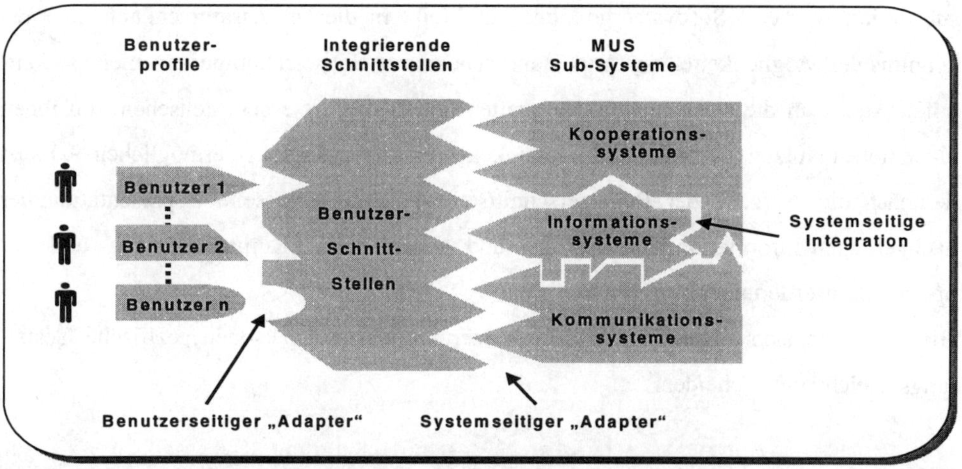

Abb. 4-3: Integrationsschnittstellen managementunterstützender Systeme[1]

Wie aus der Abbildung ersichtlich ist, besitzt neben der systemseitigen Integration die *Benutzerschnittstelle*[2] eine dominierende Bedeutung, da sie als Mensch-Maschine-Schnittstelle für die benutzerorientierte Integration der Subsysteme und für die menschengerechte Aufbereitung der Bedieneroberfläche verantwortlich ist. Die systemseitige Verbindung – in der Abbildung als „Systemseitiger Adapter" bezeichnet – bereitet hierbei in aller Regel keine nennenswerten Probleme, da bei den existierenden Teilsystemen eine zeitliche (Einsatz-)Stabilität vorausgesetzt werden kann. Im Falle einer Modifikation von Funktionalitäten und Sichten innerhalb der Teilsysteme sind daher lediglich die systemseitigen Verbindungen zur Benutzerschnittstelle zu pflegen bzw. zu modifizieren.

Die primären Gestaltungsprobleme der Benutzerschnittstelle befinden sich demnach in der spezifischen Interaktionsgestaltung zwischen Manager und System, die in der Abbildung als „Benutzerseitiger Adapter" bezeichnet wird. Für diesen Komplex sind vor allem die Gestaltungsdimensionen von Relevanz, die meist unter dem Begriff *Softwareergonomie*

---

1 Modifiziert und erweitert übernommen aus: Balzert /Softwareergonomie 1990/ 590.

2 Der Begriff *Benutzerschnittstelle* wird im allgemeinen synonym für die in der Literatur auch gebräuchlichen Begriffe *Mensch-Computer-Schnittstelle* oder *Mensch-Maschine-Schnittstelle* benutzt. Vgl. z.B. Balzert /Softwareergonomie 1990/ 589.

subsumiert werden.[1] Softwareergonomie beschreibt in diesem Zusammenhang „die Erkenntnis der Möglichkeiten der Anpassung benutzbarer Softwarekomponenten eines Computersystems an die relevanten Eigenschaften und Bedürfnisse der Menschen, um ihnen einen hohen Nutzen möglichst vieler Fähigkeiten und Fertigkeiten zu ermöglichen“[2]. Es ist demnach die Aufgabe der Benutzerschnittstelle, eine angemessene Repräsentation der nachgefragten Informationen zu erzeugen und weiterführende Kommunikations- und Kooperationsanforderungen zu erfüllen.
Hierbei lassen sich allgemeine sowie benutzergruppen- und personenspezifische Gestaltungsbereiche unterscheiden.

- Allgemeine Anforderungen

Gemein ist allen Gestaltungsanforderungen an Benutzerschnittstellen, daß sie sich den grundlegenden Erkenntnissen menschlicher Informationsverarbeitung unterzuordnen haben. Hierbei sind die Erkenntnisse aus dem Bereich der experimentellen psychologischen Forschung zu Fragestellungen der quantitativen Speicherfähigkeit des Kurzzeitgedächtnisses, der zeitlichen Informationsaufnahmefähigkeit des Menschen sowie der allgemeinen Bewertungsfähigkeit dargebotener Reize, wie Unterscheidung verschiedener Tonfrequenzen, Helligkeitsstufen, Farbnuancen usw., einzubinden.[3] So ist beispielsweise die eher als gering einzustufende Verarbeitungskapazität des Menschen eine allgemeingültige Rahmenbedingung bei sämtlichen Gestaltungsaktivitäten von Benutzeroberflächen.[4]

- Benutzergruppen- und personenspezifische Gestaltungsdimensionen

Neben der Ausrichtung an den grundsätzlichen Erkenntnissen kognitiver menschlicher Leistungen sind benutzergruppen- bzw. personenspezifische Fähigkeiten und Fertigkeiten zu

---

1 Vgl. Englisch /Ergonomie 1993/ 29.

2 Balzert /Softwareergonomie 1990/ 588.

3 Vgl. Kemper /Benutzerforschung 1997/ 51f.

4 So konnte bereits in frühen experimentellen Studien nachgewiesen werden, daß Menschen im allgemeinen bei einmaliger Präsentation lediglich sieben verschiedene Aspekte unterscheiden und in Erinnerung behalten können. Vgl. Scholl /Informationspathologien 1992/ 904.

berücksichtigen.[1] Ein großes Problem im Bereich der Managementunterstützung ist hierbei, daß sich die Zielgruppe äußerst inhomogen zusammensetzt. Sie rekrutiert sich aus Benutzern, die bereits aufgrund ihrer Gruppenzugehörigkeit zu den beiden Extrempositionen „IT-Experte“ und „IT-Laie“ zugerechnet werden können.[2] So konnte in einer bereits im Jahre 1986 durchgeführten empirischen Untersuchung festgehalten werden, daß ca. 90 Prozent der unternehmungsinternen Controlling-Bereiche selbständig Anwendungsentwicklungsaktivitäten durchführten und somit als erfahrene IT-Benutzer bezeichnet werden konnten.[3] Wie *Müller-Böling/Ramme* empirisch belegen konnten, weisen hingegen ungefähr 70 Prozent der oberen Führungskräfte nicht einmal Tastaturkenntnisse auf, so daß eine konventionelle Systembenutzung für die Zielgruppe nicht in Frage kommen kann.[4] Auch wenn sich im Laufe der letzten Jahre in diesem Bereich sicherlich Änderungen ergeben haben, so kann gerade das Top-Management auch weiterhin als kritische Benutzergruppe bezeichnet werden. In der dieser Arbeit zugrundeliegenden empirischen Reihe bescheinigten immerhin ca. 40 % der Unternehmungen, daß die Top-Führungskräfte häufig mit der Systemnutzung überfordert seien.[5] Vor diesem Hintergrund wird die Komplexität der Gestaltung des Interaktionsprozesses zwischen den Benutzern und den managementunterstützenden Systemen deutlich. Die allgemeine Forderung der Anpassung der Systeme an die kognitiven und intellektuellen Eigenschaften des Menschen vor dem Hintergrund des jeweiligen organisatorischen Kontextes weist hierbei verschiedene, zum Teil konfliktäre Zielsetzungen auf.[6] So ist insbesondere den individuellen Benutzerprofilen (Subjektbezug) Rechnung zu tragen. Im allgemeinen werden hierbei vereinfachend drei Ausprägungen von Benutzern unterschieden, und zwar[7]

- der „Anfänger“, der Wissen aus dem Anwendungsgebiet besitzt, jedoch keine Erfahrungen im Umgang mit IT-gestützten Systemen aufweist,

---

1 Vgl. Zeidler; Zellner /Software-Ergonomie 1994/ 11f. und Gemünden /Informationsverhalten 1992/ 1019ff.

2 Vgl. Kemper /Benutzungsoberfläche 1997/ 54f.

3 Vgl. Kemper /Dezentrale Anwendungsentwicklung 1991/ 108.

4 Vgl. Müller-Böling; Ramme /Führungskräfte 1990/ 170.

5 Vgl. Kapitel 3.5.3 der Arbeit.

6 Vgl. Griese /Softwareergonomie 1997/ 367.

7 Vgl. Zeidler; Zellner /Software-Ergonomie 1994/ 125.

- der „gelegentliche Nutzer", der neben seinen Kenntnissen aus dem Anwendungsgebiet über semantisches Wissen bezüglich IT-gestützter Systeme verfügt, jedoch aufgrund mangelnder Praxis einen geringen syntaktischen Erfahrungsschatz besitzt,
- der „Spezialist", der parallel zu seinen Anwendungskenntnissen ein hohes Maß an semantischem und syntaktischem Wissen um die Verwendung von Informationssystemen mitbringt.

Da im Zeitverlauf sich diese Benutzerprofile aufgrund von Lerneffekten verändern, erhöhen sich die Anforderungen an die Benutzeroberflächen dynamisch. So werden aus ungeübten Benutzern im Laufe der Zeit erfahrene Benutzer, die für ihren Interaktionsprozeß mit dem System komprimiertere Dialoggestaltungen erwarten. Benutzeroberflächen sind aus diesem Grunde so zu konzipieren, daß sie selbst innerhalb einer Benutzergruppe mit Hilfe von adaptiven Gestaltungsmaßnahmen den jeweiligen Anforderungen der Benutzer entsprechen.

4.2 Forderungen an die Gestaltung

Wie im Kapitel 1.2 der Arbeit dargelegt, beinhaltet die *Gestaltung* sämtliche Aktivitäten innerhalb der Systemlebensdauer eines MUS und setzt sich somit aus dem Abschnitt *(Erst-)Entwicklung* und den einsatzbegleitenden Abschnitten des *Re-Engineering* zusammen. Die im weiteren erarbeiteten Forderungen betreffen ausgewählte Probleme der Gestaltung managementunterstützender Systeme. Sie beziehen sich insbesondere auf die unternehmungskulturellen Rahmenbedingungen, IT-spezifischen Effektivitätspotentiale und die Notwendigkeit der dynamischen Anpassung der Systeme während der Einsatzphase.

4.2.1 Berücksichtigung unternehmungskultureller Rahmenbedingungen

Bereits die frühen Forschungsarbeiten des *Tavistock-Instituts* zum Organisationsverständnis, die als sozio-technischer Ansatz maßgeblichen Einfluß auf die moderne Organisationstheorie ausübten, machten deutlich, daß Unternehmungen eine Symbiose aus strukturellen, sozialen und technologischen Komponenten darstellen.[1] Besonders wurde in den Forschungsarbeiten hervorgehoben, daß die eingesetzte Technologie Auswirkungen auf soziale Strukturen ausüben kann. Aus diesem Grunde wurde von den Forschern vorgeschlagen, Organisationen als ein Komplement aus technischen und sozialen Subsystemen zu verstehen, dessen Zusammenspiel maßgeblich durch die *Unternehmungskultur* determiniert wird.

Die Unternehmungskultur akzentuiert die *Verhaltensdimension* der Organisationsteilnehmer.[2] In ihrem Mittelpunkt stehen die individuellen Einstellungen und die unternehmungsspezifischen Werte und Normen, die das Verhalten der Mitarbeiter beeinflussen und nachhaltig zum Erfolg der Unternehmung beitragen.[3] Unternehmungskultur ist in diesem Zusammenhang also „eine Grundgesamtheit gemeinsamer Werte, Normen und Einstellungen“[4], die nicht isoliert nebeneinander stehen, sondern ein Muster bilden, das auch als *Weltbild* bezeichnet werden kann. Dieses Weltbild konkretisiert sich wesentlich in Verhaltensstandards, die in manchen Unternehmungen als Management-Philosophie oder in Form von Führungsgrundsätzen operationalisiert werden.[5]

Die Unternehmungskultur besitzt somit vornehmlich die Aufgabe, die interne Integration aller Unternehmungsmitglieder bei gleichzeitiger Sicherstellung der zielorientierten Ausrichtung der Unternehmung zu gewährleisten. Hierbei prägt die Unternehmungskultur primär den Aufbau eines Kommunikationssystems, die Verteilung von Einfluß, Macht und Autorität sowie die Kriterien für den Einsatz von Anreizen.[6] Sie ist demnach für die Organisationen strukturbestimmend, basiert auf Traditionen und ist daher keinem raschen Wandel unterzogen. Trotz ihres inhärenten Beharrungsvermögens hat sie sich einer ständigen kritischen Überprüfung der Wertevorstellungen und gesellschaftlichen Paradigmen zu

---

1 Vgl. Frese /Organisationstheorie 1992/ 353, Hill; Fehlbaum; Ulrich /Organisationslehre 1992/ 435 und Bleicher /Organisationstheorien 1993/ 2516.

2 Vgl. Bleicher /Management 1992/ 153.

3 Vgl. Beyer; Fehr; Nutzinger /Unternehmenskultur 1995/ 22

4 Dill /Unternehmenskultur 1986/ 100.

5 Vgl. Schreyögg /Organisationskultur 1992/ 1528.

6 Vgl. Frese /Organisation 1995/ 151.

stellen, die vor allem vor dem Hintergrund sich ändernder Wertorientierungen im Bereich des Führungsverhaltens deutlich werden.[1]

Verhaltenswissenschaftliche Ansätze der Organisationsforschung messen gerade diesen Punkten eine besondere Bedeutung bei. In zahlreichen Ansätzen wurde der Forschungsbereich analysiert, wobei sowohl das Individualverhalten als auch das Gruppenverhalten Gegenstand der Untersuchungen waren. Das Individualverhalten wird hierbei durch die speziellen Aspekte einzelner Personen erklärt. Üblicherweise werden in diesem Zusammenhang Instinkte/Triebe, Bedürfnisse/Motive, Werte/Einstellungen und Qualifikationen als Einflußparameter für das Verhalten von Individuen identifiziert.[2] Das gruppenspezifische Verhalten setzt demgegenüber primär bei der Dynamik an, die sich innerhalb und zwischen Gruppen bildet. Hierbei ist das Forschungsinteresse vor allem auf die Prozesse ausgerichtet, die mit der Kommunikation, der Interaktion, der Führung, der Konfliktbewältigung und dem Phänomen der Macht zu tun haben.[3]

Die heute üblichen grundlegenden Wertevorstellungen über das Zusammenarbeiten von Menschen wurden maßgeblich durch die Human Relation-Forschungen der 70er Jahre beeinflußt und finden Ihren Niederschlag in einem partizipativen und kooperativen Führungsgedanken, der die Unternehmung als System von Individuen *wesensgleicher Würde* versteht.[4] Vor dem Hintergrund dieser gesellschaftlichen Wertevorstellungen stehen die Unternehmungen vor neuen Herausforderungen zur angemessenen Verteilung von Verantwortung und Partizipation, die sich auf die gelebte Unternehmungskultur auswirken.[5]

Bei der Gestaltung – also bei der Entwicklung und bei den einsatzbegleitenden Re-Engineering-Aktivitäten – managementunterstützender Systeme ist es erforderlich, sich bewußt mit dieser Problematik auseinanderzusetzen. Wie die empirische Untersuchung

---

1 Vgl. Bleicher /Management 1992 / 61ff., Dülfer /Kultur 1992/ 1205ff. und Rosenstiel /Wertewandel 1995/ 2175ff.

2 Vgl. Staehle /Management 1994/ 149ff.

3 Die Ursprünge dieser verhaltensorientierten Ansätze wurden stark durch die Hawthorne-Experimente beeinflußt, die Mitte der 20er Jahre in den USA durchgeführt wurden. Vgl. hierzu: Kasper /Führung 1995/ 1362.

4 Vgl. Ulrich /Führungsethik 1995/ 563ff.

5 Vgl. Weinert /Anreizsysteme 1992/ 123f. und Beyer; Fehr; Nutzinger /Unternehmenskultur 1995/ 38.

dieser Arbeit verdeutlicht, wird jedoch gerade dieser Komplex in der Praxis häufig vernachlässigt, so daß in vielen Unternehmungen erhebliche Dissonanzen aufgrund nicht-antizipierter Veränderungen im Informations- und Kommunikationsverhalten konstatierbar sind. Hierbei werden vor allem ungeplante Eingriffe in die etablierten Koordinationsmechanismen der Unternehmungen vorgenommen. So können die Strukturen der Kompetenzverteilung, die die Zuständigkeiten der Aufgabenträger in Form ihrer Rechte, Pflichten und Verantwortung festlegen[1], durch einen ungeplanten Systemeinsatz torpediert werden und zur Demotivation der Mitarbeiter mit all ihren nachfolgenden Konsequenzen führen.[2]

Es soll an dieser Stelle nicht explizit auf die in der Literatur vielfältigen Forschungsansätze eingegangen werden, die sich mit der Bildung von Motivationstheorien und der darauf aufbauenden Bildung von Empfehlungen zur motivierenden Arbeitsgestaltung beschäftigen.[3] Die Sichtung der Forschungsansätze verdeutlicht jedoch, daß eine der maßgeblichen motivationalen Einflußkomponenten als ***Handlungsspielraum*** bezeichnet werden kann, der dem einzelnen Organisationsmitglied im Rahmen seiner Aufgabenerfüllung zugestanden wird.[4] Hierbei können vor allem die durch den Systemeinsatz tangierten Tätigkeits- sowie die Entscheidungs- und Kontrollspielräume identifiziert werden. Sie determinieren das Ausmaß der bedürfnisrelevanten Anreicherung der Arbeitsbedingungen und bestimmen im wesentlichen auch die Vielfalt, den Grad des Ganzheitscharakters und des Bedeutungsgehalts der Aufgabe sowie die Intensität der Handlungsautonomie.[5]

Die Einbindung von managementunterstützenden Systemen für das Management kann Auswirkungen auf diese sensiblen, meist historisch gewachsenen Strukturen der Aufgaben- und Kompetenzverteilung aufweisen.[6] Delegationsdurchgriffe, Verletzung der Vertrauensstrukturen oder Einschränkungen der Kompetenzzuordnung sind hierbei nur einige ungeplante negative Vorkommnisse, die in den befragten Unternehmungen festgehalten werden

---

1 Vgl. Macharzina /Unternehmensführung 1995/ 389.

2 Zu etwaigen Konsequenzen im Verhalten von Individuen vgl. Staehle /Management 1994/ 228ff.

3 Ein Überblick über relevante Theorien und Gestaltungsansätze findet sich beispielsweise in Kleinbeck; Quast /Motivation 1992/ 1420ff. und Scholz /Personalmanagement 1993/ 428ff.

4 Vgl. Wunderer /Führung 1995/ 227ff.

5 Vgl. Steinle /Delegation 1992/ 501f. und Steinmann; Schreyögg /Management 1993/ 488.

6 Vgl. Joshi /Role Conflict 1989/ 369ff.

konnten.[1] Es ist daher zu fordern, daß potentielle Implikationen des Einsatzes managementunterstützender Systeme vorab erhoben, in ihren Folgewirkungen abgeschätzt und während der Einsatzphase ständig einer kritischen Prüfung unterzogen werden.

4.2.2 Nutzung IT-spezifischer Effektivitätspotentiale

Die im vorherigen Kapitel dargestellte Forderung nach der Verträglichkeit des Einsatzes von managementunterstützenden Systemen mit den grundlegenden unternehmungskulturellen Rahmenbedingungen darf keinesfalls zur Vernachlässigung des Erfolgspotentials führen, das der Informationstechnologie ohne Frage zukommt. Vielmehr wäre es vollkommen unangemessen, etablierte Strukturen in den Unternehmungen grundsätzlich nicht in Frage zu stellen, da in diesem Falle die Informationstechnik ausschließlich zur Zementierung der bestehenden Strukturen mißbraucht würde.[2] Das inhärente Potential der Informationstechnik, das neben dem „struktur-rationalisierenden" vor allem auch durch „struktur-ermöglichende" Aspekte gekennzeichnet ist, sollte vielmehr <u>bewußt</u> ausgeschöpft werden. Konkrete Ansätze können hierbei vor allem in den folgenden Bereichen identifiziert werden:[3]

- Die Verbesserung der Informationsinfrastruktur kann zu einer Reduktion der Autonomiekosten führen, da die Abstimmungsfähigkeit organisatorischer Einheiten durch die Integration neuer Kommunikationstechniken entscheidend erhöht werden kann.
- Aufgrund der Vergrößerung der Problemlösungsfähigkeit durch den bewußten Einsatz von IT-gestützten Systemen zur Entscheidungsvorbereitung können gezielte Re-Zentralisierungsaktivitäten vorgenommen werden.
- Durch transparenzerhöhende Techniken und wirksame Kommunikationssysteme können vermehrt delegative Führungskonzepte umgesetzt werden, da die Informationstechnologie eine signifikante Steigerung der Kontrollspanne ermöglicht.

---

1 Vgl. Kapitel 3.2.3.3.2 der Arbeit.

2 Von *Frese* wird dieses Phänomen als „Produktivitätsfalle des IT-Einsatzes" bezeichnet. Vgl. Frese /Organisation 1995/ 19.

3 Vgl. Frese /Organisation 1995/ 20.

- Mit Hilfe von komplexitätsreduzierenden IT-Systemen können Segmentierungsalternativen[1] umgesetzt werden, die aufgrund der begrenzten menschlichen Leistungskapazität ohne Informationstechnologie nicht realisierbar wären.

Im Rahmen der Implementierung umfassender managementunterstützender Systeme ist daher dem IT-immanenten Erfolgspotential Rechnung zu tragen. In der Praxis ist allerdings diesem Potential bislang kaum Beachtung geschenkt worden. So waren in nahezu allen befragten Unternehmungen organisationsoptimierende Veränderungen nicht Gegenstand expliziter Planungen gewesen.[2] Eine umfassende Forderung bei der Systementwicklung muß es daher sein, die bisherige Managementunterstützung kritisch zu analysieren. Hierbei müssen vor allem Mängel in der Informationsversorgung aufgedeckt und dokumentiert werden, wie z.B. fehlende Kongruenz zwischen Informationsbedarfen und Informationsangeboten oder Medienbrüche bei der Informationsverarbeitung bzw. -weitergabe. Neben dieser Schwachstellenanalyse der existierenden Ist-Lösung sind speziell die Potentiale aufzudecken, die aufgrund des Einsatzes moderner Informations- und Kommunikationstechnologie umsetzbar sind. Hierbei sind vor allem die bereits oben angeführten Bereiche der Organisationsgestaltung von Relevanz, also die Senkung von Autonomiekosten durch Verbesserung der Kommunikation, die gezielte Re-Spezialisierung zeitkritischer Aufgaben, die bewußte Vergrößerung des Anteils delegativer Aufgabenfelder sowie die geplante Veränderung im Bereich der Entscheidungssegmentierung.

4.2.3 Sicherstellung der Anpassungsflexibilität an sich ändernde Umweltbedingungen

Das Zusammenwachsen der Märkte, die Verkürzung der Produktlebenszyklen und die zunehmende Internationalisierung der Handelsbeziehungen konfrontieren die Unternehmun-

---

1 Beispielsweise können vermehrt prozeßorientierte anstelle von funktionsorientierten Segmentierungen umgesetzt werden.

2 In der Erstbefragung gaben alle 20 Interviewten an, lediglich die bestehenden Strukturen abzubilden. In der Zweitbefragung nutzten immerhin bereits zwei Unternehmungen die Systementwicklung als Werkzeug organisatorischer Neugestaltung. Vgl. Kapitel 3.2.3.3.2 sowie 3.3.9 und 3.3.10 der Arbeit.

gen unweigerlich mit einer wachsenden Komplexität und Dynamik. Innovative Managementkonzepte berücksichtigen diese Umweltbedingungen und bieten einen Gestaltungsrahmen für die Führungskräfte einer Unternehmung, der vor allem die Wirkungen von Veränderungsprozessen und auch die Prozesse selbst als Gegenstände erfolgreichen Managementhandelns identifiziert.[1] Es gilt als gesicherte Erkenntnis, daß für die erfolgreiche Beherrschung der neuen Herausforderungen eine intensive Durchdringung der Organisationen mit leistungsfähigen informationstechnologiegestützten Systemen erforderlich ist.[2] Ein wesentliches Kennzeichen dieser Leistungsfähigkeit muß hierbei in der Fähigkeit der Systeme gesehen werden, sich dynamisch an die kontinuierlichen Umweltveränderungen anpassen zu können. Diese als trivial geltende Forderung erweist sich bei genauerer Analyse als vielschichtig und komplex und ist mit den traditionellen Auffassungen von Anwendungssystemen schwer vereinbar. Eine Analyse der traditionellen Entwicklungsparadigmen des Software Engineering unterstützt diese Aussage. So werden bei klassischen Entwicklungsvorgehensweisen die späteren Endbenutzer primär bei dem Aufbau des Fachkonzeptes in den frühen Phasen des Projektes involviert, während die IT-technische Umsetzung der definierten Anforderungen das Gros des Entwicklungsaufwandes darstellt und hauptsächlich durch technikversierte Mitarbeiter der Informatikabteilungen umgesetzt wird.[3] Diese starke Fokussierung des Entwicklungsprozederes auf die technischen Problembereiche geht von der Grundvorstellung aus, daß IT-Systeme – wie andere physikalische Produkte auch – auf klar definierten, relativ zeitstabilen Vorgaben erstellt werden und folgend als fertige Produkte ohne elementare Veränderungen in den Unternehmungen eingesetzt werden können.[4] Modifikationen der Systeme während ihrer Einsatzzeit erfolgen daher meist nur bei bestimmten Anlässen[5], wobei der in der Literatur hierfür verwendete Begriff

---

1 Vgl. Bleicher /Management 1992/ 43.

2 Vgl. Rohloff /Informationssysteme 1995/ 83.

3 Die Ergebnisse der Erstbefragung stützen diese Aussagen. So wurde die Mehrzahl der MUS-Projekte von Mitarbeitern der klassischen IT-Bereiche geleitet. Vgl. Kapitel 3.2.3.2.1 der Arbeit.

4 Vgl. Seibt /Vorgehensmodell 1997/ 432ff.

5 Üblicherweise um beim Systemeinsatz erkannte Fehler zu korrigieren, Erweiterungen und Anpassungen durchzuführen oder das System zu perfektionieren. Aus diesem Grunde werden die Wartungsaktivitäten häufig in „korrigierende", „enhansive", „adaptive" und „perfektionierende" Wartung unterteilt. Vgl. Stahlknecht; Hasenkamp /Wirtschaftsinformatik 1997/ 342.

„Wartung" bereits den häufig fälschlicherweise als gering eingestuften Stellenwert dieser Aktivitäten signalisiert.[1]

Ohne Modifikationen tradierter Entwicklungsvorgehensweisen – d.h. ohne Perfektionierung der einsatzbegleitenden Re-Engineeringaktivitäten – kommt es somit zu Verzögerungen zwischen den zu einem Zeitpunkt erforderlichen und den real zur Verfügung stehenden Management-Unterstützungs-Systemen. Dieser Zeitverzug – in der Abb. 4-4 exemplarisch mit (t0-t1) und (t1-t2) bezeichnet – bewirkt, daß im schlechtesten Falle niemals eine managementgerechte Unterstützung zur Verfügung steht, da die Zeitspanne zwischen Anforderungsdefinition und Fertigstellung bzw. Übergabe des Systems so groß ist, daß die Rahmenbedingungen des Systemeinsatzes sich bereits wieder verändert haben.[2]

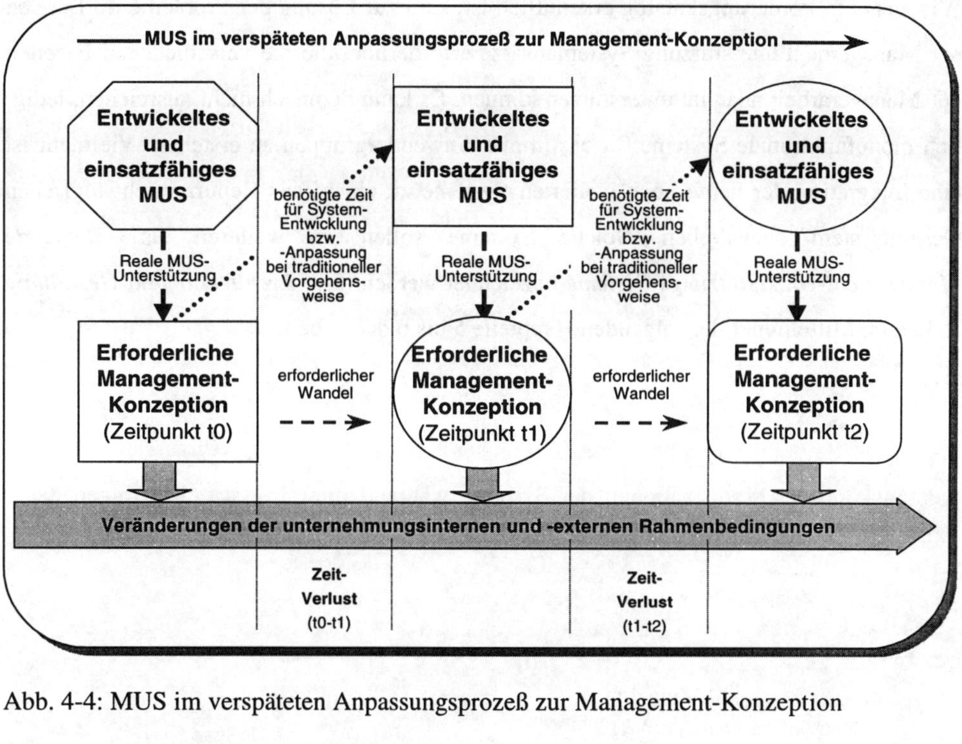

Abb. 4-4: MUS im verspäteten Anpassungsprozeß zur Management-Konzeption

[1] Der Aufwand für Re-Engineeringaktivitäten während des Systemeinsatzes ist jedoch häufig wesentlich höher als der einmalige Entwicklungsaufwand des Systems. Vgl. Schwarze /Systementwicklung 1995/ 32.

[2] In der Abbildung wird dieser Tatbestand durch die verschiedenen Darstellungsformen der Management-Konzeptionen und der jeweils verfügbaren Management-Unterstützungs-Systeme verdeutlicht.

Die Vorstellung, managementunterstützende Systeme wie traditionelle Anwendungssysteme zu erstellen und nach Ablauf der Entwicklungszeit als fertiggestellte Systeme in der Unternehmung einsetzen zu können, ist daher unrealistisch. Es ist vielmehr zu fordern, daß die Systeme als geeignete Werkzeuge des Managements flexibel an wandelnde Anforderungen angepaßt werden können. Für eine Minimierung der Zeitverluste zwischen Anforderungen und Systemeinsatz ist es allerdings notwendig, die etablierten Vorgehensweisen der Systementwicklung zu modifizieren bzw. zu erweitern.

4.3 Resümee der Forderungen

Wie aus dem Forderungskatalog erkenntlich ist, sind zur Lösung der Probleme im Bereich der Managementunterstützung Systemansätze erforderlich, die die verschiedenen Facetten der Managerarbeit adäquat unterstützen können. Es kann demnach nicht ausreichen, lediglich monofunktionale Systeme für bestimmte Anwendergruppen zu erstellen. Vielmehr ist eine Integration der heute noch isolierten Systeme zu einem aus Benutzersicht logischen Gesamtsystem anzustreben. Solche Systeme sollen im weiteren als *Integrierte Management-Unterstützungs-Systeme* bezeichnet werden. Ihre *Architektur* und *Gestaltung* stehen im Mittelpunkt der folgenden Hauptteile 5 bis 6 der Arbeit.

5 Entwicklung einer Architektur Integrierter Management-Unterstützungs-Systeme

Im Teil 5 der Arbeit wird eine Architektur Integrierter Management-Unterstützungs-Systeme entwickelt. Hierbei finden die architekturrelevanten Forderungen des Teils 4 Berücksichtigung und bestimmen die Abgrenzung, den Aufbau und die Funktionalitäten der Architekturkomponenten. Die Abb. 5-1 verdeutlicht den Zusammenhang und zeigt zusätzlich die interne Struktur des vorliegenden Teils der Arbeit.

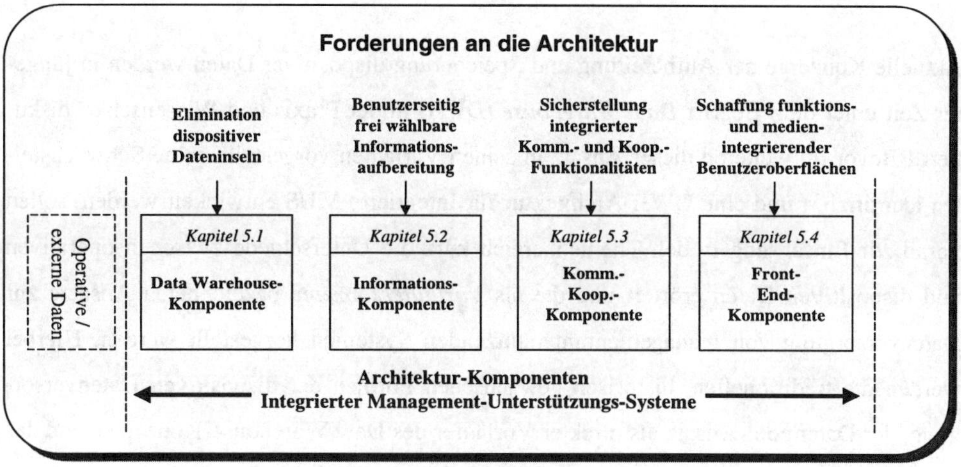

Abb. 5-1: Architektur-Komponenten Integrierter Management-Unterstützungs-Systeme

Wie die Abbildung veranschaulicht, setzt sich die Architektur Integrierter Management-Unterstützungs-Systeme aus vier Hauptkomponenten zusammen, der *Data Warehouse-Komponente*, der *Informations-Komponente*, der *Kommunikations-/Kooperations-Komponente* und der *Front-End-Komponente*. Die folgenden Kapitel 5.1 bis 5.4 beschäftigen sich mit den einzelnen Hauptkomponenten. Sie sind jeweils so aufgebaut, daß die in Wissenschaft und Praxis verfügbaren Lösungen für diesen Teilbereich vorgestellt, kritisch analysiert und in Hinblick auf die hier gestellte Aufgabe der Entwicklung einer Architektur Integrierter MUS konkretisiert werden.

5.1 Data Warehouse-Komponente

Im folgenden wird die Data Warehouse-Komponente entwickelt, die als die Basiskomponente der Gesamtarchitektur Integrierter MUS angesehen werden kann. Da die Gestaltung dieser Komponente auf den Erkenntnissen verfügbarer Konzepte der dispositiven Datenhaltung beruht, erfolgt zunächst eine kritische Analyse dieser Konzepte.

5.1.1 Tradierte Formen der dispositiven Datenhaltung und neuere Data Warehouse-Konzepte

Aktuelle Konzepte der Aufbereitung und Speicherung dispositiver Daten werden in jüngerer Zeit unter dem Begriff *Data Warehouse (DWH)* in der Praxis und Wissenschaft diskutiert.[1] Bevor im weiteren dieser Ansatz in seinen Varianten vorgestellt, seine Schwachstellen identifiziert und eine DWH-Architektur für Integrierte MUS entwickelt werden, sollen vorab zur Einführung in den Themenbereich kurz die Unterschiede zwischen operativen und dispositiven Daten erörtert und die als *Vorläuferkonzepte* bezeichneten Ansätze zur Datenversorgung von managementunterstützenden Systemen vorgestellt werden. Hierbei werden die traditionellen, historisch gewachsenen Formen der dispositiven Datenversorgung, der Datenpool-Ansatz als direkter Vorläufer des Data Warehouse-Konzeptes und das umstrittene Modell des Virtuellen Data Warehouse kurz diskutiert.

5.1.1.1 Tradierte Formen der dispositiven Datenhaltung

Operative Daten werden vor allem von den mengen- und wertorientierten Administrations-, Dispositions- und Abrechnungssystemen einer Unternehmung erzeugt bzw. weiterverarbeitet.[2] Charakteristisch für diese Art von IT-Systemen, die häufig vereinfachend als *OLTP-Systeme*[3] bezeichnet werden, ist die Unterstützung der Leistungserstellungsprozesse einer Unternehmung. In Abgrenzung zu den operativen Daten werden die für management-

---

1 Vgl. Kapitel 2.2.2.8 dieser Arbeit.

2 Vgl. Kapitel 4.1.1 dieser Arbeit.

3 *OLTP* steht für OnLine Transaction Processing. Vgl. Chamoni /Online Analytical Processing 1997/ 294.

unterstützende Systeme erforderlichen Daten als dispositive Daten bezeichnet. Wie die Abb. 5-2 verdeutlicht, weisen sie gänzlich andere Charakteristika als die operativen Daten auf und sind aus diesem Grunde lediglich mit Hilfe von Transformationsregeln aus ihnen ableitbar.

	Ausrichtung operativer Daten	Ausrichtung dispositiver Daten
Zweck	Unterstützung und Abwicklung der Geschäftsprozesse	Informationen für das Management, dispositive und strategische Entscheidungen
Inhalt	Detaillierte, aktuelle Geschäftsvorfalldaten	Verdichtete und berechnete Daten, Archivdaten, umfassendes Metadatenangebot
Aktualität	Online, realtime	Unterschiedliche, aufgabenabhängige Aktualität, Historienbetrachtung
Modellierung	Altbestände oft nicht modelliert (funktionsorientiert) oder granulare normalisierte Entitäten	Sachgebiets- oder themenbezogen, standardisiert und endbenutzertauglich
Zustand	Redundant, inkonsistent, unnormalisiert	Konsistent modelliert, kontrollierte Redundanz
Update	Laufend und konkurrierend	Ergänzend, automatische Fortschreibung abgeleiteter, voraggregierter Daten
Abfragen	Strukturiert, meist statisch im Programmcode	Ad-hoc für komplexe, ständig wechselnde Fragestellungen und vorgefertigte Standardauswertungen

Abb. 5-2: Ausrichtung operativer und dispositiver Daten – Gegenüberstellung[1]

Die Erkenntnis, daß die operativen Daten ohne die Aktivitäten der Filterung, der Verdichtung und der betriebswirtschaftlichen Harmonisierung keine Aussagekraft für die Führungskräfte aufweisen können, führte in der Praxis bereits früh zu Lösungsalternativen. In den folgenden Kapiteln werden zwei dieser frühen Konzepte und ein neuer, in Wissenschaft und Praxis kontrovers diskutierter Ansatz vorgestellt.

1 Verändert übernommen aus: Christmann /Data-Warehouse-Lösung 1996/ C822.07. Vgl. i.d.Z. auch Zügel /Datenmanagement 1996/ C824.09.

5.1.1.1.1 Historisch gewachsene Form der dispositiven Datenversorgung

Die historisch gewachsenen Lösungen im Bereich der Managementunterstützung beruhen in aller Regel auf einer systemspezifischen Datenhaltung. Die Abb. 5-3 veranschaulicht beispielhaft eine dieser Lösungsvarianten, die bisweilen auch heute noch in der Praxis vorzufinden ist. So war es bis weit in die 90er Jahre üblich, daß die Systeme zur Unterstützung des Managements ausschließlich auf eigene, meist herstellerspezifische Datenhaltungskomponenten zugreifen konnten.[1] In der Abb. 5-3 sind diese Bereiche als „Data“ bezeichnet. Deutlich wird, daß für die Vielzahl der berichts- und modellorientierten Systemkategorien – hier exemplarisch EIS, DSS und MIS genannt – und selbst für die einzelnen Systeme innerhalb einer Systemklasse isolierte Datenbasen existieren. Um diese Datenbereiche mit entsprechenden operativen internen und externen Daten zu versorgen, werden jeweils Kopien und Extrakte aus den verschiedensten Quellen gezogen.[2]

Die Probleme, die bei dieser Vorgehensweise nicht vermieden werden können, sind offensichtlich:

- Kopien und Extraktionen müssen mehrfach durchgeführt werden und belasten somit wiederholt die operativen Datenhaltungssysteme mit entsprechenden Konsequenzen für die Performance der operativen Systeme zur Steuerung der wertschöpfenden Prozesse.
- Da mehrere Kopier- und Extraktionsprozesse zu verschiedenen Zeitpunkten durchgeführt werden, kann aufgrund der Weiterschreibung der operativen Transaktionssysteme für das Datenmaterial in den managementunterstützenden Systemen keine Konsistenz sichergestellt werden.
- Aktivitäten zur betriebswirtschaftlichen Harmonisierung des Datenmaterials müssen für jedes einzelne Subsystem durchgeführt werden, was neben erhöhtem Aufwand zu zusätzlichen Fehlerquellen führt.

---

1 Zwar besaßen die Werkzeugumgebungen bereits früh definierte Schnittstellen zu standardisierten Datenhaltungssystemen. Diese Schnittstellen konnten jedoch fast ausschließlich nur für die Übernahme der Daten in die proprietären Datenhaltungssysteme genutzt werden. Vgl. z.B. die EIS-Werkzeugübersicht in: Kienbaum (Hrsg.) /Executive Information Systems 1991/ 39ff.

2 Häufig wurde in den Unternehmungen für diese Zwecke eigens ein sog. *Copy- und Extract Management* institutionalisiert, das sich ausschließlich mit diesen Aktivitäten beschäftigte. Vgl. Biethahn; Rohrig /Datenmanagement 1990/ 745f.

- Da die Extrakte nicht nur aus den operativen internen und externen Daten zusammengestellt werden, sondern auch aus vorgelagerten dispositiven Systemen stammen, hat das Löschen oder das Ändern von Daten in diesen Vorsystemen Konsequenzen für die nachgelagerten Systeme.[1]

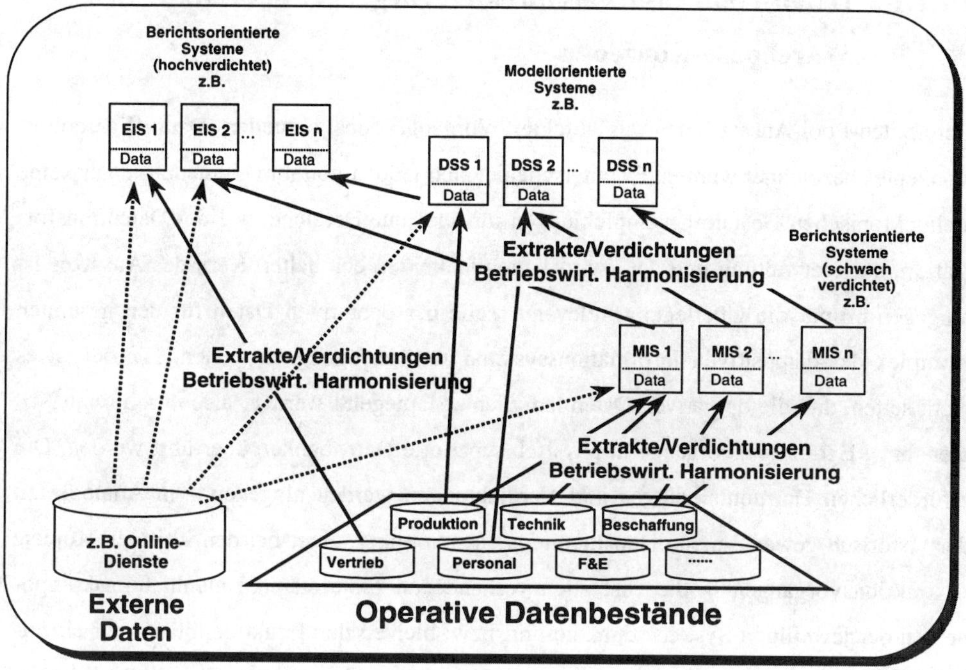

Abb. 5-3: Traditionelles Konzept der Datenversorgung managementunterstützender Systeme

Obwohl die Mängel einer derart gestalteten Datenversorgung schnell offensichtlich wurden[2], konnten sich Veränderungen in der dispositiven Datenhaltung bis vor einigen Jahren kaum durchsetzen. Die Gründe für diesen Mißstand sind zum einen auf die unflexiblen MUS-Werkzeuge zurückzuführen, die ausschließlich die Nutzung proprietärer Datenhal-

---

1 In der Abb. 5-3 ist z.B. das System „DSS 2“ datenseitig abhängig von den operativen „Personaldaten“ und von dem Datenmaterial des Systems „MIS 2“.

2 *Paller/Laska* wiesen bereits 1990 darauf hin, daß der Aufwand für die Datenbereitstellung von managementunterstützenden Systemen bis zu 90 Prozent des Gesamtaufwandes der jeweiligen Systementwicklung

tungskonzepte effizient unterstützten. Zum anderen waren bis Mitte der 80er Jahre keine leistungsstarken relationalen Datenbanksysteme verfügbar, mit deren Hilfe eine gemeinsame dispositive Datenhaltung in den Unternehmungen hätte aufgebaut werden können.

5.1.1.1.2 Daten-Pool-Ansatz als direkter Vorgänger des Data Warehouse-Konzeptes

Der Daten-Pool-Ansatz kann als direkter Vorgänger des aktuellen Data Warehouse-Konzeptes bezeichnet werden. Er unterscheidet sich jedoch von ihm elementar, da er keine architektonischen Gestaltungsempfehlungen für relevante Bereiche, wie der Datentransformation, der -verwaltung und der -zugriffsmöglichkeiten, beinhaltet. Kern des Ansatzes ist hingegen primär die Überlegung, relevante Teile der operativen Daten für den gesamten Komplex der dispositiven Informationssysteme zur Verfügung zu stellen. Hierbei ist es nicht selten, daß die operativen Daten lediglich „gespiegelt“ werden, also durch reine Kopier- bzw. Extraktionsvorgänge in physisch separierte Datenbanken überführt werden. Die erforderlichen Harmonisierungen und Verdichtungen werden hingegen – in Analogie zu der historisch gewachsenen dispositiven Datenversorgung – erst bei den weiteren Kopier-/Extraktionsvorgängen in die zusätzlich vorhandenen proprietären Datenhaltungskomponenten der jeweiligen Systeme durchgeführt bzw. bleiben den Funktionalitäten der einzelnen Informationssysteme überlassen, so daß semantische Inkonsistenzen aufgrund der informationssystem-spezifischen Datentransformation nicht vermeidbar sind.

Trotz der elementaren Mängel des Ansatzes sind mit ihm jedoch wichtige Verbesserungen bei der Datenversorgung dispositiver Informationssysteme bewirkt worden. So verhindert die gemeinsame Datenbasis zum einen die negativen Konsequenzen eines direkten Datendurchgriffs[1] der Informationssysteme auf die operativen Daten und stellt zum anderen sicher, daß sich alle Informationssysteme identischer operativer Daten bedienen können. Die Abb. 5-4 veranschaulicht diesen Zusammenhang. So wird deutlich, daß die operativen Da-

---

ausmacht. Die Aussagen der Autoren stützten sich auf Anwendungserfahrungen, die Berater der Fa. Booz Allen & Hamilton in Projekten aus den 80er Jahren machten. Vgl. Paller; Laska /EIS-Book 1990/ 188.

1 Zu den negativen Konsequenzen eines direkten Datendurchgriffs vgl. das folgende Kapitel zum Themenbereich des virtuellen DWH.

tenhaltungssysteme lediglich durch einen periodisch oder a-periodisch zu wiederholenden Kopier-/Extraktionsvorgang zur Füllung des Daten-Pools belastet werden.[1] Die sich überlappenden Rechtecke in der Abbildung deuten die Mehrfachnutzung der im Datenpool gespeicherten Daten durch verschiedene Informationssysteme an und zeigen die auf diese Art gewährleistete Datenkonsistenz.

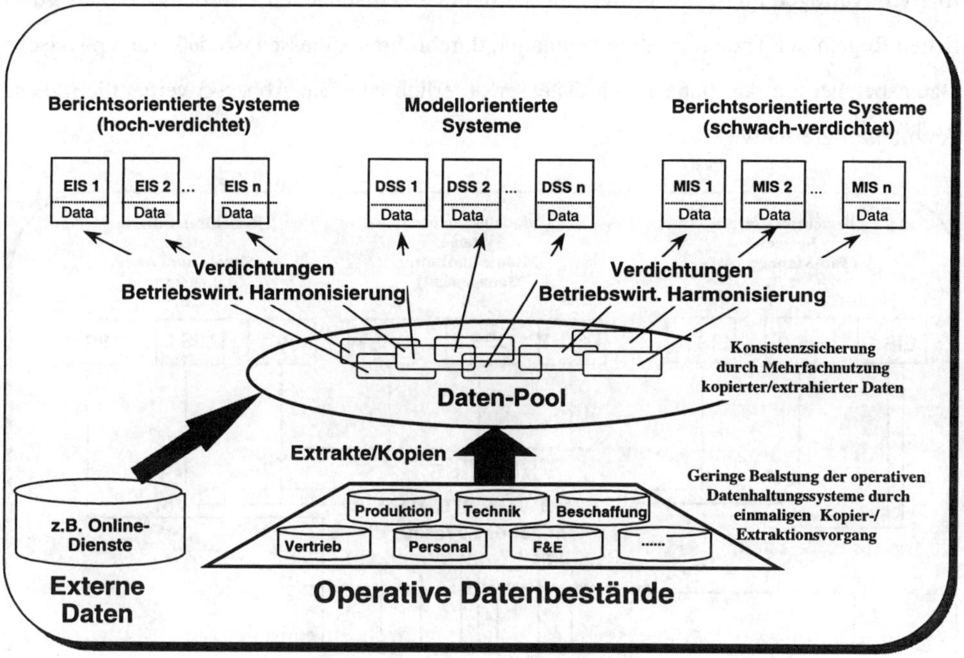

Abb. 5-4: Ansatz des Daten-Pool als Vorläufer von Data Warehouse-Lösungen

5.1.1.1.3 Virtuelle Form der dispositiven Datenversorgung

Das im folgenden beschriebene Modell ist nicht den tradierten Formen der dispositiven Datenversorgung zuzurechnen. Es weist jedoch aufgrund seiner Ausrichtung starke Ähnlichkeit mit den historisch gewachsenen Formen der dispositiven Datenversorgung auf, da

[1] So können beispielsweise periodische Datenübernahmen in Tages-, Wochen- oder Monatsabständen erfolgen. A-periodische Kopier-/Extraktionsvorgänge können bei speziellen Ereignissen gestartet werden, wie z.B. bei Geschäftskrisen, Neustrukturierungen usw.

es einen direkten Durchgriff der Informationssysteme auf die operativen Datenbestände vorsieht, und wird deshalb in diesem Kontext kurz diskutiert.

Das Konzept des *Virtuellen Data Warehouse* ist eng mit der kommerziellen Verfügbarkeit leistungsfähiger Abfragesprachen für Datenbanksysteme verbunden.[1] Kern der Überlegungen ist es, die für die Datentransformation erforderlichen Aktivitäten bei den benutzerinitiierten Abfragen quasi „real-time" mit Hilfe eines semantischen Layers, der die erforderlichen Regeln der Transformation beinhaltet, durchführen zu lassen, so daß keine physische Datenspeicherung der dispositiven Daten erforderlich ist.[2] Die Abb. 5-5 verdeutlicht diese Architekturalternative:

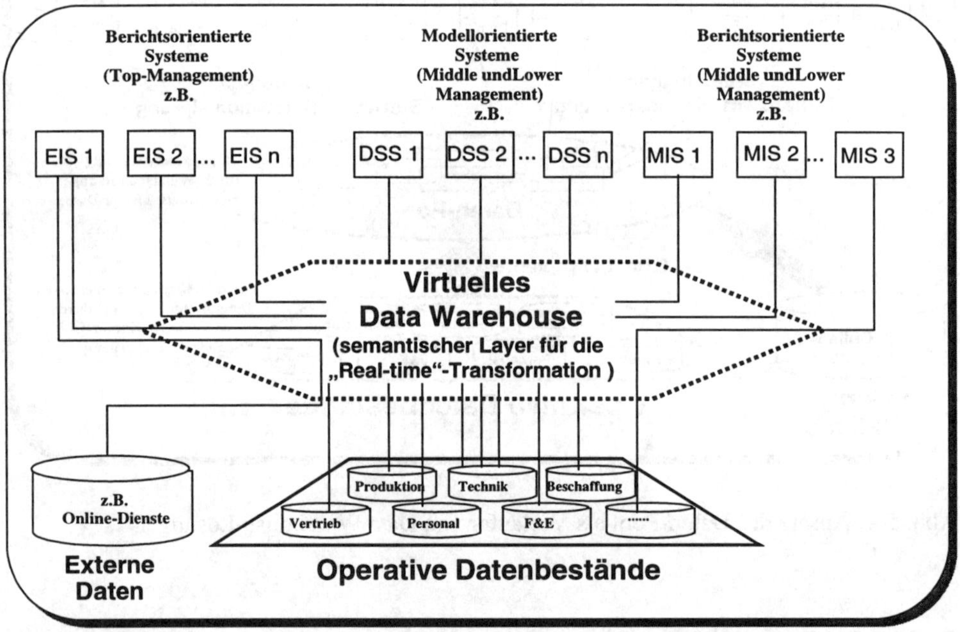

Abb. 5-5: Konzept des virtuellen Data Warehouse

Verfechter dieses Ansatzes argumentieren, daß diese Art der Datenversorgung eine höhere Datenaktualität, eine größere Konsistenz und einen geringeren Verwaltungsaufwand be-

---

1 Vgl. Pfennig /Data Warehouse 1996/ 2ff.

2 Vgl. Schinzer; Bange /Informationssysteme 1998/ 43f.

deute.[1] Das Aufkommen dieses Konzeptes entfachte eine teilweise leidenschaftlich geführte Diskussion über die Formen einer adäquaten Datenhaltung managementunterstützender Systeme. Im Rahmen dieser Diskussionen setzt sich zur Zeit mehrheitlich die Auffassung durch, daß das Konzept des *Virtuellen Data Warehouse* nicht geeignet sei, das Management wirksam zu unterstützen. Neben der Komplexität der erforderlichen Transformationsprozesse werden hierbei vor allem die folgenden Kritikpunkte angeführt:[2]

- *Heterogenität operativer Datenhaltung*

Obwohl auch bei den operativ orientierten IT-Systemen in jüngerer Zeit eine konsequente horizontale System- und Datenintegration angestrebt wird[3], erfolgt die physische Speicherung operativer Daten bislang meist auf unterschiedlichen Plattformen. Neben relationalen Datenhaltungssystemen existieren in der Praxis durchaus noch hierarchische Datenhaltungssysteme und dateiorientierte Datenspeicherungen. Diese Art der Datenhaltung, die in früherer Zeit vornehmlich unter Aspekten der Performanceoptimierung gewählt wurde, eignet sich für den Komplex der Managementunterstützung lediglich in äußerst eingeschränktem Umfange. So müßten bei direktem Datenzugriff verschiedenste Speicherungssysteme online parallel im Dialog abgefragt werden können. Aufgrund des speziellen Aufbaus der Datenhaltungssysteme ist jedoch eine interaktive Abfrage technisch häufig nicht realisierbar bzw. nicht mit vertretbarem Aufwand umzusetzen, so daß bereits die Heterogenität der operativen Datenspeicherung einen direkten Datendurchgriff der Informationssysteme verhindert.

- *Systembelastung*

Transaktionsorientierte operative Systeme werden in Hinblick auf die zeitnahe Verarbeitung anfallender mengen- und wertorientierter Daten aus dem Wertschöpfungsprozeß ausgerichtet und optimiert. Hierbei kann für die operativen IT-Systeme in aller Regel von

---

1 Vgl. Vetschera /Informationssysteme 1995/ 45.

2 Vgl. Kemper; Finger /Datentransformation 1998/ 62.

3 Vgl. Scheer /Wirtschaftsinformatik 1995/ 5f. und Martin /Business Performance 1998/ 25.

sicher prognostizierbaren, kontinuierlichen Systembelastungen ausgegangen werden, da die Systeme meist wohl-strukturierte Abläufe abbilden und kaum durch benutzerinitiierte, nicht vorhersehbare Interaktionen belastet werden. Dispositive Systeme hingegen sind als Dialogsysteme kaum oder nur schlecht hinsichtlich ihrer Ressourcennutzung vorhersehbar, lediglich das Ausmaß von Belastungsspitzen kann annähernd bestimmt werden.[1] Würden dispositive Abfragen direkt auf operative Datenhaltungssysteme aufsetzen, könnte infolge von Benutzeranfragen daher die Performance der operativen Systeme ernstlich gefährdet werden. Diese Problematik erhält vor dem Hintergrund sehr leistungsfähiger mengenorientierter Abfragesprachen der 4. Generation besondere Relevanz, da mit ihrer Hilfe auch IT-Laien äußerst einfach sehr rechenintensive Aktionen auslösen können.

- *Antwortzeitverhalten*

Das Antwortzeitverhalten zählt bei dialogorientierten Systemen zu den grundsätzlichen Qualitätsanforderungen und ist eng mit der Akzeptanz des Informationssystems durch seine Benutzer verbunden.[2] Datenhaltungssysteme, die für operative IT-Systeme optimiert sind, können eine gleichbleibende Performance interaktiv genutzter Informationssysteme aufgrund ihrer speziellen Ausrichtung in aller Regel nicht gewährleisten.

5.1.1.2 Data Warehouse-Konzept

Wie bereits angeführt, hat das Konzept des Data Warehouse mit dem Daten-Pool-Ansatz die physische Speicherung der dispositiven Daten in separierten Datenhaltungssystemen gemein. Jedoch existieren ansonsten zwischen beiden Ansätzen so gravierende Unterschiede, daß das Konzept des Data Warehouse nach Meinung des Verfassers durchaus als paradigmatische Neuorientierung im Bereich der Managementunterstützung bezeichnet werden kann. So differieren bereits die Ausgangspunkte der Entwicklung managementunterstützender Systeme. In traditionellen Ansätzen stehen in aller Regel die Funktionalitäten der Unterstützungssysteme im Mittelpunkt der Entwicklungsaktivitäten, während die

1 Vgl. Mucksch /Data Warehouses 1996/ 93.

2 Vgl. Mertens u.a. /Wirtschaftsinformatik 1995/ 154.

Modellierung des erforderlichen Datenmaterials ausschließlich als untergeordnete und von konkreten Anforderungen einzelner Systeme abhängige Aufgabe angesehen wird. Erst im Data Warehouse-Ansatz entwickelt und manifestiert sich eine grundlegende Veränderung dieses Denkmusters, indem die dispositive Datenbereitstellung für den gesamten Komplex der Managementunterstützung einer Unternehmung in das Zentrum der Systemplanung gerückt wird.

5.1.1.2.1 Definition des Data Warehouse

Aufgrund dieser, durchaus als elementar zu bezeichnenden Änderungen verwundert die anfänglich verbreitete Unsicherheit in Wissenschaft und Praxis nicht.[1] Eine klare, mittlerweile in Wissenschaft und Praxis anerkannte Definition[2] des Data Warehouse liefert *Inmon*, der das Data Warehouse als Datensammlung mit *subjekt-orientierten*, *integrierten*, *zeitraumbezogenen* und *dauerhaft gespeicherten* Daten bezeichnet, die der Unterstützung der Entscheidungsprozesse des Managements dienen.[3]

- Subjektorientierung

Die Organisation der operativen Daten ist auch heute noch stark auf die einzelnen Systemklassen zur Steuerung der Wertschöpfungsprozesse ausgerichtet. Ihre spezifische Modellierung und Speicherung unterstützt demnach eine Reihe von Applikationen aus einem spezifischen Anwendungsgebiet, wie z.B. der Vertriebssteuerung oder der Einkaufsoptimierung. Diese Form der Datenausrichtung, so sinnvoll sie für die Abwicklung des Tagesgeschäfts

---

[1] Diese Sachlage veranlaßte beispielsweise *Lamersdorf*, seinen Artikel zu dieser Thematik mit der provokanten Frage "'Data Warehousing': Alter Wein in neuen Schläuchen?" zu beginnen. Vgl. Lamersdorf /Data Warehousing 1996/ C810.02.

[2] In den meisten aktuellen wissenschaftlichen Beiträgen wird das Data Warehouse auf der Basis der Überlegungen von *Inmon* abgegrenzt. Vgl. z.B. Behme /Business Intelligence 1996/ 30f., Chamoni; Zeschau /Management-Support-Systems 1996/ 62, Eickholz /Data Warehouse-Strategie 1996/ C815.06, Lenz /Data Warehouse 1996/ C820.03 und Mucksch /Data Warehouses 1996/ 88.

[3] In der Originalquelle nach *Inmon* ist ein Data Warehouse „ ... a subject-oriented, integrated, time-variant and nonvolatile collection of data in support of management's decision-making process ..." Inmon /Data-Warehouse 1996/ 29.

auch sein mag, ist für die Generierung von Führungsinformationen von eher untergeordneter Bedeutung.[1] In diesem Anwendungskomplex sind vielmehr Daten erforderlich, die sich auf spezielle Kerngebiete (von *Inmon* als *Subjekte* bezeichnet) der Unternehmung beziehen. So können beispielsweise die Entitäts-Typen „Kunde", „Produkte", „Verkaufsregionen" oder „Zulieferer" als Kristallisationspunkte der dispositiven Datenhaltung angesehen werden und determinieren somit die subjektorientierten Einsatzfelder, die ein Data Warehouse abzubilden hat.

- *Integration*

Data Warehouses werden als eigene physische Datenhaltungssysteme von einer Vielzahl operativer interner und externer Quellen gespeist. Aufgrund der Heterogenität der Quellen kann davon ausgegangen werden, daß grundlegende Harmonisierungsaktivitäten durchgeführt werden müssen, um diese Daten in konsistenter Form in das Data Warehouse zu integrieren. Für die externen Daten ist diese Notwendigkeit leicht nachvollziehbar, da sie aus Datenreservoiren verschiedener Anbieter abgezogen werden und somit naturgemäß differenzierte Abgrenzungen aufweisen. Aber selbst der interne Bereich bereitet hierbei erhebliche Abstimmungsnotwendigkeiten, da in den meisten Unternehmungen eine durchgängige unternehmungsumfassende Datenmodellierung bis hin zur operativen Ebene nicht existent ist. Hierbei sind Schlüsselkonventionen, Homonyme und Synonyme bei Attributbezeichnungen, betriebswirtschaftliche Abgrenzungen von Kenngrößen, Aggregationszustände von operativen Daten oder Definitionen regionaler Gebiete zu identifizieren und zu harmonisieren.[2] Die Komplexität dieser semantischen Modellierung sollte nicht unterschätzt werden, da sie nicht nur die technischen Aspekte der Transformationsprozesse beinhaltet, sondern insbesondere soziologische Facetten der Motivation, Akzeptanz und Kooperationsbereitschaft in den Unternehmungen aufweist.[3]

---

1 Vgl. Inmon; Hackathorn /Data Warehouse 1994/ 4.

2 Vgl. Kirchner /Datenveredelung 1996/ 274ff.

3 Vgl. Kemper /Komplexität 1995/ 8.

- *Zeitraumbezug*

Das in der Definition von *Inmon* verwendete Attribut *time-variant* soll bedeuteten, daß die Daten im Data Warehouse innerhalb eines bestimmbaren Zeitraums Gültigkeit aufzuweisen haben.[1] Das deutsche Attribut *zeitraumbezogen* oder hier substantivistisch als *Zeitraumbezug* bezeichnet, beschreibt die Charakteristika der Datenhaltung in Data Warehouse-Konzepten treffender und findet aus diesem Grunde so oder in bedeutungsähnlicher Weise bei nicht wenigen deutschen Autoren Verwendung.[2]

In Abgrenzung zu operativen Daten, die als Transaktionssysteme einer kontinuierlichen Veränderung unterliegen und daher stets den aktuellen Stand des Geschäftsganges widerspiegeln, besitzen die dispositiven Daten periodische Gültigkeit. Diese, auf den ersten Blick als negativ zu beurteilende Eigenschaft, ist jedoch für die Generierung von führungsrelevanten Informationen unabdingbar. Manager sind in aller Regel nicht an „zugriffsaktuellen" Daten interessiert, sondern benötigen aufbereitetes, eine Zeitspanne (z.B. einen Tag oder Monat) repräsentierendes Datenmaterial, das sich jedoch aus den operativen Datenhaltungssystemen ohne Verdichtungsprozesse nicht erzeugen läßt.

- *Dauerhafte Speicherung*

Ein gravierender Unterschied zur operativen Datenhaltung ist die dauerhafte Speicherung von Daten im Data Warehouse. Das in operativen Systemen übliche Überschreiben, Löschen oder Modifizieren von Daten durch nachfolgende, aktuelle Transaktionen erfolgt demnach nicht.[3] Vielmehr kann von einer sog. *Fortschreibung* der existierenden dispositiven Datenbasis gesprochen werden, die mit zunehmender Größe selbstverständlich exaktere statistische Analysen – wie z.B. Trend- oder Korrelationsberechnungen – erlaubt.

---

1 *Inmon* erläutert in diesem Zusammenhang, daß „ ... all data in the data warehouse is accurate as of some moment in time" während die operativen Daten „ ... will reflect accurate values as of the moment of access". Inmon; Hackathorn /Data Warehouse 1994/ 8.

2 Vgl. Mucksch /Data Warehouses 1996/88, Chamoni; Zeschau /Management-Support-Systems 1996/ 65, Gluchowsky; Gabriel; Chamoni /Management Support Systeme 1997/ 269.

3 In der operativen Welt werden historische Daten in aller Regel lediglich aus Archivierungsgründen, zur Fehlerbereinigung sowie zum kontrollierten Wiederaufsetzen von Datenbanksystemen in Folge technischer Defekte gespeichert. Obwohl sicherlich unternehmungsindividuell unterschiedlich, werden von vielen Autoren hierbei Zeithorizonte von ungefähr 90 Tagen genannt, die Daten in operativen Systemen verweilen, bis sie auf andere, preiswertere Archivierungsdatenträger (z.B. Magnetbänder) ausgelagert werden. Vgl. Inmon; Hackathorn /Data Warehouse 1994/ 9.

Obwohl es offensichtlich ist, daß Data Warehouses mit zunehmender Einsatzzeit aufgrund des Datenumfanges eine wertvollere Basis für die Generierung von Führungsinformationen darstellen, liegt es auf der Hand, daß auch in diesen Fällen Konzepte zur Beherrschung des Datenvolumens zu erarbeiten und umzusetzen sind. Im Vergleich zur operativen Datenhaltung differieren jedoch in diesen Fällen die Methodiken der Datenhistorisierung und die Zeitspanne der zu speichernden Daten so erheblich, daß sie nicht als vergleichbar angesehen werden können.[1]

Wie die o.a. Ausführungen deutlich machen, ist es aufgrund der besonderen Charakteristika gerechtfertigt, den Data Warehouse-Ansatz als eigenständiges Konzept zu bezeichnen. Auch die vor allem in der Praxis bisweilen geübte Kritik, in Data Warehouses würden die Daten redundant zu den operativen Daten gehalten, entbehrt jeder Grundlage. So werden die dispositiven Daten durch die zeitliche Festlegung ihrer Extraktion aus den operativen Systemen mit einem Zeitstempel versehen, der sie bereits faktisch von den operativen Quelldaten unterscheidet. Des weiteren wird über Transformationsprozesse das zugrundeliegende Datenmaterial in betriebswirtschaftlich zu interpretierende Daten überführt und besitzt semantische Eigenständigkeit.[2]

5.1.1.2.2 Architektur eines Data Warehouse

Im weiteren soll die generelle Architektur aktueller Data Warehouse-Lösungen dargestellt werden. Die Abb. 5-6 verdeutlicht hierbei den grundsätzlichen Aufbau eines Data Warehouse. Sie veranschaulicht insbesondere, daß ein Data Warehouse üblicherweise nicht aus einer einzigen konsistenten physischen Datenbank besteht, sondern vielmehr als geschlossenes Konzept ein Konglomerat verschiedener Datenhaltungssysteme mit differierenden Datenverdichtungsgraden umfaßt. Für die Versorgung dieser Pools mit managementrele-

---

[1] Für die im Data Warehouse zu speichernden Daten werden Zeitspannen von bis 10 Jahren angegeben. Vgl. Chamoni; Zeschau /Management-Support-Systems 1996/ 67.

[2] Ausschließlich das mehrfache Festhalten derselben *Fakten*, also die mehrfache Speicherung der Feststellung, daß eine Entität für eine Eigenschaft einen speziellen Eigenschaftswert aufweist, stellt *Redundanz* dar. Diese Redundanz ist zwischen dispositiven und operativen Daten bereits aufgrund des Zeitbezugs der

vanten Daten sind jeweils Transformationsprozesse erforderlich. Hierbei wird in der Wissenschaft bislang vor allem dem Transformationsprozeß zwischen den operativen und dispositiven Datenhaltungssystemen besondere Beachtung geschenkt. Den Programmsystemen dieser Transformation – in der Praxis nicht selten prägnant als „Datenpumpe"[1] bezeichnet – kommt hierbei vor allem die Aufgabe zu, die verschiedenen, an speziellen Anwendungsfeldern orientierten operativen Daten in *subjektorientierte* Daten zu überführen, die für das Management von Relevanz sind.[2]

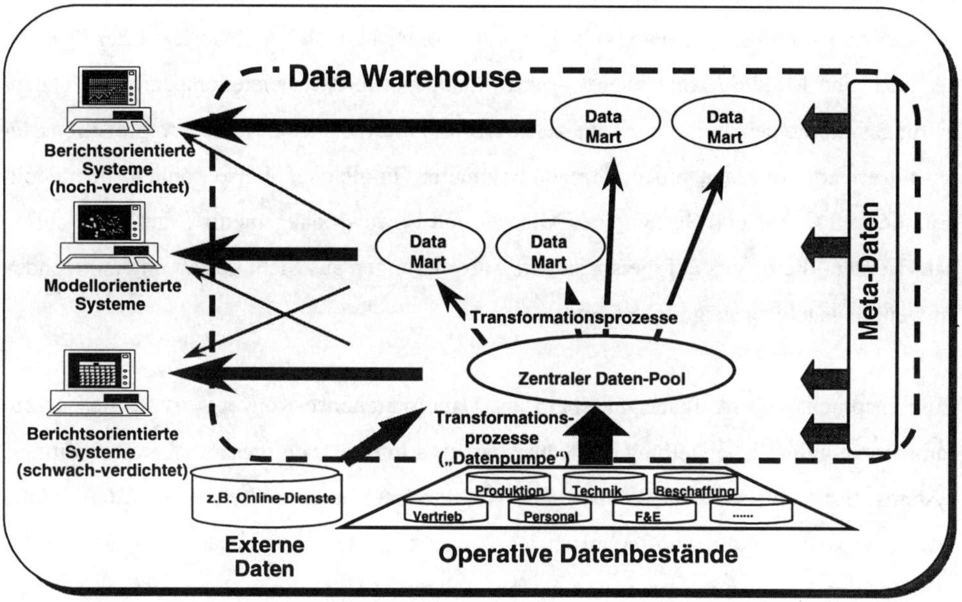

Abb. 5-6: Data Warehouse-Architektur

Als Basis des Data Warehouse kann der zentrale Daten-Pool angesehen werden, der direkt über die operativen internen und externen Daten gespeist wird. Während schwach-verdichtete berichtsorientierte Informationssysteme primär auf die Detaildaten dieses zentralen Daten-Pools zugreifen, sind für modellorientierte und hoch-verdichtete Informati-

Extraktion (dem Zeitstempel) jedoch nicht gegeben. Zum Begriff *Redundanz* vgl. Vetter /Datenmodellierung 1991/ 34.

1 Vgl. z.B. Hansen /Erfahrungen 1996/ 437.

2 Vgl. Hackathorn /Data Warehousing 1995/ 38ff.

onssysteme meist spezielle Pools zu generieren. Hierfür werden wiederum Transformationsprozesse erforderlich, um die Daten aus der Basisdatenhaltung des Data Warehouse zu überführen. Die auf diese Weise gebildeten spezialisierten Daten-Pools, für die in der Literatur der Begriff *Data Marts* Verwendung findet[1], stellen somit eine nächste Stufe in der Konkretisierung der Zweck- und Sichtenorientierung der Daten dar. Aufgrund der Einengung des Anwendungsfeldes sind diese Teile der Datenhaltung in aller Regel stärker auf die antizipierbaren Abfragen ausgerichtet und beinhalten demnach auch einen höheren Grad an integrierter Funktionalität. So sind beispielsweise für den Komplex der flexiblen Ad-hoc-Auswertungen – einem typischen Anwendungsbereich berichtsorientierter Systeme des Top- und Middle-Managements – performanceoptimierte, herstellerspezifische Datenhaltungssysteme denkbar, die bereits zeitreihenorientierte Daten in hohen Aggregationsstufen für erwartbare Managementabfragen beinhalten. In gleicher Weise können für modellorientierte Systeme und Systeme des Middle- und Lower-Managements Data Marts aufgebaut werden, die bereits auf die speziellen Anforderungen aus Sicht des zu unterstützenden Anwendungsgebiets ausgerichtet sind.

Eine anspruchsvolle Aufgabe innerhalb des Data Warehouse-Konzepts ist in diesem Zusammenhang die Sicherstellung der Konsistenz und Integrität des gesamten Datenhaltungssystems, das sich – wie dargestellt – aus verschiedenen, hierarchisch gestaffelten, häufig örtlich dezentralisierten und technisch inhomogenen Data Marts zusammensetzt. Hierfür müssen Mechanismen implementiert werden, mit deren Hilfe die Redundanz innerhalb der Datenhaltung beherrscht werden kann. So ist mit Hilfe von Replikationskonzepten sicherzustellen, daß Datenmodifikationen oder -korrekturen in der Basis-Datenhaltung in allen relevanten Datenpools nachgeführt werden, wobei zusätzlich sämtliche Aggregate, die sich dieser Basisdaten bedienen, neu zu bilden sind.

Zur Unterstützung der Nutzung verfügen Data Warehouses über *Meta-Daten*. Meta-Daten stellen Informationen über die im Data Warehouse gespeicherten Daten dar und erleichtern

---

1 Vgl. Vorweg /Information Warehouse 1995/ 21f.

auf diese Weise den Anwendern die zweckangemessene Nutzung des Systems. Meist liefern die im Data Warehouse verwalteten und abrufbaren Meta-Daten Informationen über[1]

- den Umfang der verfügbaren Daten,
- ihre Herkunft und die zugrundeliegenden Transformationsregeln,
- ihren Speicherungsort innerhalb des Data Warehouse,
- die Formate einzelner Daten,
- die Zugriffsberechtigungen,
- die fachliche Verantwortung für die Datenintegrität ausgewählter Bereiche und
- die möglichen Beziehungen zu anderen Daten.

Neben den bislang beschriebenen Data Warehouse-Komponenten, die sich primär mit der Datenintegration, der Datenspeicherung und der Datenverwaltung beschäftigen, existieren in aktuellen Ansätzen zusätzlich Mechanismen, die den Zugang zu den gewünschten Daten unterstützen. Diese Datenbereitstellungsschnittstelle hat die Aufgabe, die im Data Warehouse abrufbaren Daten in möglichst flexibler und transparenter Form den datennachfragenden Systemen zur Verfügung zu stellen. Diese auch als *Out-Flow*[2] bezeichnete Komponente fungiert demnach als Schnittstelle zwischen Data Warehouse und den speziellen Informationssystemen des Managements, die in der Abb. 5-6 entsprechend global als modellorientierte und berichtsorientierte Informationssysteme bezeichnet werden. Die endbenutzerorientierte Konkretisierung der sichtenspezifischen und zweckorientierten Datendarstellung durch Informationssysteme wird demnach nicht dem Konzept des Data Warehouse zugerechnet. Vielmehr stellt sie einen eigenen, in sich geschlossenen Gestaltungskomplex dar.

---

1 Vgl. Lenz /Data Warehouse 1996/ C820.05 und Vorweg /Information Warehouse 1995/ 24.

2 Vgl. Hackathorn /Data Warehousing 1995/ 38ff.

5.1.1.2.3 Technische Umsetzung des Data Warehouse

Für die technische Umsetzung von Data-Warehouse-Konzepten werden Lösungen für die physische Form der *Datenhaltung*, die *Metadatenverwaltung* sowie den *Dateninput und -output* angeboten.

5.1.1.2.3.1 Datenhaltung

In der Wissenschaft und Praxis hat vor allem die physische Form der Datenhaltungskomponente besondere Beachtung erfahren. Angefacht wurde die Diskussion um eine angemessene technische Realisierungsform der dispositiven Datenhaltung im Jahre 1993 von *Codd.*[1] Codd bezweifelte, daß die in den frühen 70er Jahren von ihm maßgeblich entwikkelte relationale Datenhaltung[2] den Anforderungen der managementunterstützenden Systeme gerecht werden könnte und propagierte den Einsatz physisch mehrdimensionaler Datenbanksysteme im Bereich der dispositiven Datenhaltung. Diese Form der Datenhaltung, die bereits seit ca. 20 Jahren in Form von proprietären Lösungen in geschlossenen Systemen eingesetzt wird, erlebte durch diese Diskussionen am Anfang des Jahrzehnts unter der Bezeichnung *OLAP – OnLine Analytical Processing* – eine Renaissance.[3] Im Gegensatz zu relationalen Datenbanksystemen, die auf der Basis zweidimensionaler, flacher Dateien die Darstellung von Objekten und Beziehungen ermöglichen[4] und zur Vermeidung von *Red-*

---

1 Vgl. Codd; Codd; Salley /Beyond Decision Support 1993/ 87ff. und Kapitel 2.2.2.9 der Arbeit.

2 Im mathematischen Verständnis wird unter einer Relation R eine Untermenge des kartesischen Produktes der Mengen W_1, W_2, ... W_m verstanden, so daß eine Relation mathematisch als $R \subseteq W_1 \times W_2 \times \ldots \times W_m$ dargestellt werden kann. Für eine detaillierte mathematische Herleitung sei auf die einschlägigen Werke der Datenbanktechnologie und vor allem auf die frühen Abhandlungen von *Edgar E. Codd* hingewiesen. Vgl. z.B. Codd /Relational Model 1970/ 377ff., Codd /Extending 1979/ 397ff., Gardarin; Valduriez /Databases 1989/ 91ff. und Schwinn /Datenbanksysteme 1992/ 20ff.

3 So basierten bereits Ende der 70er Jahre die DSS-Werkzeuge *FCS* der Fa. *EPS* (heute Fa. *Pilot*), *System-W* der Fa. *Comshare* oder *Express* der Fa. *IRI* (heute *Oracle*) auf mehrdimensionalen Datenhaltungssystemen. Die vorab mainframeorientierten Systeme wurden Mitte der 80er Jahre auf die Personal Computer-Technologie portiert. Vgl. Gluchowski /Architekturkonzepte 1996/ 243.

4 Hierfür existieren die Grundoperationen der *Selektion*, der *Projektion* und des *Join*. Unter *Projektion* wird die bewußte Reduktion der Tabellenspalten verstanden, die *Selektion* stellt eine Beschränkung auf Tabellenzeilen dar und der *Join* ermöglicht die Verknüpfung von Relationen über gemeinsame Werte ausgewählter Attribute. Diese grundlegenden Operationen wurden aufgrund von Praxisanforderungen im Verlaufe verfeinert und erweitert. Vgl. in diesem Zusammenhang Gärtner /Data Warehouse 1996/ 146 und Codd /Database Management 1990/ 97ff. und Derigs; Ems /Relationenmodell 1996/ 354.

undanz und *Anomalien*[1] einem mathematischen Regelwerk[2] unterliegen, erlauben mehrdimensionale Datenbanken die physische Abspeicherung multidimensionaler Sichten. Diese Sichten mehrdimensionaler Datenbanksysteme weisen bewußt Redundanzen und Voraggregationen auf und können aus diesem Grunde nicht als applikationsneutrale Datenspeicherung angesehen werden.[3] Außerdem existieren – im Unterschied zum relationalen Umfeld – keine international anerkannten Standards für die Datenhaltung oder Datenmanipulation.[4] Zwar schlossen sich im Jahre 1995 die führenden Hersteller dieser Datenbankmanagementsysteme und Beratungshäuser im sog. *OLAP-Council*[5] zusammen, um erste Standardisierungsaktivitäten zu erarbeiten, jedoch führten diese Aktivitäten bislang nicht zu einheitlichen Normen.[6]

Trotz der Nachteile besitzen physisch mehrdimensionale Datenbanksysteme heute ihren festen Platz im Bereich der dispositiven Datenhaltung. Dieses ist vor allem darauf zurückzuführen, daß sie in bezug auf Flexibilität und Performance der relationalen Technik weit überlegen sind. So sind mit ihrer Hilfe auf sehr einfache Weise Datenselektionen möglich,

---

1 Unter *Redundanz* wird das mehrfache Festhalten identischer Fakten, also das wiederholte Speichern derselben Attributwerte eines identifzierbaren Tupels verstanden. *Anomalien* sind Komplikationen, die bei Redundanzexistenz innerhalb der Datenhaltung zu Inkonsistenzen in der Datenbank führen können. Vgl. Schwinn /Datenbanksysteme 1992/ 94f.

2 Dieses Regelwerk, das auch als *Normalformenlehre* bezeichnet wird, stellt verschiedene Prinzipien der Relationenbildung dar. In der Literatur werden hierbei eine Vielzahl verschiedener Normalformen definiert, wobei im allgemeinen unter einem *voll-normalisierten* Datenbestand ein Modell verstanden wird, das sich in der 3. Normalform befindet. Vgl. Vetter /Konzeptionelle Datenmodellierung 1990/ 391.

3 Bei relationalen Datenbanksystemen werden Realitätsausschnitte in eindeutiger Weise definiert und in einzelne Relationen zerlegt, wobei die Aufspaltung ausschließlich aufgrund der mathematischen Regeln durchzuführen ist. Voll-normalisierte Datenmodelle beinhalten daher bewußt keine Funktions- oder Applikationsorientierungen und können somit als vollständig anwendungsneutrale Datenbereitstellungen bezeichnet werden.

4 Aufgrund der hohen Akzeptanz des relationalen Ansatzes setzten sich im Laufe der Zeit komfortable, mengenorientierte Datenbanksprachen durch, die auch als *nicht-prozedurale* Programmiersprachen oder *Sprachen der 4. Generation* bezeichnet werden. Der marktführende, normierte Vertreter dieser Kategorie von Sprachen ist *SQL* (Structured Query Language). SQL-Anweisungen decken alle relevanten Datenbankfunktionen ab und lassen sich daher den Bereichen der Datendefinition, Datenmanipulation und Datensteuerung zuordnen. Vgl. Angeli; Alandt; Siromach-Kostov /Datenbanksysteme 1989/ IV2, Petkovic /SQL 1990/ 5ff. oder Lorie; Daudenarde /Applications 1991/ 21.

5 Die Gründung des *OLAP-Councils* wurde am 9. Januar 1995 bekanntgegeben und erfolgte durch die Datenbankanbieter *Arbor Software Cor.*, *Comshare Inc.*, *Pilot Software Inc.* und der *IRI-Software Inc.* Im Verlaufe der Zeit erhöhte sich die Anzahl der Mitglieder um weitere Anbieter und einschlägige Beratungshäuser, wie *KPMG*, *Peat Marwick* usw. Vgl. Rogers /OLAP Council 1995/ 90.

6 Arbeitsergebnisse des *OLAP-Councils* sind Benchmark Data Sets für OLAP-Server und erste Standardisierungsansätze für API´s, um die Schnittstelle zwischen Client und OLAP-Server zu unterstützen. Vgl. Chamoni /Architekturkonzepte 1998/ 250.

die durch Festlegung und Einschränkung einer oder mehrerer Dimensionsausprägungen vorbereiteter *(Hyper-)Kuben*[1] erzeugt werden können. Für diese Art der Datenrecherche wurden im Zusammenhang mit dem Aufkommen mehrdimensionaler Datenhaltungssysteme die Bezeichnungen *Data Slicing* und *Data Dicing* geprägt und zum Qualitätsmerkmal stilisiert.[2]

Obwohl anfänglich häufig argumentiert wurde, daß relationale Techniken sich nicht für den Einsatz in dispositiven Bereichen eignen würden und der Komplex OLAP daher häufig als Synonym für den Einsatz physisch-mehrdimensionaler Datenhaltungssysteme im dispositiven Bereich herangezogen wurde[3], hat sich die Situation in den letzten Jahren geändert. Diese Wandlung in der Einschätzung der Technologien wurde vor allem durch die mit Hilfe von Benchmark-Tests ermittelten Erkenntnisse unterstützt, daß mehrdimensionale Datenbanksysteme für große Datenmengen (im 3-stelligen GByte-Bereich) nicht wirksam eingesetzt werden können und sich auch aufgrund mangelnder Sicherheitsfunktionalitäten – wie Locking, Recovery usw. – für einen ausgeprägten Multiuser-Einsatz mit hohen Benutzerzahlen nicht eignen. Neuere OLAP-Konzepte, die teilweise als *R-OLAP*[4] bezeichnet werden, basieren daher bewußt auf der traditionellen relationalen Technik und liefern lediglich virtuelle Mehrdimensionalität.[5]

Aufgrund der Charakteristika der beiden Techniken und ihren spezifischen Vor- und Nachteilen bietet es sich an, beide Techniken in unternehmungsumfassenden Data

---

1 Im Gegensatz zu 3-dimensionalen Datenwürfeln (Kuben) weisen *Hyper-Kuben* beliebig viele Dimensionen auf, die direkt als Auswertungsdimension herangezogen werden können. Da in physisch-mehrdimensionalen Datenhaltungssystemen zusätzlich die Möglichkeit besteht, die Kanten dieser Hyper-Kuben durch Hierarchisierungen zu untergliedern und Datenzellen mit Hilfe von datenbankintegrierten Routinen (sog. *Rules*) im Hyper-Kubus zu berechnen, ist der Datenzugriff sehr einfach und im hohem Maße performant. Vgl. Gluchowski /Architekturkonzepte 1996/ 261, Friend /Multi-Dimensional Data Server o.J./ 14f., Rieger /OLAP 1996/ C830.05 und Keusch /OLAP 1996/ C832.03ff.

2 Vgl. Bauer /OLAP 1996/ C831.07.

3 Vgl. Codd; Codd; Salley /Beyond Decision Support 1993/ 87ff.

4 *R-OLAP* steht für Relationales-OLAP. In Abgrenzung hierzu werden heute OLAP-Ansätze auf physisch mehrdimensionalen Datenbanksystemen häufig auch als *M-OLAP* bezeichnet. Vgl. Schinzer; Bange /Informationssysteme 1998/ 43f.

5 Detaillierte Informationen zu den einzelnen Architekturkonzepten finden sich in Chamoni /Architekturkonzepte 1998/ 238ff.

Warehouse-Konzepten einzusetzen.[1] Die Abb. 5-7 verdeutlicht hierbei die Einsatzpotentiale beider Datenhaltungssysteme.

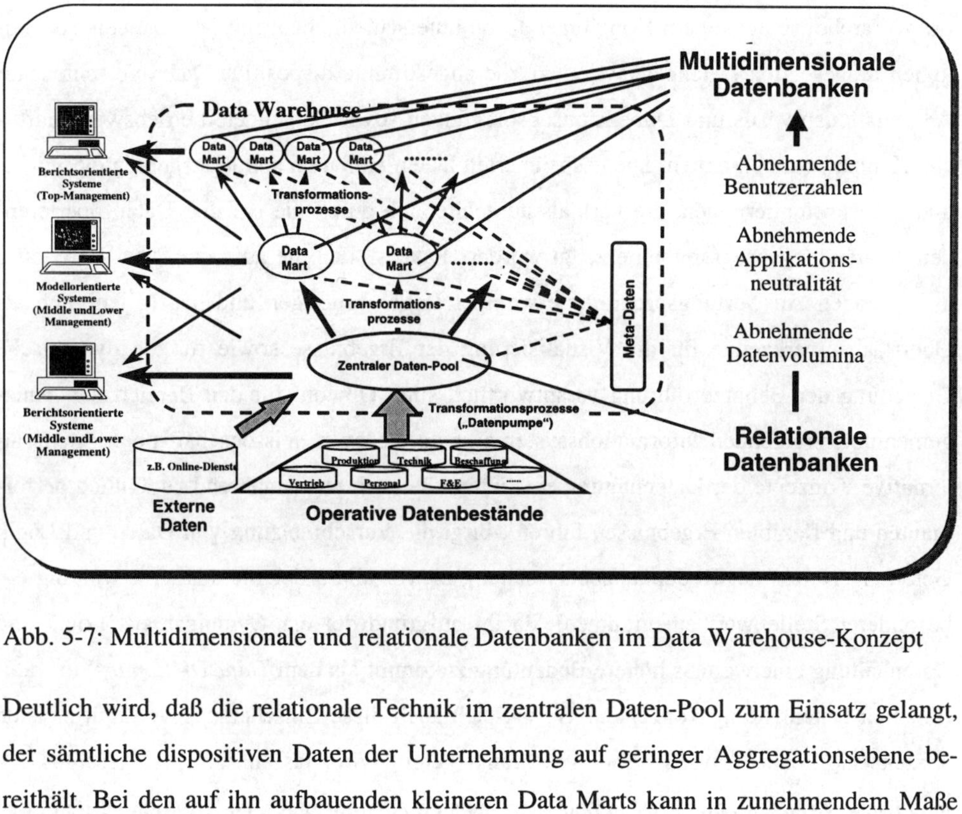

Abb. 5-7: Multidimensionale und relationale Datenbanken im Data Warehouse-Konzept

Deutlich wird, daß die relationale Technik im zentralen Daten-Pool zum Einsatz gelangt, der sämtliche dispositiven Daten der Unternehmung auf geringer Aggregationsebene bereithält. Bei den auf ihn aufbauenden kleineren Data Marts kann in zunehmendem Maße die physisch mehrdimensionale Technik eingesetzt werden, da sie in diesen beschränkten Bereichen ihre Flexibilitäts- und Performancevorteile umsetzen kann und ihre Nachteile – z.B. Werkzeugspezifität, geringes verwaltbares Datenvolumen, begrenzte Multi-User-Fähigkeit – keine große Relevanz besitzen.

---

[1] Diese Tendenz spiegelt beispielsweise die Strategien der Fa. *Oracle* wider, die als Anbieter klassisch relationaler Datenbanksysteme bewußt ihr Angebot um ein multidimensionales Datenbankmanagementsystem - *EXPRESS* - erweiterte. Diese hybriden Lösungen, die beide Technologien integrieren, werden in der Praxis auch als *H-OLAP (Hybrides OLAP)* bezeichnet. Vgl. Martin /Business Performance 1998/ 32.

5.1.1.2.3.2 Metadatenverwaltung

Wie in dem vorangestellten Kapitel dargestellt, besteht ein unternehmungsumfassendes Data Warehouse aus einem Konglomerat von unterschiedlichen, mit heterogenen Technologien umgesetzten Datenbanksystemen, die abgestimmte dispositive Daten verschiedener Aggregationsniveaus und Dimensionsausprägungen sowie berechnete betriebswirtschaftliche Kennziffern beinhalten. Die gespeicherten Daten enthalten somit ausgeprägte Subjekt- und Zweckorientierungen, die vormals ausschließlich durch die auf den Daten operierenden Anwendungsprogrammen erzeugt wurden. Fakt ist, daß die auf dem Data Warehouse aufsetzenden Auswertungsprogramme weniger Logik benötigen und häufig lediglich als Oberflächenwerkzeuge für die Visualisierung der Ergebnisse sowie für die dynamische Gestaltung der Benutzerführung verantwortlich sind. Obwohl für den Bereich der managementunterstützenden Informationssysteme heute weder in Wissenschaft noch Praxis alternative Konzepte der Datenhaltung existieren, die auch nur annähernd zu ähnlich performanten und flexiblen Ergebnissen führen[1], birgt die Verschmelzung von Daten und Logik Gefahren. Neben der Redundanzbeherrschung ist vor allem der Metadatenverwaltung ein besonderer Stellenwert einzuräumen[2], da ihr aufgrund der o.a. Symbiose aus Logik und Datenhaltung eine weitaus höhere Bedeutung zukommt als dem *Data Dictionary*[3] in traditionellen Datenhaltungskonzepten. Wenngleich auch diese Einschätzung von den meisten wissenschaftlichen Autoren[4] uneingeschränkt geteilt wird, lassen sich hier geschlossene technische Konzepte nicht feststellen. Den meisten Ausführungen ist lediglich gemein, daß sie die Relevanz der Metadaten betonen und die Existenz eines um semantische Kriterien erweiterten Data Dictionary als koordinierende Instanz für unabdingbar einstufen.[5] Eine

---

1 Vgl. Howard /performance 1995/ 1ff.

2 Vgl. Brackett /Data Warehouse 1996/ 185ff.

3 Das *Data Dictionary* wurde erstmalig bereits in den frühen 70er Jahren für eine beschreibende Ablage der bei der Softwareentwicklung benutzten Variablen verwendet. Vgl. Habermann; Leymann /Repository 1993/ 15. Eine anerkannte Definition liefert *Narayan*, der das Data Dictionary beschreibt als „ ... an organized repository of information describing the source, use, edit criteria, control, user responsibility, and the content of data within an organization." Narayan /Data Dictionary 1988/ 7. Eine aktuelle Beschreibung findet sich bei Schreier /Data Dictionary 1997/ 103f.

4 Vgl. Inmon; Hackathorn /Data Warehouse 1994/ 15, Sachdeva /Metadata 1995/ 1, Inmon /Data Warehouse 1996/ 134 und Hufford /Metadata 1997/ 225ff.

5 Von den Autoren werden in aller Regel beispielhaft konkrete Metadaten-Inhalte vorgeschlagen, die sich im Grad ihrer Detaillierung, Ausrichtung und Verständlichkeit erheblich unterscheiden. Bei einer zusam-

Unterstützung für den Aufbau dieser Komponente – etwa durch das Angebot DWH-integrierter Metadatenmodule, die sämtlichen Anforderungen genügen – ist kaum vorzufinden. Allenfalls werden von den DWH-Anbietern die traditionellen Data Dictionaries, die bereits vor dem Aufkommen von Data Warehouse-Lösungen existierten, zum Einsatz empfohlen. Da diese Systeme jedoch aufgrund ihrer Historie primär auf die Sammlung speichertechnischer Details ausgerichtet sind, können sie meist nur unzureichende Unterstützung für den DWH-Bereich anbieten und liefern keinesfalls integrierte Lösungen für die Sammlung aus relationalen und mehrdimensionalen, physisch auf getrennten Plattformen befindlichen dispositiven Datenhaltungssystemen.[1]

5.1.1.2.3.3 Dateninput und -output

Der *Dateninput* beschäftigt sich mit den Techniken, die erforderlich sind, die Daten aus unternehmungsexternen und -internen Quellen zu extrahieren und sie dem Data Warehouse zur Verfügung zu stellen. Der *Datenoutput* stellt die Schnittstelle des Data Warehouse zu datennachfragenden dispositiven Systemen dar.

- Dateninput

Für den Dateninput kommen verschiedenen Techniken in Frage, die primär die unternehmungsinterne Datenübernahme betreffen.[2] Hierbei werden bei den heutigen Lösungen pri-

---

menfassenden Sichtung dieser Kataloge kann man sich allerdings nicht des Eindrucks erwehren, daß die Metadatenverwaltung häufig als imaginäres „Sammelbecken" für wünschenswerte Funktionalitäten und Zusatzinformationen herangezogen wird, ohne daß konkrete konzeptionelle und technische Gestaltungsempfehlungen oder Ansätze geschlossener Modellbildungen abgegeben werden. Ideen, Anregungen und Strukturierungen im Bereich der Metadatenverwaltung finden sich u.a. in Kirchner /Datenveredelung 1996/ 265ff., McClanaham /Enterprise Data 1996/ 76ff., Moriarty; Mandracchia /Warehouse 1996/ 70ff., Poe /Data Warehouse 1996/ 32ff. und Inmon; Imhoff; Sousa /Information Factory 1998/ 139ff.

1 So faßt beispielsweise *Mucksch* die Diskussion um die Metadatenverwaltung wie folgt zusammen: „Als Meta-Datenverwaltungssystem im Data Warehouse-Konzept können alle am Markt verfügbaren Produkte wie beispielsweise Rochade (R&O), Platinum Repository (Platinum) oder Data Atlas (IBM) eingesetzt werden." Mucksch /Datenbasis 1998/ 136.

2 Für die Übernahme externer Daten werden in aller Regel definierte Schnittstellen von den Informationsanbietern zur Verfügung gestellt, die proprietären Charakter haben und sich von Anbieter zu Anbieter unterscheiden. Technische Konzepte zur Übernahme externer Daten sind daher nicht verallgemeinerbar, sondern ausschließlich fallweise zu entscheiden.

mär die operativen Anwendungssysteme oder die operativen Datenhaltungssysteme modifiziert. *Inmon* unterscheidet in diesem Zusammenhang:[1]

- Zeitstempelorientierte Verfahren,
- Auswertungen systemeigener Log-Dateien,
- Vergleich von Datenbankschnappschüssen,
- Protokollierung relevanter Datenbank-Transaktionen,
- Modifikation von operativen Anwendungssystemen.

Gemeinsam ist allen Verfahren, daß ihre Umsetzung meist mit etablierten Techniken aus dem Datenbankbereich bzw. der traditionellen Anwendungsentwicklung durchgeführt wird.[2] In jüngerer Zeit wird jedoch auch vermehrt sog. *Middleware*[3] eingesetzt, mit deren Hilfe die o.a. Verfahren unterstützt werden können.[4]

- Datenoutput

Der Datenoutput stellt die Schnittstelle zwischen dem Data Warehouse – also dem zentralen Daten-Pool sowie den Data Marts – und den darauf aufsetzenden Informationssystemen des Managements dar. Obwohl der Datenoutput in der Mehrzahl der Architekturdarstellungen von Data Warehouse-Konzepten eine eigenständige Komponente darstellt[5], ist eine eigenständige technische Umsetzung dieser Komponente in der Praxis kaum vorzufinden. Vielmehr werden diese Schnittstellen bis zum heutigen Zeitpunkt primär mit traditionellen, standardisierten Extraktionstechniken – wie dem SQL für relationale Datenhaltungssy-

---

1 Vgl. Inmon /Data Warehouse 1996/ 77. Ausführlich behandelt werden die Verfahren in: Müller /Datenbeschaffung 1998/ 86ff.

2 Die klassische Programmiersprache *COBOL* ist die mit Abstand am meisten verwendete Sprache zur Entwicklung von Extraktionsprogrammen für den DWH-Bereich . Vgl. Watson; Haley /Data Warehousing 1998/ 34.

3 Unter *Middelware* werden Softwaresysteme verstanden, die den Austausch von Daten zwischen verschiedenen Komponenten einer verteilten, heterogenen IT-Infrastruktur erlauben. Vgl. Tresch /Middleware 1996/ 249 und Soeffky /Middleware 1997/ 264ff.

4 Diese zuletzt genannten Systeme gehören nicht selten zum Auslieferungsumfang von Data Warehouse-Werkzeugumgebungen. Vgl. Müller /Datenbeschaffung 1998/ 96.

5 Vgl. z.B. Behme /Business Intelligence 1996/ 32.

steme – und mit proprietären, in den Werkzeugumgebungen der Informationssysteme integrierten Zugriffsroutinen auf der Ebene der Data Marts realisiert.[1]

5.1.2 Konkretisierung der Data Warehouse-Komponente in der Architektur Integrierter Management-Unterstützungs-Systeme

Nachdem in den vorangestellten Kapiteln die tradierten Formen der dispositiven Datenhaltung und die neueren Data Warehouse-Konzepte vorgestellt und kritisch analysiert wurden, erfolgt im weiteren eine Konkretisierung der Data Warehouse-Komponente in der Gesamtarchitektur Integrierter Management-Unterstützungs-Systeme. Hierfür wird auf der Basis der etablierten Architekturüberlegungen eine eigenständige Architekturvariante vorgestellt, die in Abgrenzung zu den oben beschriebenen Architekturen vor allem die konzeptionellen Gesichtspunkte in den Mittelpunkt stellt. Die Abb. 5-8 zeigt ihren generellen Aufbau.

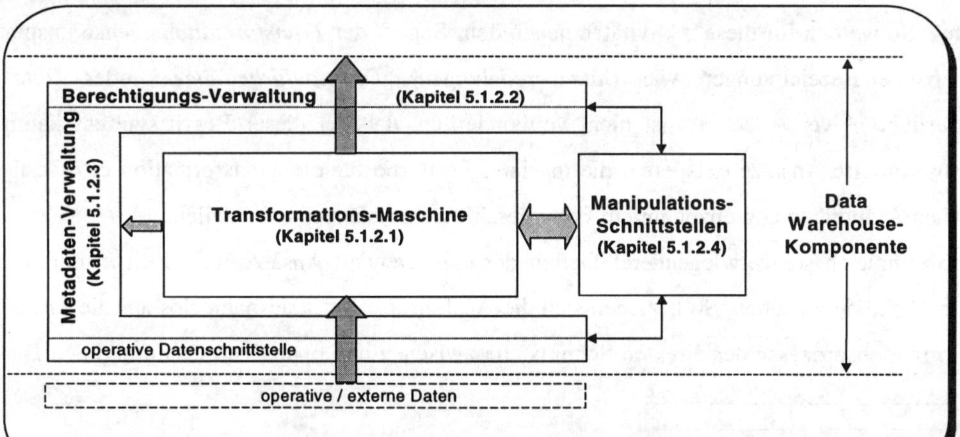

Abb. 5-8: Grundlegender Aufbau der Data Warehouse-Komponente in der Architektur Integrierter Management-Unterstützungs-Systeme

[1] Eine Übersicht der verwendeten Produkte findet sich in Watson; Haley /Data Warehousing 1998/ 35. Vgl. in diesem Zusammenhang auch Hummeltenberg /Data Warehousing 1998/ 62.

Wie die Abbildung zeigt, gliedert sich die DWH-Architekturkomponente in die Punkte *Transformations-Maschine*, *Berechtigungs-Verwaltung*, *Metadaten-Verwaltung* und *Manipulations-Schnittstellen*. Diese Aufteilung wird gewählt, da – wie die Ergebnisse der empirischen Studie deutlich machen – in der Praxis nicht die technischen, sondern vor allem die Probleme der Bereitstellung qualitativ hochwertiger dispositiver Daten im Mittelpunkt stehen.[1] Der Transformations-Maschine, der Berechtigungs-Verwaltung, der Metadaten-Verwaltung und der Manipulations-Schnittstellen sind die in der Abbildung bezeichneten Kapitel gewidmet. Sie werden hier entwickelt, beschrieben und auf diese Weise sukzessive zu einer detaillierten Gesamtsicht der DWH-Komponente zusammengeführt.

5.1.2.1 Transformations-Maschine

In der Forschung und Praxis wird dem Transformationsprozeß der operativen Daten in betriebswirtschaftlich interpretierbare Daten ein hoher Stellenwert eingeräumt.[2] Allerdings kann festgehalten werden, daß sich bislang kein begrifflich gefestigtes Verständnis gebildet hat. So werden für diese Aktivitäten neben dem Begriff der *Transformation* ebenso unspezifische Bezeichnungen wie *Datenveredelungen*[3], *Datenaufarbeitungen*[4] oder *Data-Scrubbing*[5] verwendet. Es ist nicht verwunderlich, daß bei dieser Begriffsvielfalt kaum strukturierte Ansätze existieren, die in klarer Form die für die Transformation erforderlichen Aktivitäten abgrenzen und in Form geschlossener Konzepte darstellen.

Ein ungleich schwerwiegenderes Defizit der existierenden Ansätze ist jedoch in der Beschränktheit zu sehen. So beziehen sich die Ausführungen fast ausnahmslos auf die Transformationsprozesse der direkten Schnittstelle zwischen den operativen Daten und den Da-

---

1 Vgl. Kapitel 3.5.3 dieser Arbeit. Unterstützt werden diese Aussagen auch durch neuere empirische Ergebnisse zu diesem Themenbereich von *Watson* und *Haley*. Auch hier wurde die Datenqualität als gravierendstes Problem bezeichnet. Vgl. Watson; Haley /Data Warehousing 1998/ 38.

2 *Müller* weist darauf hin, daß diese Komponente häufig als „Bottleneck" im Rahmen der Erstellung und Nutzung einer Data Warehouse-Lösung bezeichnet werden kann. Vgl. Müller /Datenbeschaffung 1998/ 81.

3 Vgl. Kirchner /Datenveredelung 1996/ 265ff.

4 Vgl. Kaiser /Unternehmensinformation 1997/ 31ff.

5 Vor der Gefahr einer zu starken Simplifizierung weist auch *Brakett* hin: „Some people think that all that needs to be done is to move disparate data into a data warehouse system or through a data scrubber or convert data values, and the disparity will be solved. This is not true!" Brackett /Data Warehouse 1996/ 306.

ten der untersten Detaillierungsstufe des Data Warehouse. Transformationsprozesse innerhalb des Data Warehouse werden hingegen häufig nicht thematisiert oder lediglich global mit dem Begriff „Verdichtungen" bezeichnet.

Um einen konsistenten Ansatz generieren zu können, sollen im weiteren zunächst die Begrifflichkeiten eindeutig definiert werden. Hierbei werden unter dem Obergriff *Transformation* sämtliche für die betriebswirtschaftliche Auslegung operativer Daten erforderlichen Prozesse zusammengefaßt. Die hierfür erforderlichen Sub-Prozesse werden als *Filterung*, *Harmonisierung*, *Aggregation* und *Anreicherung* bezeichnet.[1]

5.1.2.1.1 Filterung

Die *Filterung* stellt die erste Schicht der Transformation dar, die jedoch noch keine direkt im Data Warehouse verwendbaren dispositiven Daten erzeugt, sondern ausschließlich datenaufbereitenden Charakter aufweist. Mit Hilfe der Filterung werden die für das Data Warehouse benötigten Daten, die aus den heterogenen unternehmungsinternen und -externen Quellen stammen, selektiert, zwischengespeichert und von syntaktischen und semantischen Fehlern bereinigt. Die Abb. 5-9 zeigt den generellen Aufbau dieser Schicht.

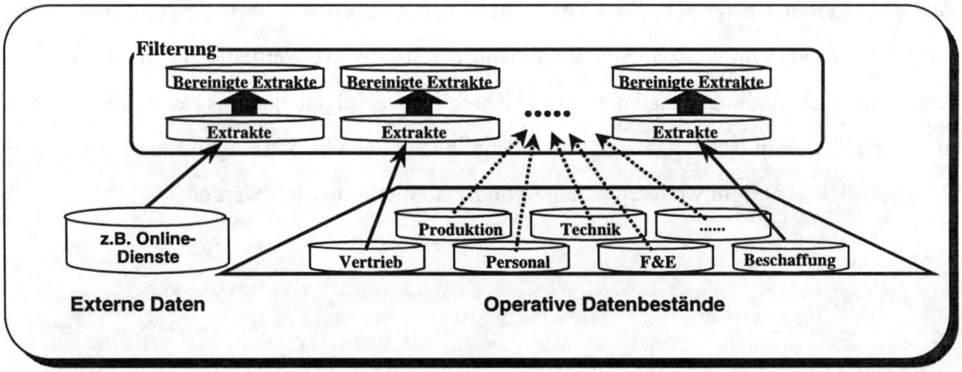

Abb. 5-9: Schicht 1 der Transformation: Filterung

---

[1] Vgl. Kemper; Finger /Datentransformation 1998/ 61ff.

Wie erkennbar, teilt sich die Filterung in zwei Subschichten, die aufeinander aufbauen. In der ersten Subschicht erfolgt die Extraktion der benötigten Daten. In der zweiten, hierauf aufsetzenden Subschicht werden diese Extrakte bereinigt. Die Aufgaben beider Subschichten werden im weiteren beschrieben.

- Extraktion

Die *Extraktion* stellt die direkte Schnittstelle zu den operativen und externen Daten dar. Sie ist verantwortlich dafür, daß die unternehmungsexternen und insbesondere die operativen unternehmungsinternen Daten in speziell hierfür vorgesehene Extraktionsbereiche des Data Warehouse eingestellt werden können. Wie bereits dargelegt, können hierfür entweder traditionelle Übernahmesysteme entwickelt oder vorgefertigte Produkte (Middleware) herangezogen werden, mit denen die gängigen Verfahren der Extraktion umzusetzen sind.[1]

- Bereinigung

Die *Bereinigung* beinhaltet die Mängelbehebung der extrahierten Daten. In dieser Subschicht werden die extrahierten Daten sowohl von *syntaktischen*[2] als auch von *semantischen*[3] Mängeln befreit. Wie die Abb. 5-10 verdeutlicht, können hierbei verschiedene Mängelklassen identifiziert werden, deren Handhabung in der Bereinigungssubschicht individuelle Aktivitäten bedingen. So können die Mängel neben der oben dargestellten Unterscheidung nach Syntax bzw. Semantik danach klassifiziert werden, ob eine Erkennung bzw. eine Korrektur automatisiert oder manuell zu erfolgen hat. Insgesamt bilden sich hierdurch 6 theoretische Klassen von Mängeln, von denen 5 Mängelklassen praktische Relevanz haben und im weiteren anhand von Beispielen illustriert werden.

---

1 Die Verfahren können zeitstempelorientierte Methoden, Auswertungen systemeigener Log-Dateien, Vergleich von Datenbankschnappschüssen, Protokollierung relevanter Datenbank-Transaktionen, Modifikation von operativen Anwendungssystemen sein. Vgl. Kapitel 5.1.1.2.3.3 der Arbeit.

2 *Syntaktische* Mängel sind formelle Mängel der codetechnischen Darstellung der Daten.

3 *Semantische* Mängel sind betriebswirtschaftlich-inhaltliche Mängel der abgebildeten Daten.

Bereinigung	automatisierte Erkennung und automatisierte Korrektur	automatisierte Erkennung und manuelle Korrektur	manuelle Erkennung und manuelle Korrektur
syntaktische Mängel	bekannte Formatanpassungen	erkennbare Format-inkompatibilitäten	—
semantische Mängel	Fehlende Datenwerte	Ausreißerwerte / unstimmige Wertekonstellationen	unerkannte semantische Fehler in operativen Quellen

bedingen kurz- oder mittelfristig eine Fehlerbereinigung in den operativen Quellsystemen

Abb. 5-10: Mängelklassifikation im Rahmen der Bereinigung

Die erste Mängelgruppe sind die syntaktischen und semantischen Mängel, die automatisiert durch implementierte Routinen behoben werden können. Diese Gruppe stellt den Teil der Mängel dar, der vor der Implementierung der Extraktionsroutinen bekannt ist bzw. dessen Auftreten antizipierbar ist. So könnten interne Format-, Steuer- oder Sonderzeichen, die beispielsweise zur Dokumentation von Stornobuchungen in den operativen Daten verwendet werden, mit Hilfe von implementierten Mapping-Tabellen in den extrahierten Daten automatisiert erkannt und bereinigt werden. Als Beispiel einer automatisierten Behebung eines semantischen Mangels kann der Fall angesehen werden, daß fehlende Ist-Werte in den operativen Daten – etwa verursacht durch unterbliebene Übertragung der Umsatzdaten einer Filiale – erkannt und mit Hilfe von vorab definierten Regeln durch Äquivalenzwerte – wie Planwerte des Monats, Ist-Werte des Vormonats, Ist-Werte des Vorjahresmonats – in den Extrakten ersetzt und entsprechend kommentiert werden, damit sinnvolle Verdichtungen auf der Basis des Datenmaterials durchgeführt werden können.

Der größte Teil der Bereinigungsaktivitäten kann jedoch nicht vollständig automatisiert durchgeführt werden. In der ersten Klasse dieser nicht vollständig automatisierbaren Bereinigungen sind lediglich die Mängel durch implementierbare Routinen erkennbar, die notwendigen Bereinigungen müssen hingegen manuell durch technische und betriebswirtschaftliche Fachkräfte durchgeführt werden. Bei den syntaktischen Mängeln können hierbei beispielsweise bislang unberücksichtigte Syntaxvarianten der operativen Datenquellen entdeckt werden, die durch technische Spezialisten manuell in den Extrakten berichtigt werden müssen.[1] Auch ein Teil der semantischen Mängel kann automatisiert erkannt werden, indem mit Hilfe von *Plausibilitätskontrollen*[2] und *Domänenüberprüfungen*[3] fehlerhafte Datenfelder identifiziert werden können. Da diese Mängel in jedem Falle auf semantische Inkorrektheiten in den operativen Datenquellen zurückzuführen sind, sind – je nach Schwere des Fehlers, Auswirkung des Fehlers im operativen Systemumfeld und Aufwand der Fehlerbehebung – kurz- oder mittelfristig Korrekturmaßnahmen in den operativen Quellsystemen erforderlich. Wenn die Fehler in den Quellsystemen nicht sofort korrigiert werden (können), sollten kurzfristig Bereinigungen in der Filterungsschicht des Data Warehouse durch betriebswirtschaftliche Fachspezialisten durchgeführt werden, damit zumindest im dispositiven Bereich die Fehler der operativen Quellsysteme nicht durchschlagen.

Da eine erforderliche Datensyntax stets vollständig beschrieben werden kann und somit Mängel immer automatisiert erkannt werden können, ist eine manuelle Mängelerkennung lediglich für semantische Mängel sinnvoll vorstellbar.[4] In diesen Fällen ist es denkbar, daß die extrahierten Daten inkorrekte Datenwerte beinhalten, die ausschließlich durch Analysen von betriebswirtschaftlichen Fachspezialisten erkannt werden können. Da es sich bei die-

---

[1] Selbstverständlich kann eine Korrektur der auf diese Weise entdeckten Syntaxinkompatibilitäten für zukünftige Extraktionsvorgänge durch die Implementierung entsprechender Routinen automatisiert werden. Diese Mängel können somit von dem Zeitpunkt an zu der Klasse der Mängel mit automatisierter Erkennung und automatisierter Korrektur (Spalte 1 in Abb. 5-10) gezählt werden.

[2] So können beispielsweise Fehler mit Hilfe von Bilanzsummen- oder anderen Kontrollsummenvergleichen aufgedeckt werden.

[3] Mit Hilfe von Domänenüberprüfungen lassen sich beispielsweise sog. „Ausreißerwerte“ oder nicht erlaubte Attributausprägungen identifizieren.

[4] Vgl. die erste Zelle der Spalte 3 in Abb. 5-10.

sen semantischen Mängeln ebenfalls immer um Fehler in den operativen Datenquellen handelt, ist in diesem Falle wie oben beschrieben zu verfahren; das heißt, daß kurz- oder mittelfristig die operativen Quellsysteme zu berichtigen sind und bis zur Korrekturimplementierung eine Bereinigung der semantischen Fehler in der Filterungsschicht des Data Warehouse zu erfolgen hat.

5.1.2.1.2 Harmonisierung

Die *Harmonisierung* ist die zweite Schicht der Transformation und liefert – im Gegensatz zur Filterung – dispositiv verwendbare Daten für das Data Warehouse, die sich auf der detailliertesten Stufe betriebswirtschaftlich sinnvoller Interpretation – der sog. *Granularitätsstufe* – befinden.[1] Die Abb. 5-11 zeigt die Harmonisierungsschicht und ihr Zusammenwirken mit der Filterungsschicht.

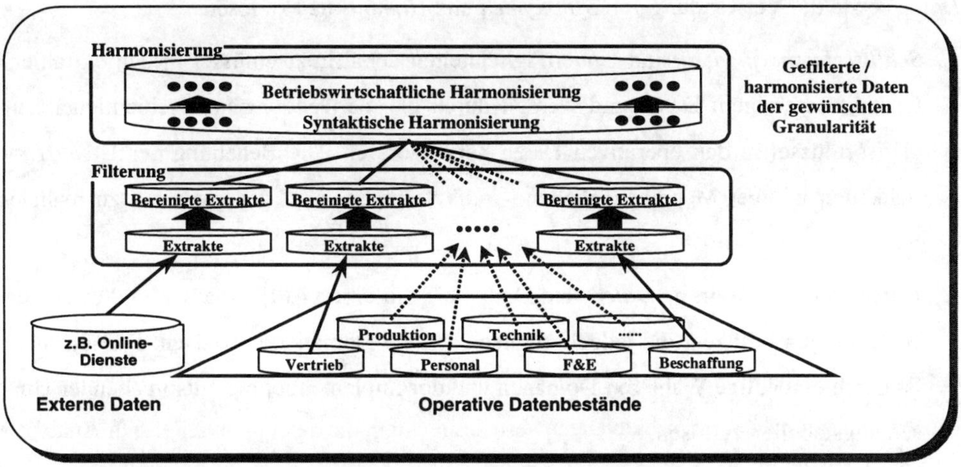

Abb. 5-11: Schicht 2 der Transformation: Harmonisierung

Wie aus der Abbildung ersichtlich ist, ist die Hauptaufgabe der Transformationsschicht das physische Zusammenführen der gefilterten Daten aus der Schicht 1, die bis zu diesem Zeit-

[1] Eine Definition des Granularitätsgrades liefert *Inmon*: „**Granularity** refers to the level of detail held in the units of the data in the data warehouse" Inmon /Data Warehouse 1996/ 41. Vgl. auch Levin /Data Warehouse 1997/ 53ff.

punkt als eigenständige Dateien in speziellen Extraktionsbereichen zur Verfügung stehen. Aus technischer Sicht stellt diese physische Integration der gefilterten Daten in aller Regel kein Problem dar, da hierfür entsprechende Software in Data Warehouse-Werkzeugen existieren. Problematischer ist die syntaktische und betriebswirtschaftliche Abgleichung der gefilterten Datenbestände, die als vorbereitende Aktivitäten der physischen Integration durchgeführt werden müssen.

- *Syntaktische Harmonisierung*

Die syntaktische Harmonisierung der extrahierten und bereinigten Datenbestände ist in aller Regel aufgrund der Heterogenität der operativen und externen Datenbestände erforderlich. Insbesondere sind hierbei die operativen Datenbestände umfangreichen Transformationsregeln zu unterwerfen. So sind durch zu implementierende Routinen *Schlüsseldisharmonien* in den Extrakten zu bereinigen und die Probleme *unterschiedlich kodierter Daten* sowie die Verwendung von *Synonymen* und *Homonymen* zu lösen.

- *Schlüsseldisharmonien* sind Unverträglichkeiten der Primärschlüssel in den extrahierten und bereinigten Daten und werden durch die Verwendung unterschiedlicher Zugriffsschlüssel in den operativen Daten hervorgerufen. Die Behebung der Unverträglichkeiten ist über Mapping-Tabellen – falls verfügbar oder generierbar – zu realisieren.[1]
- *Unterschiedlich kodierte Daten* sind Daten, die dieselben Attributnamen und dieselben Bedeutungen besitzen, die jedoch unterschiedliche Domänen aufweisen. Das Problem ist durch eindeutige Wahl von Domänen und der Implementierung entsprechender Umsetzungstabellen zu lösen.[2]
- *Synonyme* sind Attribute, die zwar unterschiedliche Namen aufweisen, jedoch dieselbe Bedeutung und dieselbe Domäne besitzen. Durch Festlegung der Attributbezeichnung

---

[1] Z.B. kann die Entität „KUNDE" bei Vorliegen von Spartenorganisationen in jeder Sparte mit verschiedenen Primärschlüsseln abgespeichert sein. Eine spartenübergreifende, kundenorientierte Analyse ist in diesen Fällen nur möglich, wenn die vorliegenden Kundentabellen über Mapping-Tabellen, die die erforderlichen Schlüssel-Zuordnungen beinhalten, zusammengeführt werden können.

[2] Z.B. kann das Attribut „Geschlecht" in einer Quelle durch die Domäne „0", „1" und in einer anderen Quelle mit der Domäne „"M", „W" codiert sein.

und Überführung der anderen Attributbezeichnungen lassen sich die Differenzen bereinigen.[1]

- *Homonyme* besitzen zwar denselben Attributnamen, weisen jedoch unterschiedliche Bedeutungen auf und sind daher über neu zu vergebene Attributnamen zu differenzieren.[2]

- Betriebswirtschaftliche Harmonisierung

Neben der syntaktischen Abgleichung sind die Aktivitäten der betriebswirtschaftlichen Harmonisierung durchzuführen, da mit Hilfe dieser Aktivitäten die operativen Daten in dispositiv interpretationsfähige Daten überführt werden. Hierfür ist es erforderlich, die *Abgleichung betriebswirtschaftlicher Kennziffern* zu bewerkstelligen und den gewünschten *Granularitätsgrad* der dispositiven Daten anhand der Basisebenen aller späteren Auswertungsdimensionen abzubilden.[3]

- Die *Abgleichung betriebswirtschaftlicher Kennziffern* ist notwendig, um einen für die gesamte Unternehmung konsistenten dispositiven Datenzugriff zu gewährleisten. Konkret geht es darum, über implementierte und von betriebswirtschaftlichen Fachkräften manipulierbare Routinen aus dem operativen Rohdatenmaterial harmonisierte dispositive Daten zu gewinnen.[4]
- Um die Überführung der operativen Daten auf den gewünschten *Granularitätsgrad* des Data Warehouse zu gewährleisten, ist es erforderlich, die operativen Daten über Routi-

---

1 Z.B. können Informationen über den Mitarbeiter in einer Quelle unter der Attributbezeichnung „Mitarbeiter" abgespeichert sein, während sie in einer anderen Quelle unter der Bezeichnung „Personal" subsumiert werden.

2 Z.B. können die Attribute zweier Quellen die Bezeichnung „Partner" aufweisen, in der erste Quelle jedoch den Kunden betreffen und in der zweiten Quelle den Lieferanten.

3 Wesentlich komplexer als die systemtechnische Umsetzung dieser Anforderungen ist einsichtigerweise die Festlegung der betriebswirtschaftlich einheitlichen Abgrenzungen. Diese Abstimmung stellt einen der erfolgskritischen Faktoren für ein unternehmungsumfassendes Data Warehouse dar und wird ausführlich bei der Entwicklung des Gestaltungsmodells in Kapitel 6 der Arbeit dargestellt.

4 Z.B. müssen die aus verschiedenen Quellen stammenden operativen Daten bzgl. ihrer betriebswirtschaftlichen Bedeutung, gebiets- und ressortspezifischen Gültigkeit, Währung oder Periodizität in einheitliche Werte überführt werden.

nen zu aggregieren, wobei die Addition auf der Basis der jeweils tiefsten Hierarchieebene der gewählten Auswertungsdimensionen zu erfolgen hat.[1]

5.1.2.1.3 Aggregation

In der dritten Schicht der Transformation werden die gefilterten und harmonisierten Daten um Summenstrukturen erweitert. Diese Summenstrukturen stellen verschiedene Aggregationsniveaus dar, die anhand der in Schicht 2 definierten Dimensionen gebildet werden. Die Abb. 5-12 verdeutlicht das Zusammenwirken der Schichten

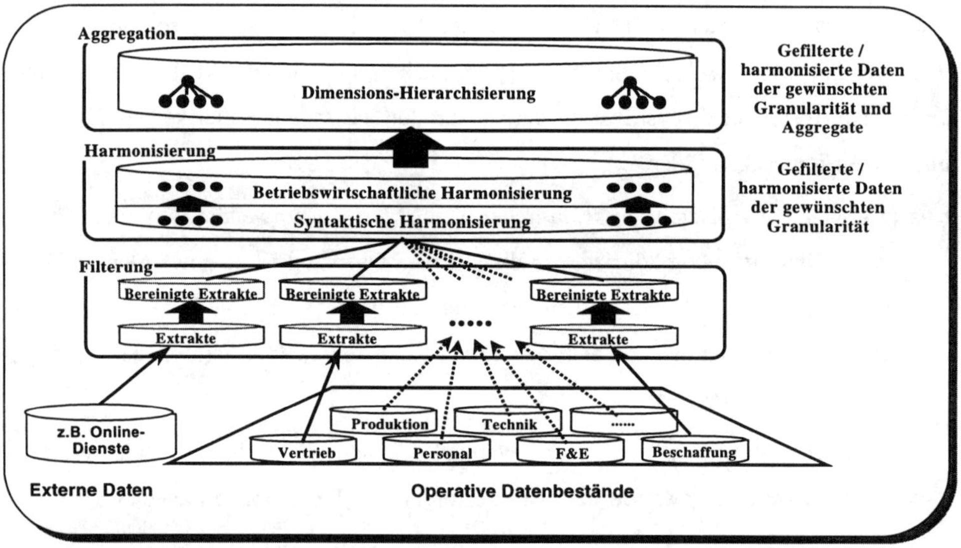

Abb. 5-12: Schicht 3 der Transformation: Aggregation

Für die Summenbildung ist es erforderlich, Aggregationstabellen zu erstellen, mit deren Hilfe Verdichtungen der Daten vorgenommen werden können.[2] In aller Regel werden hier-

---

1 Typische Dimensionen sind „Zeit", „Produkt", „Kunde". Stellen beispielsweise die Wochenwerte auf der Basis von Produkt- und Kundengruppen den gewünschten Granularitätsgrad des Data Warehouse dar, müssen über Aggregationsmechanismen sämtliche Einzelbelege zu wochenaktuellen, produktgruppen- und kundengruppenspezifischen Werten zusammengefaßt werden.

2 So könnte beispielsweise die Dimension „Verkaufsort", die die „Filialen" als Basisebene auf der Schicht 2 aufweist, zu „Gebiete" verdichtet werden. Die „Gebiete" können wiederum zu „Regionen" und schließlich die „Regionen" zu „Gesamt" aggregiert werden.

bei verschiedenste Aggregationstabellen entwickelt, die sich an den antizipierbaren Auswertungszwecken orientieren. Hierbei ist es durchaus üblich, daß Aggregationstabellen aufgrund sich ändernder Rahmenbedingungen der Unternehmungen im Zeitverlauf modifiziert, gelöscht oder neu angelegt werden.[1] Auch sind verschiedene Aggregationstabellen denkbar, die zwar dieselben Granularitätselemente besitzen, sie jedoch – abhängig von der Anspruchsgruppe – nach verschiedenen Kriterien verdichten.[2] Weiterhin ist es aus Gründen der Performance üblich, neben den Aggregationstabellen auch bereits die daraus ableitbaren Summenwerte zu ermitteln und diese Daten als Zusammenfassungstabellen im Data Warehouse abzulegen. In diesen Fällen muß durch die Schicht 3 der Transformation sichergestellt werden, daß Datenaktualisierungen, die durch Berichtigungen von Extrakten bewirkt werden, in jedem Falle automatisiert zu Neuberechnungen aller relevanten Zusammenfassungstabellen des Data Warehouse führen, da ansonsten Inkonsistenzen im dispositiven Datenbereich verursacht werden.

Aufgrund der Bildung sowie der Pflege von Dimensionshierarchisierungstabellen und der physischen Speicherung von Zusammenfassungstabellen bildet sich in der Schicht 3 der Transformation eine erste Ausrichtung auf eine applikationsklassenbezogene Datenspeicherung. Diese Orientierung auf definierte Applikationsklassen durchbricht – obwohl in der einschlägigen Literatur kaum explizit thematisiert – das Paradigma einer applikationsneutralen Datenmodellierung und verlagert einen Teil der Funktionalität, der vormals lediglich den auf den Daten operierenden Anwendungssystemen vorbehalten war, in die Datenhaltung. Mit der nächsten Schicht – der *Anreicherung* – wird diese Ausrichtung noch deutlicher.

---

1 Veränderungen der personellen Zuständigkeiten, Zusammenfassung oder Entflechtung von Teilmärkten, Sortimentsumstrukturierungen sind nur einige Beispiele, die die Pflege von Aggregationstabellen bedingen.

2 Solche Hierarchien werden als *parallele* oder *alternative* Hierarchien bezeichnet und treten dann auf, wenn dieselben Betrachtungseinheiten auf der Basisebene unter verschiedenen betriebswirtschaftlichen Aspekten analysiert werden sollen, z.B. aus Sicht einer Warengruppe oder aus der Sicht eines Profit-Centers.

5.1.2.1.4 Anreicherung

Die *Anreicherung* sprengt das Denkmuster der Trennung zwischen Daten und Logik gänzlich. So werden mit Hilfe der Anreicherung betriebswirtschaftliche Kenngrößen berechnet und in die Datenbasis integriert. Hierbei können sowohl berechnete Werte auf der Basis der Schicht 2 (harmonisierte Daten des gewünschten Granularitätsgrades) als auch auf der Basis bereits aggregierter Zusammenfassungstabellen (Schicht 3) gebildet und selbst als Attribute einbezogen werden.[1] Die Vorteile einer solchen Vorgehensweise liegen in einem kalkulierbaren Antwortzeitverhalten bei späteren Abfragen, der garantierten Konsistenz der kalkulierten Werte aufgrund der einmaligen Berechnung und der Etablierung eines abgestimmten betriebswirtschaftlichen Instrumentariums. Die Abb. 5-13 zeigt den um die Schicht 4 erweiterten, nun kompletten Prozeß der Transformation.

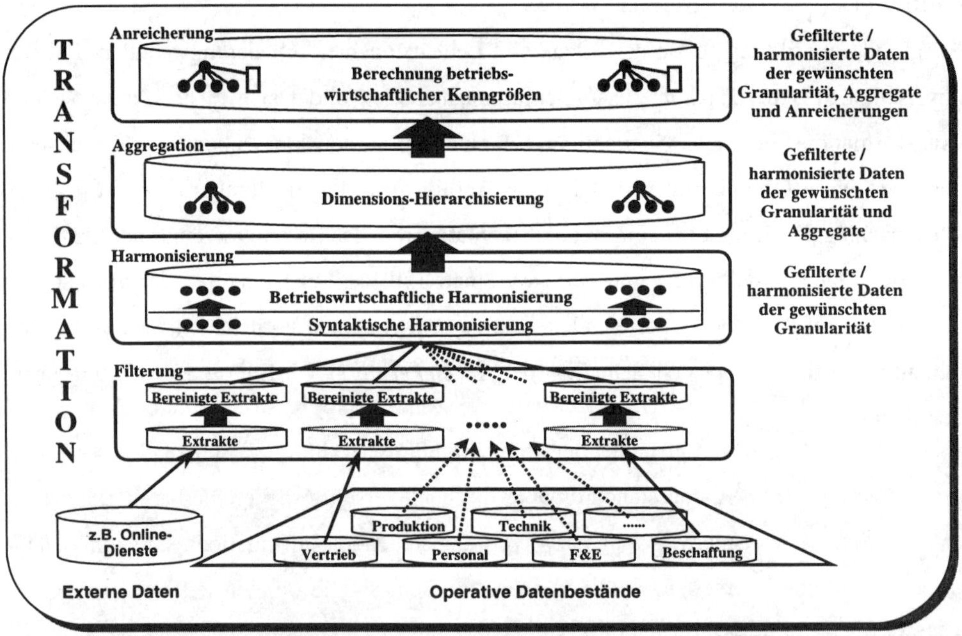

Abb. 5-13: Schicht 4 der Transformation: Anreicherung

[1] So könnten z.B. wöchentliche Deckungsbeiträge auf Produktebene (Schicht 2) und jährliche Deckungsbeiträge auf Filialebene (Schicht 3) gebildet und in den entsprechenden Basis- bzw. Zusammenfassungstabellen gespeichert werden.

Wie ausgeführt, gehören die vier Schichten Filterung, Harmonisierung, Aggregation und Anreicherung zur Transformation, wobei die erste Schicht als *technisch orientierte Schicht* die Rohdatenbereitstellung regelt und lediglich die oberen 3 Schichten als *anwendungsorientierte Schichten* betriebswirtschaftlich nutzbare dispositive Daten generieren, auf die die Informationssysteme des Managements zugreifen können. Aufgrund der Vielzahl und Komplexität der durchzuführenden Aktivitäten, der Heterogenität der technischen Komponenten und nicht zuletzt aufgrund der Integration von Daten und Logik, die im Data Warehouse durch die Schicht 3 und insbesondere durch die Schicht 4 gebildet werden, kommt den Metadaten besondere Bedeutung zu.

5.1.2.2 Berechtigungsverwaltung

In der Architektur Integrierter MUS ist die Berechtigungsverwaltung im Unterschied zu traditionellen, historisch gewachsenen managementunterstützenden Systemen nicht mehr Bestandteil eines jeden Einzelsystems, sondern stellt eine zentrale Komponente des Data Warehouse dar. Die Einbindung der Berechtigungsverwaltung im DWH besitzt gegenüber der tradierten Vorgehensweise den entscheidenden Vorteil, daß alle Zugriffsrechte konsistent für sämtliche Informationssysteme auf der Ebene von Benutzerberechtigungen abgelegt werden können und die ansonsten unvermeidbare Redundanz in den Berechtigungsverwaltungen der einzelnen Informationssysteme nicht auftritt. Gegenstände der zentralisierten Berechtigungverwaltung sind die auf das Data Warehouse aufsetzenden Informationssysteme und der einzelne Benutzer bzw. die Benutzergruppe, wobei die beiden letztgenannten den Kristallisationspunkt der Berechtigungsverwaltung darstellen. Diese Benutzerzentrierung bewirkt, daß standardmäßig die benutzerseitig recherchierbaren Datensichten mit allen in der Unternehmung zur Verfügung stehenden Informationssystemen visualisiert bzw. weiterverarbeitet werden können. Im Bedarfsfalle können jedoch auch Datensichten für bestimmte Informationssysteme ausgeweitet, eingeengt oder ganz ausgeschlossen werden, so daß eine vollständige zentrale Kontrolle über die verwendbaren Informationssysteme, ihre Benutzer(-gruppen) sowie deren systemspezifischen Datenberechtigungen ermöglicht wird.

In der Berechtigungsverwaltung sind daher vornehmlich *Benutzerprofile* und *individuelle Zugriffsrechte* einzurichten und zu pflegen.

Benutzerprofile stellen hierbei ein Berechtigungsschema dar, das aufgrund des Handlungsbedarfs einer speziellen Benutzergruppe – z.B. einer Abteilung, Gruppe oder einem Team – definiert wird. Bei der Entwicklung dieser Profile ist sicherzustellen, daß alle Anspruchsgruppen durch Beschränkung des dispositiven Datenzugriffs auf spezielle Tabellenfelder von Basis- oder Zusammenfassungstabellen lediglich ihr aufgabenspezifisches Datenmaterial sichten können. Wie in der Abb. 5-14 verdeutlicht, wird dieser Forderung durch die Festlegung der Einsprungadresse in die Daten sowie der gezielten Begrenzung der vertikalen Recherchetiefe *(Drill-down)* und der horizontalen Recherechebreite *(Drill-aside)* Rechnung getragen. Mit Hilfe von gemeinsamen Datenräumen, die als *horizontale* und *vertikale Transferschichten* bezeichnet werden, wird ferner sichergestellt, daß zwischen vorgesetzten/nachgelagerten bzw. horizontal kooperierenden organisatorischen Einheiten teil-identische Datensichten existieren, die Gegenstände managerspezifischer Kommunikations- bzw. Kooperationsprozesse sein können.

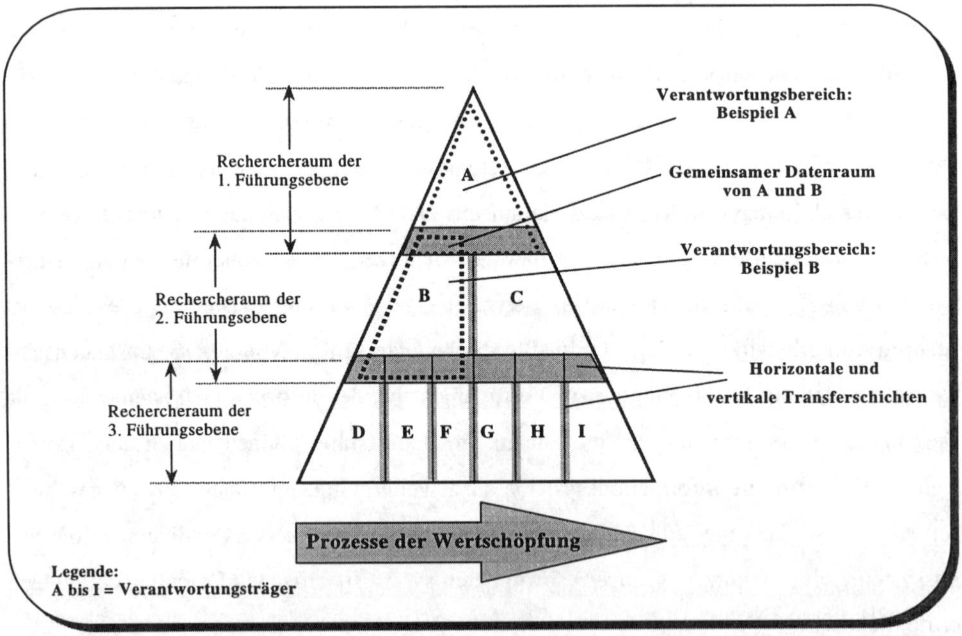

Abb. 5-14: Einschränkung der Recherche und Implementierung von Transferschichten

Um den Anforderungen an individuelle Berechtigungen einzelner Benutzer gerecht zu werden, können Benutzerprofile für Einzelbenutzer verändert, also permanent oder zeitlich befristet eingeschränkt oder erweitert werden. So können mit Hilfe der Vergabe *individueller Zugriffsrechte* beispielsweise die Begrenzungen des Rechercheraumes zeitlich limitiert aufgehoben werden, um a-periodische Gesamtanalysen der Unternehmung durch betriebswirtschaftliche Fachkräfte durchführen zu lassen oder Spezialauswertungen aufgrund von Managementanfragen anfertigen zu können.

5.1.2.3 Metadaten-Verwaltung

Die Metadaten-Verwaltung ist eng mit der operativen Datenschnittstelle und der Berechtigungsverwaltung des Data Warehouse verbunden, also mit den Schnittstellen, die für den Dateninput und den Datenoutput verantwortlich sind. Sie bietet sowohl den Service-Mitarbeitern, die den periodischen oder a-periodischen operativen Datentransfer aus unternehmungsinternen und -externen Quellen zu realisieren haben als auch den Systementwicklern und den Endbenutzern, die direkt auf die dispositiven Daten des Data Warehouse zugreifen, notwendige Hilfestellungen. Die Metadaten-Verwaltung hat somit als zentrales Dokumentations- und Steuerungswerkzeug des Data Warehouse detaillierte Informationen zu sämtlichen Filterungs-, Harmonisierungs-, Aggregations- und Anreicherungsprozessen der Transformations-Maschine sowie zu der Berechtigungsverwaltung benutzeradäquat zur Verfügung zu stellen. Da eine ausschließlich passive Dokumentation dieser Prozesse aufgrund der Komplexität der Transformation und Heterogenität der physischen Datenhaltung als nicht ausreichend angesehen werden muß, ist die technische Umsetzung dieser Komponente so durchzuführen, daß sie als aktive Komponente den einzigen Weg darstellt, Daten in das Data Warehouse einzubringen bzw. dispositive Daten aus dem Data Warehouse auszulesen.[1]

---

[1] Die Begriffe *passive* und *aktive Metadaten-Verwaltung* werden hier in Anlehnung an die verfügbaren Data Dictionary-Systeme (DDS) benutzt. Als *passive DDS* werden Systeme verstanden, die als separate Systeme lediglich Auskunft über die Daten geben. *Aktive DDS* sind hingegen integrierte Systeme, die als exklusive Zugangssysteme konzipiert sind und daher bei sämtlichen benutzerorientierten Datenaktivitäten verwendet werden müssen. Vgl. Schreier /Data Dictionary 1997/ 103.

Wie die Abb. 5-15 zeigt, werden im weiteren die Metadaten, die für die Dokumentation und die Nutzung der Transformations-Maschine und der Berechtigungsverwaltung erforderlich sind, dargestellt, wobei aufgrund der verschiedenen Anspruchsgruppen nach primär technischen, die *Filterung* betreffenden sowie nach betriebswirtschaftlich/organisatorischen, die *Harmonisierung*, *Aggregation* und *Anreicherung* sowie die *Berechtigungsverwaltung* betreffenden Metadaten unterschieden wird.

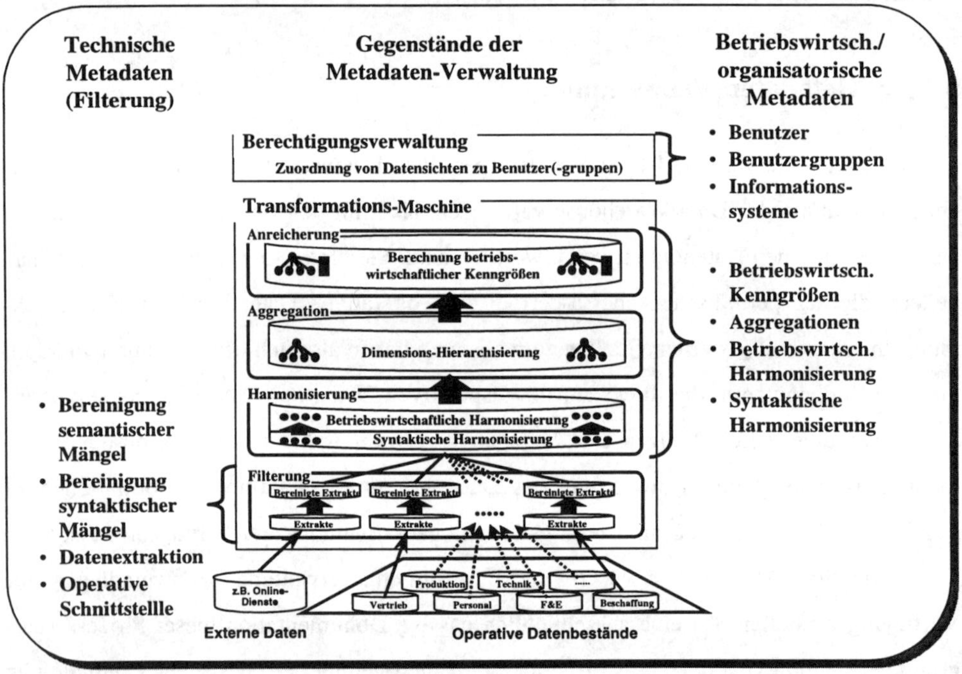

Abb. 5-15: Technische und betriebswirtschaftliche Metadaten der Transformations-Maschine

5.1.2.3.1 Technische Metadaten

Die technischen Metadaten betreffen – in der logischen Reihenfolge der Datenübernahme und -bereinigung – die Dokumentation der *operativen Schnittstellen*, der *Datenextraktion* sowie der *Bereinigung syntaktischer und semantischer Mängel*. Das Zusammenspiel dieser

Einzelkomponenten ist in dem in der Abb. 5-16 dargestellten konzeptionellen Metadaten-Modell auf hoher Abstraktionsebene aufgezeigt. Dreh- und Angelpunkt des Modells ist der Entitäts-Typ „DWH-EXTRAKT". Die operative Schnittstelle wird mit Hilfe der Entitäts-Typen „OPERATIVE DATENQUELLE", und „OPERATIVE INFRASTRUKTUR" dargestellt. Die Datenextraktion wird durch den Entitäts-Typ „EXTRAKTIONS-ROUTINE", die syntaktische und semantische Bereinigung durch die Entitäts-Typen „SYN. BEREINIGUNGS-ROUTINE" und „SEM. BEREINIGUNGS-ROUTINE" abgebildet.

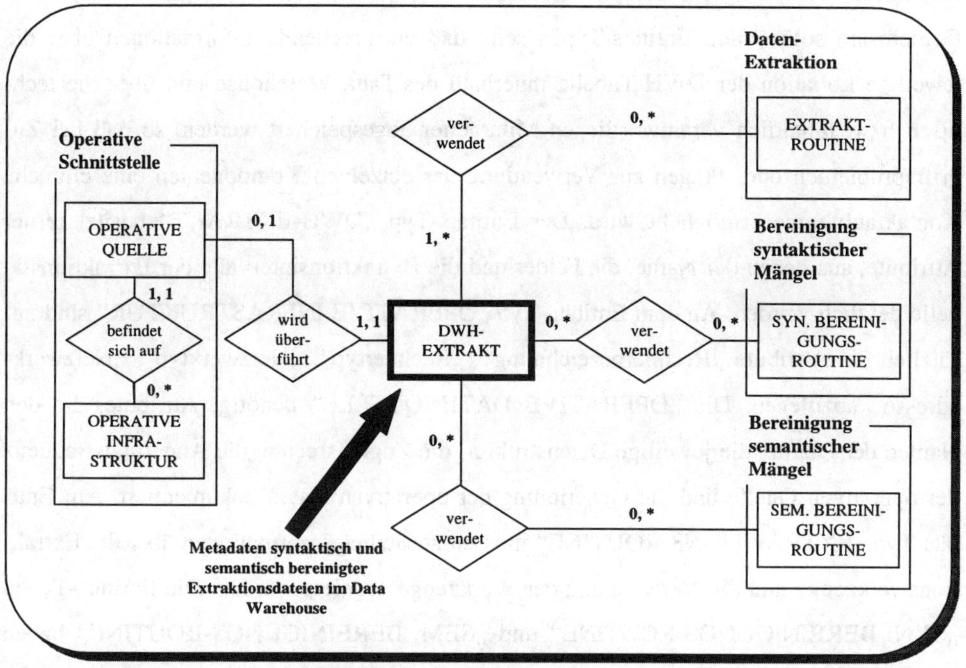

Abb. 5-16: Konzeptionelles Modell der technischen Metadaten

Wie die Abb. 5-16 darstellt, existieren neben den (teilweise konditionell) komplexen Beziehungen zwischen „DWH-EXTRAKT" und den Bereinigungs- sowie Extraktions-Entitäts-Typen[1] aus Gründen der Konsistenz eine eindeutige Beziehung zur operativen Datenquelle. Das bedeutet, daß eine DWH-Extraktdatei genau einer operativen Datenquelle zu-

[1] Pro DWH-Extrakt können mehrere Extrakt- und Bereinigungswerkzeuge oder Mapping-Tabellen herangezogen werden.

geordnet werden kann und eine operative Quelle – wenn sie überhaupt Verwendung findet – ebenfalls lediglich einmal für Extraktionsvorgänge herangezogen werden darf. [1]

Mit Hilfe des Modells lassen sich sämtliche Informationen, die die relevanten operativen Datenquellen und deren operative Infrastrukturen sowie die erforderlichen Extraktions- und syntaktischen bzw. semantischen Bereinigungsroutinen betreffen, ableiten. Zwar kann an dieser Stelle eine detaillierte Attributierung der Entitäts-Typen nicht durchgeführt werden, da diese immer unternehmungsindividuell zu ermitteln ist, jedoch sollen im weiteren exemplarisch die wichtigsten Attribute der Entitäts-Typen vorgestellt werden.

Gemeinsam sollte allen Entitäts-Typen sein, daß entsprechende Informationen über die jeweilige Lokation der DWH-Tabelle innerhalb des Data Warehouse und über die technisch bzw. inhaltlich verantwortlichen Mitarbeiter abgespeichert werden, so daß bei Zugriffsproblemen oder Fragen zur Verwendung der einzelnen Komponenten eine einfache Kontaktaufnahme ermöglicht wird. Der Entitäts-Typ „DWH-EXTRAKT" besitzt ferner Attribute, aus denen der Name, die Felder und die Extraktionsintervalle der Extraktionstabelle deutlich werden. An dem Entitäts-Typ „OPERATIVE INFRASTRUKTUR" sind zusätzlich die Attribute „Rechnerbezeichnung", „Rechnertyp", „Netzwerktyp", „Netzwerkadresse" abzulegen. Die „OPERATIVE DATENQUELLE" benötigt Attribute, die den Namen der Quelle, die jeweilige Datenstruktur, die Zugriffsrechte, die Änderungsfrequenz der operativen Quelle und die Generierung der operativen Daten dokumentiert. Am Entitäts-Typ „EXTRAKTIONS-ROUTINE" müssen zusätzlich Informationen über die Extraktionswerkzeuge und die Verwendung der Werkzeuge abgelegt werden. Die Entitäts-Typen „SYN. BEREINIGUNGS-ROUTINE" und „SEM. BEREINIGUNGS-ROUTINE" haben neben der Verantwortlichkeit Informationen über die verfügbaren Mapping-Tabellen und deren interne Strukturen zu umfassen.

5.1.2.3.2 Betriebswirtschaftlich/organisatorische Metadaten

Im Gegensatz zu den technischen Metadaten beschreiben die betriebswirtschaftlich/organisatorischen Metadaten die Bereiche des Data Warehouse, die mit der Ableitung,

---

[1] Graphisch ist dieser Tatbestand in der Abb. 5-9 (Filterung) dargestellt.

Bildung und dem Zugriff auf die dispositiven Daten zusammenhängen.[1] Sie beziehen sich demnach auf die Bereiche der *syntaktischen* und *semantischen Harmonisierung*, der *Aggregation*, der *Anreicherung* und der *Berechtigungsverwaltung*. Die Abb. 5-17 zeigt das Modell der betriebswirtschaftlich/organisatorischen Metadaten.

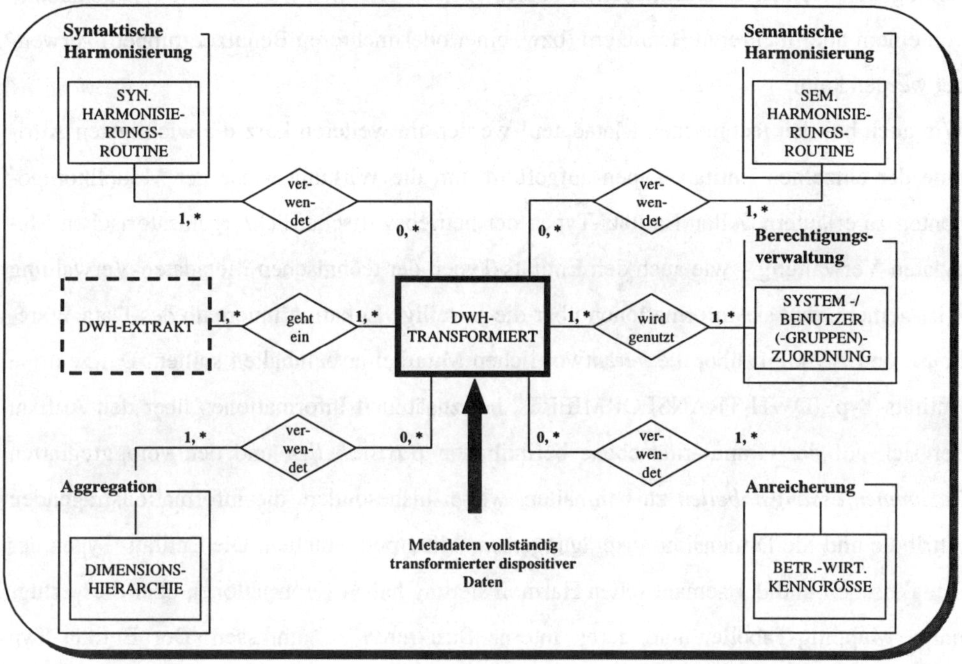

Abb. 5-17: Konzeptionelles Modell der betriebswirtschaftlich/organisatorischen Metadaten

Im Mittelpunkt des Modells steht der Entitäts-Typ „DWH-TRANSFORMIERT", der Informationen über vollständig transformierte, dispositive Daten beinhaltet. Er besitzt (konditionell) komplexe Beziehungen zu den Entitäts-Typen „SYN. HARMONISIERUNG", „SEM. HARMONISIERUNG", „DIMENSIONS-HIERARCHIE" und „BETR.-WIRT. KENNGRÖSSE".[2] Die (1,*):(1,*)-Beziehungen zwischen „DWH-EXTRAKT" und „DWH-TRANSFORMIERT" verdeutlichen, daß jedes Extrakt für einen oder mehrere

1 Vgl. Abb. 5-15.

2 Somit ist sichergestellt, daß beliebig viele Routinen und Mapping-Tabellen aus den genannten Entitäts-Typen verwendet werden können, um vollständig transformierte Daten zu genieren.

Transformationsprozesse herangezogen werden kann und jede Transformationstabelle aus einer oder mehreren Extraktionstabellen bestehen kann. In Analogie hierzu zeigt die (1,*):(1,*)-Beziehungen zwischen „DWH-EXTRAKT“ und „BERECHTIGUNGSVERWALTUNG“ an, daß ein Benutzer (eine Benutzergruppe) sich einer oder mehrerer vollständig transformierter Datentabellen bedienen kann und eine transformierte Datentabelle von einem oder mehreren Benutzern (bzw. einer oder mehreren Benutzergruppen) verwendet werden kann.

Wie auch bei den technischen Metadaten[1] werden im weiteren kurz die wichtigsten Attribute der einzelnen Entitäts-Typen aufgeführt, um die Wirkungsweise der Modellkomponenten zu erläutern. Allen Entitäts-Typen der betriebswirtschaftlich/organisatorischen Metadaten-Verwaltung – wie auch den Entitäts-Typen der technischen Metadaten-Verwaltung – ist gemein, daß sie Informationen über die jeweilige Lokation innerhalb des Data Warehouse und Auskunft über die verantwortlichen Mitarbeiter beinhalten sollten. Der zentrale Entitäts-Typ „DWH-TRANSFORMIERT“ hat zusätzlich Informationen über den Aufbau der sich auf der Granularitätsebene befindlichen *Basistabellen* und den voraggregierten *Zusammenfassungstabellen* zu beinhalten, wobei insbesondere die informationstragenden Attribute und die Dimensionsausprägungen im Mittelpunkt stehen. Die Entitäts-Typen der syntaktischen und der semantischen Harmonisierung haben Informationen über die verfügbaren Mapping-Tabellen und deren interne Strukturen zu umfassen. Der Entitäts-Typ „DIMENSIONS-HIERARCHIE“ hat weiterhin Informationen über Aggregationszuordnungen, -kriterien, -regeln und -perioden zu beinhalten, wobei bei paralleler Aggregationsbildung vor allem die alternativen Hierarchiebäume dezidiert zu dokumentieren sind. Bei der Anreicherung sind an dem entsprechenden Entitäts-Typ die Herleitungen der betriebswirtschaftlichen Kenngrößen detailliert zu dokumentieren und ihre Interpretationen zu erläutern. Für die Dokumentation der Berechtigungsverwaltung müssen die erlaubten Datensichten der einzelnen Benutzer bzw. Benutzergruppen mit den jeweiligen Einschränkungen oder Erweiterungen pro Informationssystem beschrieben werden.

---

[1] Vgl. Kapitel 5.1.2.2.1

5.1.2.4 Manipulationsschnittstellen

Nachdem im vorangestellten Kapitel dargestellt wurde, daß eine technische und betriebswirtschaftliche Metadaten-Verwaltung erforderlich ist, um ein Data Warehouse erfolgreich mit operativen/externen Daten zu speisen bzw. die im Data Warehouse gespeicherten Daten für dispositive Systeme nutzbar zu machen, soll im weiteren auf sog. *Manipulationsschnittstellen* eingegangen werden. Unter *Manipulationsschnittstellen* werden hierbei systemgestützte Zugänge verstanden, die es technischen und betriebswirtschaftlichen Fachspezialisten ermöglichen, erforderliche Modifikationen, Einschränkungen und Erweiterungen im Data Warehouse durchzuführen.[1] Wie die Abb. 5-18 verdeutlicht, wird im folgenden zwischen einer technisch-orientierten Schnittstelle *(Techniker-Schnittstelle)* und einer betriebswirtschaftlich/organisatorisch-orientierten Schnittstelle *(Controller-Schnittstelle)* unterschieden, die Gegenstände der folgenden Kapitel sind.

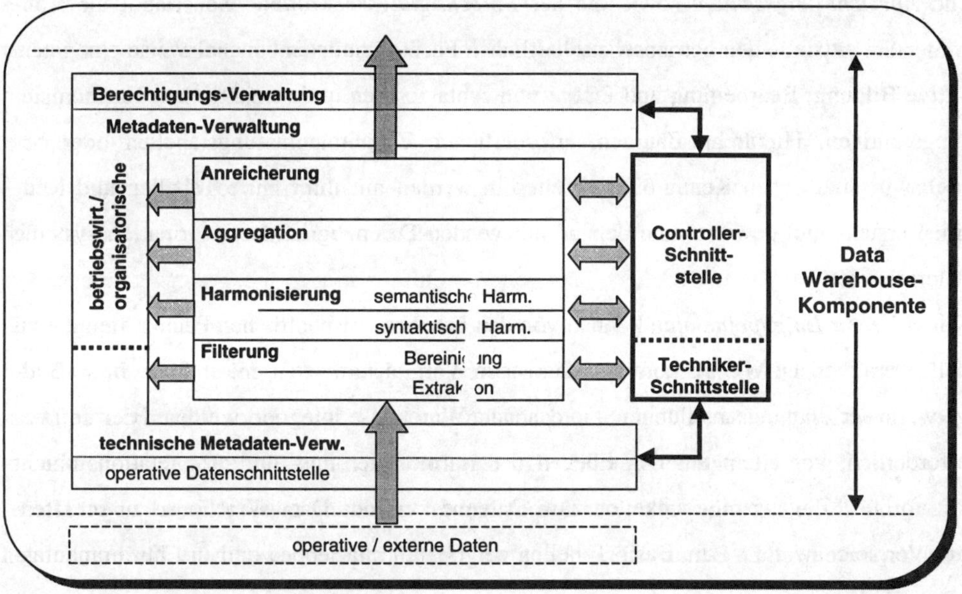

Abb. 5-18: Techniker- und Controller-Schnittstelle

[1] Da in der Praxis und in der Wissenschaft nicht selten davon ausgegangen wird, daß Transformationsprozesse – einmal definiert – vollständig automatisiert ablaufen können, wird dieser Komplex in DWH-Konzepten häufig nicht oder nur unzureichend behandelt.

- *Techniker-Schnittstelle*

Die *Techniker-Schnittstelle* erlaubt den Fachspezialisten, eine interaktive Bearbeitung innerhalb der Filterungsschicht der Transformations-Maschine durchzuführen. Mit Hilfe dieser Schnittstelle werden demnach sämtliche Strukturen, die mit der Extraktion und der Bereinigung zusammenhängen, eingerichtet, modifiziert, eingeschränkt oder erweitert, wobei – wie durch entsprechende Pfeile in Abb. 5-18 dargestellt – die in Kapitel 5.1.2.3.1 beschriebenen technischen Metadaten in der Metadaten-Verwaltung aktualisiert werden.

- *Controller-Schnittstelle*

Die *Controller-Schnittstelle* besitzt zwei Hauptfunktionen, und zwar die *Wartungs-* und die *Eingabefunktion*. Die *Wartungsfunktion* bezieht sich auf sämtliche Aktivitäten, die für eine dispositive Datenaufbereitung und einen Datenzugriff auf das Data Warehouse erforderlich sind. Sie betreffen daher die Tabellen bzw. Routinen der *Harmonisierungs-, Aggregations-* und *Anreicherungsschicht* sowie die der *Berechtigungsverwaltung*. So erlaubt die Controller-Schnittstelle den betriebswirtschaftlichen Fachspezialisten beispielsweise eine interaktive Bildung, Bearbeitung und Pflege von syntaktischen und semantischen Harmonisierungsroutinen, Hierarchie-Bäumen, erforderlichen Zusammenfassungstabellen oder betriebswirtschaftlichen Kenngrößen. Weiterhin werden mit ihrer Hilfe Tabellen und Routinen erstellt und gewartet, die den grundlegenden Datenzugriff der Informationssysteme determinieren.

Mit Hilfe der *Eingabefunktion* können von den betriebswirtschaftlichen Fachkräften die zu den operativen Ist-Werten korrespondierenden Vergleichswerte – meist Plan- bzw. Budgetwerte der Planungsabteilungen – in das Data Warehouse integriert werden. Hierfür ist es erforderlich, vor allem auf den Ebenen der Harmonisierungs- und Aggregationsschicht komfortable Zugangsmöglichkeiten zum Datenbestand des Data Warehouse zu schaffen, um Vergleichswerte in die Basis-Tabellen der Granularitätsebene und die Zusammenfassungstabellen integrieren zu können.

5.1.2.5 Zusammenfassung

Wie dargestellt, setzt sich die Data Warehouse-Komponente in der Architektur Integrierter Management-Unterstützungs-Systeme aus den Elementen *Transformations-Maschine*, *Metadaten-Verwaltung* und *Manipulations-Schnittstellen* zusammen. Die hier entwickelte Architekturvariante wurde – in Abgrenzung zu den primär technisch-orientierten Architekturdarstellungen des Data Warehouse – bewußt konzeptionell ausgerichtet, wobei besonderer Wert auf die betriebswirtschaftlich erforderliche Transformation operativer in dispositive Daten und die hierfür notwendigen Dokumentations- und Manipulationsmöglichkeiten gelegt wurde. Mit der Entwicklung der Data Warehouse-Architektur wird demnach das Ziel verfolgt, einen Bauplan für ein Daten-Reservoir bereitzustellen, das dispositive Daten in konsistenter, integrierter Form beinhaltet und als einzige Quelle für sämtliche Informationsnachfragen des Managements fungiert.

Da die Daten im Data Warehouse gezielt auf antizipierbare Auswertungsdimensionen ausgerichtet, um Hierarchiebäume erweitert und in Zusammenfassungstabellen vorab aggregiert werden, besitzen sie bereits einen gewissen Grad an Funktionalität, der für spätere dispositive Analysen relevant ist. Aus diesem Grunde können die Daten im Data Warehouse als *applikationsklassen-orientiert* bezeichnet werden. Die wesentlichen Funktionalitäten, die aus den dispositiven Daten subjekt- und zweckbezogene Informationen generieren, werden jedoch nicht im Data Warehouse erzeugt. Sie sind vielmehr den Informationssystemen vorbehalten, die sich des vorbereiteten Daten-Reservoirs bedienen. Diese Informationssysteme stellen somit eine eigene Komponente in der Architektur Integrierter Management-Unterstützungs-Systeme dar und sind Gegenstand des folgenden Kapitels 5.2.

5.2 Informations-Komponente

Die datennachfragenden Informationssysteme, die auf das Data Warehouse aufsetzen, haben die Aufgabe, die Daten in ihre endgültige Aufbereitungsform zu überführen. Im folgenden soll die Architektur der hierfür erforderlichen Systeme entwickelt werden, die sich erheblich von der sich über Jahrzehnte entwickelten traditionellen Sichtweise über Abgrenzung, Struktur und Funktionalität der Informationssysteme unterscheiden. Zur Verdeutlichung der Unterschiede werden vorab die tradierten Formen der technikbasierten Managementunterstützung aufgezeigt und die Notwendigkeit einer Umgestaltung diskutiert.

5.2.1 Tradierte Formen managementunterstützender Informationssysteme

5.2.1.1 Historisch gewachsene pyramidale Darstellung managementunterstützender Systeme

Traditionell werden Informationssysteme als Endresultat des durch Technik zu unterstützenden Teils des Informationsprozesses gesehen, dessen sich die Entscheidungsträger bedienen können.[1] Die Abb. 5-19 verdeutlicht, welche Klassen von Informationssystemen und welche Benutzergruppen hierbei üblicherweise abgegrenzt werden.[2] Wie ersichtlich, werden die Benutzerklassen meist in Top-, Middle- und Lower-Management eingeteilt, während die Informationssysteme auf hoher Abstraktionsebene in *modellorientierte* und *berichtsorientierte Informationssysteme* unterschieden werden.

---

1 Vgl. Picot; Maier /Informationssysteme 1992/ 923.

2 Die Gliederung stellt das Raster für eine systematische Darstellung auf hoher Abstraktionsebene dar. Selbstverständlich könnte dieser Komplex wesentlich tiefer gegliedert werden. So unterscheiden *Mertens*; *Griese* über 30 verschiedene Systemkategorien im Bereich der Planungs- und Kontrollsysteme. Vgl. Mertens; Griese /Informationsverarbeitung 2 1993/ 3.
Die hier vorliegende Gliederung ist angelehnt an der in Kapitel 2.2.2 vorgestellten Strukturierung zur Erläuterung der historischen Entwicklung managementunterstützender Systeme, wobei aufgrund der Ausrichtung des aktuellen Kapitels ausschließlich die managementunterstützenden Informationssysteme eingeordnet werden. Die Kommunikations-/Kooperationssysteme werden in folgenden Kapiteln thematisiert.

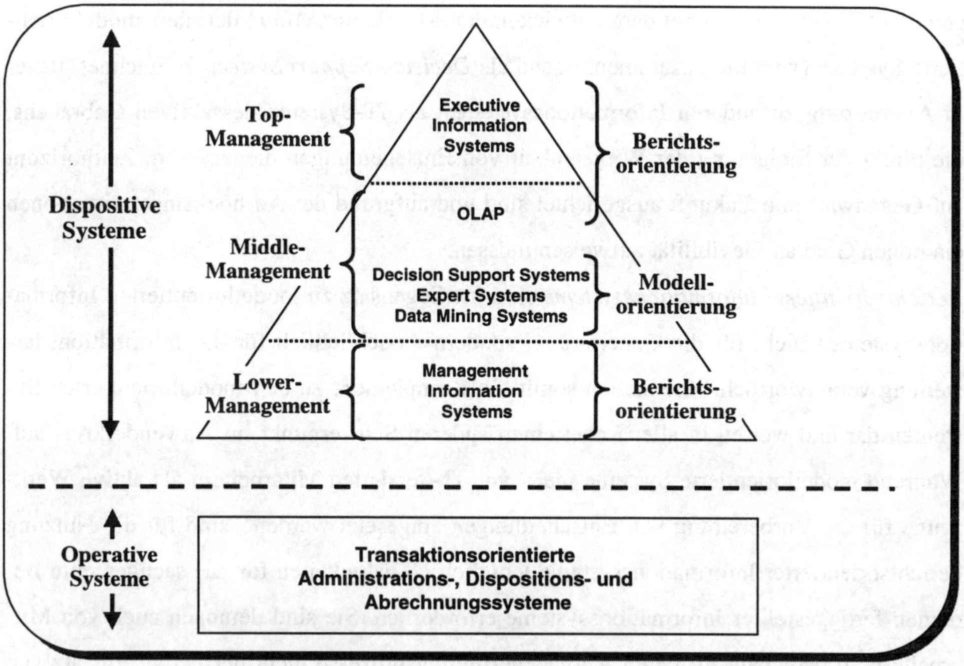

Abb. 5-19: Traditionelle Abgrenzung managementunterstützender Informationssysteme und deren Benutzergruppen

Modellorientierte Informationssysteme verfügen über eine ausgeprägte algorithmische Ausrichtung. Ihnen liegt demnach ein mathematisches Formelwerk zugrunde, mit dessen Hilfe Daten verarbeitet und in benutzerseitig bestimmbare Sichten transformiert werden. Meist sind Entwickler und Benutzer modellorientierter Systeme identisch. Demnach kann der Systemgebrauch auch als qualifizierte *Individuelle Datenverarbeitung (IDV)* bezeichnet werden.[1] Die Erstellung solcher Systeme ist somit durch *Gestaltungs- und Benutzungsspielräume* gekennzeichnet, so daß die Endbenutzer bei dem Aufbau und dem Einsatz der IDV-Lösungen in aller Regel nicht durch unternehmungsinterne und -externe Vorschriften eingeengt werden.[2] Aufgrund der fehlenden Revisionsnotwendigkeit dieser Systeme resultiert allerdings die persönliche Ergebnisverantwortung für die sachliche Richtigkeit der

1 Vgl. Kemper /Dezentrale Anwendungsentwicklung 1991/ 7ff.
2 Vgl. Seibt /Datenverarbeitung 1992/ 479ff.

erzeugten Ergebniswerte bei dem entwickelnden Mitarbeiter. *Alter*[1] definiert modellorientierte Systeme (von ihm zusammenfassend als *Decision Support Systems* bezeichnet) daher in Abgrenzung zu anderen Informationssystemen als IT-Systeme des aktiven Gebrauchs, die direkt der Steigerung der Wirksamkeit von Entscheidungen dienen, vom Zeithorizont auf Gegenwart und Zukunft ausgerichtet sind und aufgrund der Ad-hoc-Einsatzsituationen ein hohen Grad an Flexibilität aufweisen müssen.

Berichtsorientierte Informationssysteme sind im Gegensatz zu modellorientierten Informationssystemen nicht für die Generierung, sondern ausschließlich für die Informationsdarstellung verantwortlich.[2] Sie stellen somit ein Komplement zu den modellorientierten Systemen dar und weisen in aller Regel einen anderen Schwerpunkt im Anwenderkreis auf. Während modellorientierte Systeme meist von IT-versierten Mitarbeitern als aktive Werkzeuge für die Vorbereitung von Entscheidungen eingesetzt werden[3], sind für die Nutzung berichtsorientierter Informationssysteme lediglich IT-Fähigkeiten für das sachgerechte Bedienen fertiggestellter Informationssysteme erforderlich. Sie sind demnach auch von Mitarbeitern zu bedienen, für deren Aufgabenerfüllungsprozesse nicht der aktive Einsatz von IT-Werkzeugen erforderlich ist und die aus diesem Grunde meist beschränkte IT-Kenntnisse vorzuweisen haben.[4]

Für die Positionierung der Benutzergruppen managementunterstützender Informationssysteme ist in der Literatur die einfache Pyramidendarstellung – wie in der Abb. 5-19 gezeigt – üblich.[5] Diese didaktische Simplifizierung, die sich an die gängige Darstellung der Unternehmungshierarchie in der Organisationsliteratur anlehnt[6], ist zur Identifikation der ein-

---

1 Vgl. Alter /Decision Support Systems 1980/ 2ff. Eine ausführliche Abgrenzung von DSS-Konzeptionen befindet sich in: Gray (Hrsg.) /Decision Support 1994/.

2 Ein Klassifikationsschema betrieblicher Berichte findet sich in Gluchowski /Berichtssysteme 1998/ 181ff.

3 Vgl. Kemper /Dezentrale Anwendungsentwicklung 1991/ 105ff.

4 Eine Ausnahme bilden hierbei die *OLAP-Systeme*, die aufgrund ihrer komplexen, vom Benutzer frei bestimmbaren Navigationsmöglichkeiten einen gewissen Grad an IT-Anwendungswissen voraussetzen und aus diesem Grunde auch nicht von vollständig IT-unkundigen Mitarbeitern bedient werden können.

5 Vgl. z.B. Gluchowski; Gabriel; Chamoni /Management Support Systeme 1997/ 202 und Scheer /Wirtschaftsinformatik1995/ 5.

6 Die Unternehmungshierarchie wird in der Organisationsforschung als grundlegendes Ordnungsprinzip verstanden, aus der die formale Struktur der Über- und Unterordnung deutlich wird. Vgl. z.B. Laske; Weiskopf /Hierarchie 1992/ 791ff., Staehle /Management 1994/ 731 und Bleicher /Management 1992/ 234.

zelnen Einsatzschwerpunkte der Systeme durchaus gerechtfertigt. Die Darstellung verleitet jedoch zu Fehlinterpretationen, die im folgenden dargelegt werden sollen:

- Mit Hilfe der pyramidalen Abbildung wird die Möglichkeit einer stringenten Unterscheidung in getrennte Systemklassen vorgetäuscht, die sich in der Praxis so nicht wiederfindet. Vor dieser Gefahr warnten *Bullinger/Koll/Niemeier* bereits im Jahre 1993: „Die Projektpraxis zeigt, daß die bisher beschriebenen Anwendungsklassen weder trennscharf noch hilfreich für die Planung und Gestaltung von computergestützten Unterstützungssystemen sind“[1].
- Zum zweiten wird suggeriert, daß die einzelnen Systemklassen sich eindeutig den verschiedenen Hierarchieebenen zuordnen lassen. So wird häufig aus der pyramidalen Darstellung abgeleitet, daß das Top-Management ausschließlich berichtsorientierte *Executive Information Systems* benötige, das mittlere Management die modellorientierten Informationssysteme und die *OLAP-Systeme* einsetze und das untere Management mit *Management Information Systems* versorgt würde.[2]
- Eine dritte, weit verbreitete Fehlinterpretation ist die mutmaßliche Abhängigkeit der jeweils hierarchisch höher angesiedelten Systemklasse von der darunter befindlichen. So impliziert die Darstellung, daß modellorientierte Systeme lediglich dann aufgebaut werden können, wenn die berichtsorientierten Systeme zur Planung, Steuerung und Kontrolle der operativen Wertschöpfungskette bereits aufgebaut worden sind. In gleicher Weise wird suggeriert, daß Informationssysteme für das Top-Management erst nach erfolgreicher Implementierung der modellorientierten Systeme – wie *DSS*, *XPS* – umgesetzt werden können. Diese Auffassung hatte vor der Diskussion über unternehmungsumfassende Data Warehouse-Lösungen durchaus Berechtigung, da die Einzelsysteme meist isolierte Datenhaltungssysteme aufwiesen, auf deren Basis weitere Extraktionen und Harmonisierungen für nachgelagerte Informationssysteme durchgeführt wurden.[3]

---

1 Bullinger; Koll; Niemeier /Führungsinformationssysteme 1993/ 34.

2 Vgl. z.B. Kornblum /Unternehmenssteuerung 1994/ 101.

3 Vgl. die Ausführungen zur historisch gewachsenen Form der dispositiven Datenversorgung im Kapitel 5.1.1.1.1 der Arbeit.

Die Tatsache, daß die traditionellen Systemabgrenzungen und Zuordnungen zu Benutzergruppen mit dem historisch gewachsenen Verständnis der technikbasierten Managementunterstützung nicht mehr in Einklang zu bringen sind, hat in der Praxis zu Unsicherheiten bei der Einordnung dispositiver Systeme geführt. So reflektiert der Vorschlag, „EIS" nicht als Abkürzung für „Executive Information System", sondern vielmehr als Akronym für „Enterprise Information System" zu verwenden, den Zwiespalt in den Unternehmungen.[1] Allerdings können die Probleme mit einer schlichten Um-Interpretation eines Akronyms nicht gelöst werden. Vielmehr ist es erforderlich, eine neue, den Realitäten angemessene Strukturierung für den gesamten Komplex der managementunterstützenden Informationssysteme zu entwickeln. Diese Überlegungen sind Gegenstand des folgenden Kapitels.

5.2.1.2 Benutzergruppenspezifische Systemstrukturierungen

Einer der hervorzuhebenden Vorteile des Data Warehouse-Ansatzes ist die Integration von semantischem Wissen in die Datenhaltung, das durch Harmonisierungen, Verdichtungen und betriebswirtschaftliche Anreicherungen repräsentiert wird. Obwohl hiermit das lange Jahre propagierte Paradigma der Applikationsneutralität der Datenhaltung im Bereich der dispositiven Datenhaltung ohne Frage aufgehoben wird, kann auf diese Weise ein aus Benutzersicht geschlossener, konsistenter Datenpool zur Verfügung gestellt werden. Charakteristisch für diesen Pool ist es, daß er betriebswirtschaftlich aufbereitetes Datenmaterial für jede Klasse von Informationsanfragen bereithält. Aus diesem Grunde ist für Informationssysteme mit hochverdichteten Datensichten eine funktionale Aufbereitung der Daten durch die Logik vorgelagerter dispositiver Anwendungsprogramme nicht mehr erforderlich. Eine hierarchische Abhängigkeit der Einzelsysteme, wie sie in der einfachen pyramidalen Darstellung angedeutet wird, ist aus diesem Grunde nicht (mehr) existent.

Die Elimination dieser technischen Restriktionen erlaubt eine Strukturierung managementunterstützender Informationssysteme, die sich an den realen Informationsbedarfen der einzelnen Benutzergruppen ausrichtet. Sie sollen hier als *Sichten* bezeichnet werden und sind in der Abb. 5-20 dargestellt.

---

[1] Vgl. Oppelt / Management 1995/ 171.

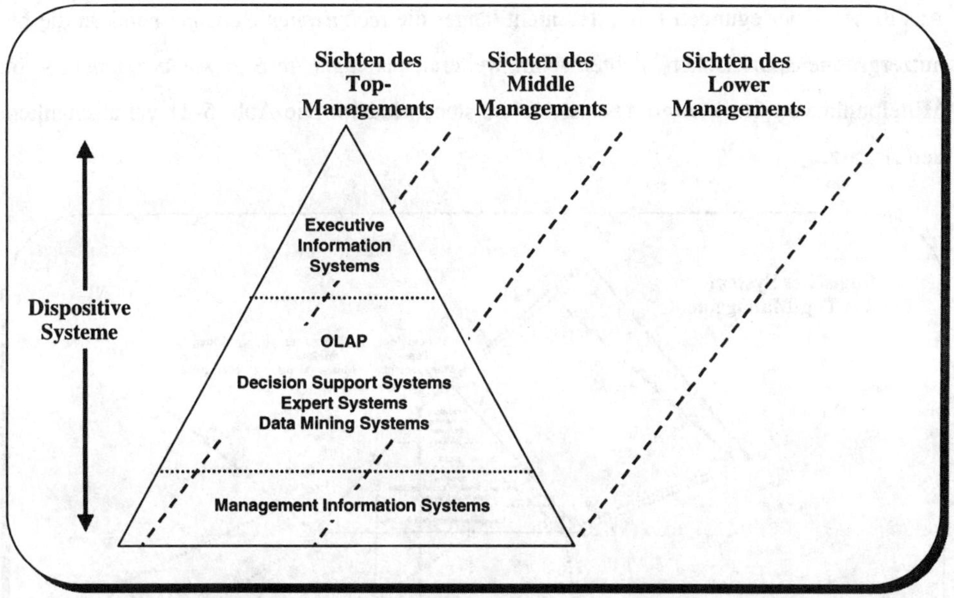

Abb. 5-20: Sichten der einzelnen Benutzergruppen

Wie die Abbildung verdeutlicht, kann die pyramidale Beschreibungsform der Systemklassen nicht direkt mit der hierarchischen Eingliederung ihrer Benutzer gleichgesetzt werden. So wird deutlich, daß das Top-Management neben den berichtsorientierten Executive Information Systems ebenso Zugriff auf modellorientierte Systeme und auf die Basisberichtssysteme haben muß, um neben ihren Führungsaufgaben auch die dem Top-Management obliegenden Fachaufgaben umsetzen zu können. Ähnlich ist die Situation des mittleren Managements. Für diese Mitarbeitergruppe ist es keinesfalls ausreichend, für die Erledigung ihrer stellenbezogenen Aufgaben lediglich auf modellorientierte Systeme zugreifen zu können. Und auch im unteren Management sind neben den berichtsorientierten Informationssystemen zur direkten Steuerung der operativen Wertschöpfungskette ebenso Zugangsmöglichkeiten zu modellorientierten Informationssystemen bereitzustellen.[1]

[1] Gerade vor dem Hintergrund aktueller Ansätze der Organisationsforschung, die sich durch Reduktion von Hierarchie, Vitalisierung traditioneller Strukturen durch Prozeßorientierung, Kompetenzdelegation und Teamorientierung auszeichnen, kommt dieser neuen Sichtweise besondere Bedeutung zu. Vgl. Kattler /Wettbewerbsvorteil 1994/ 25 und zur Veränderung der Rahmenbedingungen von Märkten Webersinke; Lindenlaub /Strukturwandel 1994/ 64ff., Frese /Organisation 1995/ 440, Macharzina /Unternehmensführung 1995/ 17ff. und Picot; Reichwald; Wigand /Unternehmung 1996/ 2ff.

Aus diesen Überlegungen folgt, daß nicht länger die *technischen Systeme,* sondern die benutzergruppenspezifischen Sichten – im weiteren als *logische Systeme* bezeichnet – im Mittelpunkt von Strukturierungsansätzen zu stehen haben. Die Abb. 5-21 veranschaulicht den Ansatz.

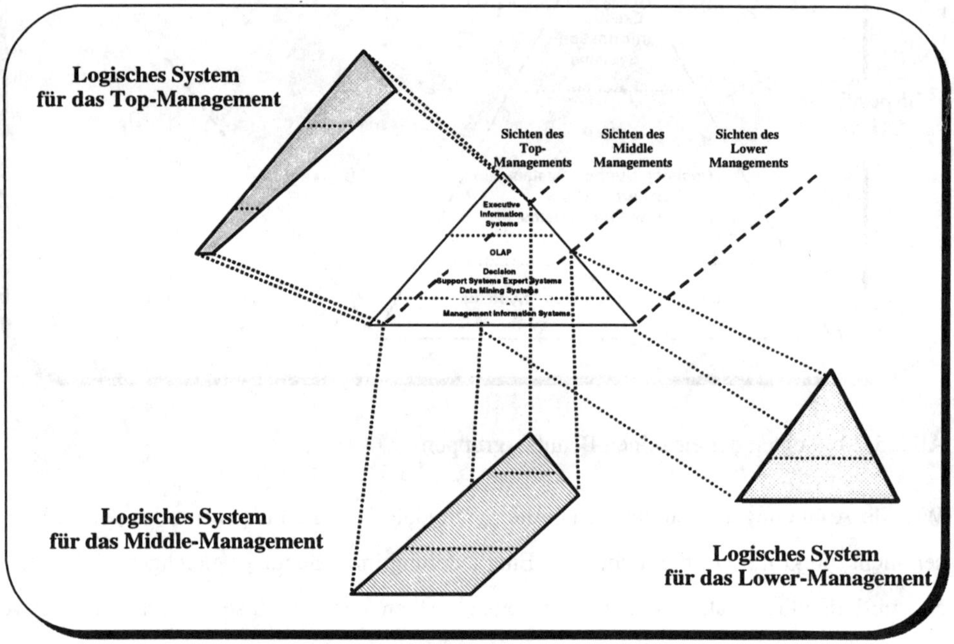

Abb. 5-21: Logische Systeme für spezifische Managementgruppen

So ist deutlich erkennbar, daß die logischen Systeme der einzelnen Managementebenen sich aus verschiedenen Komponenten der physischen Systemklassen zusammensetzen. Die logischen Systeme des Top-Managements und des mittleren Managements beinhalten beispielsweise Komponenten aus den Klassen der berichtsorientierten Top-Informationssysteme, der modellorientierten Systeme und der Basis-Informationssysteme, während die Systeme des unteren Managements auf Basis-Berichtssysteme und modellorientierte Systeme zugreifen können. Zur Umsetzung dieser konzeptionellen Überlegungen ist es erforderlich, die *logischen Systeme* der einzelnen Managementgruppen aus den verschiedenen physischen Subsystemen zu bilden, wobei sich aus Benutzersicht das Systemkonglomerat als ein geschlossenes Informationssystem darzustellen hat.[1]

5.2.2 Konkretisierung der Informations-Komponente in der Architektur Integrierter Management-Unterstützungs-Systeme

Für die Konkretisierung der Informations-Komponente wird bewußt auf die pyramidale Darstellung und Verwendung der traditionellen Systembezeichnungen, die eine feste Zuordnung zu einem bestimmten Benutzerkreis suggerieren[2], verzichtet. Die Informationssysteme des Managements werden vielmehr aufgrund ihrer funktionalen Ausrichtung gegliedert. Die Abb. 5-22 zeigt die Aufteilung der Systeme, die in den in der Abbildung angegebenen Kapiteln detailliert werden.

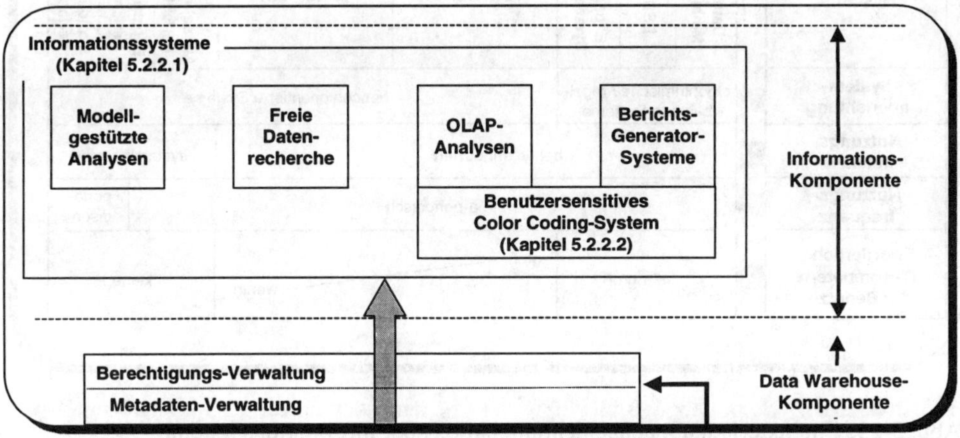

Abb. 5-22: Grundlegender Aufbau der Informations-Komponente in der Architektur Integrierter Management-Unterstützungs-Systeme

[1] Diese Integrationsleistung ist vor allem durch die *Front-End-Komponente* Integrierter Management-Unterstützungs-Systeme zu bewerkstelligen, die in Kapitel 5.4 ausführlich behandelt wird.

[2] Wie z.B. *Executive Information Systems* für das Top-Management.

5.2.2.1 Informationssysteme

Die auf die Data Warehouse-Komponente aufsetzenden Informationssysteme des Managements werden im weiteren unterschieden in *Modellgestützte Analysen*, *Freie Datenrecherche*, *OLAP-Analysen* und *Berichts-Generator-Systeme*. Sie haben – wie die Abb. 5-23 verdeutlicht – unterschiedliche Charakteristika, die sich nicht an der hierarchischen Positionierung der Benutzer orientieren, sondern anhand der Kriterien *Systemausrichtung*, *Nutzungsinitiierung*, *Nutzungsfrequenz* und *erforderliche IT-Kompetenz der Benutzer* bestimmen lassen.

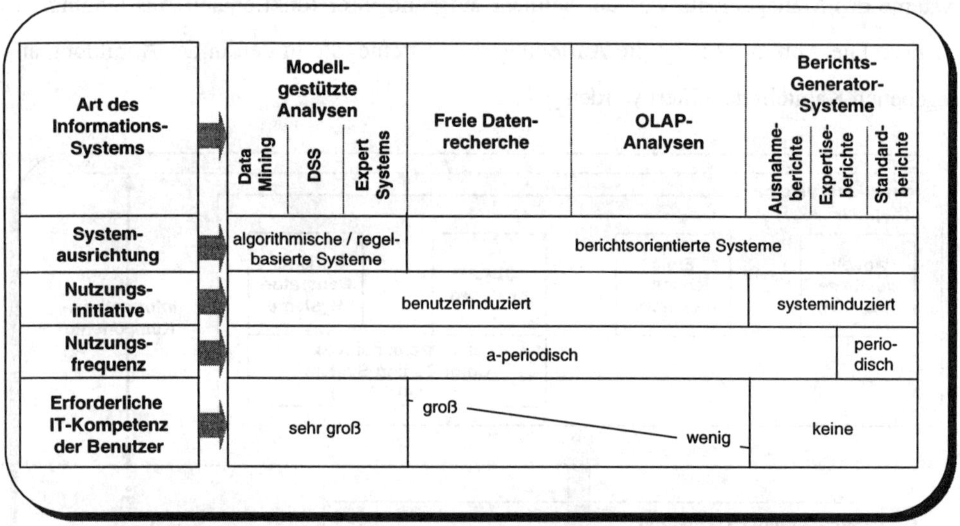

Abb. 5-23: Charakteristika managementunterstützender Informationssysteme

- *Modellgestützte Analysen*

Die modellgestützten Analysen weisen im Gegensatz zu allen anderen Systemen eine algorithmische oder regelbasierte Orientierung auf. Die Daten des Data Warehouse werden in diesen Anwendungsfällen demnach lediglich als Ausgangspunkt für weitere eigenständige Transformationsprozesse herangezogen, wobei die Analysen üblicherweise mit Hilfe von Data Mining Systems, Decision Support Systems oder Expert Systems im Bedarfsfalle – also a-periodisch aufgrund von Benutzerinitiativen – erarbeitet werden. Da die Benutzer die Systeme mit Hilfe mathematisch-statistischer Verfahren oder heuristischer Methoden unter Einsatz spezieller IT-Werkzeuge meist selbständig entwickeln, ist diese Systemkategorie eine Domäne IT-versierter Fachkräfte.[1]

- *Freie Datenrecherchen*

Im Gegensatz zu den modellgestützten Analysen werden mit freien Datenrecherchen die im Data Warehouse befindlichen Daten lediglich recherchiert und angemessen visualisiert. Aus diesem Grunde gehört diese Kategorie von Informationssystemen zu den berichtsorientierten Systemen. Im Unterschied zu anderen Berichtssystemen verlangt jedoch diese Art der Datenrecherche einen hohen Grad an IT-Kompetenz bei dem Benutzer. Diese ist vor allem darauf zurückzuführen, daß für die Systeme aufgrund ihres Einsatzgebietes – nicht vorhersehbare, a-periodisch und benutzerinitiierte Datenabfragen – die detaillierte Kenntnis von Abfragewerkzeugen (sog. *Query Tools*) erforderlich ist, da die Datensuche im Data Warehouse vollständig losgelöst von vorgegebenen Berichtsstrukturen erfolgt.

- *OLAP-Analysen*

Wenngleich auch OLAP-Analysen die benutzerinitiierte, a-periodische Datenabfrage und Datenvisualisierung erlauben, unterscheiden sie sich von den freien Datenrecherchen durch eingeschränkte Rechercheflexibilität. So lassen sich mit diesen Systemen lediglich antizipierte Klassen von Abfragen auf der Basis vorab definierter Dimensionen und Dimensions-Hierarchisierungen vornehmen. Auf der anderen Seite ist für die Benutzung von OLAP-Systemen wesentlich weniger IT-Know-how erforderlich, da aufgrund der Einengung der Recherchevielfalt die Systeme mit komfortablen Benutzerführungen ausgestattet werden können.

- *Berichtsgenerator-Systeme*

Die generierten Berichte bieten von allen hier beschriebenen Systemkategorien die größte Erscheinungsvielfalt. Da die Initiative zur Berichterzeugung nicht durch den Menschen,

---

1 Diese Anforderung gilt selbstverständlich nicht, wenn die Systeme von Spezialisten entwickelt und mit einer Benutzeroberfläche ausgestattet den Mitarbeitern der Fachbereiche überlassen werden. In diesen Fällen reduziert sich die erforderliche IT-Kompetenz zur Systemnutzung auf das Niveau von OLAP- oder Berichtsgenerator-Systemen.

sondern durch das System selbst erfolgt, werden diese Systeme auch häufig als *aktive Berichtssysteme* bezeichnet. Die einfachste Stufe bildet hierbei die reine Informationsdarstellung in Form von *periodischen Berichten*, die als *Standardberichte* die Endbenutzer in fest definierten Abständen über ihren positionsspezifischen Verantwortungsbereich unterrichten. Die Generierung von zusammengesetzten Berichten aus Texten, Graphiken und numerischen Werten aufgrund von spezifischen Datenkonstellationen wird von sog. *Expertisesystemen* durchgeführt, die sowohl periodisch als auch a-periodisch Berichte für Führungskräfte aller Hierarchieebenen erzeugen.[1] *Ausnahmeberichte* – auch als *Signalberichte* bezeichnet – gehören der Klasse der *a-periodischen Berichtssysteme* und werden durch ex ante festgelegte Datenkonstellationen aktiviert. Sie dienen zum einen Managern als betriebliche Früherkennungssysteme zur Kontrolle operativ ausgerichteter Abläufe und zum anderen als Prognosesysteme zur Früherkennung strategischer Potentiale und Gefahren.

5.2.2.2 Benutzersensitives Color Coding-System

Wie ausgeführt, werden die Datenzugriffsberechtigungen – im Gegensatz zu traditionellen Informationssystemen – zentral in der Berechtigungsverwaltung der Data Warehouse-Komponente auf der Basis von Benutzer(-gruppen)-Profilen geregelt.[2] Hierbei ist anzustreben, gemeinsame Datenräume – sog. *horizontale* und *vertikale Transferschichten* – einzurichten, um über teil-identische Datensichten die Kommunikation/Kooperation zwischen Managern zu gewährleisten.[3] Wie die empirische Studie dieser Arbeit gezeigt hat, kann jedoch der Zugriff auf gemeinsame Datenräume zu erheblichen Problemen führen. So wurden von den Interviewten die Mißachtung organisatorischer Zuständigkeiten, die mißbräuchliche Nutzung des Systems als Disziplinierungsinstrument und der erhöhte Aufwand, der durch die Beantwortung von managerinitiierten Anfragen bei vermuteten Abweichungen entstand, als negative Punkte aufgeführt.[4] Verstärkt wird die Gefahr dieser

---

1 Vgl. Mertens /Expertisesysteme 1997/ 162.
2 Vgl. Kapitel 5.1.2.2 dieser Arbeit.
3 Vgl. Abb. 5-14 im Kapitel 5.1.2.2 dieser Arbeit.
4 Vgl. Kapitel 3.2.4.1 dieser Arbeit.

negativen Erscheinungen durch die in vielen OLAP- und Standardberichts-Systemen implementierten einfachen Formen der Ausnahmekennzeichnung von Datenwerten, die heutige Werkzeuge zum Aufbau von managementunterstützenden Systemen besitzen. So verfügen sie in aller Regel über die Möglichkeit, quantitative Abweichungen benutzerseitig bestimmter Größenordnung zu frei wählbaren Vergleichsdaten – meist Planwerten – durch farbliche Kennzeichnungen der Datenwerte zu verdeutlichen. Diese Form der Ausnahmekennzeichnung, die auch als *Color Coding* bezeichnet wird, soll den Benutzern Hilfestellungen bei der Datenanalyse gewähren. Eine Unterstützung der Managementkonzeption *Management-by-Exception* kann – trotz teilweise anderslautender Aussagen von Werkzeuganbietern – jedoch keineswegs mit Hilfe dieser Mechanismen unterstützt werden. Vielmehr sei an dieser Stelle sogar die These erlaubt, daß diese einfachen, werkzeugspezifischen Hilfsmittel gerade eine solche Konzeption torpedieren. So gehört das *Management-by-Exception* zu einer Familie von „Management-by-" Techniken, die sich als Teilkonzepte des *Management-by-Objectives* auffassen lassen.[1] Im Mittelpunkt dieser Managementtechniken steht vor allem die Delegation von Kompetenz und Verantwortung für die gemeinsam erarbeiteten Zielvereinbarungen.[2] Die Mitarbeiter sollen demnach eigenverantwortlich ihren Aufgabenbereich bearbeiten und lediglich in Ausnahmefällen – bei signifikanter, betriebswirtschaftlich korrekt beurteilter Abweichung der Ist-Daten von geplanten und vereinbarten Zielwerten – die Vorgesetzten informieren und das weitere Vorgehen abstimmen.[3] Die bloße Implementierung einfacher Mechanismen, die lediglich quantitativ ermittelte Abweichungen von Vorgabewerten farblich kennzeichnen, kann daher diesem Anspruch keinesfalls genügen.[4] Allenfalls können diese Mechanismen den

---

1 In der Literatur lassen sich in diesem Zusammenhang *Management-by-Delegation*, *Management-by-Results*, *Management-by-System*, *Management-by-Motivation* und andere „Management-by"-Wortschöpfungen identifizieren, die jeweils einzelne Aspekte des übergeordneten Ansatzes des *Management-by-Objectives* akzentuieren. Vgl. Macharzina /Unternehmensführung 1995/ 451ff.

2 Vgl. Staehle /Führungstheorien 1992/ 669.

3 Ausführlich in Steinmann; Schreyögg /Management 1993/ 679ff. und Staehle /Management 1994/ 519 und 805ff.

4 Diese Aussage gilt vor allem vor dem Hintergrund, daß die von den Herstellern angebotenen Subsysteme des Color Coding meist äußerst funktionsarm sind und sich nicht ausreichend an unternehmungsspezifische Gegebenheiten anpassen lassen. So können meist keine saisonalen oder geschäftsbedingten Schwankungen berücksichtigt werden. Des weiteren können Abweichungen in kumulierten Zeitreihen, bei denen sich verjüngende Abweichungskorridore implementiert werden müssen, nicht entsprechend abgebildet

verantwortlichen Stelleninhabern erste Anregungen geben, in welchen Bereichen eine fundierte betriebswirtschaftliche Analyse aufzusetzen ist. Eine solche Analyse kann dann durchaus zu dem Ergebnis führen, daß die farblich gekennzeichneten Werte zwar quantitative Abweichungen signalisieren, jedoch betriebswirtschaftlich ohne Belang sind. So wäre eine signifikante Abweichung der Ist-Werte von den Plan-Werten innerhalb einer Monatsplanung sicherlich keine betriebswirtschaftlich relevante Ausnahmesituation, wenn sie lediglich durch die kurze Verzögerung eines Geschäftsvorfalls verursacht wird und somit erst im Folgemonat zum Tragen kommt.

Zur Eliminierung dieser Probleme ist daher eine grundlegende Neuorientierung für das implementierte Color Coding bei OLAP-Analysen und bei generierten Standardberichten erforderlich.[1] Durch die Implementierung eines *benutzersensitiven Color Coding-Systems* ist hierbei sicherzustellen, daß die quantitativen Abweichungen lediglich in der Datensicht des verantwortlichen Mitarbeiters farblich gekennzeichnet werden. Auf diese Weise wird dem Stelleninhaber signalisiert, daß eine weiterreichende Untersuchung und Bewertung der quantitativen Abweichung zu erfolgen hat. Erst wenn diese Untersuchung zu dem Ergebnis führt, daß die Abweichung eine betriebswirtschaftlich relevante Ausnahmesituation darstellt, sollte sie auf *Initiative des Daten-Verantwortlichen* mit entsprechendem Kommentar versehen und farblich in der Datensicht des Vorgesetzten oder eines anderen Adressaten eingestellt werden können. Die Abb. 5-24 verdeutlicht beispielhaft diese Lösungsvariante.

---

werden. Zu effizienten Formen der Abweichungsanalyse vgl. Zentes /EDV-gestütztes Marketing 1987/ 194ff. und Kaiser /Data Warehouse 1995/ 37.

1 *OLAP-Analysen* und *generierte Berichte* besitzen – im Gegensatz zu *modellgestützten Analysen* und *freien Datenrecherchen* – standardisierte, benutzerseitig aufrufbare Datensichten. Benutzersensitive Color Coding-Systeme sind daher nur hier sinnvoll einsetzbar.

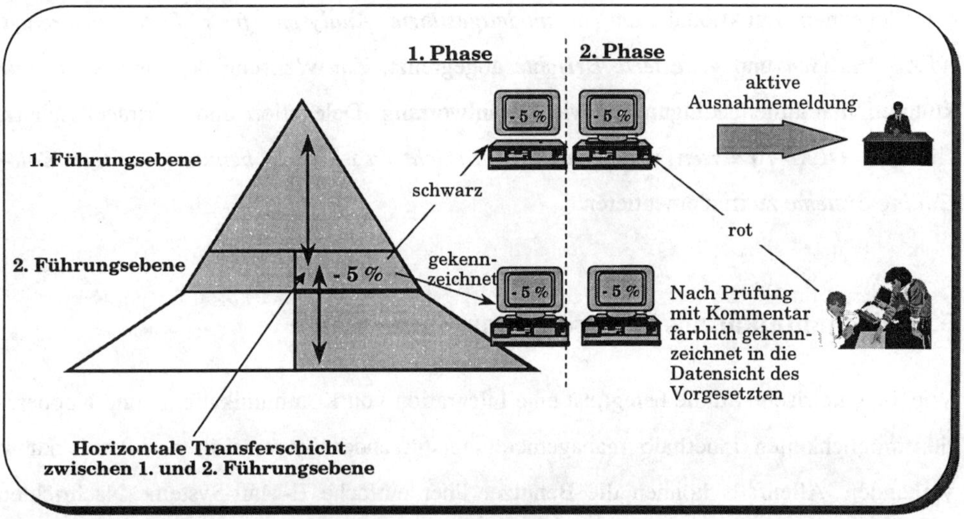

Abb. 5-24: Benutzersensitives Color Coding-System

Wie aus der Abbildung zu ersehen ist, setzt sich das Ausnahmeberichtswesen aus zwei Phasen zusammen. In der ersten Phase wird die quantitativ ermittelte Abweichung (hier in der Abbildung 5 %) lediglich in der Datensicht des verantwortlichen Mitarbeiters farblich gekennzeichnet. In der Datensicht des Vorgesetzten erscheint zwar der numerische Wert, er ist jedoch in dieser Phase nicht als betriebswirtschaftliche Ausnahmesituation ausgewiesen und aus diesem Grunde auch nicht farblich markiert. Nach Durchführung einer betriebswirtschaftlichen Prüfung der quantitativen Abweichung hat der verantwortliche Mitarbeiter die Möglichkeit, eine etwaige meldepflichtige Ausnahme mit einem erklärenden Kommentar zu versehen und farblich gekennzeichnet in die Sicht seines Vorgesetzten zu transformieren. Die auf diese Art zum aktiven Ausnahmeberichtswesen erweiterte Form des Color Coding erfordert selbstverständlich die Integration medienbruchfreier Kommunikationsmöglichkeiten, die in den folgenden Kapiteln thematisiert werden soll.

5.2.2.3 Zusammenfassung

Die auf das Data Warehouse aufsetzenden Informationssysteme werden im Gegensatz zu traditionellen MUS nicht an bestehenden hierarchischen Strukturen, sondern anhand ihrer grundlegenden Funktionalitäten in *modellgestützte Analysen*, *freie Datenrecherchen*, *OLAP-Analysen* und *generierte Berichte* abgegrenzt. Zur Wahrung der unternehmungskulturellen Rahmenbedingungen, wie Verantwortung, Delegation und Vertrauensschutz, sind für *OLAP-Analysen* und *generierte Berichte* zusätzlich *benutzersensitive Color Coding-Systeme* zu implementieren.

5.3 Kommunikations-/Kooperations-Komponente

Wie die empirische Studie belegt, ist eine Integration von Kommunikations- und Kooperationsmöglichkeiten innerhalb managementunterstützender Systeme in der Praxis kaum vorhanden. Allenfalls können die Benutzer über einfache E-Mail-Systeme Nachrichten austauschen, wobei jedoch aufgrund der begrenzten medialen Möglichkeiten dieser Systeme nicht sämtliche Formen der Kommunikation unterstützt werden können und Medienbrüche in Kauf zu nehmen sind.[1] Obwohl sämtliche empirisch-explorativen Studien zum Arbeitsverhalten von Managern die besondere Relevanz der Kommunikation herausstellen[2], hat auch die Forschung aufgrund des hohen Innovationsgrades der hierfür erforderlichen IT bislang keine satisfizierenden Lösungen für die Unterstützung dieses Bereiches gefunden. So beschäftigt sich der überwiegende Teil der Fachliteratur zum Themenbereich der IT-basierten Managementunterstützung primär mit den Gestaltungsbereichen, die sich mit der Datenhaltung und der Informationspräsentation auseinandersetzen.[3] Zwar wird in den meisten Publikationen auch betont, daß eine Einbindung der Systeme in die existierende Bürokommunikationsinfrastruktur erfolgen sollte, konkrete Gestaltungshinweise lassen sich jedoch nicht finden.[4]

---

1 Vgl. Kapitel 3.2.2.1 der Arbeit.

2 Vgl. z.B. Müller-Böling; Ramme /Führungskräfte 1990/, Schreyögg; Hübl /Beobachtungsstudie 1992/ 82ff., Grote /Büro-Kommunikation 1993/, Guthunz /Informationssysteme 1994/, Pribilla; Reichwald; Goecke /Telekommunikation 1996/ 153ff. und Rechkemmer /executive support systems 1997/ 147ff.

3 Vgl. z.B. Kroenke; Hatch /Management Information Systems 1994/, Struckmeier /Führungsinformationssystemen 1997/ und Staneck-Pohl /Executive Support Systems 1997/.

4 Vgl. Oppelt /Management 1995/ 141ff. und Gluchowski; Gabriel; Chamoni /Management Support Systeme 1997/ 294ff.

Im weiteren werden zunächst die traditionellen CSCW-Lösungen dargestellt und im Hinblick auf ihre Verwendungsfähigkeit im Rahmen der Managementunterstützung analysiert. In den darauf folgenden Kapiteln wird eine Konkretisierung der Kommunikations-/Kooperations-Komponente in der Architektur Integrierter Management-Unterstützungs-Systeme erarbeitet.

5.3.1 Tradierte Workgrouplösungen für verteilt arbeitende Manager und Fachspezialisten

5.3.1.1 Entwicklung des Workgroup Computing im Bereich des CSCW

Die CSCW-Forschung differenziert zwischen *Workflow Management* und *Workgroup Computing* zur Unterstützung multipersoneller Arbeitsprozesse.[1] Bei dem *Workflow Management* steht primär die ganzheitliche Unterstützung wohl-strukturierter Geschäftsprozesse im Mittelpunkt des Forschungsinteresses. Das *Workgroup Computing* zielt hingegen bewußt auf die Benutzergruppen, die durch den IT-Einsatz bei der Lösung vornehmlich schlecht-strukturierter Probleme unterstützt werden sollen. Es ist verständlich, daß aufgrund der Aufgabencharakteristika des Managements lediglich das Workgroup Computing für eine Integration in managementunterstützende Systeme von Relevanz ist. Im folgenden konzentrieren sich die Ausführungen daher bewußt auf aktuelle Lösungen des Workgroup Computing.

In der Literatur werden verschiedene Methoden der Klassifikation von Workgroup Computing-Lösungen diskutiert. So existieren diverse Schemata, die sich an verschiedenen Dimensionen der zu unterstützenden Funktionen ausrichten.[2] Allen Ansätzen ist jedoch gemein, daß sie nur unvollständig die komplexen raum- und zeitübergreifenden Dimensionen von Systemen des Workgroup Computing abbilden können. Sie stellen demnach aus-

---

1 Vgl. Hasenkamp; Syring /CSCW 1994/ 26ff.

2 *Bornschein-Grass* hat die verschiedenen Ansätze untersucht und unterscheidet in diesem Zusammenhang die Dimensionsausprägungen „Raum und Zeit", „Inhalt und Prozeß", „Mechanismus und Kontext", „Struktur und Synergie", „Standardisierung und Flexibilität" sowie „Integration und Kontrolle". Vgl. Bornschein-Grass /Groupware 1995/ 24ff. Vgl. in diesem Zusammenhang auch Teufel u.a. /Computerunterstützung 1995/ 26.

schließlich eine didaktische Hilfestellung dar und bedienen sich gezielt der Simplifizierung. Trotz dieser Schwächen bieten sie erste Ansatzpunkte für die Einordnung der verschiedenen Systemkategorien. Wie die Abb. 5-25 zeigt, werden im weiteren die relevanten Systeme anhand der üblichen *Raum-/Zeitmatrix*[1] dargestellt, wobei sie jedoch im Gegensatz zu bekannten Darstellungen leicht modifiziert und auf die hier relevanten Bereiche ausgerichtet werden. So werden die vier theoretischen Felder des Klassifikationsschemas in zwei Blöcke unterteilt, denen jeweils die Systeme für die Zusammenarbeit am selben Ort und an verschiedenen Orten zugeordnet werden. Dieses Vorgehen ist in dieser Arbeit sinnvoll, da lediglich die Systeme der ortsverschiedenen Zusammenarbeit für die Integration in managementunterstützende Systeme von Relevanz sind.

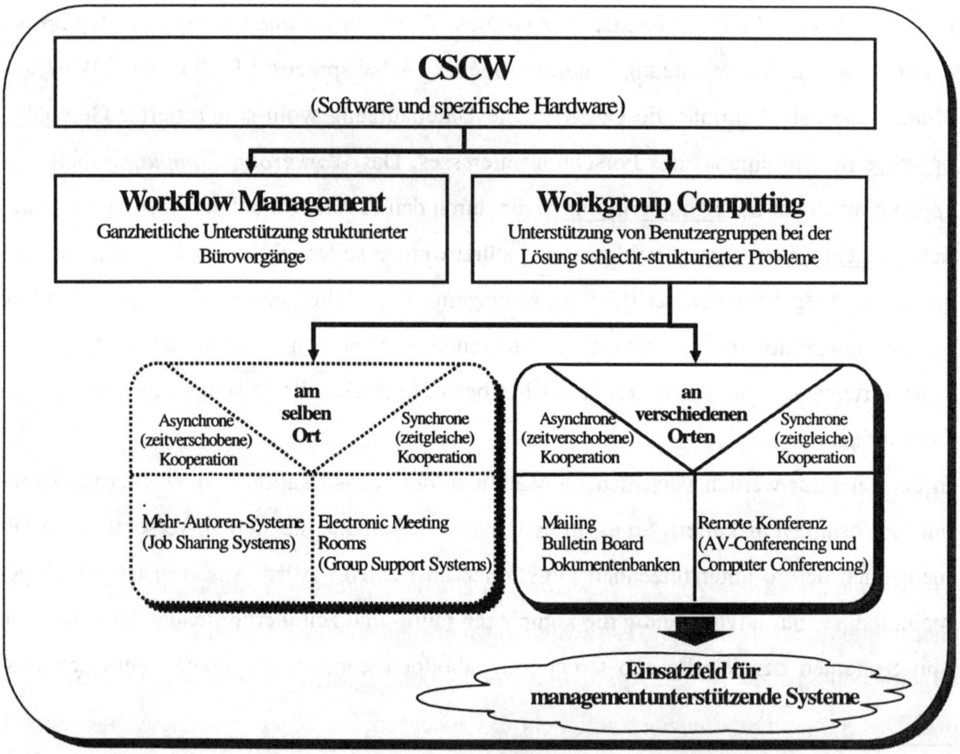

Abb. 5-25: Klassifikation für die Systeme des Workgroup Computing

[1] Die *Raum-Zeitmatrix* zur Klassifikation von CSCW-Systemen wurde von *Johansen* entwickelt und wird heute in den meisten Fachpublikationen verwendet. Vgl. Johansen /Groupware 1988/.

- *Workgroup Computing zur Unterstützung ortsverschiedener, synchroner Zusammenarbeit*

Die zeitgleiche Kooperation von Mitarbeitern an verschiedenen Orten wird auch als *Remote Konferenz* bezeichnet. Charakteristisch für diese Richtung der CSCW-Forschung ist die Überbrückung der physischen Entfernung der Kooperationspartner, wobei aufgrund der Anzahl der unterstützten Mitarbeiter sog. *Punkt-zu-Punkt-Konferenzen* und *Mehrpunkt-Konferenzen* unterschieden werden.[1] Grundsätzlich können hier auf der Grundlage lokal oder standortübergreifend vernetzter Arbeitsplätze zwei Systemkategorien unterschieden werden, die beide innerhalb der Remote Konferenz integriert zusammenwirken. Zum einen sind in diesem Kontext die *Audio-/Video-Konferenz-Systeme* und zum anderen die *Computer-Konferenz-Systeme* zu nennen.

Audio-/Video-Konferenz-Systeme erlauben die direkte Kommunikation zwischen zwei oder mehreren Gesprächspartnern, wobei sowohl der Bild- als auch der Sprachkontakt realisiert wird. Bis vor wenigen Jahren wurden für diese Systeme – in Analogie zu den *Electronic Meeting Rooms* – ausschließlich separate Räumlichkeiten, sog. *Audio-/Video-Konferenz-Studios*, eingerichtet. Aufgrund der Leistungssteigerung im Bereich der Hardware und der Entwicklung wirksamerer Komprimierungsalgorithmen für die sehr datenintensiven Bildübertragungen, konnte eine Portierung dieser Systeme erreicht werden, wobei die Entwicklung von transportablen Konferenzsystemen – sog. *Roll-About-Systemen* – bis zu arbeitsplatzintegrierten Konferenzsystemen, den *Desk-Top-Audio-Video-Konferenzsystemen*, möglich wurde.[2]

Unter *Computer-Konferenz-Systemen* werden alle Teilsysteme verstanden, die die zeitgleiche, interaktive Nutzung von IT-Anwendungen ermöglichen. In diesem Umfeld werden im allgemeinen Systeme für das *Application Sharing* und für das *White Boarding* unterschieden. Das *Application Sharing* ermöglicht das synchrone Bedienen von frei wählbaren IT-

---

1 Sitzungen zwischen zwei Personen werden als *Punkt-zu-Punkt-* oder *Point-To-Point-Konferenzen* bezeichnet. *Mehrpunkt-* oder *Multi-Point-Konferenzen* involvieren dementsprechend mehr als zwei Personen.

2 Vgl. Schindler; Edlich; Ott /Groupware 1993/ 7ff. und Teufel u.a. /Computerunterstützung 1995/ 145ff.

Anwendungssystemen oder IT-Werkzeugen, die sich im Zugriffsbereich eines Konferenzpartners befinden.[1] Je nach Art des zu teilenden IT-Systems und der technischen Umsetzungscharakteristika werden hierbei wiederum detailliertere Bezeichnungen verwendet, auf die an dieser Stelle nicht eingegangen werden soll.[2] Gemein ist es allen Arten des Aufteilens von Applikationen, daß eine Steuerung der Zugriffs- und der Speicherungsrechte realisiert werden muß, da die aus Benutzersicht zeitgleiche Bedienung der Systeme ausschließlich sequentiell durch Übergabe der Systemsteuerung abläuft und die physische Ablage gemeinsam erstellter Dokumente aufgrund des Berechtigungsprofils des Applikations-Eigners erfolgt. In Abgrenzung zum Application Sharing bezeichnet das *White Board* einen für alle Benutzer zugänglichen Arbeitsbereich, in dem sämtliche Konferenzteilnehmer interaktiv arbeiten können. Hierbei können auch Extrakte aktiver Applikationen in das White Board kopiert werden, um sie anschließend in der Gruppe zu diskutieren bzw. mit Hilfe von Editierfunktionen zu modifizieren.[3]

- *Workgroup Computing zur Unterstützung ortsverschiedener, asynchroner Zusammenarbeit*

Bei der asynchronen Zusammenarbeit örtlich verteilter Gruppen ist aufgrund der mangelnden Zeitkongruenz eine direkte Interaktionsmöglichkeit zwischen den Teilnehmern nicht gegeben. Aus diesem Grunde stehen bei der asynchronen Unterstützung primär Dokumente im Mittelpunkt, die als Informationsträger zwischen den Beteiligten dienen. Diese Dokumente sind in aller Regel als sog. *Compound Documents* multimedial aufgebaut und setzen sich aus einer Sammlung verschiedener, meist unformatierter Einzeldokumente zusammen. Sie können demnach aus einer Reihe von Text-, Bild- und Sprachdokumenten gebildet werden, die unter einer gemeinsamen Oberfläche als ein einzelnes Compound Document hinterlegt, versendet oder recherchiert werden können. Je nach Einsatzzweck und techni-

---

[1] Es ist unerheblich, ob sich das Anwendungssystem oder das Werkzeug physisch auf dem Rechner selbst oder auf einem Server befindet. Ausschlaggebend ist lediglich, daß ein Konferenzpartner die Berechtigung zur Nutzung des Systems oder des Werkzeugs besitzt.

[2] Zu den detaillierten Begriffen *Screen Sharing*, *Joint Application*, *Joint Editing*, *Joint Drawing* und *Joint Spreadsheet* vgl. Kemper u.a. /Tele-Team-Support Band II 1995/ 6.

[3] Zu Remote Konferenzen vgl. auch Syring /Computerunterstützung 1994/ 39ff.

scher Umsetzung werden in diesen Bereichen *Mail-Systeme*, *Bulletin Board-Systeme* und *Dokumentenbanksysteme* differenziert, die im weiteren kurz skizziert werden sollen.

Mail-Systeme – im deutschen auch als Elektronische Post-Systeme bezeichnet – gehören zu den ältesten CSCW-Applikationen und haben in der Praxis bereits eine große Verbreitung gefunden.[1] Die frühen Systeme erlaubten in aller Regel ausschließlich die textuelle Kommunikation über lokale und standortübergreifende Netze. Neuere Systeme sind gezielt multimedial ausgerichtet und unterstützen die asynchrone Kommunikation in Form von Texten, Bildern und Sprache, die von einem Sender in die elektronischen Postfächer der Empfänger geschickt und von ihnen dort abgerufen werden können. Weiterhin ermöglichen sog. *Attachments* in modernen Mail-Systemen das Anhängen benutzerspezifizierter Anwendungsdateien, so daß z.B. Spread-Sheet- oder Graphik-Applikationen in Kombination mit anderen Nachrichten gezielt einem Adressaten oder einer Gruppe von Adressaten zugesandt werden können.[2]

Unter *Bulletin Board-Systemen* werden spezielle Daten- oder Dokumentspeicherungssysteme verstanden, die in ihrer technischen Realisierung mit den traditionellen Mail-Systemen verglichen werden können. Jedoch werden bei Bulletin Board-Systemen meist keine Dokumente an einzelne Empfänger gesendet. Vielmehr stellt diese Technik eine zentralisierte Plattform des Informationsaustausches zur Verfügung, wobei multimediale, zusammengesetzte Dokumente nach benutzerdefinierbaren Kriterien organisiert und katalogisiert werden können. So können Beiträge nach Themenschwerpunkten, Autoren, zeitlichen Kriterien oder in Form von Anfragen und dazugehörenden Antworten vom jeweiligen Benutzer angeordnet werden. Durch die Definition von Lese-, Editier- und Schreibrechten lassen sich geschlossene Benutzergruppen definieren, die unter Nutzung umfangreicher

---

1 Vgl. Teufel u.a. /Computerunterstützung 1995/ 80.
2 Vgl. Kroenke; Hatch /Management Information Systems 1994/ 346f.

Konversations-Strukturierungsmechanismen[1] in Form von Diskussions- und Interessensforen miteinander kommunizieren und kooperieren können.

Dokumentenbanksysteme besitzen als Archive die Aufgabe, alle für die Gruppenarbeit erforderlichen semi-strukturierten Dokumente auf einer für sämtliche Gruppenteilnehmer zugänglichen Plattform zur Verfügung zu stellen. Da die Abbildung der gemeinsamen Dokumente nicht ausschließlich mit Hilfe von Attributen ermöglicht werden kann, kommen rein relationale Datenhaltungssysteme nur in sehr eingeschränktem Umfang als Trägersysteme in Betracht. Vielmehr sind auch bei dieser Kategorie von CSCW-Applikationen komplexe, multimediale Dokumente zu speichern und zu aktualisieren, wobei Berechtigungsstati und die Pflege spezieller Bereiche des Dokumentenbanksystems durch Administratoren gesteuert werden müssen. Aus diesem Grunde werden für die technische Umsetzung der Systeme gezielt alternative Konzepte der Datenhaltung angewendet, die den Besonderheiten – wie z.B. der Versionsverwaltung und Replizierung – Rechnung tragen.[2]

5.3.1.2 Kritische Würdigung der existierenden Workgroup-Lösungen

Der Forschungsbereich des CSCW verfügt als junges Wissenschaftsgebiet noch nicht über gesicherte Erkenntnisse, eindeutige Abgrenzungen bzw. Definitionen oder gefestigte, anerkannte konzeptionelle Grundlagen.[3] Einigkeit besteht jedoch darüber, daß CSCW ein interdisziplinäres Forschungsgebiet ist, daß seine Synergien aus dem Zusammentreffen der verschiedensten etablierten Forschungsgebiete beziehen kann. So gehen die Erkenntnisse aus der Organisationsforschung, der Psychologie, der (Wirtschafts-)Informatik und Soziologie in das interdisziplinäre Forschungsgebiet des CSCW ein und bilden die Grundlagen

---

1 So lassen sich in entsprechenden Systemen Aufforderungen zur Beantwortung von Anfragen umsetzen oder eine Hierarchisierung von Themenschwerpunkten realisieren. Vgl. Teufel u.a. /Computerunterstützung 1995/ 154ff.

2 Zur Vertiefung der Datenhaltungsproblematik bei Compound Document-Datenbanken vgl. Meyer-Wegener /Multimedia-Datenbanken 1991/ und Otten; Driara /Datenbankumgebungen 1993/ 35ff.

3 Vgl. Kapitel 2.2.2.7 der Arbeit.

für die Forschungen innerhalb dieses Wissenschaftsbereiches.[1] Als Hauptforschungsfelder lassen sich hierbei die folgenden Komplexe unterscheiden:[2]

- Verständnis des kooperativen Arbeitens, wobei besondere Schwerpunkte auf psychologische, soziale und organisatorische Aspekte multipersoneller Zusammenarbeit gelegt wird,
- Entwicklung von Werkzeugen und Konzepten für die Unterstützung kooperativer Arbeitsprozesse und
- Bewertung und Validierung entwickelter Werkzeuge und Konzepte.

Zum aktuellen Stand der Forschung kann jedoch festgehalten werden, daß sich das Gros der wissenschaftlichen Arbeiten bislang fast ausschließlich mit der prototypischen Entwicklung von CSCW-Demonstratorsystemen beschäftigt, wobei hingegen bei der Entwicklung und Bewertung von Konzepten bislang eher bescheidene Fortschritte gemacht worden sind. Vor dem Hintergrund der erforderlichen technischen Rahmenbedingungen, die für eine effektive CSCW-Forschung erforderlich sind, kann dieser Sachverhalt nicht überraschen. So sind die meisten Techniken, die für einsatzfähige CSCW-Systeme notwendig sind, bislang erst seit kurzer Zeit verfügbar und befinden sich auch heute noch teilweise in dem Status einer *Schlüsseltechnologie*.[3] Aus diesem Grunde existieren in der Praxis vor allem in synchronen Bereichen bislang kaum komplexere CSCW-Systeme, die als Grundlage einer empirischen Überprüfung von Konzepten und Potentialen herangezogen werden könnten.

Da die Erstellung einfacher asynchroner CSCW-Systeme wesentlich weniger technische Komplexität als die Realisierung von Systemen zur Unterstützung synchroner Formen der Kooperation aufweist, waren die ersten CSCW-Entwicklungen in asynchronen Bereichen angesiedelt. So können E-Mail-Systeme heute noch als die Anwendungen mit dem größten

---

1 Vgl. Teufel u.a. /Computerunterstützung 1995/ 19.

2 Vgl. Krcmar /Gruppenarbeit 1992/ 425ff.

3 *Schlüsseltechnologien* bezeichnen – in Abgrenzung zu *Basistechnologien* – neue, am Markt verfügbare Technologien, deren Veränderungspotential bislang nicht voll ausgeschöpft worden ist. Ihr Einsatz ist da-

Verbreitungsgrad des Forschungsbereiches angesehen werden und sind als älteste CSCW-Systeme bereits seit mehr als zwanzig Jahren im Einsatz.[1] Mit der zunehmenden Durchdringung der Arbeitswelt durch den Personal Computer, der Vernetzung einzelner Arbeitsplätze und der wachsenden organisatorischen Bedeutung von Gruppen- und Teamarbeit[2] entwickelten sich anschließend gruppenunterstützende Systeme, die vor allem die räumlich getrennte Zusammenarbeit von Mitarbeitern mit Hilfe asynchroner Bearbeitung von Dokumenten unterstützten. Die synchronen Formen der direkten Kommunikation und Kooperation mittels Audio-/Video- und Computer-Konferenzen ist hingegen erst zum heutigen Zeitpunkt mit zufriedenstellender Qualität auch auf schmalbandigen Übertragungswegen realisierbar.[3] Aufgrund dieser Entwicklungscharakteristika ist es nicht verwunderlich, daß die verschiedenen CSCW-Systeme bis vor kurzem meist isolierte Anwendungen darstellten, die lediglich jeweils spezielle Facetten der Kooperation unterstützten. Erste Ansätze für eine Integration der Einzelsysteme zu geschlossenen logischen Systemumgebungen lassen sich zur Zeit erkennen, sind jedoch meist lediglich auf die synchronen und asynchronen Bereiche selbst beschränkt. So sind heute für den asynchronen Bereich Systemumgebungen verfügbar, die E-Mail-Systeme, Terminplaner, Adressen- und Dokumentenverwaltung funktional integriert unter einer gemeinsamen Benutzeroberfläche bereitstellen.[4] Zur Unterstützung der synchronen Kommunikation/Kooperation werden üblicherweise ebenfalls Produkte angeboten, die neben Audio-/Video-Konferenzen die Subsysteme des Computer Conferencing – also das Application Sharing und das White Boarding – in einer für den Anwender geschlossenen Benutzeroberfläche anbieten.[5]

---

her meist mit organisatorischen, sozialen Unwägbarkeiten und technischen Risiken verbunden. Vgl. Steinbock /Informationstechnik 1994/ 33 und Heinrich /Informationsmanagement 1996/ 196.

1 Rein textuelle E-Mail-Systeme waren bereits Anfang der 70er Jahre verfügbar und wurden daher bereits lang vor der Etablierung des CSCW-Forschungsbereiches entwickelt und erfolgreich eingesetzt. Aus diesem Grunde existiert in der Wissenschaft eine Kontroverse, ob diese Systeme überhaupt diesem Forschungsbereich zuzurechnen sind. Da jedoch die E-Mail-Systeme in den letzten Jahren durch multimediale Erweiterungen sich in ihrer Form erheblich gewandelt haben, werden die Gestaltung und Implementierung moderner E-Mail-Systeme im weiteren dem Forschungsgebiet des CSCW zugerechnet. Vgl. Bornschein-Grass /Groupware 1995/ 20.

2 Vgl. Teufel u.a. /Computerunterstützung 1995/ 2f.

3 Vgl. Kemper u.a. /Konzeption 1998/ 1ff.

4 So integriert beispielsweise das System *OUTLOOK* der Fa. *MicroSoft* die o.a. Funktionalitäten.

5 Ein bekannter Vertreter dieser Systemumgebungen ist das Produkt *IBVC* der Fa. *Intel*.

Werkzeugumgebungen, mit denen integrierte Systeme, die asynchrone und synchrone Bereiche verbinden, aufgebaut werden können, sind jedoch bislang nicht verfügbar. Wie eine empirische Befragungsreihe aus dem Jahre 1997 verdeutlicht, lassen sich auch in der Praxis Individuallösungen zu dieser Thematik nicht feststellen.[1] Dieser Sachverhalt ist als großes Manko zu werten, da ohne Integration der Subsysteme eine gruppierbare, vom Benutzer situativ wählbare Medienauswahl zur Durchführung von Kommunikations- und Kooperationsprozessen nicht gegeben ist. Da jedoch gemäß der Media Richness Theorie, die sich auf *Rice*[2] zurückführen läßt, effektive Kommunikation/Kooperation lediglich dann möglich ist, wenn ein der Komplexität der Aufgabe angemessener Medienmix gewählt werden kann, sind somit Störungen bei der Durchführung multipersoneller Arbeitsprozesse unabdingbar.[3]

Die Abb. 5-26 veranschaulicht diesen Zusammenhang. Sie verdeutlicht, daß ein hoher Grad an Medienvielfalt nicht zwangsläufig als positiv einzuschätzen ist. So existiert lediglich ein Korridor, indem die Kommunikations- und Kooperationsvielfalt als effektiv in Bezug zur Komplexität der Aufgabe gewertet werden muß. In allen anderen Fällen kommt es demnach zu Ineffizienzen des Kommunikations- bzw. Kooperationsprozesses. Der Fall einer zu reichhaltigen Medienwahl führt zu einer *Over-Complication* und kann durch die Mehrdeutigkeiten und zu vielen Randinformationen ebenso wie der gegenteilige Fall einer *Over-Simplification* zu Ineffizienzen und Akzeptanzproblemen führen.

---

[1] Im Rahmen von drei empirischen Expertenbefragungen in insgesamt 48 deutschen Unternehmungen, die innovative Projekte im Bereich des Workgroup Computing umgesetzt hatten, konnte in keinem der befragten Unternehmungen ein integriertes System festgestellt werden, das synchrone und asynchrone Formen der Zusammenarbeit unterstützte. Vgl. Kemper u.a. /Konzeption 1998/ 1ff.

[2] Vgl. Rice /Analysability 1992/ 475ff.

[3] Vgl. in diesem Zusammenhang auch: Trevino; Daft; Lengel /Managers´ Media Choices 1990/ 71ff. und Rice /Media Appropriateness 1993/ 451ff.

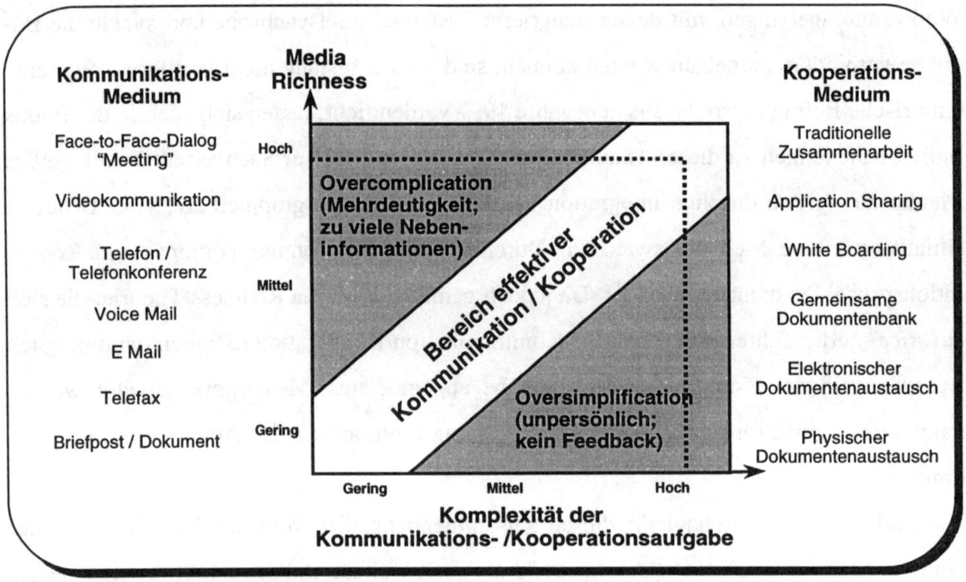

Abb. 5-26: Medienwahl in Abhängigkeit der Aufgabenkomplexität[1]

Aufgrund der mangelnden Integration synchroner und asynchroner Workgroup Computing-Lösungen und der bislang unzureichenden Einbindung der asynchronen Systeme in die Informationssysteme des Managements kann ein der Aufgabenkomplexität angemessener Medienmix in tradierten MUS meist nicht zur Verfügung gestellt werden. Zur Lösung dieses Problems, das für eine effektive Unterstützung der Kommunikations- und Kooperationsaktivitäten des Managements zwingend erforderlich ist, sind daher grundlegende Veränderungen in dem Aufbau und in der funktionalen Integration dieser CSCW-Systeme erforderlich. Die folgenden Kapitel sind dieser Thematik gewidmet.

[1] Modifiziert und erweitert übernommen aus: Rice /Analysability 1992/ 482.

5.3.2 Konkretisierung der Kommunikations-/Kooperations-Komponente in der Architektur Integrierter Management-Unterstützungs-Systeme

Für die Konkretisierung der Kommunikations-/Kooperations-Komponente in der Architektur Integrierter Management-Unterstützungs-Systeme werden bewußt lediglich die synchronen und asynchronen Subsysteme des Workgroup Computing herangezogen, die ein direktes Integrationspotential zu der Informations-Komponente aufweisen.[1] Die Abb. 5-27 veranschaulicht die Architektur-Komponente, wobei die Pfeile innerhalb der Abbildung das direkte Zusammenspiel zwischen Informations- und Kommunikations-/Kooperations-Komponente visualisieren.

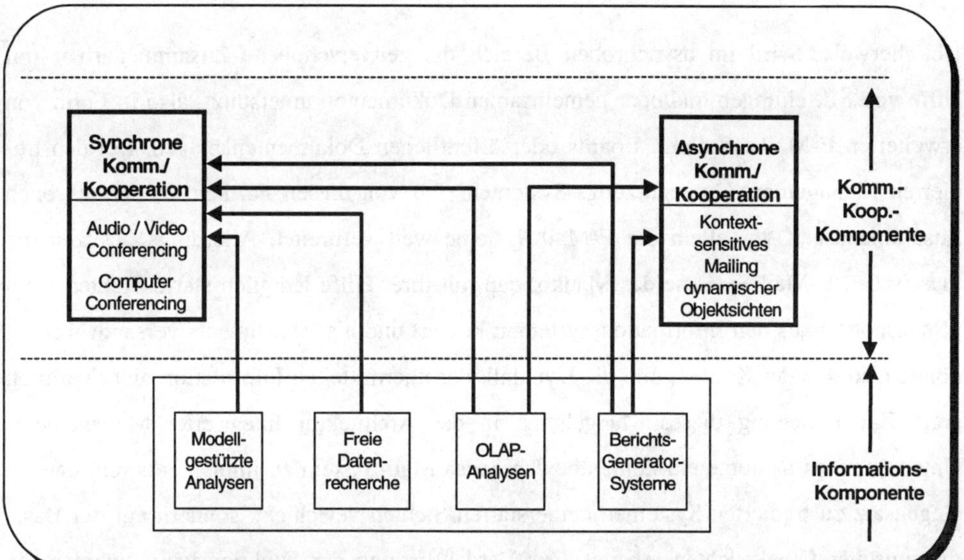

Abb. 5-27: Grundlegender Aufbau der Kommunikation-/Kooperations-Komponente in der Architektur Integrierter Management-Unterstützungs-Systeme

[1] Selbstverständlich sind auch die anderen im vorherigen Kapitel dargestellten Subsysteme des Workgroup Computing - wie E-Mail-Systeme, Dokumentenbanken und Bulletin Board-Systeme – für den Bereich der Managementunterstützung relevant. Da sie jedoch nicht eng verzahnt mit den Informationssystemen sind, sollen sie hier nicht weiter thematisiert werden.

5.3.2.1 Synchrone Kommunikation/Kooperation

Für die Informationssysteme des Managements gelten generell – wie für alle IT-Anwendungssysteme – die im Kapitel 5.3.1.1 geschilderten Möglichkeiten der Nutzung synchroner Workgroup Computing-Lösungen. So können mit Hilfe von Audio-/Video- Konferenzsystemen direkte Kontakte zwischen zwei oder mehreren Partnern aufgebaut werden und über Computer-Konferenz-Systeme – White Boarding und Application Sharing – Inhalte aus den *modellgestützten Analysen*, *freien Datenrecherchen*, *OLAP-Analysen* oder *generierten Berichten* zum Gegenstand des Kommunikations- bzw. Kooperationsprozesses werden.

5.3.2.2 Asynchrone Kommunikation/Kooperation

Üblicherweise wird im asynchronen Bereich die zeitverschobene Zusammenarbeit mit Hilfe von Mitteilungen und/oder gemeinsamen Dokumenten unterstützt, also in Form von erweiterten E-Mails, Bulletin Boards oder öffentlichen Dokumentenablagen. Bei den tradierten Management-Unterstützungs-Systemen sind von diesen Formen der asynchronen Zusammenarbeit vor allem die E-Mail-Systeme weit verbreitet. Allerdings besitzen die klassischen E-Mail-Systeme das Manko, daß mit ihrer Hilfe lediglich starre Sichten (sog. „Snapshots") aus den Informationssystemen kopiert und als Attachments versandt werden können, so daß der Kontext und die Dynamik der übermittelten Informationssicht verloren geht. Zur Behebung dieses Mangels ist in der Architektur Integrierter Management-Unterstützungs-Systeme ein kontextbewahrendes Mail-System zu implementieren, daß im Gegensatz zu tradierten Systemen keine starren Sichten verschickt, sondern auf der Basis dynamischer Objektsichten arbeitet. Zur Verdeutlichung der Funktionsweise werden die Begriffe *benutzerindividuelle Bildschirmsicht*, *Informationsobjekt*, *Multimediale Annotation* und *Objektspezifikation* abgegrenzt.

Unter der *benutzerindividuellen Bildschirmsicht* wird der jeweils am Bildschirm sichtbare, durch den Benutzer aufgrund seiner Datenzugriffsberechtigungen wählbare Ausschnitt eines *OLAP-Systems* oder *generierten Berichtssystems* verstanden.[1] Auf einer benutzerindividuellen Bildschirmsicht sind in aller Regel verdichtete Datenwerte, Datenspalten und/oder Graphiken vorhanden, die jeweils Informationen repräsentieren. Sie werden im weiteren als *Informationsobjekte* bezeichnet und können Gegenstand von Mailing-Aktionen sein. In diesem Falle hat der Sender die Möglichkeit, an den zu übermittelnden Objekten *multimediale Annotationen* als zusätzliche Mitteilung an den Empfänger anzubringen. Bei dem eigentlichen Mailingvorgang werden neben den multimedialen Annotationen jedoch nicht die Objekte selbst, sondern ausschließlich die erforderlichen Systemspezifikationen versandt, die das Empfängersystem auf die gewünschte Objektsicht führen. Diese Objektsicht wird auf der Empfängerseite durch die Aktivierung der im Posteingangsfach befindlichen Mail aktiviert. Zur Wahrung der unternehmungskulturellen Rahmenbedingungen kann mit Hilfe systemseitig integrierter Filtermechanismen eine Beschränkung des Adressatenkreises erfolgen. Auf diese Weise ist sichergestellt, daß die medienangereicherten Objekte innerhalb einer Bildschirmsicht lediglich zu den Mitarbeitern versandt werden können, die aufgrund der implementierten Berechtigungsstrukturen grundsätzlichen Zugriff auf die originären Objekte besitzen.[2]

Das oben skizzierte Konzept erlaubt eine medienbruchfreie asynchrone Kommunikation innerhalb der Umgebung der managementunterstützenden Systeme und bewirkt, daß die volle Funktionalität des Systems erhalten bleibt. So können die auf diese Weise übersandten Objektsichten auf der Empfängerseite sofort als Einstiege in weiterreichende Recherchen – wie Drill-downs in detaillierte Datensichten – benutzt werden.[3]

---

[1] Kontextsensitives Mailing setzt Informationssysteme voraus, die in gleicher Weise von verschiedenen Anspruchsgruppen in der Unternehmung eingesetzt werden. Daher kommen hier lediglich die Informationssysteme des Managements in Frage, die mit einer standardisierten Benutzerführung ausgestattet sind. *Freie Datenrecherchen* und *modellgestützte Analysen* können daher in aller Regel nicht um kontextsensitive Mailing-Funktionalitäten erweitert werden.

[2] Auf diese Weise wird verhindert, daß beispielsweise ein Mitarbeiter des Lower-Managements die hochverdichteten Datensichten des Top-Managements erhalten kann oder daß versehentlich eine Versendung der Datensicht des Bereiches A an den Leiter des Bereiches B erfolgt.

[3] Beispielsweise könnte ein Vorgesetzter, der mittels Systemrecherchen eine relevante Umsatzabweichung innerhalb einer bestimmten Verkaufsregion entdeckt, die Sicht des verdichteten Bereichsumsatzes mit einer sprachlichen Annotation („Bitte um Klärung") versehen und sie seinem verantwortlichen Regionsleiter zusenden. Eine Aktivierung der Nachricht im Posteingang des Regionsleiters würde das System auf die Datensicht der annotierten Umsatzdaten führen. Hier könnte durch Mausklick die

Die Abb. 5-28 verdeutlicht das Prozedere des Sende- und Empfangvorgangs.

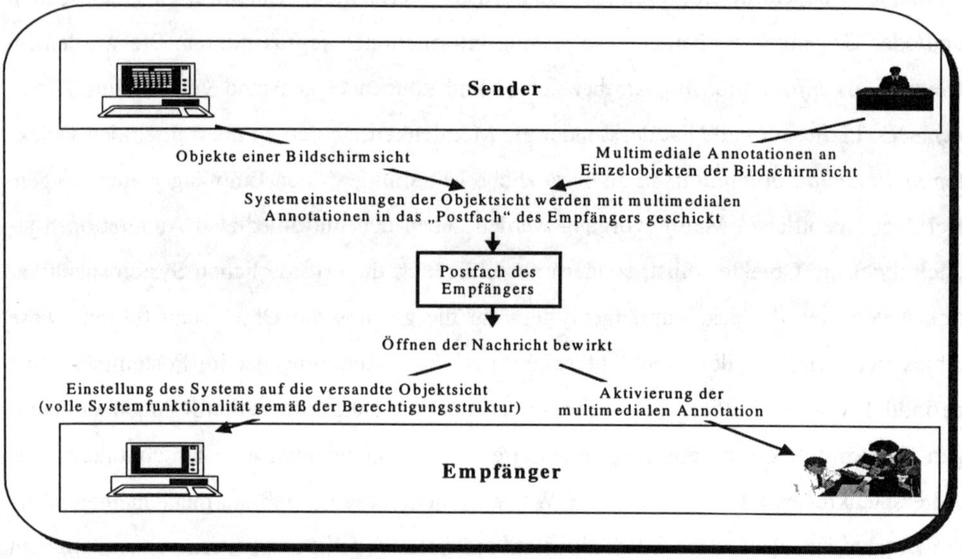

Abb. 5-28: Kontextsensitives Mailing dynamischer Objektsichten

5.3.2.3 Zusammenfassung

Der Kommunikations-/Kooperationskomponente kommt im Rahmen der Architektur Integrierter Management-Unterstützungs-Systeme die Aufgabe zu, die synchrone und asynchrone Zusammenarbeit der Manager zu unterstützen. Sie ist eng mit den Informationssystemen des Managements verbunden, erlaubt mittels *Remote Conferencing* das zeitgleiche Bedienen der *modellgestützten Analysen*, *freien Datenrecherchen*, *OLAP-Analysen* und *generierten Berichte*. Da die beiden letztgenannten Systemkategorien sich durch standardisierte Benutzerführung und einen großen Benutzerkreis auszeichnen, können in diese Systeme zusätzlich asynchrone, kontextsensitive Mailing-Systeme eingebunden werden, die

Annotation abgehört werden und unmittelbar eine Recherche in tiefere Datensichten erfolgen. Diese Funktionalität wurde in einer vom Lehrstuhl durchgeführten Forschungsarbeit für einen EIS-Prototypen entwickelt. Vgl. Schornstein /EIS-Gestaltung 1994/.

eine medienbruchfreie, zeitverschobene Kommunikation/Kooperation unter Wahrung der Funktionalitäten der Informationssysteme gewährleisten.

5.4 Front-End-Komponente

Der Front-End-Komponente kommt in der Architektur Integrierter Management-Unterstützungs-Systeme die Aufgabe zu, den Benutzern das Konglomerat von Informations- und Kommunikations-/Kooperationssystemen unter einer gemeinsamen, adaptiven Oberfläche komfortabel zur Verfügung zu stellen. Im folgenden Kapitel werden zunächst die traditionellen Formen von Front-End-Subsystemen vorgestellt und kritisch analysiert, bevor in den folgenden Kapiteln eine Konkretisierung der Front-End-Komponente für die hier vorliegende Form von managementunterstützenden Systemen vorgenommen wird.

5.4.1 Tradierte Front-End-Systeme

Historisch bedingt, weisen die tradierten Front-End-Systeme aus Sicht Integrierter MUS erhebliche Mängel auf. Sie lassen sich durch *Proprietät, Funktionsarmut* sowie *mangelnde Flexibilität* und *mangelnde Anpassungsfähigkeit* charakterisieren.

Bei einem klassischen IT-Anwendungssystem ist das Front-End-System als integraler Bestandteil des Gesamtsystems zu bewerten. Eine technische Trennung zwischen den eigentlichen Systemfunktionalitäten und der Bedieneroberfläche existiert daher bei dieser Kategorie von Systemen nicht. Vielmehr sind hier die Oberflächen systemspezifisch ausgerichtet, wobei ihre reale Ausgestaltung von dem jeweils eingesetzten Entwicklungswerkzeug abhängig ist. Diese *proprietäre* Ausrichtung der Front-End-Komponente bewirkt, daß jedes Einzelsystem eine eigene, zu den anderen Benutzeroberflächen inkompatible Notation besitzt, so daß die Endbenutzer mit erheblicher Komplexität bei der Bedienung der Einzelsysteme konfrontiert werden. Weiterhin bewirkt die werkzeugspezifische Ausrichtung der Front-End-Systeme, daß über die Benutzeroberfläche ausschließlich die *eingeschränkten Funktionalitäten* des jeweiligen Systems genutzt werden können und eine flexible Kombination mit zusätzlichen, systemfremden Features nicht möglich ist. Aufgrund der pyramidalen traditionellen Abgrenzung managementunterstützender Systeme und der hiermit verbundenen engen Ausrichtung auf spezielle Benutzergruppen weisen die tradierten Front-End-Systeme zusätzlich meist *mangelnde Adaptivität* auf. Sie sind aufgrund ihres eingeschränkten Zielklientels häufig exakt auf das Qualifikationsniveau der avisierten Benutzergruppe ausgerichtet und über- oder unterfordern in ihrer Benutzerführung andere potentielle Interessenten.

5.4.2 Konkretisierung der Front-End-Komponente in der Architektur Integrierter Management-Unterstützungs-Systeme

In der Architektur Integrierter MUS stellt die Front-End-Komponente ein eigenständiges Subsystem dar. Ihm kommt die Aufgabe zu, die Informations- und Kommunikations-/Kooperationssysteme zu einem aus Benutzersicht logischen System zu vereinen und die Funktionalitäten den diversen Benutzergruppen – und in den Gruppen auch den unterschiedlich IT-qualifizierten Benutzern – angemessen zur Verfügung zu stellen.

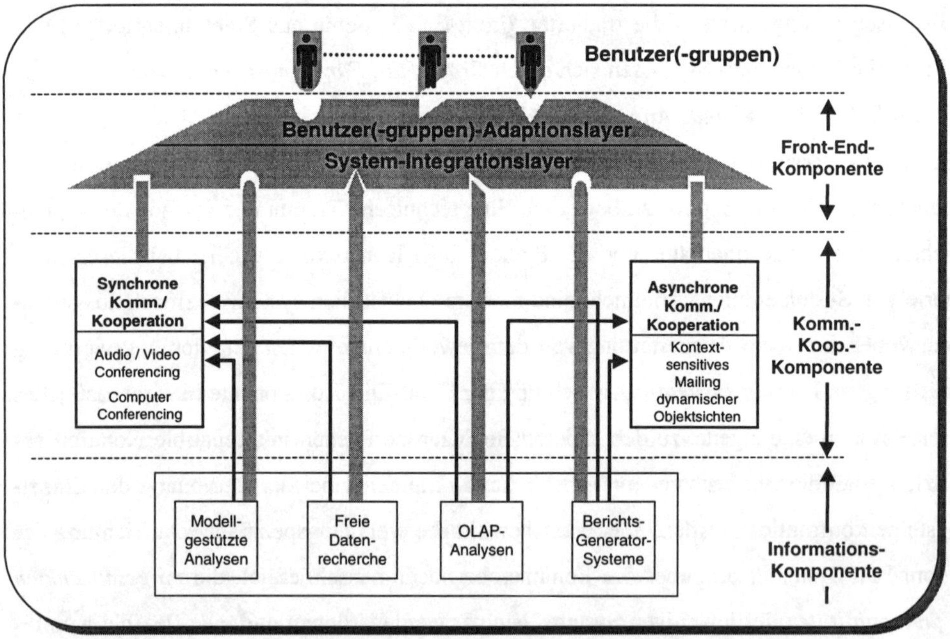

Abb. 5-29: Grundlegender Aufbau der Front-End-Komponente in der Architektur Integrierter Management-Unterstützungs-Systeme

Die Abb. 5-29 zeigt den Aufbau und das Zusammenspiel der Front-End-Komponente, wobei die systemseitige Einbindung als *Systemintegrations-Layer* und die endbenutzerorientierte Subkomponente als *Benutzer(-gruppen)-Adaptionslayer* bezeichnet werden. Die Wirkungsweise dieser beiden Komponenten wird in den folgenden Kapiteln erläutert.

5.4.2.1 System-Integrationslayer

Der Integrationslayer hat die Aufgabe, als Adapter die managementunterstützenden Systeme funktionell zu einem geschlossenen Gesamtsystem zu vereinen. Aufgrund der bewußten Entkopplung der Front-End-Komponente von den Anwendungssystemen muß der Integrationslayer über Schnittstellen verfügen, die eine komfortable Einbindung der relevanten Informations- und Kommunikations-/Kooperationssysteme erlauben. Um der Forderung der hohen Anpassungsfähigkeit managementunterstützender Systeme an sich ändernde Rahmenbedingungen nachkommen zu können, hat der Integrationslayer der Front-End-Komponente ferner eine hohe Flexibilität aufzuweisen. So muß es möglich sein, einzelne Subsysteme zur Informations- und Kommunikations-/Koperationsunterstützung benutzertransparent auszutauschen bzw. in ihren Funktionalitäten zu modifizieren, ohne daß das Gesamtsystem in seiner Architektur verändert werden muß bzw. in der Zeit der Anpassung nicht genutzt werden kann.

5.4.2.2 Benutzer(-gruppen)-Adaptionslayer

Ein besonderer Aspekt der Front-End-Komponente ist die Adaptivität der Systemfunktionalitäten an spezifische Aufgabenanforderungen und Qualifikationsniveaus der jeweiligen Benutzer bzw. Benutzergruppen. So ist durch systemtechnische Gestaltungsmaßnahmen sicherzustellen, daß der zur Verfügung gestellte Medien- und Funktionsmix situativ angepaßt wird, da es ansonsten zu einer „Over-Simplification" oder zu „Over-Complication" durch die Unterstützungssysteme kommen kann.[1] Generell können hierbei *benutzerinduzierte* und *systeminduzierte Adaptionen* unterschieden werden.

---

[1] Vgl. Rice /Analysability 1992/ 482.

Die *benutzerinduzierte Adaption* beschreibt in diesem Zusammenhang die Fähigkeit des Front-End-Systems, in einfacher Weise durch den Endbenutzer auf die Erfordernisse der anstehenden Aufgaben und auf sein Qualifikationsniveau ausgerichtet werden zu können. Diese Flexibilität sollte die Front-End-Komponente sowohl innerhalb eines jeden Subsystems – etwa bei der Wahl der Intensität von Benutzerhilfen oder der geeigneten Zusammenstellung von Methoden zur weiterreichenden Analyse selektierter Daten – als auch zwischen den einzelnen Subsystemen anbieten. Da die Inhalte der Informationssysteme in aller Regel die Gegenstände der betrieblichen Kommunikation bzw. Kooperation darstellen, ist jedoch vor allem der nahtlosen Integration der Kommunikations- und Kooperationssysteme besondere Beachtung zu schenken. So ist die Front-End-Komponente derart zu gestalten, daß aus jeder Informationssicht spontane Kommunikations- oder Kooperationswünsche sofort befriedigt werden können.[1]

Die *systeminduzierte Adaption* bezeichnet hingegen die Eigenschaft des Systems, ausschließlich sinnvolle Funktions- und Medienkombinationen mit Hilfe systemintegrierter Mechanismen zuzulassen sowie die gewählten Funktionen bzw. Medien systemseitig in geeigneter Weise aufzubereiten.[2] So können den Benutzern von Informationssystemen beispielsweise aufgrund von Datenkonstellationen automatisiert geeignete Methoden zur Analyse oder zur graphischen Visualisierung von Daten angeboten bzw. sie vor der Nutzung nicht sinnvoller Methoden gewarnt werden.[3] Im Bereich der Kommunikations- bzw. Kooperationssysteme können durch adaptive Maßnahmen in der Front-End-Komponente

---

1 Beispielsweise könnte der Wunsch eines Mitarbeiters nach Kommunikations-/Kooperationsunterstützung unabhängig von der momentan von ihm durchgeführten Applikation mit Hilfe der mittleren Maustaste signalisiert werden. In einem auf diese Weise aufgerufenen Pop-Up-Menü hätte er anschließend die Möglichkeit, zwischen synchronen und asynchronen Formen der Zusammenarbeit zu wählen und die aktuell recherchierten Informationssichten zum Gegenstand der Kommunikation/Kooperation zu machen.

2 So macht das Application Sharing oder das White Boarding lediglich im Falle einer durchgeführten Audio-/Video-Konferenz Sinn und sollte deshalb systemseitig lediglich bei der Durchführung einer solchen Sitzung dem Benutzer angeboten werden.
Weiterhin könnte systemseitig realisiert werden, das Audio-Videoconferncing standardmäßig im bildschirmausfüllenden Großformat zu starten. Erst bei Aufruf des Application Sharing oder des White Boarding sollte dann automatisch das Bild des Gesprächpartners verkleinert und am Rand des Schirms positioniert werden.

3 So sind statistische Analysen oder graphische Darstellungen meist lediglich sinnvoll bei der Einhaltung von quantitativen Rahmenbedingungen durchführbar.

beispielsweise bei fehlgeschlagenen Kontaktversuchen mittels Audio-/Video-Konferenz eigenständig Vorschläge für alternative Formen der Kommunikation angeboten werden.[1]

5.4.2.3 Zusammenfassung

Die konsequente Entkopplung der Front-End-Komponente von den managementunterstützenden Systemen bewirkt die Entlastung der einzelnen Anwendungssysteme von der Mensch-Maschine Schnittstelle. Sie liefert mehrere Vorteile. So stellt sie die einzige Möglichkeit dar, die heterogenen Informations- und Kommunikations- bzw. Kooperationssysteme unter einer gemeinsamen, konsistenten Benutzerführung zusammenzufassen und erlaubt neben der systemübergreifenden Nutzung einzelner Funktionalitäten vor allem die benutzertransparente Pflege und Weiterentwicklung der Subsysteme. Des weiteren kann sie als eigenständige Komponente speziell auf die Aufgabenanforderungen und Qualifikationsniveaus einzelner Benutzer und Benutzergruppen ausgerichtet und mit system- und benutzerinduzierten Adaptionsmechanismen angereichert werden sowie im Bedarfsfalle – etwa bei der Etablierung neuer Dialogformen[2] – selbst Gegenstand von Pflege-, Erweiterungs- oder Modifikationsentwicklungen sein, ohne daß die darunterliegenden Anwendungssysteme tangiert werden.

5.5 Architektur Integrierter Management-Unterstützungs-Systeme – Zusammenfassung

Abschließend wird die Architektur Integrierter Management-Unterstützungs-Systeme in ihrer Gesamtheit dargestellt und das Zusammenspiel ihrer konstruktiven Elemente, repräsentiert durch die Data Warehouse-Komponente, die Informations-Komponente, die Kommunikations-/Kooperations-Komponente und die Front-End-Komponente, veranschaulicht. Die Abb. 5-30 zeigt die Gesamtdarstellung.

---

1 Es könnten in diesen Fällen vorbereitete E-Mails mit dem Kontaktwunsch erzeugt und abgeschickt werden oder die Terminkalender der Partner geöffnet und recherchiert werden.

2 Z.B. Nutzung von Spracheingabe- und -ausgabesystemen und Verwendung berührungssensitiver Bildschirmgeräte.

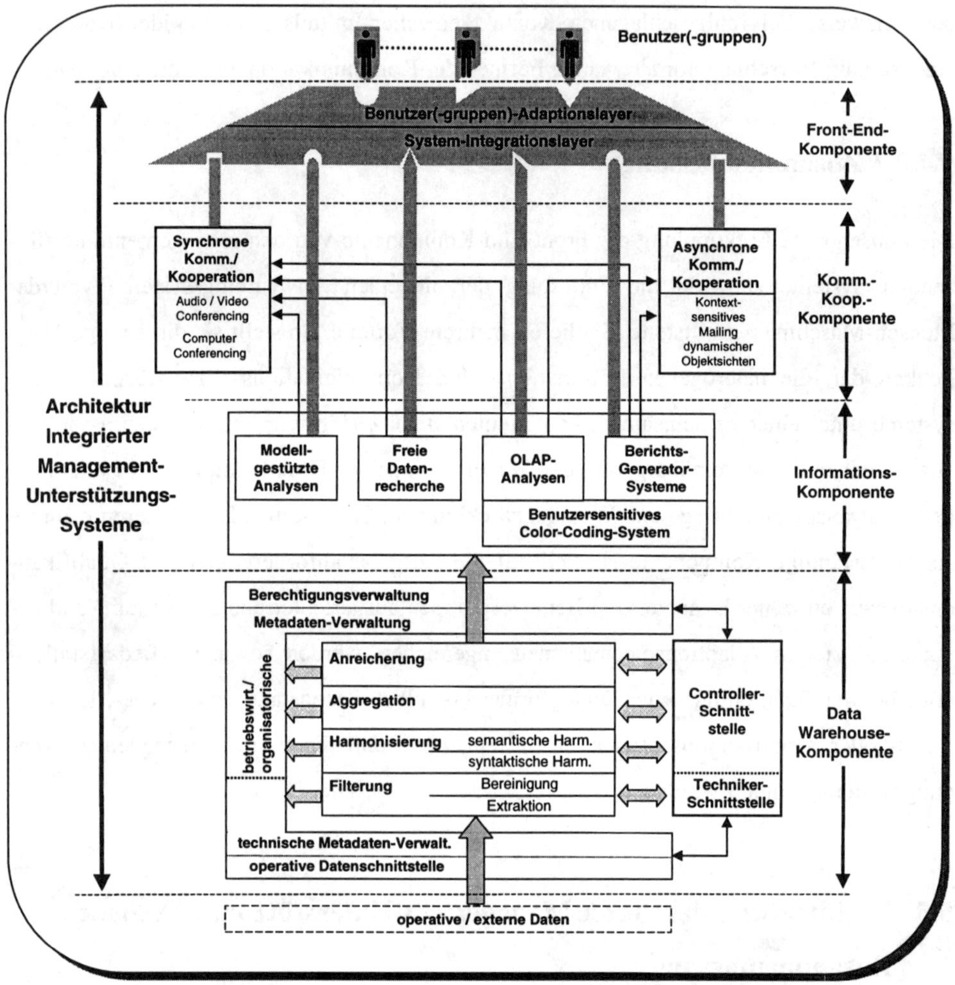

Abb. 5-30: Architektur Integrierter Management-Unterstützungs-Systeme – Gesamtüberblick

Kernstück der integrierten Architektur ist die dispositive Datenaufbereitung, die in der Data Warehouse-Komponente durchgeführt wird. Hier liegt ein Paradigmenwechsel im Bereich des konstruktiven Aufbaus managementunterstützender Systeme vor, da in dieser Komponente das sonst übliche Paradigma der Trennung zwischen Daten und Funktionen bewußt umgegangen wird. Vielmehr werden durch Harmonisierungen, Aggregationen und Anreicherungen die Daten des Data Warehouse applikationsklassen-orientiert aufbereitet und abgelegt. Aufgrund der hochgradig semantischen Ausrichtung der dispositiven Daten erfahren in dieser Komponente die Metadaten-Verwaltung, die Berechtigungsverwaltung sowie die Manipulationsschnittstellen – hier vor allem die Controller Schnittstelle – eine herausragende Bedeutung innerhalb des Data Warehouse.

Da die Informationssysteme, die auf das Data Warehouse aufsetzen, im Gegensatz zu traditionellen Systemen der Managementunterstützung nicht mehr über sämtliche Funktionalitäten verfügen müssen, um aus Daten Informationen zu generieren, ist ihre Hauptaufgabe in der benutzer- und aufgabenangemessenen methodischen und visuellen Aufbereitung zu sehen. Aufgrund dieser Einschränkungen erlaubt die integrierte Architektur, daß die Informationssysteme funktionell abgegrenzt werden können und nicht länger als isolierte Systeme für einen begrenzten Kreis hierarchisch eindeutig positionierbarer Endbenutzer angesehen werden müssen. Vielmehr stellen sie ein Angebot an sämtliche Führungsebenen dar, sich spezieller Funktionen und Datensichten zu bedienen, wie den modellgestützten Analysen, den freien Datenrecherchen, den OLAP-Analysen oder den durch Generatoren erzeugten Berichten.

Mit Hilfe synchroner und asynchroner Kommunikations- und Kooperationssysteme wird den Forderungen nach medienbruchfreier Integration multipersoneller Arbeitsformen entsprochen. Diese Subsysteme erlauben über Remote-Konferenzsysteme und integrierte kontextsensitive Mailing-Komponenten die direkte Zusammenarbeit einzelner Manager oder Managergruppen auf der Basis der Informationen aus sämtlichen Subsystemen der Informations-Komponente.

Die Front-End-Komponente ist die gemeinsame Klammer für sämtliche Systeme der Managementunterstützung. Sie liefert zum einen die systemtechnische Integration der Subsysteme und bietet zum anderen den Benutzern oder den Benutzergruppen eine aufgaben- und qualifikationsangemessene Benutzeroberfläche, die die Sammlung aus verschiedenen technischen Subsystemen aus Benutzersicht zu „einem“ logischen Gesamtsystem verschmelzen lassen.

6 Entwicklung eines Gestaltungsmodells Integrierter Management-Unterstützungs-Systeme

Im folgenden Teil steht die *Gestaltung* managementunterstützender Systeme im Mittelpunkt. In einem ersten Teil werden die tradierten Vorgehensweisen der Systemgestaltung und die speziellen Ansätze zur Gestaltung managementunterstützender Systeme dargestellt und kritisch auf ihre Eignung für den Aufbau Integrierter MUS geprüft. In einem zweiten Teil wird ein Vorgehensmodell entwickelt, das den Charakteristika integrierter Systeme zur Unterstützung der Managerarbeit im besonderen Maße Rechnung trägt.

6.1 Vorgehensweisen der Systemgestaltung und kritische Diskussion ihrer Eignung

Die *Systemgestaltung* umfaßt sämtliche Entwicklungs- und Re-Engineeringaktivitäten, die von der Initiierung eines Systems bis zu seiner Außerdienststellung durchgeführt werden müssen.[1] Das englische Pendant des Begriffes wird im allgemeinen als *Software Engineering* bezeichnet. Obwohl dieses Wissenschaftsgebiet mittlerweile auf eine ungefähr 30-jährige Forschungsdauer zurückblicken kann[2], fügen sich die Erkenntnisse nicht zu einem einheitlichen Bild zusammen, sondern „... stellen sich eher als Konglomerat von Ratschlägen, Vorgehensweisen, Techniken, Methoden und Softwarewerkzeugen dar."[3] Trotz teilweise divergierender Auffassungen lassen sich jedoch auch Ansätze identifizieren, die in der Praxis und in der Wissenschaft allgemeine Anerkennung gefunden haben und das Forschungsgebiet nachhaltig prägten.[4] Sie werden im folgenden kurz dargestellt. Anschließend werden die neueren Überlegungen, die aufgrund praktischer Erfahrungen bei der Ge-

---

1 Vgl. Seibt /Management von Systemlebenszyklen 1998/ 2ff.

2 *Software Engineering* kann als Reaktion auf die sog. „Softwarekrise" Mitte der 60er Jahre verstanden werden, die zu der Erkenntnis führte, daß Software wie ein „technisches Produkt" zu entwickeln sei, also auch ingenieurmäßiges Vorgehen verlange. Vgl. Sommerville /Software Engineering 1992/ 5, Pomberger; Blaschek /Software Engineering 1996/ 2f. und Frick /Software-Entwicklungsprozeß 1995/ 10ff.

3 Wirtz /Software Engineering 1997/ 363. Einen Überblick verschiedener Definitionen liefert Chroust /Software-Entwicklung 1992/ 18ff.

4 Vgl. Mellis /Strategien der Systementwicklung 1997/ 383f.

staltung von managementunterstützenden Systemen in den letzten Jahren gemacht wurden, thematisiert, wobei insbesondere die stark prototypisch ausgerichteten Vorgehensweisen vorgestellt und diskutiert werden sollen. Im letzten Teil dieses Abschnittes werden die bestehenden Ansätze auf ihre Eignung für die Gestaltung integrierter managementunterstützender Systeme hin geprüft.

6.1.1 Allgemeine Vorgehensmodelle zur Gestaltung von Anwendungssystemen

6.1.1.1 Klassische Vorgehensmodelle

Da die Entwicklung von Anwendungssystemen ein komplexer, arbeitsteiliger Prozeß ist, werden bei allen Vorgehensmodellen die durchzuführenden Aktivitäten in Phasen gebündelt, deren Zielerreichung durch sog. *Meilensteine* dokumentiert wird. Neben dieser Auffassung und der grundsätzlichen systematischen Gliederung der durchzuführenden Aktivitäten sind jedoch in den verschiedenen Vorgehensmodellen divergierende Ansätze feststellbar. Diese Differenzen lassen sich festmachen an

- alternativen Phasenabgrenzungen, die die durchzuführenden Aktivitäten unterschiedlich bündeln[1],
- der unterschiedlichen Fokussierung von Problemschwerpunkten innerhalb des Entwicklungs- und Einsatzprozesses.[2]

Erste Konzepte zur strukturierten Abfolge von Aktivitätenbündeln reichen bis in die 60er Jahre zurück. Es ist das Verdienst der frühen Ansätze zur Systementwicklung, daß erstmalig ein klarer Rahmen definiert wurde, der die relevanten Aktivitäten klar definierte und gegeneinander abgrenzte. Diese Vorgehensweise, die unabhängig von dem späteren Ein-

---

[1] Eine Übersicht der unterschiedlichen Phasenschemata findet sich u.a. in Balzert /Software-Management 1998/ 97ff., Hesse; Merbeth; Frölich /Software-Entwicklung 1992/ 33 und Schwarze /Systementwicklung 1995/ 52.

[2] Obwohl die Ansätze nicht selten unter dem Begriff *Software-Life-Cycle-Modelle* subsumiert werden, beziehen sich nicht wenige der klassischen Vorgehensmodelle primär auf die Erstentwicklung des Systems und berücksichtigen die einsatzbegleitenden Gestaltungsaktivitäten nur unzureichend. Vgl. Seibt /Systemlebenszyklus 1997/ 393.

satzgebiet und von der Größe des zu entwickelnden Systems ist, weist jedoch gravierende Schwächen auf. So zeigte sich in der Praxis, daß ein streng sequentieller Ablauf der Phasen unrealistisch ist, da die Wechselwirkungen zwischen den Phasen viel komplexer sind, als es das idealisierende, streng sequentielle Modell suggeriert.[1] Zur Elimination dieser Schwächen wurden diese ersten Ansätze erweitert und verändert. Ein klassischer Vertreter dieser modifizierten Vorgehensmodelle ist das *Wasserfall-Modell*. Dieses Vorgehensmodell, eine von *Boehm*[2] modifizierte Vorgehensweise von *Royse*[3], kann daher auch als eine der ersten sinnvoll anwendbaren Strategien zur Systementwicklung bezeichnet werden.[4] Im Gegensatz zu früheren Ansätzen erlaubt das Wasserfall-Modell einen gewissen Grad der Auflösung der streng sequentiell abzuarbeitenden Phasen. So kann nach Abschluß jeder Phase aufgrund von Mängeln, die durch Abnahmepunkte erkennbar werden, ein Rücksprung in die entsprechende Vor-Phase vorgenommen werden.[5] Zur Beurteilung der jeweiligen Phasenergebnisse wurden von *Boehm* bewußt Qualitätskontrollen bzw. Qualitätssicherungsmaßnahmen entwickelt, die als integrativer Bestandteil des modifizierten Phasenschemas angesehen werden müssen. Auf der Basis dieser Überlegungen entwickelten sich in der Wissenschaft und Praxis in den letzten 20 Jahren eine Vielzahl von Phasenschemata, die sich neben unterschiedlichen Phasenabgrenzungen und -bezeichnungen vor allem durch die Strenge der Abfolgesequenz der Einzelphasen unterscheiden. So erlauben einige der Vorgehensmodelle lediglich den Rücksprung in unmittelbar benachbarte Phasen, wobei andere wiederum auch phasenübergreifende Rücksprünge zulassen.[6] Die Abb. 6-1 verdeutlicht anhand einer exemplarischen Auswahl die Vielfalt der in der Praxis existierenden Phasenschemata.

---

1 Vgl. Pomberger; Blaschek /Software Engineering 1996/ 22.

2 Vgl. Boehm /Software 1981/.

3 Vgl. Royse /Development 1970/.

4 Vgl. Frick /Software-Entwicklungsprozeß 1995/ 45.

5 Allerdings sollten diese Rücksprünge lediglich in aufeinanderfolgenden Phasen durchgeführt werden, um aufwandsintensive Rückkopplungen über mehrere Iterationen zu vermeiden. Vgl. Pomberger; Blaschek /Software Engineering 1996/ 24.

6 Vgl. Schwarze /Systementwicklung 1995/ 58.

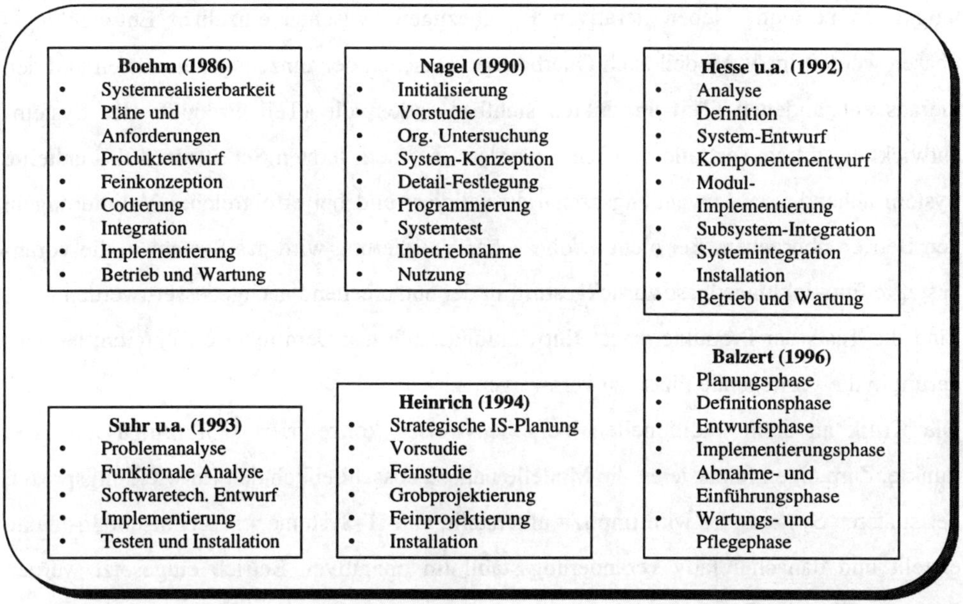

Abb. 6-1: Gegenüberstellung verschiedener Phasenmodelle[1]

Ein konventionelles Vorgehensmodell, das sich vor allem in der Praxis einer sehr großen Verbreitung erfreut, ist das *V-Modell*. Es wurde im Jahre 1992 als Standardvorgehensmodell für die Behörden der Bundesverwaltung übernommen und kann ebenfalls als Weiterentwicklung des Wasserfallmodells interpretiert werden.[2] Der ursprüngliche Ansatz wurde jedoch konsequent um den Komplex der Qualitätssicherung angereichert und bezieht in einer letzten Erweiterung auch Hardwareressourcen ein.[3] Das V-Modell besteht aus vier Subsystemen – der Systemerstellung, der Qualitätssicherung, dem Konfigurationsmanagement und dem Projektmanagement – und wird aus diesem Grunde nicht selten als umfassender Ansatz der Systementwicklung gewertet.[4] Im Gegensatz zu anderen Vorgehensmodellen wird bei dem V-Modell der Software-Entwicklungsprozeß als symmetrischer Prozeß betrachtet, der aus analysierenden Entwurfstätigkeiten und synthetisierenden Integrations-

1 Gekürzt und verändert übernommen aus Schwarze /Systementwicklung 1995/ 52.
2 Vgl. Bröhl; Dröschel /V-Modell 1993/ 177.
3 Vgl. Balzert /Software-Management 1998/ 103.
4 Vgl. Balzert /Software-Management 1998/ 113.

tätigkeiten besteht.[1] Neben iterativen Rückbezügen zwischen einzelnen Entwicklungsphasen werden im V-Modell auch Querbezüge zwischen den einzelnen Entwürfen und den hieraus entstandenen (Teil-)Produkten sichtbar, indem die (Teil-)Produkte der Systementwicklung durch Testfälle verifiziert werden. In einem letzten Schritt wird das erstellte System anhand von Anwendungsszenarien validiert und bei erfolgreicher Validierung in den Betrieb übergeben. Bei nicht erfolgreicher Validierung wird das System in die vorangestellte Entwicklungsphase zurückgestuft, in der entsprechend nachgebessert werden muß. Sind die Tests der Produkte dieser Entwicklungsstufe trotzdem nicht erfolgreich, ist wiederum in die vorliegende Phase zu verzweigen usw.[2]

Die Kritik an allen traditionellen Vorgehensweisen konzentriert sich primär auf zwei Punkte. Zum einen fokussieren die Modelle nahezu ausschließlich den Entwicklungsprozeß des späteren Systems. Es wird implizit unterstellt, daß IT-Systeme wie technische Produkte erstellt und danach relativ veränderungsstabil im operativen Betrieb eingesetzt werden könnten. Wie die Praxis jedoch zeigt, sind gerade die Wartungs- und Weiterentwicklungsaktivitäten während des Systembetriebs zeit- und aufwandsintensiver als der Entwicklungsprozeß.[3]

Zum anderen akzentuieren die traditionellen Vorgehensweisen hauptsächlich die IT-technischen Bereiche des späteren Systems und vernachlässigen die Maßnahmen zur *Implementierung*[4] des Systems in die Organisationsinfrastruktur der Unternehmung, die „bereits beim Projektstart beginnen und insbesondere durch intensive Beteiligung der zukünftigen Benutzer in allen Phasen sichergestellt werden müssen."[5]

Gerade der letztgenannte Kritikpunkt führte bereits in den 70er Jahren und verstärkt in den 80er Jahren zu der Entwicklung von Vorgehensweisen, die sich durch eine starke Einbindung prototypischer Methoden auszeichnen.[6] Sie werden im nächsten Abschnitt dargestellt.

---

1 Vgl. Hesse; Merbeth; Frölich /Software-Entwicklung 1992/ 37.

2 Eine ausführliche Beschreibung findet sich in Bröhl; Dröschel /V-Modell 1993/.

3 Vgl. Schwarze /Systementwicklung 1995/ 32.

4 *Implementierung* wird hier in seiner umfassenden Ausprägung „ ...als Prozeß der zielgerichteten Abstimmung zwischen den Komponenten Informationstechnik, Aufgabe/Funktion, Personen und Organisationen" verstanden." Mülder /Implementierung 1997/ 193.

5 Seibt /Vorgehensmodell 1997/ 433.

6 Vgl. Budde; Sylla; Züllighoven /Prototyping 1997/ 332f.

6.1.1.2 Prototyping

Unter *Prototypen* werden in der Fertigungsindustrie „Muster“ verstanden, die alle wesentlichen Eigenschaften eines geplanten Produktes aufweisen und möglichst schnell und preiswert erstellt werden sollen.[1] In Analogie hierzu bezeichnete das Verb *Prototyping* bei der Softwareerstellung in den Vereinigten Staaten anfangs die möglichst rasche Entwicklung lauffähiger Softwareversionen. Unter dem treffenden Begriff *Rapid Prototyping* wurden mit Hilfe von Programmgeneratoren, Oberflächenwerkzeugen oder speziellen Softwarewerkzeugen erste Systemvarianten entwickelt, die die grundlegenden Funktionalitäten des späteren Systems verdeutlichen sollten.[2] Einer Integration der Prototypen in den Entwicklungsprozeß des realen Systems wurde anfangs jedoch kaum Beachtung geschenkt.[3] Aus dieser Zeit stammt die in der Praxis teilweise auch heute noch herrschende negative Einstellung zum Themenbereich *Prototyping*.[4] Häufig wird diese Form des Entwicklungsprozesses gleichgesetzt mit unprofessioneller, unzulänglicher Ad-hoc-Programmierung, die bestenfalls im Bereich der *Individuellen Datenverarbeitung* toleriert werden könnte, bei der dem Benutzer weitestgehende Freiheiten bezüglich der Systemgestaltung eingeräumt werden.[5] In der professionellen Systementwicklung sollte dieser Form des Prototyping, deren Resultate auch häufig geringschätzig als „Wegwerf-Prototypen“ bezeichnet werden, lediglich zur Sammlung von Erfahrungen Raum gegeben werden.[6]

Allerdings ist diese eingeschränkte Sicht auf das Prototyping und die sich hierauf beziehende Kritik nicht angemessen. Zwar muß konstatiert werden, daß bislang in Wissenschaft und Praxis kein Konsens existiert, wie Prototypen, Prototyping oder prototypingorientierte Systementwicklung exakt abzugrenzen sind.[7] Jedoch kann festgehalten werden, daß Prototyping bereits früh von der Mehrzahl der Forscher nicht als eigenständiges, geschlossenes

---

1 Vgl. Pomberger /Softwareentwicklung 1990/ 225.

2 Vgl. Vonk /Prototyping 1990/ 20.

3 Vgl. Budde; Sylla; Züllighoven /Prototyping 1997/ 332f.

4 Vgl. Kemper; Padberg /Prototyping 1995/ 220.

5 Vgl. Seibt /Datenverarbeitung 1992/ 479ff.

6 Vgl. z.B. Schwarze /Systementwicklung 1995/ 63 und Stahlknecht, Hasenkamp /Wirtschaftsinformatik 1997/ 256.

7 Einigkeit herrscht meist nur darüber, daß Prototypen am Computer ablauffähige Programme sein müssen, wobei bislang jedoch auch noch nicht eindeutig geklärt worden ist, ob die Funktionalität simuliert oder bereits systemseitig vorhanden sein muß. Vgl. Pomberger /Softwareentwicklung 1990/ 225.

Vorgehensmodell angesehen, sondern primär als Methodik bewertet wurde, mit deren Hilfe Vorgehensmodelle angereichert und vitalisiert werden können.[1]

In den 80er Jahren, in denen erste praktikable prototyping-orientierte Systementwicklungsmodelle entwickelt und diskutiert wurden, etablierte sich die folgende Klassifizierung des Prototyping, die auch heute noch von vielen Autoren aufgegriffen und verwendet wird.[2] Diese Klassifikation differenziert *exploratives*, *experimentelles* und *evolutionäres* Prototyping.[3]

Das *explorative Prototyping* dient insbesondere der Ermittlung und Festlegung von Systemanforderungen und kann als Kommunikationsmethodik zwischen den Systementwicklern und den späteren Systembenutzern verwendet werden. Es wird demnach in den frühen Phasen des Systementwicklungsprozesses eingesetzt und erleichtert die Durchführung von Anforderungsanalysen.[4]

Das *experimentelle Prototyping* hingegen untersucht die technische Machbarkeit von Konzepten. Prototyping kann in dieser Form als Hilfsmittel zur Festlegung und Überprüfung soft- und hardwaretechnischer Spezifikationen herangezogen werden. Es dient demnach als Tauglichkeitsprüfung des System- und Komponentenentwurfs und wird in aller Regel von den Systementwicklern direkt – ohne Beteiligung der Endbenutzer – zu Beginn der IT-technischen Realisationsphase verwendet.

Das *evolutionäre Prototyping* ist im Gegensatz zu den beiden anderen Alternativen umfassender zu bewerten. Das Ziel des evolutionären Prototyping ist die Ablösung des zeitlich abgrenzbaren Entwicklungsprozesses von der Einsatzphase des IT-Systems und damit letztendlich die Abkehr von der projektorientierten Vorgehensweise.[5] Das System verliert

---

1 Vgl. z.B. Floyd /Systematic Look 1984/ 14, Boar /Application Prototyping 1986/ 26ff. und Weinberg /Prototyping 1991/ 49.

2 Erste Klassifikationsansätze finden sich bei Floyd /Systematic Look 1984/ und Budde; Kuhlenkamp; Züllinghofen /Prototypenbau 1986/ 198f.

3 Vgl. Schwarze /Systementwicklung 1995/ 62.

4 Einige Autoren reduzieren ihr Verständnis von Prototyping ausschließlich auf diesen Typus. So findet sich in dem Standardwerk zur Systementwicklung von *Balzert* lediglich der Hinweis darauf, daß ein Prototyp eine animierte oder simulierte Folge von Dialogabläufen und Bildschirmmasken darstellt, damit der Benutzer „ ... einen Eindruck von dem späteren System erhält." Balzert /Software-Entwicklung 1996/ 96.

5 Vgl. Spitta /Software Engineering 1989/ 5.

somit in keiner Phase seiner gesamten Lebensdauer den prototypischen Charakter, sondern wird ständig weiterentwickelt bzw. modifiziert.[1]
Während die beiden ersten Alternativen des Prototyping in der einschlägigen Forschung keiner fundamentalen Kritik ausgesetzt sind, wird das *evolutionäre Prototyping* nicht selten kontrovers diskutiert, da es die tradierten Formen der Systementwicklung in Frage stellt. Vor allem wird bezweifelt, daß die prototypische Vorgehensweise zu einer adäquaten Strukturierung und Modularisierung des Gesamtsystems führen kann, da für diese Aktivitäten die Kenntnis der gesamten Systemanforderungen erforderlich ist.[2] Diese können jedoch bei einer konsequent durchgeführten evolutionären Vorgehensweise nicht a priori erhoben werden, sondern ergeben sich erst im Zeitverlauf, also nach dem operativen Einsatz der ersten Prototypen.[3] In diesen Phasen des Systemlebenszyklus ist jedoch – so die Kritik – eine Modifikation der Systemarchitektur in aller Regel nicht mehr durchzuführen, so daß sich notgedrungen suboptimale Systemstrukturen etablieren und das System als „dauerhaftes Provisorium" im Einsatz bleibt.[4]

6.1.1.3 Prototyping-orientierte Vorgehensmodelle

Wie im vorherigen Kapitel beschrieben, ist exploratives und experimentelles Prototyping in konventionellen Vorgehensmodellen vor allem in den Phasen der Anforderungsanalyse und der technischen Realisierung als eine unter vielen Methoden ohne weiteres einsetzbar. Aus diesem Grunde ist es allgemein auch nicht strittig, daß diese Methodiken Eingang in den Systementwicklungsprozeß gefunden haben und in vielen Fällen als geeignetes Mittel zur Unterstützung des Kommunikationsprozesses zwischen Entwicklern und Benutzern bzw. zur Überprüfung der technischen Machbarkeit herangezogen werden.[5] Eine herausragende Bedeutung hat das Prototyping bislang jedoch erst in wenigen Vorgehensmodellen

---

1 Vgl. Vetschera /Informationssysteme 1995/ 70.
2 Zu klassischen Methoden und Werkzeugen des Softwareentwurfs vgl. Wirtz /Methoden 1990/ 326ff.
3 Vgl. Bischofberger; Pomberger /Software Development 1992/ 18.
4 Vgl. Koslowski /Systementwicklung 1988/ 171.
5 Vgl. Budde; Sylla; Züllighoven /Prototyping 1997/ 332f. und Sommerville /Software Engineering 1992/ 103ff.

erhalten. Eines der ersten und bekanntesten Vorgehensmodelle, bei denen das Prototyping als konstituierender Bestandteil des Gesamtansatzes zu werten ist, ist das *Spiral-Modell.*

- *Spiral-Modell*

Das *Spiral-Modell* nach *Boehm*[1] ist als Ansatz zu verstehen, die Vorgehensstrategie zur Systementwicklung zu flexibilisieren und das ökonomische und technische Entwicklungsrisiko zu minimieren.[2] Im Mittelpunkt des Ansatzes steht eine strukturierte Vorgehensweise nach einem klar definierten Phasenschema, wobei jedoch davon ausgegangen wird, daß ein Projekt mehrere Zyklen gleichartiger Tätigkeiten durchläuft. Innerhalb dieser Iterationen werden Prototypen des Systems entwickelt. Hierbei werden pro Iteration die Phasen *Zielbestimmung*, *Risikoanalyse*, *Prototyp-Entwicklung*, *Konzept-Entwicklung und -Bewertung* sowie *Weitere Projektplanung* durchlaufen.[3] Im Rahmen des Modells erfährt die Risikobetrachtung – also die jeweils zweite Phase eines Iterationsdurchlaufes – eine besondere Relevanz. In dieser Phase werden pro Zyklus die Unsicherheitsfaktoren identifiziert und mit Hilfe der Simulation von Systemfunktionen, Durchführung von Benchmark-Tests, Befragungen der Benutzer und weiteren risikomindernden Aktivitäten minimiert.[4]
Wie dargestellt, bedient sich das Spiral-Modell als iterativer Gestaltungsansatz zwar im hohen Maße der Methoden des Prototyping. Es fokussiert jedoch – wie die traditionellen Ansätze – primär den Realisierungsprozeß des Systems und besitzt keine expliziten Gestaltungsempfehlungen für den im Vergleich zur Entwicklungsdauer langen Zeitraum des Systemeinsatzes. Da jedoch auch (oder gerade) in dieser Zeit unternehmungsinterne und -externe Veränderungen Adaptionen des Systems bedingen, setzt hier die Kritik an der Methodik an.[5] Sie führte zu einer weiteren Variante von Vorgehensmodellen, für die sich in der Literatur der Begriff *Evolutionäre Systementwicklung* durchgesetzt hat.

---

1 Vgl. Boehm /Spiral Model 1988/ 61ff.
2 Vgl. Pietsch /Spiralmodell 1997/ 374.
3 Vgl. Hesse; Merbeth; Frölich /Software-Entwicklung 1992/ 74.
4 Vgl. Hesse; Merbeth; Frölich /Software-Entwicklung 1992/ 74.
5 Vgl. Gluchowski; Gabriel; Chamoni /Management Support Systeme 1997/ 131.

- Evolutionäre Systementwicklung

Die Begriffe *evolutionäres Prototyping* und *evolutionäre Systementwicklung* werden nicht selten als Synonyme verwendet.[1] Gemeinsam ist beiden Ansätzen, daß der Projektcharakter des Systemerstellungsprozesses aufgelöst wird, da das System während der gesamten Lebensdauer weiterentwickelt und modifiziert wird. Da jedoch die evolutionäre Systementwicklung als geschlossener Gestaltungsrahmen Empfehlungen für den gesamten Life Cycle des zu entwickelnden und einzusetzenden Systems bereithält, geht er weit über die eher vage formulierten, ausschließlich benutzerbezogenen Aspekte des evolutionären Prototyping hinaus. Einer Gleichsetzung der Begrifflichkeiten wird aus diesen Gründen an dieser Stelle nicht gefolgt.[2]

Die Grundidee der evolutionären Systementwicklung liegt in der Auflösung der strikten Trennung zwischen Entwicklungsphasen und den nachfolgenden Pflege- und Wartungsabschnitten traditioneller Vorgehensmodelle. An die Stelle der üblichen Phasenstruktur tritt vielmehr eine zyklisch zu durchlaufende Phasenkombination bestehend aus Entwurfs-, Realisierungs- und Evaluationsabschnitten[3], deren jeweiliges Ziel die Bereitstellung einer neuen Version des Systems ist.[1] Mit anderen Worten handelt es sich bei der evolutionären Systementwicklung um jeweils eigenständige Erstellungsprozesse von neuen Systemversionen, die unter starker Einbindung der Benutzer die jeweiligen Vorgängersysteme von Fehlern bereinigen, von nicht länger erforderlichen Funktionen befreien bzw. um zusätzlich verlangte Funktionen bereichern. In Erweiterung zum evolutionären Prototyping stehen hierbei jedoch auch Aspekte der Sicherheit, Performance und Architekturverträglichkeit der neu entwickelten Systemversionen im Vordergrund.

Insbesondere die Vielfalt und Komplexität der oben dargestellten Anforderungen birgt nicht unerhebliche Gefahren, die häufig als Anlaß zur Kritik des Verfahrens herangezogen werden. So besteht zum einen die Gefahr, daß aufgrund eines fehlenden Zielkonzeptes für das Gesamtsystem lediglich unkoordinierte Subsysteme erstellt werden, deren Integration nicht beherrscht werden kann. Zum anderen genügen die zur Verfügung stehenden Ent-

---

1 Vgl. Vonk /Prototyping 1990/ 26.

2 Vgl. Vonk /Prototyping 1990/ 30.

3 Vgl. Schwarze /Systementwicklung 1995/ 60.

wicklungswerkzeuge meist nicht den hohen Anforderungen hinsichtlich der Laufzeit, der Strukturiertheit und Erweiterbarkeit, um die Veränderungsprozesse von Version zu Version wirksam und wirtschaftlich durchführen zu können.[2]

6.1.2 Spezielle Vorgehensmodelle für den Aufbau management-unterstützender Systeme

Sowohl in der Praxis als auch in der Wissenschaft herrscht Konsens darüber, daß sich die Entwicklung managementunterstützender Systeme aufgrund der komplexen technischen, organisatorischen und sozialpsychologischen Zusammenhänge grundlegend von der Entwicklung monofunktionaler Systeme, wie z.B. der Lohnabrechnung oder der Lagerverwaltung, unterscheidet.[3] Pointiert weisen *Koll/Niemeier* darauf hin, daß die erfolgreiche Gestaltung managementunterstützender Systeme stets mit der Implementierung neuer betriebswirtschaftlicher Konzepte zu verbinden ist, um das Potential der Technologie voll ausschöpfen zu können.[4] Aus diesem Grunde werden die Technikkonzepte von den betriebswirtschaftlichen Fachkonzepten dominiert, deren Entwicklung in sämtlichen Phasen der Systemerstellung und des Systemeinsatzes eine äußerst enge Zusammenarbeit mit dem Management bedingt. Weiterhin ist allgemein anerkannt, daß aufgrund der schlecht antizipierbaren Managementanforderungen und der sich rasch ändernden unternehmungsinternen und -externen Rahmenbedingungen extreme Flexibilität erforderlich ist, die sowohl in der Entwicklungs- als auch in der Einsatzphase des Systems gegeben sein muß. Die folgende, von *Kaiser* übernommene Darstellung zeigt die gravierenden Unterschiede managementunterstützender Systeme zu herkömmlichen Ablaufsystemen:

---

1 Aus diesem Grunde wird der Prozeß auch häufig als *Versioning* bezeichnet. Vgl. Gluchowski; Gabriel; Chamoni /Management Support Systeme 1997/ 133.

2 Vgl. Pomberger; Blaschek /Software Engineering 1996/ 178.

3 Vgl. z.B. Bullinger; Koll; Niemeier /Führungsinformationssysteme 1993/ 75, Oppelt /Management 1995/ 157 und Kaiser /Unternehmensinformation 1997/ 67.

4 Vgl. Koll; Niemeier /Führungsinformationssysteme 1995/ 153.

	Ablaufsysteme	Informationssysteme
Klasse	**Relations-bezogen**	**Dimensions-bezogen**
Vorbereitung	**Lastenheft** **Pflichtenheft** **Datenmodell**	**Dimensions-Hierarchie-Definition** **Analyse Datenbrauchbarkeit** **Analyse Datenverfügbarkeit**
Realisierung	**a) Standardsoftware** **b) Rapid Application Development**	**Prototyping** **Modulbildung (Geschäftsobjekte)**
Schlagwörter	**Register, Schnittstellen**	**Benutzerführung, Visualisierung**
Erfolgskriterien (aus technischer Sicht)	**Robustheit** **Zuverlässigkeit** **Verfügbarkeit**	**Flexibilität** **Benutzerfreundlichkeit (Spaß)** **Performance**
Akzeptanz bei IT	**hoch (klassische Vorgangsweise)**	**gering (kaum Erfahrung)**

Abb. 6-2: Unterschiede zwischen Ablauf- und Informationssystemen[1]

Wenngleich auch die Kriterien in der Abb. 6-2 eher als vage formulierter Katalog von Einschätzungen und Erfahrungen eines Praktikers angesehen werden können, so verdeutlicht der Katalog eindrucksvoll die in der Praxis vorzufindende Unsicherheit, in welcher Form der Gestaltungsprozeß von managementunterstützenden Systemen durchzuführen ist. Leider sind bislang auch in der Wissenschaft kaum eigenständige Vorgehensmodelle für diese speziellen Gestaltungsprozesse entwickelt worden. Die Mehrzahl der Autoren beschränkt sich auf die Empfehlungen, die klassischen Vorgehensmodelle der Systementwicklung nicht zu verwenden, sondern dem Prototyping einen hohen Stellenwert beizumessen. So faßt beispielsweise *Vetschera* seine Auffassung über die Diskussion wie folgt zusammen: „Insbesondere aufgrund des hohen Grades an Benutzerbeteiligung wird Prototyping überwiegend als der für MIS besser geeignete Entwicklungsprozeß angesehen, zum Teil wird die Verwendung von Prototyping sogar als charakteristisches Merkmal derartiger Systeme aufgefaßt".[2] Auch *Gluchowski/Gabriel/Chamoni* resümieren, daß eine evolutionäre, prototypingorientierte Vorgehensweise sich im besonderen Maße „ ... bei der Erstellung von

---

1 Übernommen aus: Kaiser /Unternehmensinformation 1997/ 69.
2 Vetschera /Informationssysteme 1995/ 71.

Softwarelösungen zur Managementunterstützung als tragfähiges Konzept (erweist), da gerade hier Nutzerbedürfnisse und Systemanforderungen rasch wechseln und flexible Anpassungen an sich ändernde Umweltlagen unverzichtbar sind".[1]

Allerdings kann bei den meisten Autoren auch ein gewisser Zwiespalt festgestellt werden, da bei einer ausschließlich prototypingorientierten Vorgehensweise kein einheitliches, übergeordnetes Rahmenkonzept für die Entwicklungsprozesse existiert und der Gestaltungsprozeß daher mit erheblichen Gefahren verbunden ist.[2] In der Praxis und in der populärwissenschaftlichen Literatur wird diesem Mißstand nicht selten durch die plakative Empfehlung „Think big, start small" begegnet, ohne daß jedoch konkrete Gestaltungsempfehlungen für diese Vorgehensweise entwickelt werden. Auch die Wissenschaft hat bislang kaum Antworten für diese schlecht zu operationalisierende Forderung gefunden. Zwar wird von einigen Autoren explizit angemahnt, daß übergeordnete Rahmenkonzepte erforderlich sind.[3] Eine geschlossene Vorgehensweise zur Erarbeitung dieser Konzepte ist jedoch meist nicht festzustellen. Als Ausnahme kann das am Fraunhofer Institut für Arbeitswirtschaft und Organisation entwickelte Vorgehensmodell zur Gestaltung managementunterstützender Systeme angesehen werden.[4] In diesem Modell werden zwei geschlossene zyklische Folgen von Arbeitsschritten definiert, der *Implementierungszyklus* und der *Ausbreitungszyklus*. Die Abb. 6-3 verdeutlicht das Vorgehensmodell.

Der *Implementierungszyklus* dient der Erstellung einzelner Bausteine des Systems und ist bewußt prototypisch ausgerichtet. Im *Ausbreitungszyklus* erfährt das System Schritt für Schritt eine Erweiterung. Die Integration der beiden Zyklen wird durch das betriebswirtschaftliche Fachkonzept gewährleistet. Aufgrund von Rekursionen innerhalb des Implementierungskonzeptes und dem iterativen Durchlaufen der einzelnen Zyklen wird ferner sichergestellt, daß alle Einzelbausteine sowie das Ziel-, Fach-, Infrastruktur- und Ausbreitungskonzept stetig überprüft und im Bedarfsfalle angepaßt werden können.

---

1 Gluchowski; Gabriel; Chamoni /Management Support Systeme 1997/ 133.

2 Vgl. die Ausführungen des vorherigen Kapitels.

3 Vgl. z.B. Koll; Niemeier /Führungsinformationssysteme 1995/ 153.

4 Vgl. Bullinger; Koll; Niemeier /Führungsinformationssysteme 1993/ 75.

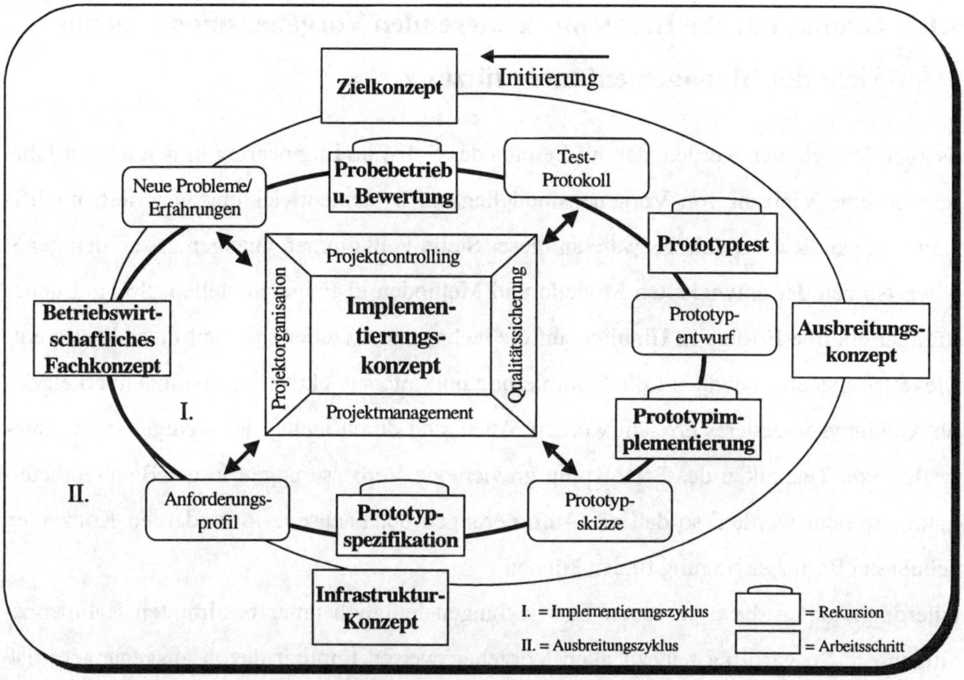

Abb. 6-3: IAO-Vorgehensmodell zur Entwicklung und Einführung von management-unterstützenden Systemen[1]

Es kann als großer Verdienst der Forscher gewertet werden, daß mit dem IAO-Ansatz erstmalig ein in sich geschlossenes, an dem System Life Cycle orientiertes Vorgehensmodell für managementunterstützende Systeme entwickelt wurde. Da jedoch der Ansatz aus dem Jahre 1993 stammt, sind in ihm weder neue Konzepte der medienbruchfreien Einbindung von Kommunikations- bzw. Kooperationssystemen noch Data Warehouse-Ansätze integriert. Gerade aber das letztgenannte Konzept stellt die Entwickler von managementunterstützenden Systemen meist vor große Probleme.

[1] Übernommen aus: Bullinger; Koll; Niemeier /Führungsinformationssysteme 1993/ 75.

6.1.3 Grundsätzliche Kritik an existierenden Vorgehensmodellen aus Sicht der Managementunterstützung

Es kann festgehalten werden, daß im Bereich des Software Engineering in den letzten Jahrzehnten eine Vielzahl von Vorgehensmodellen zur Systementwicklung generiert, modifiziert und validiert wurden. Es wäre an dieser Stelle vollkommen unangemessen, den generellen Nutzen der entwickelten Modelle und Methoden in Frage zu stellen. So sind unbestreitbar enorme Erfolge in Hinblick auf die technische Exzellenz der auf diese Weise entwickelten Systeme sowie auf die Optimierung und intersubjektive Nachvollziehbarkeit des Entwicklungsprozederes erreicht worden. Auch sind durch mehr oder weniger starke Integration von Techniken des Prototyping gravierende Verbesserungen in der Benutzerbeteiligung erreicht worden, so daß die Anforderungen der Fachseite in modernen Konzepten gebührend Berücksichtigung finden können.

Allerdings gelten diese positiven Entwicklungen lediglich unter bestimmten Rahmenbedingungen. So wird bei nahezu allen Vorgehensweisen implizit davon ausgegangen, daß abgrenzbare Einzelsysteme oder vorab definierbare Konglomerate von Subsystemen entwickelt werden, die sich in ihrer Spezifikation und Interdependenz bereits bei Projektbeginn einfach definieren lassen. Weiterhin wird von der Prämisse ausgegangen, daß die späteren Systembenutzer die grundlegenden Anforderungen der zu entwickelnden Systeme kennen und sie mit Hilfe von Prototypen kommunizierbar gemacht werden können. Hierbei lassen die prototypischen Vorgehensweisen durchaus auch zu, daß die Endbenutzer aufgrund ihres Erkenntniszuwachses während des Entwicklungs- und Einsatzprozesses Änderungen in Funktionalität und Design des Systems anregen.

Das Vorliegen dieser relativ stabilen Rahmenbedingungen konnte in der Praxis bis vor einigen Jahren als gegeben angesehen werden. Der Einsatz neuentwickelter Systeme diente anfangs primär der Rationalisierung existierender Abläufe bzw. in jüngerer Zeit der überschaubaren und antizipierbaren organisatorischen Neugestaltung ausgewählter Einzelbereiche. Auch heute gelten diese Rahmenbedingungen in vielen Fällen noch bei der Gestaltung operativer Abrechnungs- und Dispositionssysteme. Für Systeme zur Unterstützung des Managements sind diese Rahmenbedingungen jedoch nicht (mehr) gültig, wie die folgenden Ausführungen dokumentieren.

Seit Beginn der 90er Jahre haben sich die globalen Parameter des Wettbewerbs gravierend verändert. Waren in den früheren Jahrzehnten noch Produktivität und Differenzierung die wichtigsten Erfolgskriterien, um am Markt erfolgreich zu agieren, so steht heute die Flexibilität und Innovationsfähigkeit einer Unternehmung an erster Stelle.[1] Nach Auffassung einiger Wissenschaftler wurden diese Veränderungen in europäischen Unternehmungen lange ignoriert und führten in den ersten Jahren dieses Jahrzehnts zu einer der schwersten ökonomischen Krise seit Beendigung des zweiten Weltkriegs, die durch gravierende Umsatzrückgänge, hohe Arbeitslosigkeit und starke Zunahme von Unternehmungskonkursen gekennzeichnet war.[2] Das Beharren auf alten Führungs- und Organisationskonzepten entwickelte sich zunehmend als kontraproduktiv bzw. ließ den Managementbereich zum eigentlichen Engpaßsektor werden, so daß die Misere der europäischen Wirtschaft vielfach auch als Misere des europäischen Managements bezeichnet wurde.[3]

Neue Managementkonzepte, die die Flexibilität und die Innovationsfähigkeit der Unternehmung steigern, bedürfen jedoch gänzlich anderer Unterstützungssysteme als die tradierten, stark hierarchisierten und funktionsorientierten Systemansätze. Isolierte Projekte zur Optimierung von Einzelfunktionen können dem Anspruch an wirksame Managementunterstützung daher nicht länger genügen.[4] Vielmehr verknüpfen und durchdringen managementunterstützende Systeme sämtliche Organisationseinheiten der Unternehmung und sichern ihre Informationsversorgung und Kommunikationsanbindung, wobei sie aufgrund der notwendigen Schnittstellen zu unternehmungsexternen Organisationen durchaus auch als „überbetrieblich integrierte Systeme" bezeichnet werden können.[5] Das managementunterstützende System einer Unternehmung besteht somit aus einer Vielzahl von miteinander verzahnten Informations-, Kommunikations- und Kooperationssystemen, die sich einer konsistenten, unternehmungsweit harmonisierten dispositiven Datenquelle bedienen.

---

1 Vgl. Picot; Reichwald; Wigand /Unternehmung 1996/ 10.

2 Vgl. z.B. Warnecke /Unternehmenskultur 1993/ 38ff. und Koll; Niemeier /Führungsinformationssysteme 1995/ 135ff.

3 Vgl. Koll; Niemeier /Führungsinformationssysteme 1995/ 135 und Champy /Management 1995/.

4 *Grohmann* formuliert in diesem Zusammenhang treffend: „Informationssysteme sind heute noch sehr oft mehr ein Hemmschuh für Veränderungen, denn Hilfe." Grohmann /Offenheit 1993/ 126.

5 Vgl. Schwarze /Systementwicklung 1995/ 26.

Eine detaillierte Rahmenplanung für sämtliche Teilsysteme der Managementunterstützung ist aus diesem Grunde unerläßlich. So verdeutlicht auch die Abb. 6-4 sehr eindrucksvoll, daß sämtliche in dieser Arbeit abgeleiteten Forderungen an die Architektur und Gestaltung wirksamer managementunterstützender Systeme ein übergeordnetes Konzept bedingen.[1]

Forderungen	betreffen primär einen spezifischen Systementwicklungsprozeß	bedingen Rahmenkonzepte für alle zukünftigen Systementwicklungsprozesse
Elimination dispositiver Dateninseln	–	✓
Benutzerseitig frei wählbare Informationsaufbereitung	✓	✓
Sicherstellung integrierter Komm.- und Koop.-Funktionalitäten	–	✓
Schaffung funktions- und medienintegrierender Benutzeroberflächen	✓	✓
Berücksichtigung unternehmungskultureller Rahmenbedingungen	–	✓
Nutzung IT-spezifischer Effektivitätspotentiale	–	✓
Sicherstellung der Anpassungsflexibilität an sich ändernde Umweltbedingungen	–	✓

Abb. 6-4: Forderungen an die Architektur und die Gestaltung Integrierter MUS und deren Tragweite

Der Entwicklung eines solchen Konzeptes wird jedoch bei den traditionellen Vorgehensmodellen und auch bei den neueren Modellen zur Entwicklung managementunterstützender Systeme bislang zu wenig Raum gegeben. Dieses Manko wird insbesondere bei der Planung der unternehmungsweiten dispositiven Datenhaltung – der Data Warehouse-Komponente – deutlich. Da sie das gemeinsame Fundament sämtlicher MUS-Teilsysteme darstellt

[1] Vgl. Kapitel 4 dieser Arbeit.

und mit ihrer integrierten Semantik in Form von Verdichtungen und betriebswirtschaftlichen Anreicherungen weit über die tradierten Formen der dispositiven Datenspeicherung hinausgeht, kommt ihr bei der Konzeptgenerierung erhebliche Bedeutung zu. In Ermangelung geeigneter Vorgehensmodelle scheiterten bislang nicht wenige DWH-Projekte, so daß in der Praxis bereits von einem „Teufelskreis" der Data Warehouse-Entwicklung gesprochen wird.[1] Die Abb. 6-5 verdeutlicht die mutmaßliche Dilemmasituation.

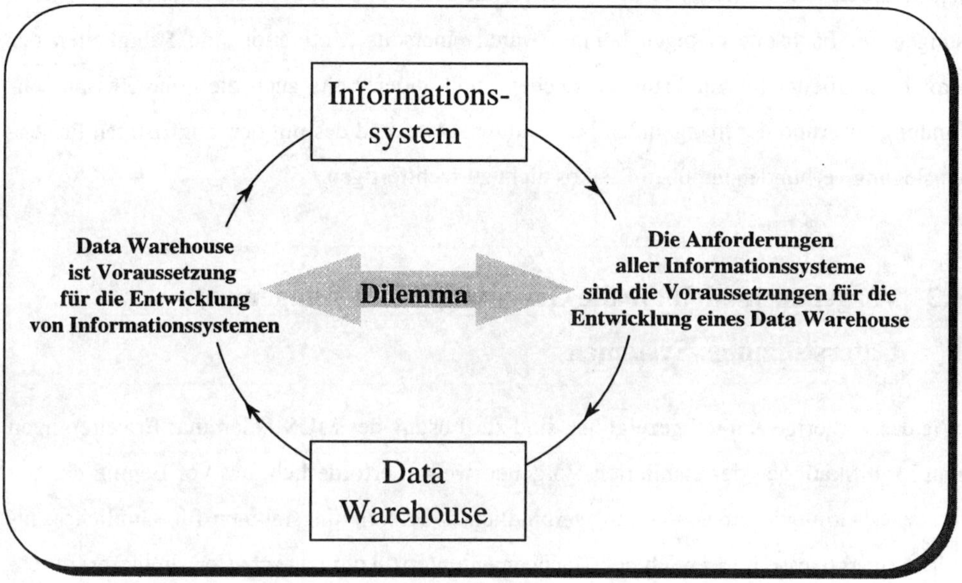

Abb. 6-5: Dilemma am Beispiel des Data Warehouse

Es wird – sicherlich begründet – argumentiert, daß ein existierendes Data Warehouse die notwendige Voraussetzung für die Entwicklung von Informationssystemen sei, da eine inkrementelle Erstellung des Data Warehouse über Einzelprojekte aufgrund der mangelnden Kenntnis über die Anforderungen der nachfolgenden Informationssysteme nicht möglich wäre. Zur Lösung dieses Problems wäre es demnach erforderlich, vor der Entwicklung von MUS-Teilsystemen ein umfassendes Data Warehouse zu erstellen und zu implementieren. Dieses Vorgehen erscheint jedoch ebenfalls nicht erfolgversprechend. So müßten im

1 Vgl. Kaiser /Unternehmensinformation 1997/ 2.

Vorfeld sämtliche zukünftigen Informationsbedarfe detailliert bestimmt und alle Aktivitäten zur Filterung, Harmonisierung, Aggregation und Anreicherung der internen und externen Daten durchgeführt und über Metadaten dokumentiert werden. Der hierfür erforderliche fachliche Input könnte ausschließlich von den betriebswirtschaftlichen Fachbereichen und dem Management eingebracht werden. Aus diesem Grunde müßten die Mitarbeiter der Fachabteilungen und Manager eng in ein solches Projekt integriert werden. Da diese Projektmitarbeit jedoch nicht vor dem Hintergrund real existierender funktionaler Problemlösungen der Fachseite erfolgen könnte, wären einerseits Motivation und Fähigkeiten der Projektmitarbeiter hierfür kaum ausreichend und andererseits auch die hohe Ressourcenbindung aufgrund der mangelnden Nutzentransparenz und des mit der langfristigen Projektauslegung verbundenen hohen Risikos nicht zu rechtfertigen.[1]

6.2 Vorgehensmodell für die Gestaltung von Management-Unterstützungs-Systemen

Wie das vorherige Kapitel gezeigt hat, sind zur Lösung des MUS-Dilemmas Erweiterungen und Modifikationen der etablierten Vorgehensweisen erforderlich, um vor Beginn der Systementwicklungen einen stabilen, verbindlichen Orientierungsrahmen für sämtliche Entwicklungsprozesse im Bereich der Managementunterstützung zu schaffen. In dieser, durchaus als „MUS-Framework" zu bezeichnenden *Makro-Ebene* sind grundlegende konzeptionelle Entscheidungen zu treffen, die eng verzahnt sind mit dem Aufgabenfeld des *strategischen Informationsmanagements*.[2] Diese Rahmenbedingungen sind durch institutionalisierte Gruppen zu erarbeiten, im Zeitverlauf zu überprüfen und im Bedarfsfalle den sich ändernden Umweltbedingungen anzupassen.

---

1 Diese Vermutung wird auch durch die Aussagen der im Rahmen dieser Arbeit befragten Experten unterstützt. So kann nach Einschätzung der Interviewten ein Datenpool mit dispositiven Daten lediglich dann aufgebaut werden, wenn konkrete Systemanforderungen seitens der Fachabteilungen vorliegen.

2 Vgl. Oesterle; Brenner, Hilbers /Unternehmensführung 1992/ 40ff., Küting /Informatik-Management 1993/ 15ff., Brenner /Informationsmanagements 1994/ 107ff. und Hildebrand /Informationsmanagements 1995/ 79ff.

Die *Mikro-Ebene* hingegen beinhaltet die eigentlichen Entwicklungs- und Re-Engineering-Prozesse der einzelnen Subsysteme der Managementunterstützung. Diese Gestaltungsprozesse haben sich eng an den Vorgaben der Makro-Ebene zu orientieren und werden unter starker Beteiligung der Endbenutzer – also der Fachabteilungen und des Managements – von den Spezialisten der IT-Anwendungsentwicklungsbereiche durchgeführt und von Vertretern der Makro-Ebene überwacht. Die Abb. 6-6 zeigt das Vorgehensmodell und Zusammenspiel der Makro- und Mikro-Ebene. Wie ersichtlich, kommt in dem Modell den Controllingaktivitäten eine bedeutende Rolle zu. Insgesamt lassen sich hierbei drei verschiedene Bereiche des Controlling identifizieren. So sind die Rahmenbedingungen der Makro-Ebene periodischen Prüfungen – sog. *Controllingpunkten* – zu unterziehen, die im Bedarfsfalle zur Modifikation der Rahmenvorgaben und somit zur Überarbeitung der Makro-Ebene führen.

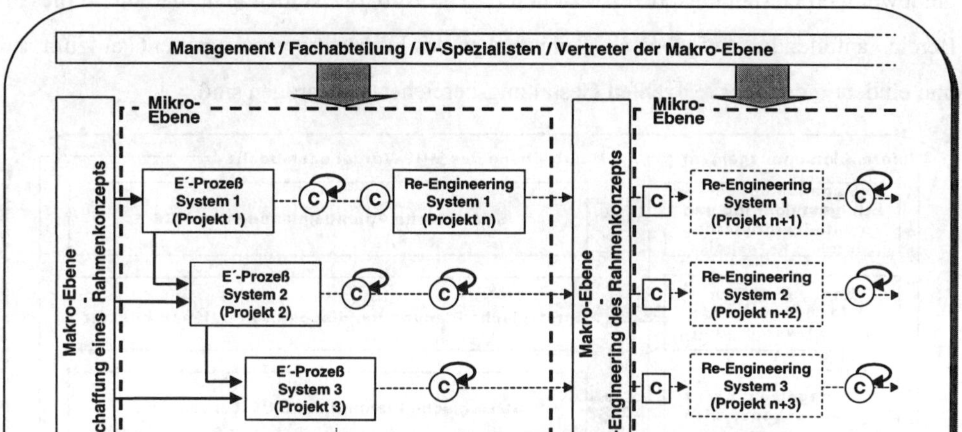

Abb. 6-6: Vorgehensmodell zur MUS-Gestaltung

Die einzelnen Gestaltungsprozesse der Mikro-Ebene besitzen im Gegensatz zur Makro-Ebene zwei unterschiedlich ausgerichtete Controllingaktivitäten. Zum einen sind Controllingpunkte zu etablieren, um die Kongruenz zwischen den Funktionalitäten eines Subsystems und den sich wandelnden betriebswirtschaftlichen Anforderungen sicherzustellen.[1] Zum anderen sind nach erfolgtem Re-Engineering der Makro-Ebene zusätzlich sämtliche Subsysteme einer Analyse zu unterziehen, um die Abstimmung zwischen Mikro- und Makro-Ebene zu gewährleisten.[2] Im weiteren werden die Aufgaben der Makro- und Mikro-Ebene detailliert.

6.2.1 Makro-Ebene

Wie erwähnt, kommt der Makro-Ebene die Aufgabe zu, ein stabiles Rahmenkonzept für die jeweiligen Gestaltungsprozesse zu liefern. Die Abb. 6-7 verdeutlicht, daß die in diesem Bereich anfallenden Aufgaben als Teilaufgaben des Informationsmanagements aufzufassen und eindeutig den hier relevanten Gestaltungsbereichen zuzuordnen sind.

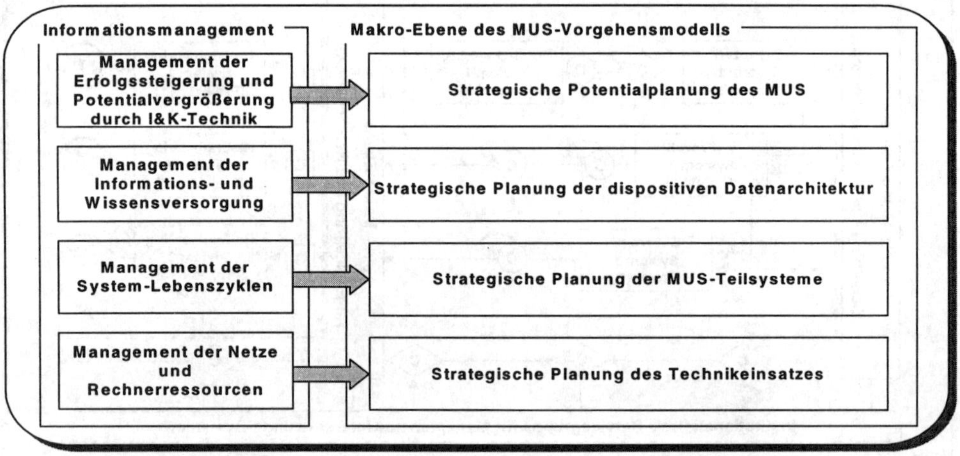

Abb. 6-7: Informationsmanagement und abgeleitete Aufgaben der MUS-Makro-Ebene[3]

---

1 Bei marginalen Veränderungen können hier mit Hilfe von *Anpassungszyklen* sofortige Anpassungsaktivitäten durchgeführt werden.

2 Das ist beispielsweise dann erforderlich, wenn Veränderungen der Rahmenbedingungen Architekturmodifikationen in Subsystemen erforderlich machen.

3 Klassifikationsschema übernommen aus: Seibt /Informationsmanagement 1993/ 3ff.

6.2.1.1 Strategische Potentialplanung des MUS

Die Informations- und Kommunikationstechnologie kann direkt oder indirekt alle Erfolgsfaktoren einer Unternehmung beeinflussen. Hierzu gehören „Faktoren zur Erringung von Wettbewerbsvorteilen auf bestehenden Märkten, Faktoren zur Erschließung neuer Erfolgspotentiale und neuer Märkte sowie Faktoren zur Senkung der Kosten der Entwicklung, Produktion und des Vertriebs von Produkten und Dienstleistungen.“[1] Allerdings erfolgt diese positive Beeinflussung der Unternehmungstätigkeit niemals „per-se“ aufgrund des Einsatzes von Technologie. Ihr Einsatz hat sich vielmehr an den individuellen Rahmenbedingungen der Unternehmung auszurichten, um optimale Ergebnisse realisieren zu können. Diese heute allgemein als gesichert anerkannten Erkenntnisse[2] betonen im besonderen Maße die Bedeutung, die dem Aufbau eines Rahmenkonzepts Integrierter Management-Unterstützungs-Systeme zukommt, da es ohne genaue Potentialeinschätzungen zu erheblichen Mißverhältnissen zwischen Kosten- und Nutzengrößen der angestrebten Systeme kommen kann.

Die an *Heinrich*[3] angelehnte Abb. 6-8 verdeutlicht diesen Sachverhalt. Sie repräsentiert in Form einer Vierfelder-Tabelle die generellen Positionierungsmöglichkeiten von managementunterstützenden Systemen und basiert auf den beiden Größen der *Wirtschaftlichkeit* und der *Wirksamkeit*.[4] Wie die Abbildung verdeutlicht, existiert lediglich ein anzustrebender Gleichgewichtszustand, der – hier fett und kursiv dargestellt – eine optimale Ausnutzung der Wirksamkeit bei einer hohen Wirtschaftlichkeit repräsentiert. Alle anderen Positionierungen können als Ungleichgewichtssituationen bezeichnet werden.

---

1 Vgl. Seibt /Informationsmanagement1993/ 25.

2 Vgl. Lehner /Informatik-Strategien 1993/ 34 und Scheer /Modellierungsmethoden 1998/ 7.

3 Vgl. Heinrich /Informationsmanagement 1996/ 92.

4 Hierbei wird mit Hilfe der *Wirksamkeit* der Grad der individuellen Potentialnutzung verstanden, den Management-Unterstützungs-Systeme in der Unternehmung leisten können. Die *Wirtschaftlichkeit* fokussiert dagegen die monetäre Dimension und präzisiert die Effizienz von Management-Unterstützungs-Systemen bei einer gegebenen Wirksamkeit. Vgl. Heinrich /Informationsmanagement 1996/ 92.

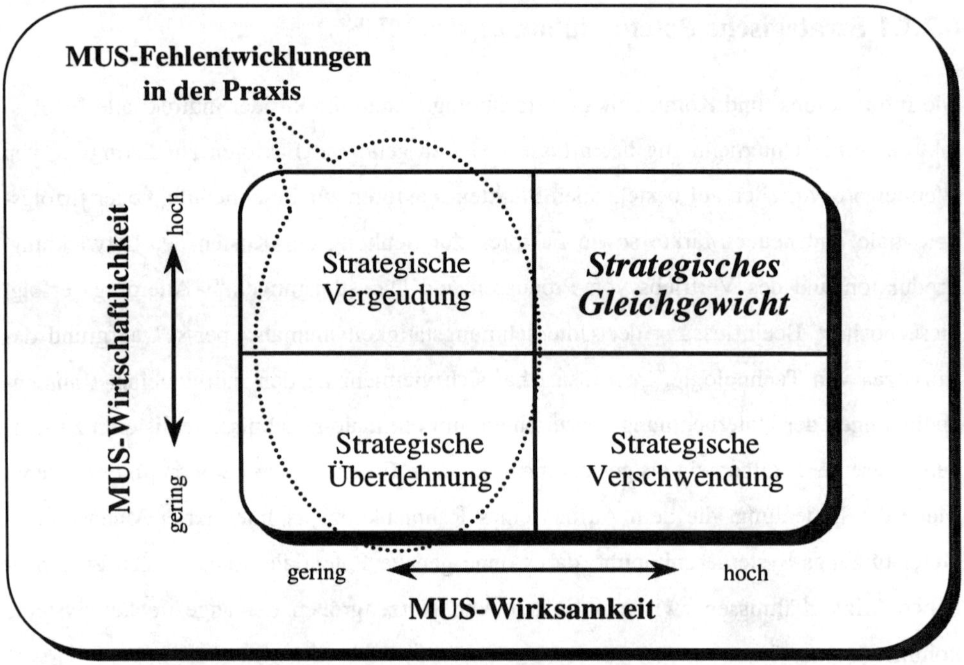

Abb. 6-8: MUS-Wirksamkeit und MUS-Wirtschaftlichkeit[1]

So wird unter der *Strategischen Verschwendung* die Situation verstanden, in der Management-Unterstützungs-Systeme effektiv das Potential ausnutzen, jedoch nicht kostenminimal entwickelt und eingesetzt werden. Diese Situation kann dann auftreten, wenn aufgrund mangelnder Kenntnisse bedarfsunangemessene Konzepte, Methoden oder Werkzeuge der MUS-Gestaltung Verwendung finden, die zu hohen Entwicklungs- und Einsatzkosten führen. Die *Strategische Vergeudung* hingegen ist durch die unzureichende Ausnutzung des MUS-Potentials gekennzeichnet. In diesen Fällen sind meist Teilsysteme der Managementunterstützung vorhanden, die – isoliert für sich gesehen – durchaus problemangemesse Lösungen darstellen. Jedoch wird in Ermangelung der Kenntnis des Erfolgspotentials nicht der gesamte Beitrag erbracht, der durch ein angemessenes MUS erreichbar wäre. Unter der *Strategischen Überdehnung* wird indes eine völlige Fehleinschätzung des gesamten Komplexes verstanden. Hier erfolgt aufgrund der Unkenntnis des unternehmungsindividuellen

1 Verändert übernommen aus: Heinrich /Informationsmanagement 1996/ 92.

Potentials meist eine Überschätzung der Möglichkeiten, die gepaart mit mangelndem Wissen über Konzepte, Methoden und Werkzeuge zu nicht satisfizierenden MUS-Entwicklungen führen.
Wie die der Arbeit zugrundeliegende Expertenbefragung deutlich macht, können auch für die Mehrzahl der hier befragten Unternehmungen Ungleichgewichte konstatiert werden. Primär sind diese Mängel der fehlenden oder ungenügenden Ausschöpfung des Leistungspotentials der Management-Unterstützungs-Systeme zuzuordnen, so daß sie nach der oben angeführten Einteilung vor allem als *Strategische Überdehnung* bzw. als *Strategische Vergeudung* bezeichnet werden müßten. Als sicheres Indiz für diese Annahmen sind vor allem die Aussagen der Unternehmungen zu werten, häufig ausschließlich einen Medienwechsel von papiergebundenen zu elektronischen Berichten vorgenommen zu haben und von nicht antizipierten Veränderungen – primär im Bereich der Ablauforganisation – überrascht worden zu sein.[1]

6.2.1.1.1 Abstimmung des Informationsbedarfs

Die Ursachen der oben dargelegten Mängel können vielschichtig sein und sind im Bereich der Managementunterstützung sicherlich auch auf den hohen Innovationsgrad der angebotenen Informations- und Kommunikationstechniken zurückzuführen. Der Hauptgrund dieser Mißstände liegt jedoch ohne Frage in der fehlenden oder unzureichenden Abstimmung der MUS-Konzepte mit dem strategischen Management der Unternehmungen. Es ist einsichtig, daß das Potential managementunterstützender Systeme nur vor dem Hintergrund der Unternehmungsstrategie und der Kenntnis der elementaren Geschäftsprozesse bestimmt werden kann, da die Technik niemals ein Substitut für fehlende betriebswirtschaftliche Konzepte sein kann.
Die Hauptaufgabe der MUS-Potentialplanung ist demnach, eine optimale Unterstützung bei der Umsetzung der im strategischen Management entwickelten Konzepte zu gewährlei-

---

[1] Auch die Ermangelung von detaillierten Kosten-/Nutzenbetrachtungen und die geringe Rate erfolgreicher Systementwicklungen deuten in diese Richtung. Vgl. hierzu insbesondere die Ausführungen in den Kapiteln 3.2.4, 3.2.5 und 3.4.1 dieser Arbeit.

sten.[1] Hierfür ist es erforderlich, zunächst die Informationen zu bestimmen, die für die Planung, Steuerung und Überwachung der Strategien und der Geschäftsprozesse relevant sind. In der Praxis und in der Wissenschaft hat für diesen Komplex vor allem die Methode der *Kritischen Erfolgsfaktoren (KEF)* auf breiter Basis Beachtung gefunden.[2] Diese auf *Rockart* zurückzuführende Methodik[3] fußt auf der empirisch evaluierten Annahme, daß die erfolgreiche Umsetzung von Strategien und Geschäftsprozessen von einer begrenzten Anzahl von Parametern determiniert wird, die jedoch individuell von der Art der Unternehmung sowie den unternehmungsexternen Rahmenbedingungen abhängen und sich somit im Zeitverlauf auch ändern können.[4] Die Kenntnis dieser KEF stellt daher die erste Operationalisierungsstufe des Informationsbedarfs des Managements dar und bestimmt auf diese Weise die globale Ausrichtung der zu entwickelnden managementunterstützenden Systeme.[5]

Die zweite Stufe der Operationalisierung der Erfolgsfaktoren erfolgt durch ihre *Priorisierung* und *Abbildungsdetaillierung*. Im Rahmen der *Priorisierung* werden die Faktoren in die Reihenfolge ihres mutmaßlichen Erfolgsbeitrags überführt und geben auf diese Weise bereits erste Hinweise auf die Bildung des Projektportfolios.[6] Die *Abbildungsdetaillierung* ist erforderlich, da Erfolgsfaktoren auf einer hohen Abstraktionsebene formuliert werden und stark qualitativen Charakter haben. So ist beispielsweise der Erfolgsfaktor „Produktqualität" über diverse Indikatoren beschreibbar, wie z.B. „Häufigkeit von Reklamationen", „Aufwand für Wartung und Reparatur", „Ausschußquote bei der Produktion". Dieses Beispiel macht bereits deutlich, daß selbst in den Fällen, bei denen im Management allgemeiner Konsens über Erfolgsfaktoren und deren Beitragspotential zum Unternehmungserfolg herrschen, eine beachtliche Bandbreite an Abbildungsmöglichkeiten für diese

---

1 Hierbei sind selbstverständlich auch Rückkopplungen möglich, da die Technologie auch *Enabler-Funktionen* besitzt und somit auch neue Konzepte ermöglicht.

2 Vgl. Bullinger; Koll; Niemeier /Führungsinformationssysteme 1993/ 63.

3 Vgl. Rockart /Chief Executives 1979/ 81ff. und Rockart /Critical Success Factors 1982/ 3ff.

4 Vgl. Porter /Wettbewerbsstrategie 1990/ und Porter /Wettbewerbsvorteile 1989/. Nach *Picot/Franck* werden die KEF – wie z.B. Liefertreue, Flexibilität, Know-how-Vorsprung – vor allem durch kritische Entscheidungsprozesse, primäre Geschäftsprozesse, organisatorische Rahmenbedingungen und Annahmen über die Marktentwicklung bestimmt. Vgl. Picot; Franck /Informationsmanagement 1992/ 892.

5 Ein beispielhafter Fragenkatalog zur Konkretisierung dieser Parameter findet sich in Nagel /Nutzen 1990/ 100.

6 Die strategische Planung der MUS-Teilsystem wird ausführlich in Kapitel 6.2.1.3 behandelt.

Faktoren existiert. Ein weitgehender Konsens über die informationstechnischen Abbildungsmodalitäten der Erfolgsfaktoren sowie der erfolgskritischen Unternehmungsbereiche und -vorgänge ist aus diesem Grunde für die Entwicklung eines integrativen Gesamtkonzeptes zwingend erforderlich, um die aufgrund der Arbeitsteilung erforderlichen Koordinationsaktivitäten wirksam durchführen zu können.[1]

Die Planung des Informationsbedarfs anhand der Analyse der primären Geschäftsprozesse, der Identifizierung, Priorisierung und Operationalisierung der kritischen Erfolgsfaktoren ist durch Methoden und Techniken zu unterstützen, die eine enge Einbindung der späteren Systembenutzer gewährleisten. Aus Gründen der späteren Systemakzeptanz, zur Sicherstellung einer Konsensbildung und auch zur Förderung der *Prozeßwahrnehmung*[2] der einzelnen Manager ist hierbei erforderlich, gemeinsame, von Mitarbeitern der Makro-Ebene moderierte Sitzungen mit Vertretern aller relevanten Managergruppen durchzuführen.

6.2.1.1.2 Ist- und Schwachstellenanalyse existierender Management-Unterstützungs-Systeme

Das Ziel der Ist- und Schwachstellenanalyse ist es, die Diskrepanz – die sog. *strategische Lücke* – zwischen einer angestrebten und der existierenden Managementunterstützung zu erfassen und zu dokumentieren. Im Mittelpunkt der Analysen steht daher die detaillierte Untersuchung, inwieweit Manager mit den bestehenden Infrastrukturen und Systemen in der Lage sind, die im vorherigen Kapitel erörterten Erfolgsfaktoren der primären Geschäftsprozesse zu planen, zu steuern und zu überwachen. Diese Konfrontation der ermittelten Anforderungen mit den verfügbaren Systemen konkretisiert den gesamten Hand-

---

[1] Dieser Konsens darf nicht als „Abbildungs-Zementierung" mißverstanden werden. So sollten moderne MUS managerindividuelle Auswertungen und Sichten ermöglichen. Diese Flexibilität bei der Visualisierung und Bildung von Kenngrößen ist jedoch stets vor dem Hintergrund allgemein anerkannter Abbildungsmodalitäten zu gewährleisten.

[2] *Prozeßwahrnehmung* bezeichnet einen Ansatz, den Managern ein Verständnis für die grundlegenden Abläufe in der Unternehmung zu geben und ihr Denken in Zusammenhängen zu fördern. Prozeßwahrnehmung muß daher nicht unbedingt als Vorstufe der vollständigen Aufhebung des tayloristischen Prinzips der funktionalen Arbeitsteilung angesehen werden, sondern kann durchaus als probates Mittel zur Vitalisierung funktionaler Organisationsformen herangezogen werden. Vgl. Krcmar /Informationsmanagement 1997/ 327.

lungsbedarf der Konzeptumsetzung und leistet weiterhin wertvolle Hilfestellungen für die Priorisierung der MUS-Teilsysteme.[1]

Zur Ermittlung der strategischen Lücke ist es zunächst erforderlich, im Rahmen einer Ist-Analyse eine Inventur der eingesetzten managementunterstützenden Systeme zu erarbeiten.[2] Hierbei sind zum einen die Funktionalitäten der einzelnen Systeme – also ihre *betriebswirtschaftlichen Methoden* – zu erheben, die als konkrete technologische Hilfsmittel vom Management herangezogen werden können. Zum anderen sind die *infrastrukturellen Rahmenbedingungen* zu dokumentieren, die das Zusammenwirken der existierenden Systeme determinieren.

- *Betriebswirtschaftliche Methoden*

Die Dokumentation des unternehmungsspezifischen Methodensystems fokussiert fachlich-inhaltliche Aspekte der Managementunterstützung. In dieser Erhebungsphase konzentrieren sich die Aktivitäten auf die Erfassung und Dokumentation des Beitrags, den die existierenden MUS im Rahmen des *Transformationsprozesses* von Daten in steuerungsrelevante Informationen leisten. Als Strukturierungshilfe für die Inventur des unternehmungsspezifischen Methodensystems bieten sich die Phasen des klassischen Entscheidungs- oder Managementprozesses an. Abb. 6-9 verdeutlicht diesen Ansatz. Hier werden die modellgestützten Analysen den engeren Phasen des Entscheidungsprozesses[3] zugeordnet, die sich durch die *Alternativengenerierung*, *Prognose*, und *Alternativenbewertung* auszeichnen. Freie Datenrecherchen, OLAP-Analysen und Berichtsgenerator-Systeme unterstützen nach diesem Schema primär die frühen Phasen der *Zielbildung* und *Problemanalyse* sowie die späteren Abschnitte der *Kontrolle* und *Abweichungsanalyse*. Phasenübergreifend sind – wie die Abbildung verdeutlicht – die Kommunikations-/Kooperationssysteme des Managements einzusetzen, da aufgrund der Aufgabenteilung Interaktionsprozesse in sämtlichen Entscheidungsphasen erforderlich sind. Für die Dokumentation des unternehmungsweiten

[1] So wird aufgrund der Analysen deutlich, bei welchen der verfügbaren Systeme erhebliche Mängel existieren, deren Elimination vorrangig angegangen werden sollte. Die strategische Planung der MUS-Teilsystem wird ausführlich in Kapitel 6.2.1.3 behandelt.

[2] Zu den hierbei Verwendung findenden Ansätzen und Methodiken vgl. Reichwald; Nippa /Kommunikationsanalyse 1992/ 857f. und Remitschka /Erhebungstechniken 1992/ 599.

[3] Vgl. Witte /Entscheidungsprozesse 1992/ 554ff.

Methodensystems sind in Anlehnung an *Heinrich*[1] jeweils die Kriterien Architektur, Funktionalität, betriebswirtschaftliche Qualität, Schnittstellen, Sicherheit und Schutz der einzelnen MUS-Subsysteme zu bestimmen.[2]

Phasen im Managementprozeß	Informations-systeme	Kommunikations- / Kooperationssysteme
Zielbildung Problemanalyse	• Freie Datenrecherche • OLAP-Analysen • Berichts-Generator-Systeme	Synchrone Systeme • Audio / Video Conferencing • Computer Conferencing Asynchrone Systeme • Mailing • Bulletin Board • Dokumentenbanken
Alternativensuche Prognose Bewertung	Modell-gestützte Analysen	
Entscheidung *(Wahlakt)*	-	
Kontrolle Abweichungsanalyse	• Freie Datenrecherche • OLAP-Analysen • Berichts-Generator-Systeme	

Abb. 6-9: Managementprozeß und Management-Unterstützungs-Systeme[3]

- Infrastrukturelle Rahmenbedingungen

Unter den infrastrukturellen Rahmenbedingungen werden primär die *Daten- und Kommunikationsarchitekturen* der bestehenden Unterstützungssysteme verstanden. Bei der Analyse der Datenstrukturen sind vor allem die Kriterien Integrität, Vollständigkeit, Aktualität, Aufgabenadäquanz und Konsistenz der zur Verfügung gestellten Daten von Relevanz.[4] Es

1 Vgl. Heinrich /Informationsmanagement 1996/ 95.

2 Unter der Verwendung der in der Abbildung dargestellten Phasen sowie von *Heinrich* vorgeschlagenen Kriterien lassen sich die einzelnen MUS-Subsysteme dokumentieren. So könnte beispielsweise strukturiert erhoben werden, inwieweit im Rahmen des Zielbildungsprozesses die Abgrenzungen und Abstimmungen von Leistungs-, Finanz- oder Erfolgszielen unterstützt werden oder in welchem Ausmaß bei der Alternativensuche, Prognose und Bewertung modellgestützte Analysen zum Einsatz kommen.

3 Vgl. Kemper /Management-Prozessen 1992/ 42.

4 Vgl. Heinrich /Informationsmanagement 1996/ 221.

muß demnach konkretisiert werden, inwieweit die den Informationssystemen zugrundeliegenden Daten

- den fachlichen Zusammenhang korrekt und lückenlos abbilden (Integrität, Vollständigkeit),
- in ihrer zeitlichen und inhaltlichen Dimension den Aufgabenstellungen angemessen abgegrenzt werden (Aktualität, Aufgabenadäquanz) sowie
- die verschiedenen fachlichen Problemdimensionen widerspruchsfrei abbilden (Konsistenz).

Die Erfassung der Kommunikations-/Kooperationsarchitektur konzentriert sich auf die Komplexe des Informationsaustausches zwischen den einzelnen Subsystemen sowie auf die zwischenmenschliche Kommunikation und die hierauf aufbauende Kooperationsunterstützung zwischen den Entscheidungsträgern. Es ist daher zu erheben, welche Möglichkeiten existieren,

- den aus fachlicher Sicht erforderlichen Datenaustausch zwischen einzelnen Informationssystemen zu bewerkstelligen und
- die managementspezifischen Interaktionen zwischen einzelnen Aufgabenträgern als Mensch-Maschine- bzw. als Mensch-Maschine-Mensch-Interaktionen zu unterstützen.

Die oben dargestellte globale Erfassung und Dokumentation ist eine zwingende Voraussetzung zur Ermittlung von *Schwachstellen*. Schwachstellenanalysen können somit als zweite Stufe der Ist-Analyse gesehen werden und sind in der Organisationspraxis durch die systematische Suche und Bewertung von organisatorischen Disharmonien gekennzeichnet.[1] In der Literatur werden in diesem Zusammenhang häufig quantifizierbare und nicht-quantifizierbare Schwachstellen unterschieden,[2] wobei aufgrund der Vielschichtigkeit und Komplexität der Führungsaufgaben die monetär nicht direkt zu quantifizierenden Schwachstel-

1 Vgl. Henkel; Schwetz /Schwachstellenanalyse 1992/ 2245ff.
2 Vgl. Schwarze /Systementwicklung 1995/ 134.

len im vorliegenden Falle naturgemäß dominieren.[1] Für die Aufdeckung und Beurteilung von Schwachstellen in den existierenden Management-Unterstützungs-Systemen bietet es sich an, die für die Ist-Analyse gewählte Form der Strukturierung zu übernehmen und die einzelnen in der Ist-Analyse erhobenen und dokumentierten Kriterien zu würdigen. Schwachstellen können demnach sowohl bei der *methodischen* Unterstützung des Managements als auch bei den *infrastrukturellen* Rahmenbedingungen auftreten.

Schwachstellen und Mängel im *methodischen* Bereich der Managementunterstützung sind auf unangemessene oder fehlende Unterstützung in den einzelnen Phasen des Entscheidungs- oder Managementprozesses zurückzuführen, wobei die Bewertung des Ist-Zustands anhand der oben dargelegten Kriterien Architektur, Funktionalität, betriebswirtschaftliche Qualität, Schnittstellen, Sicherheit und Schutz erfolgen sollte. So kann beispielsweise bei der Bewertung des Ist-Zustands deutlich werden, daß keine betriebswirtschaftlich fundierten Modelle oder Methoden implementiert sind, mit deren Hilfe in semi- oder schlechtstrukturierten Entscheidungssituationen die Phasen der Alternativengenerierung und -bewertung adäquat zu unterstützen sind.

Infrastrukturelle Schwachstellen sind meist sog. *Schnittstellen-Probleme*, die aufgrund isolierter, historisch gewachsener MUS-Einzelentwicklungen auftreten können. Die Beurteilung der datenseitigen Anbindung der Systeme hat vor allem unter den Gesichtspunkten der vorab erläuterten Kriterien der Integrität, Vollständigkeit, Aktualität, Aufgabenadäquanz und Konsistenz zu erfolgen. Auf Mängel in der Kommunikations- und Kooperationsinfrastruktur weisen in aller Regel Medienbrüche hin, die zu Informationsverlusten führen können und einer wirksamen Gestaltung der Arbeitsteilung entgegenstehen.

[1] Monetär direkt bewertbare Schwachstellen treten primär in den operativen Prozessen der Wertschöpfung auf. Beispiele hierfür könnten sein: Anzahl vermeidbarer Kundenreklamationen, direkt zurechenbare Mehrkosten bei der Produktion oder Zinsverluste durch unnötige Kapitalbindung.

6.2.1.2 Strategische Planung der dispositiven Datenarchitektur

Die strategische Planung der unternehmungsumfassenden dispositiven Datenarchitektur ist eine der komplexesten Aufgaben, die in der Makro-Ebene umzusetzen ist.[1] Mit ihr werden die Rahmenbedingungen für den gesamten Bereich der Informationsversorgung des Managements festgelegt.[2] Die *dispositive Datenarchitektur* definiert sich daher als konzeptioneller Bauplan führungsrelevanter dispositiver Daten auf hoher Abstraktionsebene, der durch spätere Konkretisierung – Verfeinerung und Attributierung – das unternehmungsumfassende *dispositive Datenmodell* determiniert. Die Abb. 6-10 verdeutlicht den Zusammenhang zwischen Datenarchitektur und Datenmodell.

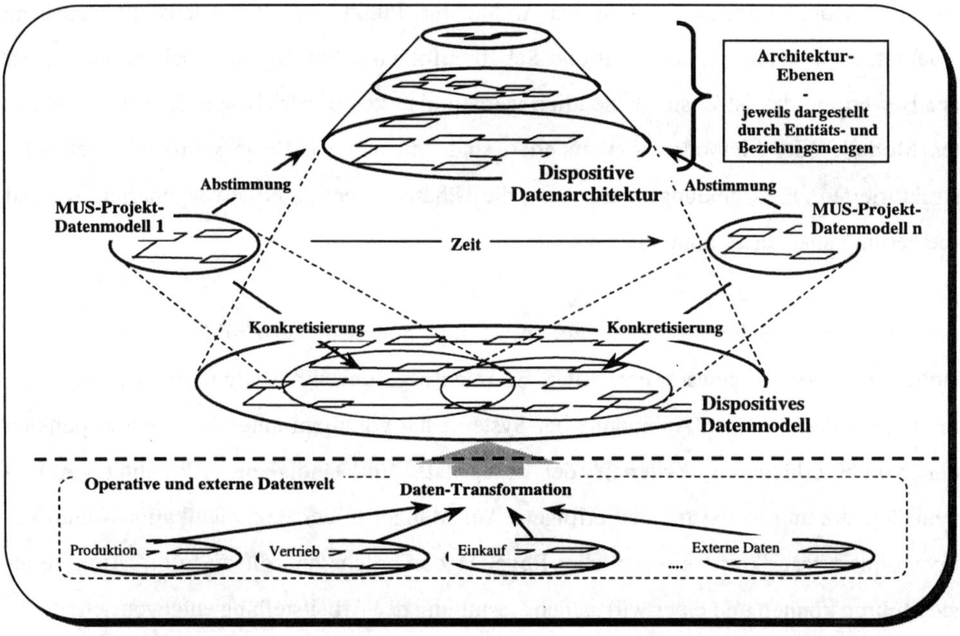

Abb. 6-10: Zusammenhang zwischen dispositiver Datenarchitektur und dispositivem Datenmodell

1 Unter der *Datenarchitektur* wird in der Datenmodellierung der Aufbau eines globalen Modells zur Abbildung der grundlegenden Informationsobjekte und deren Beziehungen untereinander verstanden. Vgl. Reindl /Datenmodells 1991/ 281 und Rhefus /Unternehmens-Datenarchitektur 1992/ 33.

2 Aussagen zum Zusammenhang zwischen Datenarchitektur und Datenmodell finden sich u.a. in Vetter /Informationssysteme 1994/ 102 ff. und Heinrich /Informationsmanagement 1996/ 64f.

Wie ersichtlich, ist die dispositive Datenarchitektur, deren Entwicklung top-down in mehreren Detaillierungsebenen erfolgt, die Vorgabe für sämtliche Entwicklungsprozesse im Bereich der managementunterstützenden Informationssysteme. Diese auf der Mikro-Ebene des Vorgehensmodells befindlichen einzelnen Entwicklungsprozesse haben sich den Vorgaben der dispositiven Architektur unterzuordnen. Die Abstimmung mit der Architektur und die Detaillierung durch weitergehende Verfeinerung und Attributierung konkretisiert auf diese Weise eine Teilmenge des dispositiven Datenmodells der Unternehmung.[1] Im Verlaufe der Zeit wächst somit das dispositive Datenmodell durch die Einzelprojekte der Mikro-Ebene, wobei mit zunehmender Projektzahl der neu zu modellierende Teil des dispositiven Datenmodells in aller Regel kleiner wird, da meist große Teile der jeweiligen projektspezifischen Datensicht durch bereits abgeschlossene Projekte konkretisiert werden.[2] Im weiteren soll die Vorgehensweise zur Entwicklung der dispositiven Datenarchitektur und die hierbei verwendbaren Methoden und Techniken vorgestellt werden.

6.2.1.2.1 Entwicklung der dispositiven Datenarchitektur

Das Erstellen einer dispositiven Datenarchitektur ist methodisch eng mit den Anfang der 90er Jahre äußerst populären Gedanken einer unternehmungsweiten Datenmodellierung verwandt.[3] Die dispositive Datenmodellierung kann auch in ähnlicher Weise strukturiert werden, weist jedoch erhebliche Unterschiede im Umfang der Modellierungsaktivitäten auf und besitzt aufgrund der spezifischen Zielgruppenorientierung andere Schwerpunkte. So ist es die Intention, mit Hilfe eines umfassenden dispositiven Datenmodells ausschließlich die für die Unternehmung steuerungsrelevanten Daten vor dem Hintergrund der aus der *Strate-*

---

1 Um diese Teil-Datenmodelle mit konkreten Datenausprägungen aus den operativen internen und externen Daten bestücken zu können, sind die operativen internen und externen Daten mit Hilfe entsprechender Transformationsprozesse in dispositive Daten zu überführen. Diese Aufgabe wird durch die Filterungs- und Harmonisierungsschicht der Transformations-Maschine des Data Warehouse geleistet. Vgl. Kapitel 5.1.2.1.

2 In der Abbildung wird dieser Tatbestand durch die sich überlappenden Datensichten des Projekts 1 und des Projekts n visualisiert.

3 Vgl. Mertens /Moden 1995/ 40.

gischen Potentialplanung[1] dargelegten Ziele und Rahmenbedingungen in geschlossener Form abzulegen.[2] Für diese Zwecke können die definierten Geschäftsprozesse der Unternehmung und die sie abbildenden kritischen Erfolgsfaktoren als der Ausgangspunkt zur Planung der dispositiven Datenarchitektur angesehen werden. Es ist die Aufgabe innerhalb dieses Komplexes der Makro-Ebene, die benötigten Daten dieser erfolgskritischen Prozesse in einem Modell abzubilden. Für die Entwicklung der Architektur sind daher die maßgeblichen Objekte der Prozesse abzugrenzen und ihre Beziehungen untereinander zu definieren. Die Objekte werden hierbei als *Kern-Entitätsmengen (-typen)* und die Beziehungen als *Kern-Beziehungsmengen (-typen)* bezeichnet.[3] Sie sind zunächst auf hoher abstrakter Ebene zu definieren sowie zu beschreiben und werden sukzessive einer Dekomposition unterworfen, bis eine angestrebte Architekturdetaillierung erreicht wird.[4]

Im Gegensatz zu der unternehmungsweiten Datenmodellierung besitzen die *Kern-Beziehungsmengen* bei der dispositiven Datenmodellierung eine wesentlich höhere Relevanz.[5] Zwar ist nach wie vor die Bestimmung der Kern-Entitätsmengen der Ausgangspunkt der Modellierung, jedoch kommt aufgrund der spezifischen Ausrichtung auf die Informationsbedarfe des Managements den Beziehungsmengen ungleich höhere Bedeutung zu.[6] So sind zur Unternehmungssteuerung nicht die statischen Daten der erfolgskritischen Objekte rele-

---

1 Vgl. Kapitel 6.2.1.1.

2 Die Ziele, die mit einer unternehmungsweiten Datenmodellierung verfolgt wurden, waren hingegen viel höher gesteckt. So sollte die gesamte Unternehmung, also auch die operative Datenwelt in konsistenter, harmonisierter Form beschrieben werden. Diese Zielsetzungen haben sich im Verlaufe der Zeit aufgrund der Komplexität und der differenzierten Anforderungen in den operativen Bereichen als unrealistisch erwiesen. Vgl. Mertens /Moden 1995/ 40 und Oesterle /Illusion 1994/16ff.

3 *Vetter* bemerkt zu dieser Problematik, daß in vielen Modellierungsprojekten die Entitätsmengen „Partner", „Angebot" und „Organisation" abgegrenzt werden und deutet aufgrund dieses Sachverhalts, daß diese Objektmengen offenbar in nahezu allen Branchen relevant sind und daher in sämtlichen Datenarchitekturen vorzufinden sind. Vgl. Vetter /Datenmodellierung 1991/ 88.
Meier grenzt in seiner exemplarisch dargestellten Datenarchitektur für eine Industrieunternehmung die Entitätsmengen „Partner", „Rohstoff", „Produkt", „Kontrakt" und „Geschäftsfall" ab. Vgl. Meier /Datenbanken 1992/ 47.

4 In der Abb. 6-10 sind exemplarisch 3 Architekturebenen abgebildet.

5 Bei der traditionellen unternehmungsweiten Datenmodellierung stehen die Kern-Entitätsmengen im Vordergrund und den Kern-Beziehungsmengen kommt als abgeleitete Größe lediglich eine untergeordnete Rolle zu. Vgl. Vetter /Informationssysteme 1994/ 103.

6 *Hammergren* beschreibt die hierdurch auftretenden Unsicherheiten sehr treffend mit: „Most developers will tell you that gathering data requirements for a data warehouse is a nebulous process." Hammergren /Corporate Knowledgebase 1996/ 147.

vant, sondern vielmehr multidimensionale, um betriebswirtschaftliche Kenngrößen erweiterte Sichten, die sich durch die Beziehungen der Entitätsmengen ergeben. Beispielsweise sind für die dispositiven Zwecke nicht die Attributsausprägungen der Kern-Entitätsmengen „Kunde", „Produkt" und „Region" für sich allein von Bedeutung, sondern die um betriebswirtschaftliche Kennzahlen erweiterten Kern-Beziehungsmengen, wie die Umsätze einzelner Kunden oder Deckungsbeiträge, die mit den Produkten innerhalb der Regionen erwirtschaftet werden können. Für die Planung der dispositiven Datenarchitektur ist es daher von elementarer Relevanz, nach Identifikation der Kern-Entitätsmengen die Beziehungsmengen systematisch um steuerungsrelevante Daten (dispositive *Basisdaten*[1] und berechnete Kenngrößen) zu erweitern. Hierbei ist es eine der herausforderndsten Aufgaben, die steuerungsrelevanten Daten der dispositiven Datenarchitektur – soweit noch nicht in der *Strategischen Potentialplanung* geschehen[2] – abzustimmen und ihre Gültigkeit für die gesamte Unternehmung festzulegen.[3] Eine methodische Unterstützung für die Entwicklung und Dokumentation der Architektur wird im folgenden Kapitel beschrieben.

6.2.1.2.2 Methodische Unterstützung zur Entwicklung der dispositiven Datenarchitektur

Für die Erstellung und Dokumentation konzeptioneller Modelle und Datenarchitekturen hat sich in der Praxis das von *Chen*[4] entwickelte *Entity-Relationship-Model (ERM)* bewährt, das heute mit seinen im Laufe der Zeit entwickelten Erweiterungen sowie teilweise unternehmungs- bzw. beraterspezifischen Dialekten als allgemein akzeptierte Modellierungs-

---

1 Unter *Basisdaten* werden hier Daten verstanden, die mit Hilfe von Filterungs- und Harmonisierungsaktivitäten direkt aus unternehmungsinternen und -externen Daten gebildet werden können.

2 Da in der *Strategischen Potentialplanung* die Operationalisierung der Erfolgsfaktoren vorgenommen wird, sind diese Daten zum Teil bereits abgestimmt. Allerdings reicht häufig der Detaillierungsgrad dieser Harmonisierung noch nicht aus, um Datenarchitekturen zu entwickeln. So könnte z.B. in der *Strategischen Potentialplanung* festgelegt werden, daß der *Deckungsbeitrag* eines Kunden zur Messung der Kundenzufriedenheit heranzuziehen sei. Bei der *Planung der dispositiven Datenarchitektur* muß jedoch exakt bestimmt werden, nach welchem Formelwerk sich dieser Deckungsbeitrag zu berechnen hat.

3 Aufgrund ihrer Tragweite und dem notwendigen, bereichsübergreifenden Abstimmungsbedarf sind Top-Architekturen nach *Scheer* daher nur mit starker Unterstützung und enger Involvierung der obersten Führungsebenen realisierbar. Vgl. Scheer /Wirtschaftsinformatik 1995/ 703.

4 Vgl. Chen /Entity-Relationship-Model 1976/ 9ff.

methode anerkannt ist und weite Verbreitung gefunden hat.[1] Auch für den Komplex der dispositiven Datenmodellierung kann eine Variante des ERM Verwendung finden, um das Beziehungsgeflecht der steuerungsrelevanten Daten abbilden zu können. Sie wird üblicherweise als *Star-Schema* bezeichnet und akzentuiert in angemessener Weise die Bedeutung der Beziehungsmengen, indem sie sie in den Mittelpunkt der Modellierung stellt.[2]

Der Akt der Modellierung startet mit der Beschreibung der o.a. erfolgskritischen Geschäftsprozesse.[3] Jeder Prozeß wird daraufhin mit einer eindeutigen Bezeichnung versehen und ist im weiteren der Kristallisationspunkt der jeweiligen Modellierung. In einem zweiten Schritt werden die Kenngrößen definiert, die als steuerungsrelevant für den Prozeß angesehen werden. Diese Kenngrößen werden in aller Regel als *Fakten* bezeichnet und setzen sich sowohl aus internen und externen *Basisdaten* als auch aus berechneten Werten – wie z.B. Deckungsbeiträgen, Abweichungen oder Umsätzen – zusammen. Sie werden gemeinsam in einer Tabelle – der sog. *Fakten-Tabelle (Fact Table)* – abgelegt und stellen den Mittelpunkt des dispositiven Datenmodells dar. Im weiteren Modellierungsprozeß werden die Dimensionen bestimmt, von denen die in der Fakten-Tabelle abgelegten Basisdaten und berechneten Kennzahlen abhängig sind. Diese Dimensionen sind auf der oberen Modellierungsebene ein Subset der Kern-Entitätsmengen des Unternehmungsmodells und werden „strahlenförmig“ [4] um die Faktentabelle gruppiert. Ihre Primärschlüssel bilden den aus Fremdschlüsseln zusammengesetzten Primärschlüssel der Fakten-Tabelle, die modelltechnisch als komplexe Beziehungsmenge aus den Dimensions-Tabellen aufgefaßt werden kann. Die Abb. 6-11 verdeutlicht die Vorgehensweise der Modellierung.

---

1 Vgl. Sinz /Erweiterungen 1990/ 17ff. und Derigs; Ems /Datenmodellierung 1996/ 141ff.

2 Vgl. Kimbell /Data Warehouse 1996/ 10.

3 Oder einem sinnvoll abgrenzbaren Teil hiervon.

4 Da sie zusammen mit der Faktentabelle der Form nach einen Stern bilden, wird diese Form der Modellierung als *Star-Schema* bezeichnet.

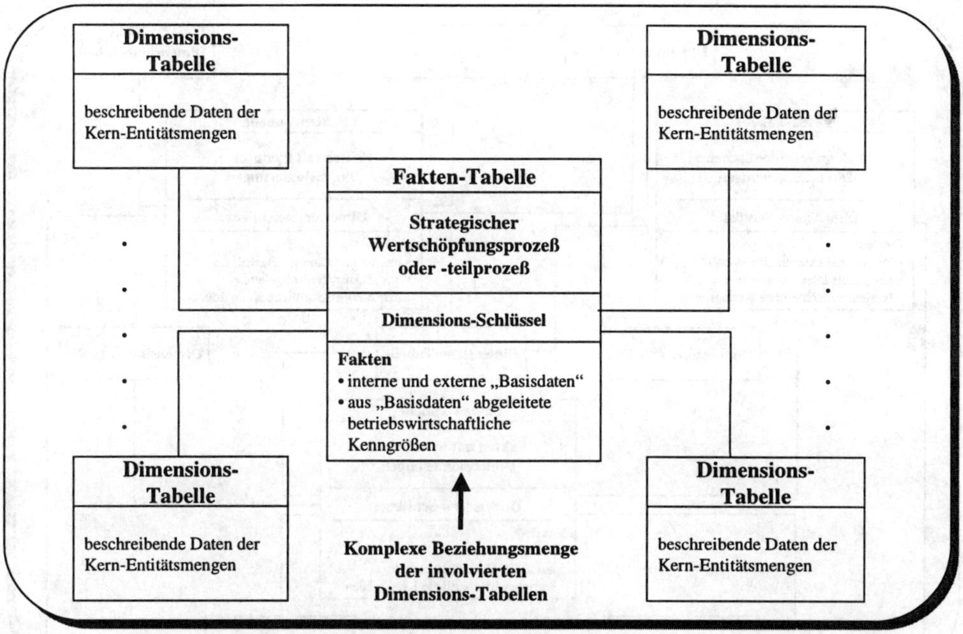

Abb. 6-11: Modellierung einzelner Geschäftsprozesse oder -teilprozesse mit Hilfe des Star-Schemas

Im Verlaufe der Modellierung sämtlicher strategischer Geschäftsprozesse bzw. -teilprozesse werden auf diese Weise mehrere Star-Schemata entwickelt. Diese bis dahin disjunkten Einzelschemata sind in einem weiteren Schritt zusammenzuführen. Hierbei werden zum einen identische Fakten mit gemeinsamen Dimensionsausprägungen in gemeinsame Fakten-Tabellen überführt und zum anderen mehrfach Verwendung findende Dimensions-Tabellen mit verschiedenen Fakten-Tabellen kombiniert, so daß eine semantische Gesamtarchitektur der dispositiven Datenwelt entsteht. Die Abb. 6-12 verdeutlicht das Prozedere.

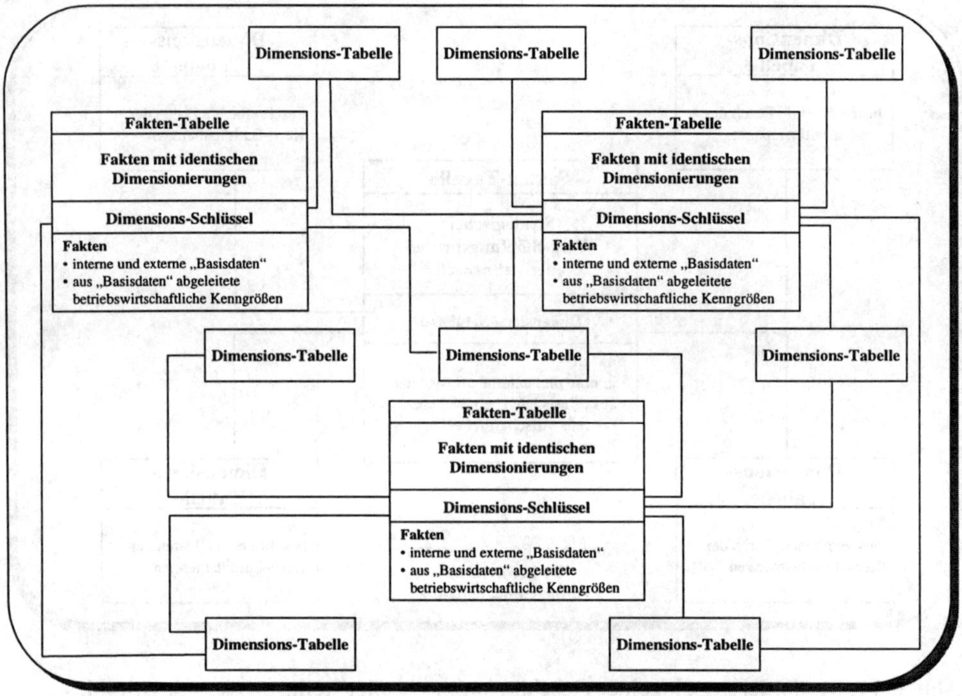

Abb. 6-12: Ausschnitt einer aus Star-Schemata zusammengesetzten dispositiven Datenarchitektur

Im Gegensatz zum ersten Modellierungsschritt weist die aus den einzeln modellierten Prozessen synthetisierte dispositive Datenarchitektur nicht länger eine direkte Zuordnung von Geschäftsprozessen oder -teilprozessen zu den Fakten-Tabellen auf. Vielmehr entsteht durch das Zusammenschmelzen von dimensionsidentischen Fakten und der Mehrfachverwendung von Dimensions-Tabellen eine flexibel verwendbare dispositive Datenarchitektur, deren Konsistenz durch Redundanzfreiheit in den Fakten und Dimensionsausprägungen sichergestellt ist.

Die Existenz einer solchen Architektur ist die zwingende Voraussetzung für die strategische Planung der MUS-Teilsysteme, die Gegenstand des nächsten Kapitels ist.

6.2.1.3 Strategische Planung der MUS-Teilsysteme

Die MUS-Teilsysteme, deren Entwicklung als projektbezogene Tätigkeiten in der Mikro-Ebene des Vorgehensmodells vorgenommen werden, sind aus Managersicht der durch Informationstechnik unterstützbare Teil ihrer positionsbezogenen Informations-, Kommunikations- und Kooperationsaktivitäten. Es ist die Aufgabe der Makro-Ebene, abgrenzbare Bereiche für diese später zu entwickelnden Teilsysteme zu identifizieren und sie ihrer Bedeutung nach zu klassifizieren, um auf diese Weise ein MUS-Projektportfolio zu entwikkeln. Auf der Basis dieses Portfolios sind weiterhin Grundsatzentscheidungen zu treffen, die den stabilen Rahmen für die nachfolgenden Entwicklungsprozesse darstellen und auf diese Weise die organisatorische und technische Integration der Teilsysteme gewährleisten.

6.2.1.3.1 Aufbau eines MUS-Projektportfolios

Da es aufgrund der Komplexität unmöglich ist, integrierte Management-Unterstützungs-Systeme im Rahmen eines Gesamtprojektes quasi „en bloc" zu entwickeln, besteht die Notwendigkeit einer Aufteilung des Gesamtsystems in Teilbereiche.

- Aufteilung in Teilsysteme

Die Aufteilung des Gesamtsystems in Teilsysteme ist individuell vor dem Hintergrund der existierenden Organisationsstruktur und den kulturellen Rahmenbedingungen der Unternehmung durchzuführen. Sie hat sich in erster Linie an den durch die Organisation determinierten Aufgaben der zu unterstützenden Managementgruppen, die in aller Regel in Form von Stellenbeschreibungen vorliegen, zu orientieren. Allerdings sollte im Rahmen der Abgrenzung von Teilsystemen die Chance genutzt werden, stark funktionsorientierte Organisationsstrukturierungen in der Form zu beleben, daß durch prozeßorientierte Zusatzinformationen die *Prozeßwahrnehmung* – also das Denken in Zusammenhängen – gefördert werden kann.[1]

---

[1] Beispielsweise könnten dem Management des Vertriebs Zusatzinformationen aus dem Produktionsbereich – wie Produktdurchlaufzeiten – wichtige Erkenntnisse für die Planung von Vertriebsaktionen geben.

- Priorisierung der Teilsysteme

Nachdem die Teilsysteme abgegrenzt sind, ist festzulegen, in welcher Reihenfolge die Systementwicklungen durchgeführt werden sollen. Sicherlich sind hierbei zunächst die Teilsysteme für die Einsatzbereiche in die engere Auswahl einzubeziehen, deren Potential aufgrund der *Strategischen Potentialplanung* als hoch eingeschätzt wird und für die bislang keine oder stark mängelbehaftete Vorsysteme existieren. Jedoch dürfen diese Kriterien für die Priorisierung der Teilprojekte nicht die einzig ausschlaggebenden Punkte sein. Vielmehr muß es das Ziel sein, mit den frühen Projekten bereits weite Teile der dispositiven Datenarchitektur zu konkretisieren und eine große Zahl von Managern funktional zu unterstützen. Zwar birgt die Wahl eines umfangreichen Pilot-Anwendungsbereiches ohne Frage eine größere Gefahr, erheblichen Mehraufwand für die Lösung schlecht antizipierbarer Probleme leisten zu müssen, jedoch überwiegen die Vorteile einer solchen Vorgehensweise. So kann zum einen mit Hilfe von umfangreichen Pilotprojekten das Rahmenkonzept der Makro-Ebene bereits in einer frühen Phase auf seine Tauglichkeit hin überprüft und im Bedarfsfalle angepaßt werden. Zum anderen besitzt die erfolgreiche Entwicklung eines umfangreicheren MUS-Teilsystems eine Katalysatorfunktion für die nachgelagerten Systementwicklungen, deren Aufwand sich aufgrund der dann bereits in großen Teilen durchgeführten Konkretisierung der dispositiven Datenarchitektur und der erlangten Entwicklungserfahrungen erheblich reduzieren läßt.

6.2.1.3.2 Festlegung globaler Gestaltungsbedingungen für die projektbezogene Mikro-Ebene

Vor dem Hintergrund der Abgrenzung aller MUS-Teilsysteme sind in der Makro-Ebene die globalen Gestaltungsbedingungen der Mikro-Ebene festzulegen. Die Aufgabe dieses Gestaltungsrahmens ist es, die Entwicklungs- und Re-Engineeringprozesse durch eindeutige Vorgaben zu harmonisieren und auf diese Weise das Zusammenwachsen der MUS-Teilsysteme zu gewährleisten. In diesem Zusammenhang sind verbindliche Vorgaben bzgl.

- der Verfahren, Methoden und Träger der Systementwicklung bzw. des Re-Engineering,
- der einzusetzenden Entwicklungswerkzeuge,

- des unternehmungskultur-konformen Sicherheitskonzeptes,
- der Granularität der dispositiven Daten und
- der Benutzeroberflächen

zu entwickeln und zu dokumentieren.

- Einzusetzende Verfahren, Methoden und Träger der Systementwicklung bzw. des Re-Engineering

In der Makro-Ebene muß festgelegt werden, in welcher Form die Entwicklungs- und die nachgelagerten Re-Engineeringaktivitäten für die einzelnen Projekte durchzuführen und zu dokumentieren sind. Detailliert müssen diese Angaben für das engere Vorgehensmodell der Mikro-Ebene in Form eines Handbuches beschrieben werden, wobei vor allem die Verantwortlichkeiten durch präzise Richtlinien geregelt werden sollten.[1]

- Einzusetzende Werkzeuge bzw. Systeme

Bei den einzusetzenden Werkzeugen bzw. Systemen sind Vorgaben für sämtliche Komponenten des geplanten integrierten Management-Unterstützungs-Systems zu entwickeln. In Anlehnung an die Integrierte MUS-Architektur sind somit zunächst Produktentscheidungen bzgl. der Middleware für die Datenextraktion und Entscheidungen für die Verwendung findenden Datenbank-Systeme der Basis-Datenhaltung sowie der darauf aufbauenden Data Marts zu treffen. Ferner müssen die Werkzeuge zur Entwicklung der Informationssysteme vorgegeben werden, so daß Produktentscheidungen für die Systemkategorien *Modellgestützte Analyse*, *Freie Datenrecherche*, *OLAP-Analyse* und *Berichtsgenerator-Systeme* getroffen werden müssen.[2] Im Kommunikations-/Kooperationsbereich sind Vorgaben für die Produkte zur Unterstützung der asynchronen und synchronen Zusammenarbeit zu ent-

---

1 So könnte beispielsweise definiert werden, daß die Projektleitung für die Entwicklung eines MUS-Teilsystems stets aus der Gruppe der späteren Systembenutzer zu rekrutieren ist, der Entwicklungsprozeß prototypisch in abnahmepflichtigen Zyklen zu erfolgen hat und die standardisierten Methoden der Interview-Technik und der schriftlichen Befragung zur detaillierten Systemanalyse heranzuziehen sind.

2 Die Auswahl von Werkzeugen und Systemen für die Entwicklung der Informationssysteme soll keine zementierte Festlegung auf *ein* Produkt darstellen. Sie kann vielmehr als Liste untereinander verträglicher Werkzeuge und Systeme angesehen werden. Die Auswahl kann demnach immer situativ aufgrund des Projektkontextes erfolgen.

wickeln. Abschließend muß der Gebrauch von Werkzeugen für die Realisierung der gemeinsamen Integrationsoberfläche verbindlich festgelegt werden.

- *Unternehmungskultur-konformes Sicherheitskonzept*

Das Sicherheitskonzept beinhaltet den Schutz des gesamten MUS vor unternehmungsexternem und -internem mißbräuchlichen Gebrauch, Zerstörung oder Manipulation sowie vor der Gefahr der Systembeschädigung oder des Systemausfalls durch technisch bedingte Probleme bzw. umweltbedingte Faktoren, wie Unterbrechung der Stromversorgung, Ausfall einer Systemkomponente, Zerstörung durch Brandeinwirkung oder Löschwasser usw.[1] Zusätzlich zu diesen, grundsätzlich sämtliche betrieblichen Informationssysteme betreffenden Sicherheitsaspekten sind jedoch für Integrierte MUS vor allem die Aspekte von besonderer Relevanz, die sich aus der unternehmungsumfassenden dispositiven Datenhaltung ergeben. Mit dieser logisch-zentralisierten, konsistenten Datenhaltung wird erstmalig in den Unternehmungen die Möglichkeit geschaffen, sämtliche führungsrelevanten Daten mit Hilfe einer integrierten Systemlandschaft zu recherchieren und auszuwerten. Diese Fähigkeit, die sicherlich für die Durchführung a-periodischer, ereignisorientierter Analysen der Gesamtunternehmung sinnvoll zu nutzen ist[2], kann jedoch im Rahmen der Abwicklung des Tagesgeschäftes erhebliche Probleme bereiten. Dieses ist vor allem dann der Fall, wenn die Nutzung der dispositiven Datenhaltung zu Kompetenzüberschreitungen, Delegationsdurchgriffen oder Verletzungen von Verantwortungsbereichen führt.[3] Innerhalb der Makro-Ebene besteht aus diesem Grunde die schwierige Aufgabe, die Datenzugriffsberechtigungen der einzelnen Benutzergruppen oder individuellen Benutzer so zu gestalten, daß einerseits das der Technik inhärente Potential ausgenutzt wird und andererseits Konflikte mit den in den Unternehmungen über einen längeren Zeitraum gewachsenen Kulturen vermieden werden. Diese Problematik läßt sich auf der Makro-Ebene nur dann lösen, wenn für die

---

[1] Da die Maßnahmen zur Abwehr unternehmungsexterner und -interner mißbräuchlicher Nutzung, Manipulation und Zerstörung für alle Anwendungssysteme gelten, werden sie hier nicht weiter diskutiert. Zur Vertiefung der Thematik sei auf die einschlägige Literatur verwiesen.

[2] Beispielsweise bei Bewältigung von Geschäftskrisen, bei Übernahme/Abgabe von Unternehmungsteilen, bei organisatorischen Neugestaltungen usw.

[3] Vgl. die empirischen Erkenntnisse zu den ungeplanten Implikationen des Systemeinsatzes in Kapitel 3.2.4.1 dieser Arbeit.

Festlegung des Berechtigungskonzepts Gesprächsrunden mit den beteiligten Manager (-gruppen) geführt werden, um einen Konsens über die Freizügigkeit bei den Datenzugriffen herstellen zu können, wobei die gemeinsame Auseinandersetzung mit dieser Thematik mittelfristig durchaus zu Änderungen der gelebten Kultur in der Organisation führen kann.[1]

- *Granularität der dispositiven Daten*

Ein weiterer Gestaltungspunkt der Makro-Ebene ist die Bestimmung des Granularitätsgrades der dispositiven Daten des Data Warehouse. Die Granulariät definiert sich hierbei als die tiefste Detaillierung der dispositiven Daten, die aus betriebswirtschaftlicher Sicht sinnvolle Auswertungen ermöglicht.[2] Dieser Granularitätsgrad stellt demnach die unterste Stufe der in der dispositiven Datenhaltung gespeicherten Daten dar und kann ausschließlich vor dem Hintergrund aller antizipierbaren MUS-Teilsysteme vorgenommen werden. Seine exakte Bestimmung ist für den Aufbau der unternehmungsumfassenden dispositiven Datenbasis von elementarer Bedeutung, da eine falsche Wahl oder eine nachträgliche Modifikation dieses Detaillierungsgrades mit erheblichen Problemen verbunden ist und – wenn überhaupt – ausschließlich mit erheblichem finanziellen und personellen Aufwand abgeändert werden kann. So führt beispielsweise die Wahl einer zu tiefen Detaillierung der dispositiven Daten[3] zu Speicherplatzverschwendung, erhöhter Komplexität bei der Datenübernahme und Einbußen bei der Performance, da in dem Falle alle Auswertungsdaten über Aggregationen in den Informationssystemen zu bilden sind. Wenn jedoch auf der anderen Seite der Detaillierungsgrad der dispositiven Daten nicht ausreichend ist, kann ein Teil der Auswertungen der betroffenen MUS-Teilsysteme nicht auf der Basis der gemein-

---

1 So ist es für die durchaus wünschenswerte Förderung einer *Prozeßwahrnehmung* der Manager erforderlich, Daten aus funktional vor- und nachgelagerten Unternehmungsbereichen recherchieren und visualisieren zu können. In streng funktional orientierten Organisationen sind diese Bereiche jedoch Verantwortungsbereiche anderer Manager. Sie müßten demnach um ihre Zustimmung gebeten werden, wenn diese Daten zum besseren Verständnis der betrieblichen Zusammenhänge in interaktiven Auswertungen anderer Manager einbezogen werden sollten.

2 Vgl. die Ausführungen zu Architektur Integrierter Management-Unterstützungs-Systeme im Kapitel 5 der Arbeit.

3 Z.B. Aggregierte Belegdaten auf Tagesebene, obwohl für sämtliche dispositiven Analysen der Unternehmung bereits wochenaktuelle Daten ausreichend sind.

samen dispositiven Datenbasis durchgeführt werden, wobei eine nachträgliche Anpassung des Granularitätgrades im Data Warehouse nur noch mit elementaren Modifikationen innerhalb der Data Warehouse-Komponente und der Informations-Komponente zu bewerkstelligen ist.[1]

- *Benutzeroberflächen*

Die Benutzeroberfläche hat die Aufgaben, die MUS-Teilsysteme zu einem aus Benutzersicht logisch einheitlichen System zusammenzuführen und seine Funktionalitäten in situationsspezifischer, benutzergruppenabhängiger und benutzerindividueller Form zu präsentieren. Es ist aus diesem Grunde erforderlich, bereits in der Makro-Ebene verbindliche Vorgaben für die generelle äußere Erscheinungsform und funktionale Struktur der Mensch-Maschine-Schnittstelle zu definieren. Hierbei müssen sowohl den Aspekten der *Corporate Identity* – wie der Einbindung von Logos, der Verwendung von Hintergrundfarben u.ä. – als auch den Bedienungselementen besondere Beachtung geschenkt werden. So sind in der Makro-Ebene Handbücher – sog. *Style-Guides* – zu entwickeln, die Vorgaben für den grundsätzlichen Bildschirm- und Menüaufbau, die Belegung der Maus-Tasten oder der Tastatur, den Gebrauch von Farben zur Kennzeichnung wichtiger Ausnahmen, das Design der Berichte und Geschäftsgraphiken, die Form des interaktiven Hilfe-Systems oder die Art globaler Funktionen (Sortieren, Indizieren, Drucken, Speichern usw.) festlegen.[2]

6.2.1.4 Strategische Planung der technischen MUS-Infrastruktur

Die strategische Planung der technischen MUS-Infrastrukturen umfaßt die zur Umsetzung des Gesamtkonzeptes erforderlichen IT-Ressourcen. Die Planung der Netze sowie der Hard- und Softwareinfrastrukturen stellt hierbei vor allem aus zwei Gründen eine herausfordernde Aufgabe dar. So ist zum einen zu berücksichtigen, daß das Integrierte Management-Unterstützungs-System sukzessive über zeitlich verschachtelte Entwicklungsprozesse der Mikro-Ebene aufgebaut wird und somit technische Infrastrukturen bedingt, die flexibel

---

1 So müßten sämtliche Harmonisierungsaktivitäten neu konzipiert und sämtliche Aggregationsroutinen neu gebildet werden.

2 Vgl. Mellis /Systemdokumentation 1997/ 391.

den steigenden Anforderungen angepaßt werden können. Zum anderen ist im Bereich der Rechner- und Netztechnologien eine so große Veränderungsdynamik konstatierbar, daß längerfristige Infrastrukturplanungen mit hohen Risiken verbunden sind und ausschließlich unter besonderer Berücksichtigung von Migrationsstrategien durchgeführt werden können.

6.2.1.4.1 Management der Flexibilität technischer Infrastrukturen

Integrierte MUS bedingen aufgrund ihrer Architektur hohe Anforderungen an die technischen Infrastrukturen. Dieses ist vor allem auf die konsistente dispositive Datenhaltung – der Data Warehouse-Komponente – und die Integration der Kommunikations-/Kooperationskomponente zurückzuführen.

- Data Warehouse-Komponente

Definitionsgemäß werden in einem Data Warehouse die betriebswirtschaftlich interpretierbaren Basisdaten, die durch Aggregationen gebildeten Zusammenfassungstabellen und die betriebswirtschaftlichen Anreicherungen inklusive ihrer Historie gespeichert. Diese Eigenschaften der dispositiven Datenhaltung bedingen ihr exponentielles Wachstum und erfordern Datenhaltungskonzepte, die einen sehr hohen Grad an Skalierbarkeit aufweisen. So ist es nicht unrealistisch, daß zu Beginn des Entwicklungsprozesses aufgrund des eingeschränkten Abbildungsbereiches und der noch geringen Historientiefe lediglich einige hundert MByte an dispositiven Daten verwaltet werden müssen, während im Verlaufe der Einsatzzeit des Data Warehouse durch die sukzessive Erweiterung des MUS und die sich bildende Datenhistorie das Datenvolumen bis in den Terabyte-Bereich wachsen kann.

- Kommunikations-/Kooperationskomponente

Zur Unterstützung der Kommunikation bzw. der Kooperation werden in Integrierten MUS sowohl asynchrone als auch synchrone Komponenten eingebunden. Vor allem die synchronen, also zeitgleichen Subsysteme – wie das Audio/Video Conferencing und Computer Conferencing – stellen hierbei bislang nicht gekannte Qualitätsanforderungen an die Netzinfrastrukturen der Unternehmungen. Die Ursache hierfür liegt vor allem darin, daß sich die synchronen Dienste in den meisten Unternehmungen bislang hauptsächlich auf die reine Vermittlung von Sprache in Echtzeit (Telefonie) beschränken und diese Dienste in aller Regel über separierte, leitungsvermittelnde Netze abgewickelt werden, die als *Nebenstellenanlagen (PABX – Private Automatic Branch Exchange)* bezeichnet werden. Für die computergestützte Kommunikation sind daher bis dato meist lediglich Netzinfrastrukturen verfügbar, die für die asynchrone Datenkommunikation ausgelegt sind und eine für diese Zwecke auch ausreichende Bandbreite von meist 10 Mbit/s oder 16 Mbit/s aufweisen.[1] Charakteristisch für diese Netze ist es, daß sie nicht leitungsvermittelnd arbeiten, sondern den Netzzugriff der einzelnen Endgeräte durch deterministische oder stochastische Protokolle regeln, das Netz also als *Shared Medium* betrachten.[2] Zur Unterstützung der standortübergreifenden Datenkommunikation werden diese LANs meist über Weitverkehrsnetze (WANs) oder regional begrenzte Backbone-Netze (MANs) verbunden, wobei vor allem die Weitverkehrsnetze in der Regel geringere Bandbreiten aufweisen.[3]

Der Einsatz Integrierter MUS bedingt jedoch Netzinfrastrukturen, die sowohl den asynchronen als auch den synchronen Datenverkehr übernehmen können. Für den synchronen, dialogorientierten Datenverkehr muß hierbei sichergestellt werden, daß die Datenströme quasi in *Echtzeit* – also kontinuierlich und in möglichst geringer, vorab definierbarer Zeitspanne – von einem Sender zu einem Empfänger geschickt werden können.[4] Die bislang in den Unternehmungen dominierenden Netzarchitekturen sind hierfür lediglich in beschränktem Rahmen verwendbar. So können sie in der Regel aufgrund ihrer Netzzugriffstechniken Echtzeitanwendungen nur bedingt unterstützen und bieten aufgrund der verfügbaren Bandbreite von 10 – 16 Mbit/s im Inhouse-Bereich und den häufig noch geringeren

---

1 In lokalen Anwendungsbereichen haben die Netzwerke Ethernet (Fa. Xerox) und Token Ring (Fa. IBM) die größte Verbreitung gefunden. Vgl. Walke u.a. /Vernetzung 1994/ 69.

2 *Ethernet* arbeitet mit einer Bandbreite von 10 Mbit/s und verfügt über das stochastische Zugriffsprotokoll *CSMA/CD*. Moderne *Token Ring-Netze* besitzen eine Bandbreite von 16 Mbit/s und arbeiten auf der Basis des deterministischen Zugriffsverfahrens des *Token Passing*. Vgl. Zenk /Lokale Netze 1993/ 53ff., Kauffels /Datenkommunikation 1994/ 212ff. und Tanenbaum /Computernetzwerke 1997/ 261ff.

3 Vgl. Welter /Heterogene Netze 1993/ 31ff.

4 Aufgrund dieser Anforderungen wird dieser Datenverkehr auch häufig als *isochroner* Datenverkehr bezeichnet, bei dem die maximale Übertragungsverzögerung und der sog. *Jitter* – die Differenz zwischen minimaler und maximaler Übertragungsverzögerung – möglichst gering gehalten werden sollte. Vgl. Steinmetz; Rückert; Racke /Multimedia Systeme 1990/ 280ff., Barz /Computernetze 1995/ 51ff. und Steinmetz /Multimedia-Technologie 1993/ 220.

Übertragungsmöglichkeiten der Weitverkehrsverbindungen keine ausreichende Kapazität, größere Gruppen zeitgleich arbeitender Benutzer zu unterstützen.[1]

Ein auf der Makro-Ebene des Vorgehensmodells zu etablierendes Management der technischen Infrastrukturen hat somit primär die Aufgabe, eine Anpassung der notwendigen Technikausstattung sicherzustellen, die aufgrund des sukzessive wachsenden Integrierten MUS notwendig wird. Im Gegensatz zum traditionellen Infrastrukturmanagement stellt sich hierbei die besondere Herausforderung, ein Technikkonzept zu entwerfen, daß zum einen bereits nach der Realisierung der ersten MUS-Teilsysteme effektiv und effizient einsetzbar ist und zum anderen so ausbaufähig ist, daß mit ihm das zu entwickelnde Gesamtsystem aufgebaut und eingesetzt werden kann.

6.2.1.4.2 Management der Veränderungsdynamik technischer Infrastrukturen

Da MUS-Konzepte langfristig angelegt sind, besitzt die Dimension *Zeit* innerhalb des Konzeptes einen erheblichen Stellenwert. So sind die in der Unternehmung bereits befindlichen Technologien zu analysieren, die am Markt befindlichen und etablierten Technologien zu sichten und im Hinblick auf ihre Konzepteignung zu bewerten sowie eine Abschätzung der mittel- und langfristigen Technologieentwicklung durchzuführen.[2] Für die Präzisierung des Technologieverständnisses werden aus diesem Grunde in der Literatur die Begriffe *Basis-*, *Schlüssel-*, *Schrittmacher-* und *Zukunftstechnologien* unterschieden.[3] Unter *Basistechnologien* werden in diesem Zusammenhang existierende Technologien verstanden, die sich etabliert und bewährt haben, von denen jedoch kaum weiteres Veränderungspotential zu erwarten ist. *Schlüsseltechnologien* hingegen sind neuere, am Markt verfügbaren Technologien, deren Veränderungspotential in den Unternehmungen bislang nicht voll

---

1 Da bereits eine A/V-Konferenz eine Bandbreite zwischen 200 – 400 Kbit/s benötigt, ist einsichtig, daß die Netzkapazitäten der traditionellen Datennetze allein durch den synchronen Datenverkehr sehr schnell aufgezehrt sind.

2 Häufig wird im Rahmen des Informationsmanagements dieser Komplex auch als Innovationsmanagement bezeichnet. Vgl. Hildebrand /Informationsmanagements 1995/ 84ff.

3 Vgl. Heinrich /Informationsmanagement 1996/ 157f.

ausgeschöpft worden ist. Ihr Einsatz ist daher jedoch auch meist noch mit nicht antizipierbaren Einsatzproblemen verbunden. *Schrittmacher-* und *Zukunftstechnologien* sind im Entwicklungsstadium befindliche oder sich abzeichnende Technologien, von denen erhebliches Veränderungspotential erwartet wird, die aber bis dato noch keine Relevanz im Rahmen der organisatorischen Gestaltung besitzen.[1]

Selbstverständlich sind die Grenzen zwischen den einzelnen Technologiekategorien fließend und verändern sich gerade im Bereich der Informations- und Kommunikationstechnologie mit enormer Geschwindigkeit. Vor allem dieser zuletzt genannte Punkt der Veränderungsgeschwindigkeit bereitet den Unternehmungen bei der MUS-Konzeptionalisierung erhebliche Schwierigkeiten, die einer Dilemmasituation nahekommen. So stehen die Verantwortlichen vor den Problemen, ein langfristiges, zukunftsweisendes Konzept für den Komplex der Managementunterstützung zu generieren, daß als Rahmenplanung

- die Vorgabe der kurz- und mittelfristig zu realisierenden MUS-Teilsysteme bestimmt,
- jedoch auch so offen sein muß, um Integrationsmöglichkeiten für künftige Technologien zu bieten.

Es ist daher erforderlich, auf der Makro-Ebene eine methodengestützte Analyse der relevanten informationstechnischen Entwicklungen zu erarbeiten, mit deren Hilfe momentane und zukünftig zu erwartende Potentiale der Technologie abgeschätzt werden können. Die Abb. 6-13 beschreibt beispielhaft ein solches Verfahren.[2] Im Mittelpunkt des hier vorliegenden Schalenmodells befindet sich der zu konzeptionalisierende Applikationstyp, der im vorliegenden Falle als Integriertes Management-Unterstützungs-System definiert werden kann. Die umschließenden Schalen repräsentieren die Räume, in denen die relevanten Schrittmacher-/Zukunftstechnologien, Schlüssel- und Basistechnologien für die Umsetzung des gewählten Applikationstyps zu positionieren sind. Die kleineren Kreise stellen die ein-

---

1 Beispiele für die *Basistechnologien* sind der Einsatz von vernetzten Personal Computern oder die Datenhaltung in relationalen Strukturen. Arbeitsplatzintegrierte Audio/Video-Konferenzen oder die Datenhaltung in mehrdimensionalen Strukturen können als *Schlüsseltechnologien* angesehen werden. Als Beispiele für *Schrittmacher-* oder *Zukunftstechnologien* können die ersten Entwicklungen im Bereich der weltumspannenden breitbandigen Vernetzung mit den hieraus sich ergebenden Möglichkeiten der Dezentralisierung und Globalisierung herangezogen werden.

2 Vgl. Steinbock /Informationstechnik 1994/ 33.

zelnen Techniken dar, wobei der augenblickliche Entwicklungsstand dieser einzelnen Techniken aufgrund der Positionierung innerhalb des Schalenmodells deutlich wird. Entwicklungsbereiche – in der Abbildung als „Wolke“ dargestellt – repräsentieren zusammengehörende Gestaltungskomplexe, die durch ein Set von Techniken unterstützt werden können. So könnte der Komplex der synchronen, ortsübergreifenden Kooperationsunterstützung als ein geschlossener Entwicklungsbereich aufgefaßt werden, für den die Techniken „Audio/Video-Konferenzen“, „Application Sharing“ und „White Boarding“ von Relevanz sind.

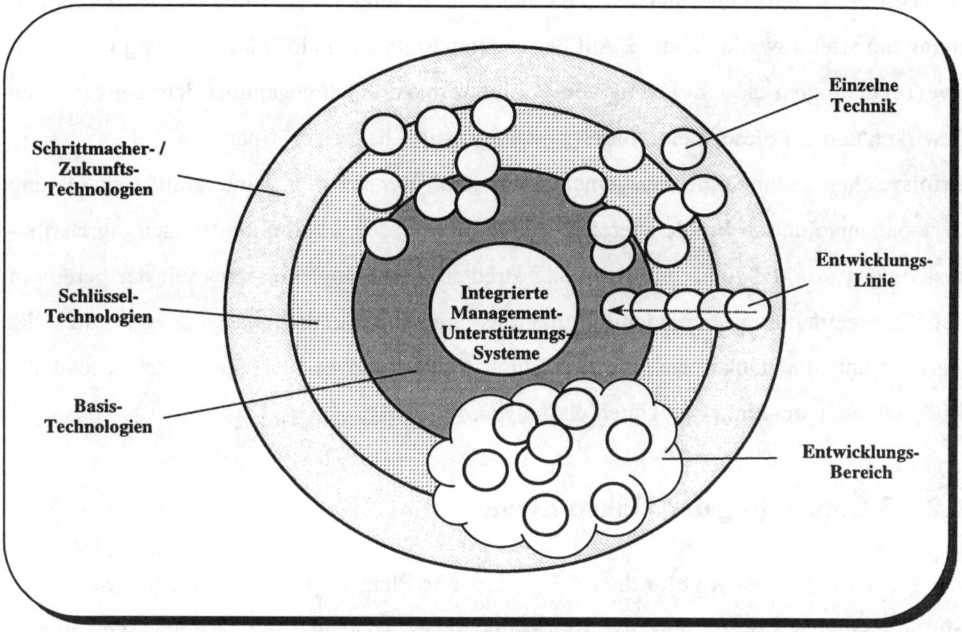

Abb. 6-13: Grundstruktur einer IT-Landkarte[1]

Neben dieser Erhebung der mutmaßlichen Positionierung der verschiedenen Technologien gehört es zu den anspruchsvollsten Aufgaben bei der MUS-Konzeptionalisierung, den zeitlichen Verlauf und die Relevanz der neuen Technologien einzuschätzen. Diese Überlegungen – in der Abbildung als *Entwicklungslinie* bezeichnet – konkretisieren demnach die

1 Verändert übernommen aus: Steinbock /Informationstechnik 1994/ 33.

Bewertung der Technologieentwicklung und sind naturgemäß mit einem hohen Grad an Unsicherheit verbunden. Eng verbunden mit dieser Einschätzung ist auch das generelle Entscheidungsverhalten innerhalb der Unternehmung, bei welchem Reifegrad neue Technologien im Rahmen der MUS-Umsetzung einbezogen werden sollen. Auch dieser Komplex birgt Unwägbarkeiten, da die Entscheidung zur Implementierung oder Konzeptberücksichtigung innovativer Technologien, die noch nicht den Status einer Basis-Technologie erlangt haben, mit Risiken behaftet ist. So existiert für die meist auch technisch nicht perfekt ausgereiften Techniken kaum betriebswirtschaftliches Erfahrungswissen, mit dessen Hilfe eine wirksame und wirtschaftliche Implementierung in der eigenen Unternehmung umgesetzt werden könnte. Auf der anderen Seite kann ein früher Einstieg in innovative Technologien die Umsetzung von Wettbewerbsvorteilen gegenüber den Konkurrenten bewirken und auf diese Weise mittel- und langfristig Chancen eröffnen.

Erfolgreiches Technologiemanagement kann somit nur vor dem Hintergrund der Klärung der oben angeführten Problembereiche entwickelt werden. Hierbei bestimmen die Harmonisierung des mittel- und langfristig angestrebten Technologieeinsatzes mit der bereits in der Unternehmung existierenden Informations- und Kommunikationstechnologie sowie die Entwicklung und Dokumentation von langfristigen Migrationspfaden weitestgehend die Möglichkeiten der einzelnen Unternehmungen.

6.2.1.5 Controlling der Makro-Ebene

Die Makro-Ebene benötigt für die erfolgsorientierte Planung, Überwachung und Steuerung ein umfassendes Controlling[1], das als geschlossenes Konzept alle vier Komponenten einschließt, sich also mit der Potentialnutzung, der dispositiven Datenarchitektur, der Ausrichtung und Aufteilung der MUS-Teilsysteme und dem Technikeinsatz befaßt. Es sei an dieser Stelle darauf hingewiesen, daß das Controlling der Makro-Ebene nicht eng als Planung und Kontrolle des kurzfristigen Monetärerfolgs verstanden werden darf, sondern um-

[1] Controlling soll hier im weiteren primär aus funktionaler Sicht als ergebnisorientierte Planung, Steuerung und Überwachung verstanden werden. Für eine detaillierte Begriffsabgrenzung sei verwiesen auf: Weber /Begriff 1990/ 10ff.

fangreicher angelegt sein muß.[1] In Anlehnung an *Seibt*[2] beinhalten Controllingkonzepte daher sowohl die Auseinandersetzung mit der *Wirtschaftlichkeit* als auch mit der *Wirksamkeit* aller Maßnahmen, die die betriebliche Information und Kommunikation betreffen.[3] Mit Hilfe der Abb. 6-14 soll dieser Zusammenhang verdeutlicht werden.

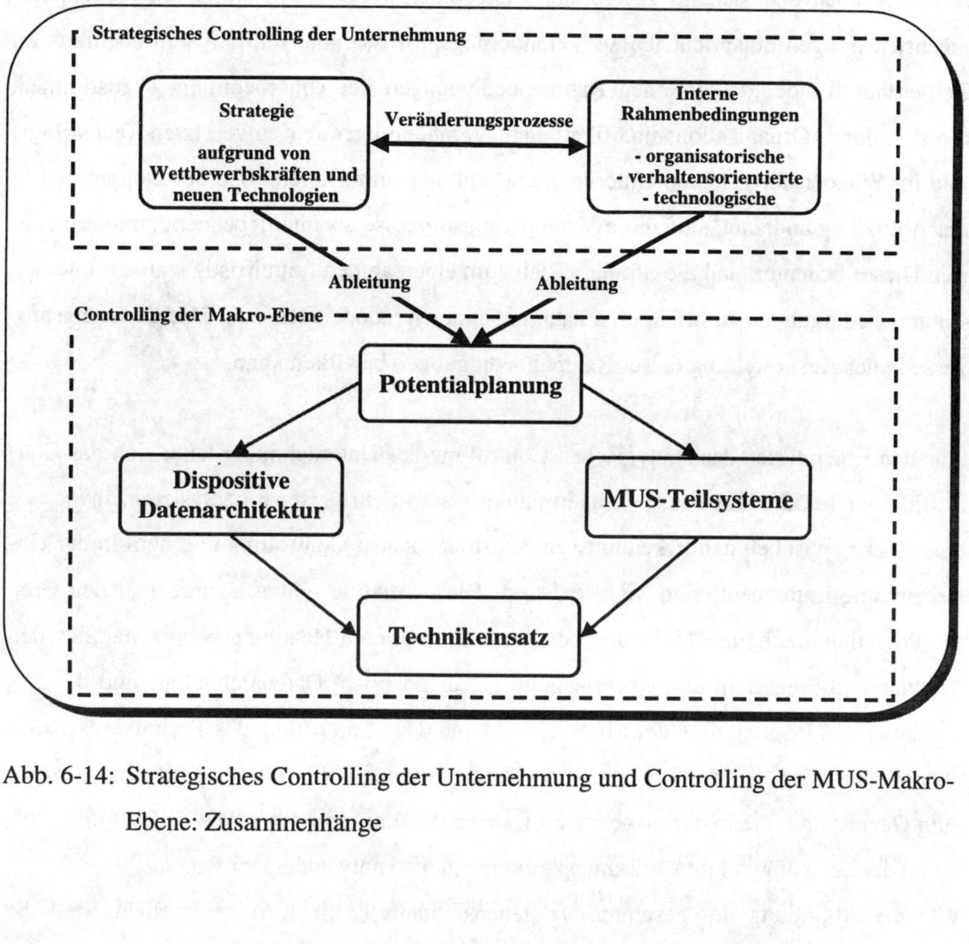

Abb. 6-14: Strategisches Controlling der Unternehmung und Controlling der MUS-Makro-Ebene: Zusammenhänge

---

1 Angelehnt an: Seidenschwarz /DV-Controllingaufgaben 1993/ 169.

2 Obwohl *Seibt* hier die Controllingaspekte des unternehmungsumfassenden Informationsmanagements fokussiert, gelten diese Forderungen auch unverändert für das Controlling der Makro-Ebene des Gestaltungsmodells Integrierter MUS. Vgl. Seibt /Controlling 1990/ 125.

3 Wirtschaftlichkeit ist der Ausdruck eines „Rationalitätsgrades", der sich als mengen- oder wertemäßige Relation darstellt, z.B. als Output/Input-Relation oder als Aufwand/Ertrag-Relation. Wirksamkeit hingegen ist die Maßgröße für die Zielerreichung (Output). Vgl. Nagel /Nutzen 1990/ 18 und Scholz /Effektivität 1992/ 533.

Wie aus der Abbildung ersichtlich ist, existiert eine enge Verflechtung zwischen dem Strategischen Controlling der Unternehmung und dem Controlling der Makro-Ebene. Hierbei ist es die Aufgabe des Strategischen Controlling, mit Hilfe qualitativ orientierter Methoden und Verfahren[1] zu analysieren, inwieweit die strategische Ausrichtung der Unternehmung noch den sich im Zeitverlauf wandelnden Wettbewerbskräften und Technologieentwicklungen entspricht. Diese Veränderungsprozesse sind mit den sich ebenfalls im Zeitverlauf wandelnden internen Rahmenbedingungen der Unternehmung abzustimmen, die sich durch Organisationsmodifikationen, Veränderungen der eingesetzten Technologie und im Wandel der gelebten Unternehmungskultur manifestieren. Wie der Doppelpfeil in der Abbildung andeutet, sind diese Veränderungsprozesse als interdependent zu interpretieren. Dieses bedeutet, daß die Strategie sich zum einen an den mittelfristig stabilen internen Rahmenbedingungen zu orientieren hat, zum anderen jedoch auch selbst Veränderungsprozesse in der Ausgestaltung dieser Rahmenbedingungen bewirken kann.

Aus den Ergebnissen des strategischen Controlling der Unternehmung leitet sich das Controlling der MUS-Makro-Ebene ab. In einem ersten Schritt ist zu analysieren, inwieweit eine Lücke zwischen den Erkenntnissen des strategischen Controlling und dem in der Unternehmung implementierten MUS existiert. Diese Analyse gibt Auskunft über den Grad der Potentialnutzung des MUS und bestimmt den weiteren Handlungsbedarf, nämlich den der Planung, Steuerung und Überwachung der dispositiven Datenarchitektur und der Abgrenzung und Priorisierung der MUS-Teilsysteme. Das Controlling des Technikeinsatzes – also vornehmlich das der Rechner- und Netzressourcen – hat die Veränderungsprozesse zum Gegenstand, die in der dispositiven Datenarchitektur und den MUS-Teilsystemen aufgrund der oben angeführten Wirkungszusammenhänge notwendig werden.[2]
Wie die Abbildung des gesamten Vorgehensmodells (Abb. 6-6) verdeutlicht, sind die Controllingaktivitäten der Makro-Ebene zu definierten Zeitpunkten oder bei außergewöhnlichen Anlässen in Form von sog. *Controllingpunkten* durchzuführen. Die Erkenntnisse

---

1 Vgl. Mann /Strategisches Controlling 1990/ 105ff.

2 Eine Zusammenfassung der Instrumente, die für das Controlling des Lebenszyklus von IT-gestützten Informations- und Kommunikationssystemen herangezogen werden können, findet sich in: Seibt/ Informationssystem-Controlling 1993/ 907.

dieser Controllingaktivitäten führen bei relevanten Abweichungen zwischen der existierenden und der anzustrebenden Ausgestaltung der Makro-Ebene zu Re-Engineering-Aktivitäten der Rahmenplanung. Sie verursachen somit weitere Verträglichkeitsanalysen zwischen den bereits realisierten MUS-Teilsystemen und der auf diese Weise neu definierten Rahmenplanung, die in Abb. 6-6 als *Controllingpunkte zur Abstimmung zwischen Mikro- und Makro-Ebene* bezeichnet werden. Im Bedarfsfalle initiieren die Ergebnisse dieser Controllinganalysen einen Re-Engineeringprozeß der MUS-Teilsysteme, um die Kompatibilität zwischen der neu gestalteten Makro-Ebene und der Mikro-Ebene wieder herzustellen.

6.2.1.6 Organisatorische Implementierung der Makro-Ebene

Es ist die Aufgabe der Makro-Ebene, ein Konzept für den gesamten Bereich der IT-basierten Managementunterstützung zu erarbeiten und seine stufenweise Realisierung durch die Einzelprojekte der Mikro-Ebene zu planen, zu überwachen und zu steuern, wobei zusätzlich das Konzept selbst mit Hilfe von Controllingaktivitäten einer ständigen kritischen Überprüfung unterzogen wird und im Bedarfsfalle durch entsprechende Re-Engineering-Aktivitäten anzupassen ist. Wie aus den vorangestellten Kapiteln ersichtlich, sind hierfür umfassende Aufgabenbündel umzusetzen, die sich aufgrund der folgenden Charakteristika auszeichnen:

- Es gibt *keine endgültige, zeitstabile Lösung* der Aufgaben. Vielmehr bedürfen sie einer ständigen Überprüfung und Anpassung durch die Konfrontation mit den innerbetrieblichen Realitäten und unternehmungsexternen Rahmenbedingungen.
- Es handelt sich aufgrund der Ausrichtung auf die Managementunterstützung der Gesamtunternehmung um ein *infrastrukturelles* Aufgabenbündel.
- Zur Lösung des Aufgabenbündels ist eine enge, dauerhafte Zusammenarbeit mit den Bereichen der *Unternehmungsführung, Datenverarbeitung* und – falls vorhanden – des allgemeinen *Informationsmanagement* erforderlich.
- Die Umsetzung der Aufgaben bedingt Mitarbeiter mit umfassendem Know-how in den Bereichen *Betriebswirtschaft*, *Informationstechnologie* und *Sozialpsychologie*.

Für die Umsetzung des Aufgabenbündels ist es aufgrund dieser Charakteristika erforderlich, eine bestehende Organisationseinheit mit der Durchführung dieser Aktivitäten zu beauftragen oder eine eigenständige Organisationseinheit „Management-Unterstützungs-Systeme" einzurichten. Die Übertragung der Aufgaben auf die existierenden Organisationseinheiten *IV-Abteilung* oder *Unternehmungsführung* kann jedoch aufgrund der Aufgabenvielfalt und -komplexität der Makro-Ebene sowie der Notwendigkeit zu interdisziplinären Lösungsansätzen in aller Regel nicht als geeignete Lösung angesehen werden, zumal das Know-how der Mitarbeiter in diesen Bereichen meist zu spezialisiert ausgerichtet ist. Wie in der Abbildung des gesamten Vorgehensmodells (Abb. 6-6) verdeutlicht, wird aus diesem Grunde hier die Variante einer institutionalisierten Organisationseinheit favorisiert, die im Falle der Existenz eines zentralisierten Bereiches *Informationsmanagement* organisatorisch dort verankert werden könnte. Sie sollte sich aus Mitarbeitern verschiedener betriebswirtschaftlicher und IT-technisch-orientierter Fachrichtungen rekrutieren und auf hoher hierarchischer Ebene implementiert werden, so daß sie als kompetenter Moderator zwischen den Entwicklungsbeteiligten der Mikro-Ebene (Manager, betriebswirtschaftliche Fachbereiche, IT-Bereich) vermitteln und auch aufgrund ihrer Kompetenz und Verantwortung verbindliche Vorgaben für die einzelnen Entwicklungsprojekte definieren und durchsetzen kann.

6.2.2 Mikro-Ebene

Die Mikro-Ebene umfaßt die Gestaltungsprozesse – also die Entwicklungs- und die einsatzbegleitenden Re-Engineering-Aktivitäten – der in der Makro-Ebene abgegrenzten und in ihrer Entwicklungsreihenfolge priorisierten MUS-Teilsysteme. Sie konkretisiert somit die in der Makro-Ebene vorgegebenen Strukturen und hat sich an den verbindlichen Rahmenbedingungen dieser Ebene auszurichten. Selbstverständlich ist es hierbei auch möglich, daß durch die Gestaltungsprozesse Fehler oder Unstimmigkeiten der Makro-Ebene aufgedeckt werden, die zu einer Revision der Rahmenplanung führen können. Es ist einsichtig, daß vor allem bei dem Entwicklungsprozeß des ersten MUS-Teilsystems diese kritische Überprüfung und Korrektur der Makro-Ebene besondere Beachtung finden muß, da das erste Projekt als sog. *Pilot-Projekt* als Test der generellen Umsetzbarkeit der Vorgaben der

Makro-Ebene angesehen werden kann. Wie in Kapitel 6.2.1.3.1 dargestellt, sollte das Pilot-Projekt aus diesem Grunde kein kleines Projekt sein, sondern bereits große Teile der im Rahmenkonzept auf globaler Ebene definierten Vorgaben konkretisieren.[1]

Das Entwicklungs- und Re-Engineering-Modell ist bewußt prototypisch ausgerichtet und bezieht die späteren Benutzer in hohem Maße in die Prozesse ein. Wie die Abb. 6-15 verdeutlicht, stehen die Vorgaben der Makro-Ebene im Zentrum aller Aktivitäten, deren Einhaltung aus Gründen der Qualitätssicherung überprüft werden muß. Die Makro-Ebene grenzt weiterhin die zu entwickelnden MUS-Teilsysteme ab und gibt auch die Prioritäten für die Reihenfolge der einzelnen Entwicklungsprozesse vor, so daß – wie der breite Pfeil in der Abbildung andeutet – das jeweils zu realisierende MUS-Teilsystem durch die Makro-Ebene vorgegeben wird. Das gesamte Vorgehen auf der Mikro-Ebene kann als datenakzentuiert bezeichnet werden. So ist in einem ersten Schritt das relevante Projekt-Datenmodell abzugrenzen und zu dokumentieren. Dieser Entwicklungsschritt wird – wie alle anderen Entwicklungsschritte auch – in mehreren Zyklen durchgeführt, in enger Kooperation mit den späteren Benutzern und datenliefernden Fachbereichen erarbeitet und an den Vorgaben der Makro-Ebene ausgerichtet.[2]

---

1 Hinzu kommt, daß eine erfolgreiche Entwicklung eines umfangreicheren MUS-Teilsystems eine Katalysatorfunktion für die nachgelagerten Systementwicklungen besitzt, deren Aufwand sich aufgrund der dann bereits in großen Teilen durchgeführten Konkretisierung der dispositiven Datenarchitektur und der erlangten Entwicklungserfahrungen erheblich reduzieren läßt. Vgl. Kapitel 6.2.1.3.1.

2 In der Abbildung durch die jeweiligen Rekursionen und Pfeile dargestellt.

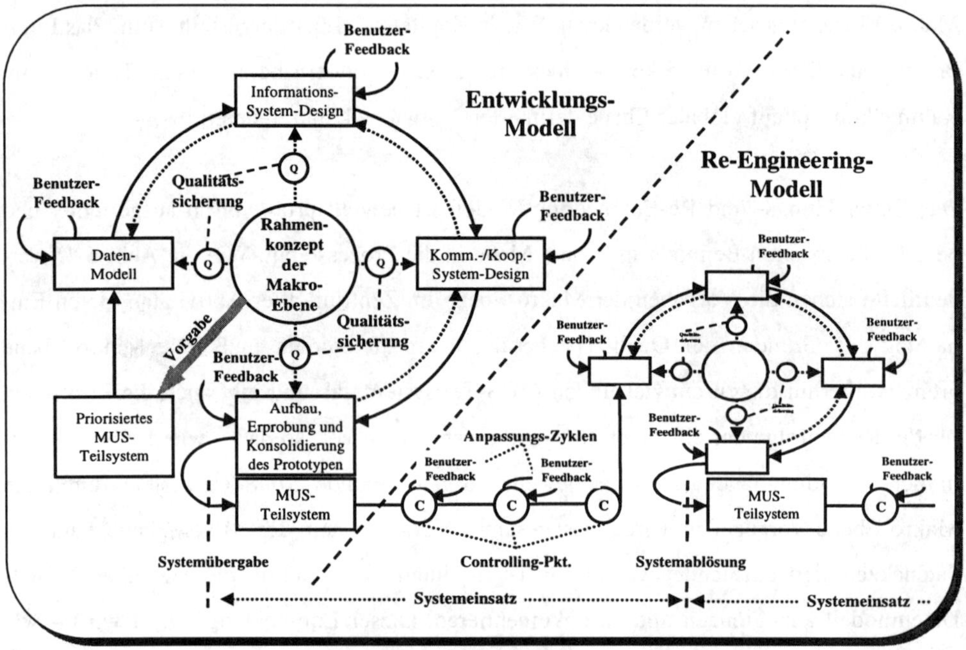

Abb. 6-15: Entwicklungs- und Re-Engineering-Modell auf der Mikro-Ebene

Nach erfolgreicher Projekt-Datenmodellierung wird in äquivalenter Weise das Informations-System-Design und das Kommunikations-/Kooperations-System-Design entwickelt, wobei – wie die Pfeile in der Abbildung andeuten – jeweils Rücksprünge in vorherige Phasen möglich sind. Nach Abschluß aller Modellierungsphasen erfolgt der Aufbau, die Erprobung und Konsolidierung der Prototypen, wobei auch hier Rücksprünge in bereits durchlaufene Phasen erlaubt und aufgrund der hohen Interdependenz der Phasen auch wahrscheinlich sind.[1] Falls nach mehreren Zyklen der Prototyp als ausgereift, stabil und bedarfsangemessen beurteilt wird, wird er als MUS-Teilsystem in den operativen Einsatz übergeben. Diese Phase des Systemlebenszyklus wird durch die Integration von engmaschigen Controllingpunkten begleitet, wobei im Falle geringfügiger Abweichungen Anpassungsaktivitäten gestartet werden und bei gravierenden Differenzen zwischen der Soll-

1 Obwohl in der Abbildung aus Gründen der Übersichtlichkeit nicht explizit dargestellt, sind generell auch Rücksprünge in Phasen möglich, die nicht die direkten Vorgänger der betreffenden Phasen sind.

und Ist-Konzeption ein Teil des Entwicklungskreislaufes erneut im Rahmen eines Re-Engineering-Prozesses durchlaufen wird.

Im weiteren werden die in der Mikro-Ebene durchzuführenden Aufgaben detailliert, wobei sich das Kapitel in *Entwicklungs-Modell*, *Re-Engineering-Modell* und *Organisatorische Implementierung der Mikro-Ebene* untergliedert.

6.2.2.1 Entwicklungs-Modell

Der Entwicklungsprozeß beinhaltet sämtliche Aktivitätenbündel, die erforderlich sind, ein MUS-Teilsystem zu erstellen und in den operativen Betrieb zu übergeben. Im folgenden werden die einzelnen Aktivitätenbündel des Entwicklungsmodells, die sich in die Phasen *Aufbau des Projekt-Datenmodells*, *Bestimmung des Informations-System-Designs*, *Bestimmung des Kommunikations-/Kooperations-System-Designs* sowie *Aufbau, Erprobung und Konsolidierung des Prototypen* gliedern, detailliert beschrieben.

6.2.2.1.1 Aufbau des Projekt-Datenmodells

Die Erarbeitung des Projekt-Datenmodells und seine Abstimmung mit dem unternehmungsweiten dispositiven Datenmodell ist die herausforderndste Aufgabe der Systementwicklung, da das Projekt-Datenmodell einen Ausschnitt der in der Makro-Ebene definierten dispositiven Datenarchitektur konkretisiert und später physisch in der Data Warehouse-Komponente abgelegt wird, somit also auch eine (Teil-)Basis aller nachfolgenden Systementwicklungsprozesse darstellt. Mängel in der Aufbau- und Integrationsphase des Datenmodells – wie z.B. unzulängliche Abgleichung mit den Vorgaben des Rahmenkonzeptes – bewirken daher gravierende Probleme für den gesamten MUS-Entwicklungsprozeß und sind nachträglich nur mit hohem Aufwand zu bereinigen. Dieser Tatbestand wiegt um so schwerer, da in der Data Warehouse-Komponente Integrierter Management-Unterstützungs-Systeme nicht nur applikationsklassenorientierte harmonisierte Basisdaten gespeichert werden, sondern zusätzlich unternehmungsspezifisches Wissen in Form von Aggregationen und betriebswirtschaftlichen Anreicherungen integriert wird.[1]

Das Projekt-Datenmodell spiegelt die Anforderungen an die Daten aus Sicht der zu entwickelnden Applikation wider. In enger Zusammenarbeit mit den späteren Benutzern und den Vertretern der datenliefernden Fachbereiche müssen hierbei *Fakten*, *Granularität* und *Dimensionshierarchien* der zu entwickelnden Applikation bestimmt werden. Die *Fakten* stellen die relevanten Kenngrößen der zu entwickelnden Anwendung dar und bestehen aus internen und/oder externen Daten und hieraus berechneten Werten. Die Ermittlung und Abgrenzung dieser Fakten muß in direkter Abstimmung mit der dispositiven Datenarchitektur durchgeführt werden, in der sämtliche führungsrelevanten Fakt-Definitionen verbindlich hinterlegt sind.[2] In einem weiteren Schritt ist die *Applikationsgranularität* zu bestimmen. Sie definiert den tiefsten Detaillierungsgrad der Fakten und legt auf diese Weise die Auswertungsdimensionen des zu entwickelnden Informationssystems fest, wobei – wie auch bei den Fakten – die Dimensionen mit denen der dispositiven Datenarchitektur abgestimmt werden müssen.[3] Da die Dimensionen der dispositiven Datenarchitektur auf die Granularitätsebene aller geplanten MUS-Teilsysteme ausgerichtet ist, ist es hierbei durchaus möglich, daß die Applikationsgranularität sich nicht auf dem niedrigen Dimensionsniveau der dispositiven Datenarchitektur befindet, sondern bereits eine Verdichtung der Dimensionsausprägung der dispositiven Datenarchitektur darstellt.[4]

In einem letzten Schritt werden die durch die Applikationsgranularität festgelegten Dimensionen hierarchisiert, indem die antizipierbaren Aggregationsniveaus für jede einzelne Dimension mit den späteren Benutzern bestimmt werden. Zur methodischen Unterstützung dieser projektorientierten Datenmodellierung bieten sich ähnliche Verfahren an, die auch bei der Modellierung der dispositiven Datenarchitektur Verwendung finden. Da jedoch die Modellierung auf der Projektebene eine Detaillierung aufgrund der Dimensionshierarchien

---

1 Vgl. die Ausführungen zur Architektur Integrierter MUS.

2 Vgl. die Ausführungen zur strategischen Planung der dispositiven Datenarchitektur in Kapitel 6.2.1.2.

3 So könnten für einen Vertriebsbereich beispielsweise die Fakten *Umsatz*, *Variable Kosten* und der zu berechnende Wert *Deckungsbeitrag* von Relevanz sein. Die Applikationsgranularität könnte so gewählt sein, daß diese Größen auf der Basis der Dimensionen *Monat*, *Kundengruppe*, *Produkt*, *Geschäftsstelle* abzulegen wären.

4 So ist denkbar, daß die Dimension *Kunde* der dispositiven Datenarchitektur für die Applikationsgranularität zu *Kundengruppe* verdichtet werden muß.

erfährt, eignen sich hier insbesondere modifizierte bzw. erweiterte Verfahren des *Star-Schemas*, die die partielle Normalisierung der Dimensionshierarchien erlauben und in der Literatur als *Snow-Flake-Schemata* bezeichnet werden.[1]

6.2.2.1.2 Bestimmung des Informations-System-Designs

Das Informations-System-Design setzt auf dem Projekt-Datenmodell auf. In ihm werden die aus Benutzersicht notwendigen Anforderungen an das Informationssystem zunächst auf hoher Abstraktionsebene definiert und dokumentiert. Hier muß festgelegt werden,

- welche grundlegenden Funktionalitäten für die Transformation der dispositiven Daten in Informationen erforderlich sind, die über die bereits im Datenmodell definierten betriebswirtschaftlichen Anreicherungen hinausgehen,[2]
- welche Auswertungsflexibilität das Informationssystem besitzen soll,[3]
- welche Darstellungsformen für das MUS-Teilsystem gewählt werden sollen und
- welche Datenberechtigungen die einzelnen Benutzer oder Benutzergruppen voraussichtlich erhalten sollen.

Die Beantwortungen dieser Fragen dienen der Vorbereitung der Entwicklungsphase *Aufbau, Erprobung und Konsolidierung des Prototypen*. Sie geben zum einen Vorgaben für die in der Data Warehouse-Komponente integrierten Berechtigungsverwaltung und determinieren somit die benutzerindividuelle und/oder benutzergruppenspezifische Begrenzung des recherchierbaren Datenraumes. Zum anderen geben sie Entscheidungshilfe bei der erforderlichen Klassifizierung der geplanten Systementwicklung und bestimmen somit den Einsatz der auf der Makro-Ebene vorgegebenen Werkzeuge zur Entwicklung des Systems.

---

1 Vgl. z.B. Hammergren /Corporate Knowledgebase 1996/ 195ff. oder Hahne /Logische Datenmodellierung 1998/ 120f.

2 Hier sind beispielsweise konkrete Ausprägungsformen des Exception-Reporting festzulegen, Kennzahlen und Indikatoren für die Datenanalyse zu bestimmen oder statistische Verfahren zur Unterstützung der Dateninterpretation auszuwählen.

3 So muß z.B. festgelegt werden, ob das System eine starre Berichtsorientierung aufweisen, Datenrecherche in antizipierten Abfragestrukturen erlauben oder vollständig restriktionsfreie, benutzerinduzierte Datenanalysen unterstützen soll.

6.2.2.1.3 Bestimmung des Kommunikations-/ Kooperations-System-Designs

Das Design der Kommunikations-/Kooperations-Systeme dient – ähnlich wie das im vorherigen Kapitel beschriebene Design der Informationssysteme – der Vorgabenkonkretisierung der Phase *Aufbau, Erprobung und Konsolidierung des Prototypen.* In dieser Phase des Entwicklungsprozesses ist zu analysieren und dokumentieren, welche Kommunikations- und Kooperationsaktivitäten innerhalb der Benutzergruppe des zu erstellenden MUS-Teilsystems existieren und welche Aktivitäten zu Benutzergruppen anderer, bereits realisierter MUS-Teilsysteme bestehen.[1] Die Erkenntnisse dieser Analyse bestimmen, mit welchen Funktionalitäten die synchronen und asynchronen Formen der Kommunikations-/Kooperationsunterstützung auszustatten sind. Insbesondere ist hierbei der asynchronen Kommunikation/Kooperation Aufmerksamkeit zu widmen, da sie als kontextsensitive Komponente direkt in das Informationssystem zu integrieren ist und daher einer engen Abstimmung mit den Berechtigungsstrukturen für die Benutzer(-gruppen) bedarf.[2]

6.2.2.1.4 Aufbau, Erprobung und Konsolidierung des Prototypen

Nachdem das semantische Projekt-Datenmodell erstellt und das Design des Informations- und des Kommunikations-/Kooperations-Systems erarbeitet worden ist, können Prototypen des zu entwickelnden MUS-Teilsystems erstellt, erprobt und konsolidiert werden. Hierbei kommt der Umsetzung des Projekt-Datenmodells eine Schlüsselrolle zu, da sie die Basis für die nachgelagerten funktionalen Prototypen darstellt.[3]

---

1 Beispielsweise unter Zuhilfenahme von Methoden der Prozeßanalyse.

2 Vgl. die Ausführungen zu dem kontextsensitiven Mailing dynamischer Objektsichten in Kapitel 5.3.2.2.

3 Prototypen sollten immer auf der Basis „echter“ Unternehmungsdaten erarbeitet werden, damit die Manager die prototypisch aufgebauten Sichten, Funktionalitäten und Darstellungsformen vor dem Hintergrund realer Geschäftstätigkeit beurteilen können. Vgl. Kemper; Padberg /Prototyping 1995/ 223.

6.2.2.1.4.1 Umsetzung des Projekt-Datenmodells

Die physische Umsetzung des semantischen Projekt-Datenmodells ist die Komponente in der Phase *Aufbau, Erprobung und Konsolidierung des Prototypen* mit den größten Interdependenzen zu allen anderen Entwicklungsprozessen, da sie in das unternehmungsweite dispositive Datenmodell, das physisch in der Data Warehouse-Komponente abgelegt wird, integriert werden muß. Wie die Abb. 6-16 verdeutlicht, ist der Aufwand, den diese Aktivitäten bedingen, erheblich von dem Reifegrad des Entwicklungsstandes des Integrierten MUS abhängig.

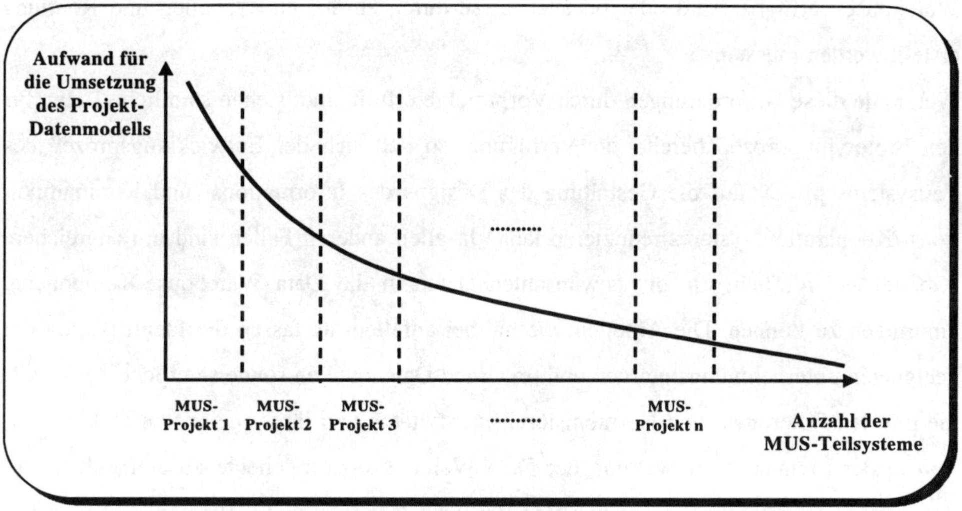

Abb. 6-16: Aufwandsdegression bei der physischen Umsetzung des Projekt-Datenmodells

So sind im Falle des Pilot-Projektes, bei dem noch keine Konkretisierung der Data Warehouse-Komponente durch Vorprojekte erfolgt ist, die umfassendsten Aktivitäten durchzuführen. Bei Nachfolgeprojekten reduzieren sich die Aktivitäten gravierend, da das Data Warehouse in diesen Fällen bereits durch die Entwicklungsprozesse vorgelagerter MUS-Teilsysteme teilweise oder gänzlich konkretisiert ist und daher von dem zu entwickelnden Teilsystem verwendet werden kann.

Die Phase *Aufbau, Erprobung und Konsolidierung des Prototypen* hat aus diesem Grunde grundsätzlich mit einer Analyse der Verfügbarkeit der gewünschten dispositiven Daten zu beginnen. Diese Analyse erfolgt anhand der Dokumentation der bis dato realisierten Data Warehouse-Komponente, die in der Metadaten-Verwaltung hinterlegt ist. In einem ersten Schritt ist zu untersuchen, ob die benötigten *Basisdaten*[1] oder Teile davon aufgrund von vorgelagerten MUS-Entwicklungsprozessen bereits im Data Warehouse vorhanden sind. Ist dieses der Fall, ist durch weitere Analysen zu erheben, ob der Granularitätsgrad der benötigten Daten mit dem Granularitätsgrad der im Data Warehouse abgelegten Daten übereinstimmt oder ob er über zusätzliche Aggregationsroutinen erzeugt werden muß.[2] Weiterhin ist mit Hilfe der Metadaten zu eruieren, ob die für die Applikation erforderlichen betriebswirtschaftlichen Anreicherungen und Dimensions-Hierarchisierungen bereits im Data Warehouse verfügbar sind oder ob auch diese durch zusätzliche Tabellen und Routinen erstellt werden müssen.

Wenn alle diese Anforderungen durch Vorprojekte erfüllt sind, stehen sämtliche Daten für den Prototypingprozeß bereits zur Verfügung, so daß sich der Entwicklungsprozeß des Teilsystems primär auf die Gestaltung des Designs des Informations- und Kommunikations-/Kooperationssystems reduzieren läßt.[3] In allen anderen Fällen sind umfangreichere Arbeiten erforderlich, um die gewünschten Daten in die Data Warehouse-Komponente einbringen zu können. Die Arbeiten, die hierbei anfallen, umfassen die Identifikation der geeigneten unternehmungsinternen und -externen Datenquellen sowie sämtliche Aufgaben, die mit den Filterungs- und Harmonisierungsaktivitäten und ihrer geeigneten Dokumentation in der Metadaten-Verwaltung der Data Warehouse-Komponente zusammenhängen.[4] Allerdings besitzen alle hier entwickelten Routinen, Tabellen und Dokumentationseinträge bis zur endgültigen Inbetriebnahme des MUS-Teilsystems – also bis zum Abschluß des

---

1 *Basisdaten* sind Daten, die mit Hilfe von Filterungs- und Harmonisierungsaktivitäten direkt aus unternehmungsinternen und -externen Daten gebildet werden können. Vgl. Kapitel 6.2.1.2.2.

2 Aufgrund der Vorgaben der Makro-Ebene kann der Granularitätsgrad der Daten des Data Warehouse ausschließlich kleiner oder gleich dem Applikationsgranularitätsgrad sein. Vgl. 6.2.1.3.2.

3 Hierbei kann es selbstverständlich vorkommen, daß durch die iterativen Prozesse des Prototyping neue Anforderungen an die Datenhaltung gestellt werden, die Änderungen in der physischen Umsetzung des Projekt-Datenmodells erforderlich machen und somit den o.a. Prozeß von neuem anstoßen.

4 Vgl. die Ausführungen zur Konkretisierung der Data Warehouse-Komponente in der Architektur Integrierter MUS im Kapitel 5.1.2 dieser Arbeit.

Entwicklungsprozesses – vorläufigen Charakter und werden somit auch noch nicht verbindlich in die Data Warehouse-Komponente integriert.[1]

6.2.2.1.4.2 Engerer Prozeß des Prototyping und Systemübergabe

Der engere Prozeß des Prototyping bezeichnet den iterativen Entwicklungs-, Erprobungs und Konsolidierungsprozeß des MUS-Teilsystems, der in mehreren Zyklen durchgeführt wird. Aufgrund der Vorgaben der Phasen *Informations-System-Design* und *Kommunikations-/Kooperations-System-Design* werden auf der Basis der realen Geschäftsdaten[2] erste Versionen des Teilsystems explorativ entwickelt und in sog. *Feed-Back-Runden* den Managern vorgestellt und mit ihnen diskutiert.[3] Die Anregungen und Wünsche zur Änderung bzw. Erweiterung der Datensichten, Funktionalitäten und der Darstellungsformen können weiterführende Modifikationen in den entwickelten System-Designs und in dem projektbezogenen Datenmodell bedingen, wobei aufgrund der Qualität der modernen Entwicklungswerkzeuge Design-Modifikationen meist leicht umzusetzen sind. Änderungen des Datenmodells sind hingegen – vor allem bei noch nicht voll entwickelten Data Warehouse-Komponenten – häufig durch einen höheren Umsetzungsaufwand gekennzeichnet, da sie nicht selten mit der Neuentwicklung oder Änderung von Filterungs- und Harmonisierungsroutinen verbunden sind.

Wird nach mehreren Entwicklungszyklen der Prototyp von den späteren Systembenutzern als bedarfsangemessen und mängelfrei beurteilt, erfolgt in einem abschließenden Entwicklungsschritt die Vorbereitung der letzten Prototyp-Version für den operativen Systembetrieb. In diesem Abschnitt des Entwicklungsprozesses werden die erforderlichen benutzerindividuellen und/oder benutzergruppenspezifischen Einträge in der Berechtigungsverwaltung der Data Warehouse-Komponente vorgenommen sowie die Metadaten-Verwal-

---

[1] Erweiterungen in der Data Warehouse-Komponente werden demnach also erst nach Abschluß der Entwicklungsaktivitäten des MUS-Teilsystems in den operativen Betrieb übergeben und dokumentiert, so daß sie erst ab diesem Zeitpunkt auch zur Datenversorgung von nachgelagerten MUS-Teilsystemen zur Verfügung stehen.

[2] Die realen Geschäftsdaten stehen aufgrund der physischen Umsetzung des Projekt-Datenmodells zur Verfügung. Vgl. Kapitel 6.2.2.1.4.1.

[3] Zur Einordnung des *explorativen Prototyping* vgl. Kapitel 6.1.1.2 dieser Arbeit.

tung aktualisiert. Anschließend werden das Teilsystem und die Erweiterungen der Data Warehouse-Komponente zu einem definierten Zeitpunkt in den operativen Betrieb übergeben.

6.2.2.2 Re-Engineering-Modell

Das Re-Engineering-Modell ist ein Bestandteil des Gestaltungsmodells der Mikro-Ebene[1] und determiniert die Aktivitätenbündel, die während der Einsatzzeit des MUS-Teilsystems durchzuführen sind. Wie die Abb. 6-17 verdeutlicht, besteht das Modell aus Controllingphasen und Re-Engineering-Zyklus, der einen weitestgehend strukturidentischen Aufbau zum Entwicklungsmodell aufweist.[2]

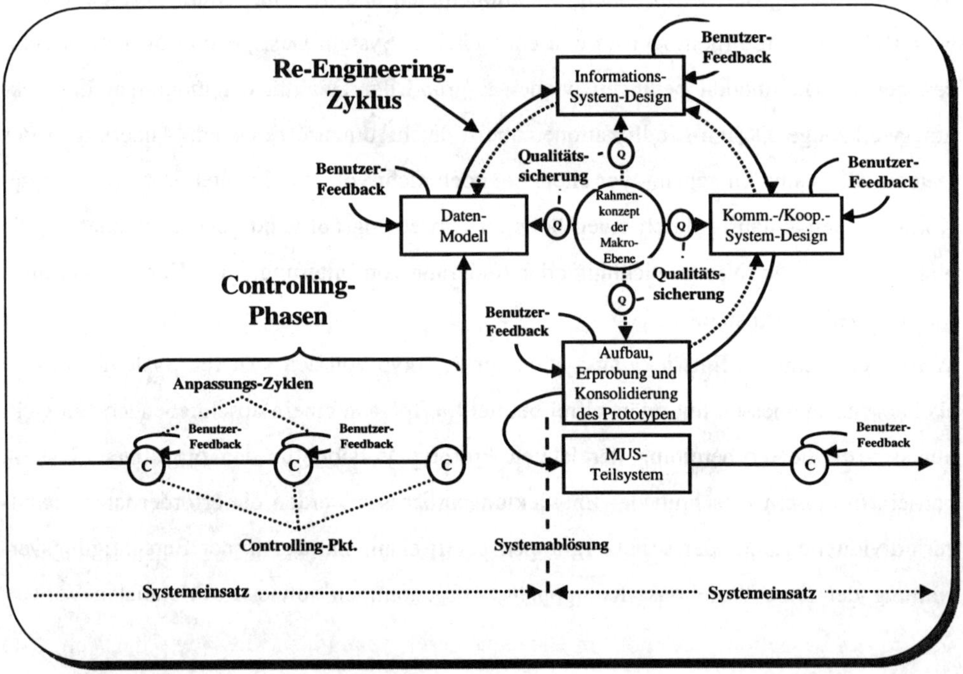

Abb. 6-17: Re-Engineering-Modell

1 Vgl. Abb. 6-15: Entwicklungs- und Re-Engineering-Modell auf der Mikro-Ebene.

2 Vgl. die Ausführungen zum Entwicklungs-Modell in Kapitel 6.2.2.1 dieser Arbeit.

Im weiteren sollen Controllingphasen und Re-Engineering-Prozeß detailliert beschrieben werden.

6.2.2.2.1 Controllingphasen

Nachdem das MUS-Teilsystem entwickelt und in den operativen Betrieb übergeben ist, erfolgt sein vorgesehener Einsatz. Diese Einsatzzeit wird – wie Abb. 6-17 veranschaulicht – von Controllingphasen begleitet, die dem Systemabgleich mit den sich wandelnden Anforderungen aus Benutzersicht und den sich ändernden internen und externen Rahmenbedingungen dient. Wie auch bei den Life-Cycle-Modellen der klassischen Anwendungsentwicklung können diese Controllingphasen periodisch oder bei Bedarf auf der Basis von Wünschen einzelner Manager(-gruppen) durchgeführt werden. Aufgrund der Charakteristika Integrierter MUS unterscheiden sich jedoch die Frequenz der Controllingphasen und die aus den Ergebnissen der Analysen abgeleiteten Aktivitäten erheblich. So bietet die spezielle Architektur Integrierter MUS mit der in der Data Warehouse-Komponente eingebundenen Techniker- und Controller-Schnittstelle[1] ein komfortables und effektives Instrumentarium, das in Verbindung mit der Metadaten-Verwaltung die Durchführung von Controllinganalysen wirkungsvoll unterstützt. Aufgrund dieses Instrumentariums ist es möglich, ein engmaschiges Netz von Controllingphasen zu implementieren, das eine kontinuierliche Überprüfung der Kongruenz zwischen den sich wandelnden Anforderungen und den realisierten Systemfunktionalitäten und Datensichten erlaubt. Im Gegensatz zu traditionellen Life-Cycle-Modellen, bei denen die Controllingphasen innerhalb des Systemeinsatzes ausschließlich der Dokumentation der Abweichungen dienen und die Modifikation und/oder Weiterentwicklung des Systems nur in den dafür vorhergesehenen Re-Engineering-Zyklen durchgeführt werden darf, sind bei den Controllingphasen Integrierter MUS auch Systemadaptionen erlaubt. Im Rahmen dieser Adaptionen, die – wie die Abb. 6-17 verdeutlicht – in Anpassungs-Zyklen erfolgen, können kleinere Systemveränderungen durchgeführt werden. So können über die definierten Techniker- und Controller-Schnittstellen Filterungs- und Harmonisierungsroutinen sowie Aggregationen und betriebswirt-

---

[1] Vgl. Kapitel 5.1.2.4 dieser Arbeit.

schaftliche Anreicherungen gepflegt und in der Metadaten-Verwaltung dokumentiert werden.

Der eigentliche Re-Engineering-Zyklus wird durch diese Möglichkeit der Systemadaption nicht obsolet, da im Rahmen dieser Controllingphasen lediglich leicht abgrenzbare und wenig komplexe Systemadaptionen durchgeführt werden können.

6.2.2.2.2 Re-Engineering-Zyklus

Ein Re-Engineering-Zyklus wird während der Einsatzphase des MUS-Teilsystems erforderlich, wenn die in den Controllingphasen durchführbaren Adaptionsprozesse als nicht mehr ausreichend angesehen werden, die Systemadäquanz sicherzustellen.[1] Wie die Abb. 6-17 zeigt, schließt sich der Re-Engineering-Zyklus aus diesem Grunde direkt nach Abschluß eines Controllingpunktes an. Die Phasen innerhalb des Zyklus entsprechen dem Aktivitätenbündel des Entwicklungsprozesses und sind in enger Abstimmung mit den Vorgaben der Makro-Ebene umzusetzen, wobei jedoch aufgrund des jeweils situativ bestimmbaren Änderungsbedarfs nicht zwangsläufig sämtliche Phasen in gleicher Intensität zu bearbeiten sind. So ist es durchaus denkbar, daß im Rahmen eines Re-Engineering-Prozesses neben der Phase *Aufbau, Erprobung und Konsolidierung des Prototypen*[2] lediglich die Phase *Informations-System-Design* durchlaufen wird, da die Änderungen sich ausschließlich auf die Informationskomponente und nicht auf das Datenmodell oder das Design der Kommunikations-/Kooperations-Systeme beziehen.

Damit eine Versorgungslücke des Managements vermieden werden kann, bleibt das Altsystem während der Zeit der Re-Engineering-Aktivitäten unverändert im Einsatz. Erst nach Abschluß der Phase *Aufbau, Erprobung und Konsolidierung des Prototypen* und der Ver-

---

1 Der identische Prozeß muß auch dann für sämtliche MUS-Teilsysteme ablaufen, wenn durch Veränderungen der Rahmenbedingungen grundlegende Modifikationen oder Erweiterungen der Makro-Ebene durchgeführt worden sind. Da das Prozedere des Re-Engineering identisch ist, soll dieser Fall hier nicht explizit besprochen werden. Vgl. zur Positionierung dieser Re-Engineering-Prozesse die Abb. 6-6 im Kapitel 6.2.

2 Aufgrund der prototypisch ausgerichteten Vorgehensweise ist die Phase *Aufbau, Erprobung und Konsolidierung des Prototypen* in jedem Re-Engineering-Prozeß zu durchlaufen, da die Prototypen der Validierung der Benutzeranforderungen dienen und nach einer angemessenen Anzahl von Entwicklungszyklen die Basis für das operative MUS-Teilsystem darstellen.

vollkommnung der letzten Prototyp-Version um Aspekte des Echtbetriebs[1] erfolgt demnach die Ablösung des Altsystems und der Einsatz des modifizierten/erweiterten MUS-Teilsystems. Auch dessen weiterer Einsatz wird wiederum durch Controllingphasen begleitet, die je nach Ergebnis Anpassungszyklen einleiten oder einen erneuten Re-Engineering-Prozeß erforderlich machen. Auf diese Weise ist der Einsatz des MUS-Teilsystems durch eine iterative Folge von Controllingphasen, Anpassungszyklen und Re-Engineeringprozessen gekennzeichnet[2] und endet erst mit der Außerdienststellung des MUS-Teilsystems.

6.2.2.3 Organisatorische Implementierung der Mikro-Ebene

Entwicklungs- und Re-Engineering-Prozesse zeichnen sich durch Einmaligkeit, Zusammensetzung aus Teilaufgaben, Interdisziplinarität, Konkurrenz um Betriebsmittel, Bestimmung von Dauer und Aufwand und durch ihre Zeitbegrenzung aus. Für die Durchführung dieser Prozesse ist aus diesem Grunde die klassische Projektform heranzuziehen. Da sowohl die Entwicklungs- und Re-Engineering-Prozesse eine ausgeprägte prototypische Ausrichtung aufweisen und somit ständige Rückkopplungen bedingen, ist die Auswahl der Projektbeteiligten von besonderer Relevanz. Es ist daher anzustreben, sämtliche Anspruchsgruppen in der Projektorganisation angemessen zu vertreten. Für Integrierte MUS sind es die Gruppen

- der Manager oder ihrer unmittelbaren Vertreter, die als spätere Systembenutzer die grundlegenden Funktionalitäten, Darstellungsformen und Datensichten bestimmen,
- der Fachbereiche, die als Datenlieferanten für semantische Qualität der in die Data Warehouse-Komponente einzubindenden Daten verantwortlich sind,
- der IV-Spezialisten, die die technische Umsetzung sämtlicher Systemkomponenten durchführen und
- die Vertreter der Makro-Ebene, die die Abstimmung der Entwicklungs- und Re-Engineeringaktivitäten mit den Vorgaben der Makro-Ebene überwachen.

---

1 Vgl. die Ausführungen zum Prototyping im Kapitel 6.2.2.1.4.2 dieser Arbeit.
2 Vgl. Abb. 6-17: Re-Engineering-Modell.

In Abweichung zu traditionellen IV-Projekten, in denen die Projektleitung meist von Mitarbeitern der IV-Abteilung übernommen wird[1], sollte die Führung des Projektes den späteren Systembenutzern übertragen werden. Die Führungsrolle der Manager oder ihrer direkten Vertreter ist erforderlich, da gerade bei managementunterstützenden Systemen das Fachkonzept aufgrund der schlecht-strukturierbaren Anforderungsdefinitionen eine herausragende Bedeutung einnimmt. Hinzu kommt, daß die akzeptanzfördernde enge Involvierung der späteren Systembenutzer gerade im Management von hoher Bedeutung ist, da diese Gruppe wegen ihrer exponierten hierarchischen Position nicht wie andere Mitarbeiter der Unternehmung durch organisatorische Richtlinien verbindlich zur Systemnutzung angehalten werden kann, sondern das System ausschließlich aufgrund von Eigenmotivation einsetzt bzw. bei Nicht-Gefallen dessen Nutzung verweigert.[2]

Auch die Vertreter der datenliefernden Fachabteilungen sollten eine herausgehobene Stellung im Entwicklungs- und Re-Engineering-Prozeß erhalten, da die semantische Aufbereitung der operativen internen und externen Daten hohes betriebswirtschaftliches Know-how erfordert und nur von den betriebswirtschaftlichen Spezialisten der involvierten Fachbereiche geleistet werden kann. Des weiteren soll durch diese enge Einbindung der Fachbereiche der Stellenwert der Datenlieferanten dokumentiert und ihre Akzeptanz zur konstruktiven Mitarbeit gefördert werden. Diese Maßnahme ist erforderlich, damit die Systementwicklung nicht – wie im Rahmen der empirischen Untersuchung dokumentiert – zu Abwehrreaktionen der Datenlieferanten führt.

Die im Projekt eingebundenen Spezialisten der IV-Abteilung übernehmen primär die Service-Funktionen, die erforderlich sind, die Vorgaben des Managements und der datenliefernden Fachbereiche in lauffähige MUS-Prototypen zu transformieren und diese Teilsysteme in die bestehenden technischen Infrastrukturen zu integrieren.

Die Vertreter der installierten Service-Gruppe der Makro-Ebene besitzen im Gegensatz zu allen anderen Projektbeteiligten primär Kontroll-, Überwachungs- und Qualitätssicherungsfunktionen. In ihrer Verantwortung liegt es, daß die Kompatibilität sämtlicher Aktivitäten des MUS-Entwicklungsprozesses mit den Vorgaben der Makro-Ebene sichergestellt wird.

---

1 Vgl. Stahlknecht /Wirtschaftsinformatik 1995/ 242.

2 Vgl. die empirischen Ergebnisse zu diesem Themenbereich in Kapitel 3.2.3.4 der Arbeit.

Im Projekt haben sie dementsprechend die Aufgabe, die Planungen der einzelnen Projektphasen auf die Verträglichkeit mit dem Rahmenkonzept hin zu untersuchen, bei Unstimmigkeiten korrigierend einzugreifen und die nach jedem Phasenabschluß zu verabschiedenden Ergebnistypen zu kontrollieren.

6.3 Gestaltung Integrierter Management-Unterstützungs-Systeme – Zusammenfassung

Die Gestaltung Integrierter MUS verlangt den Aufbau eines Vorgehensmodells, das weit über die Funktionalitäten der traditionellen Modelle der Systementwicklung hinausgeht. Dieses ist insbesondere deshalb erforderlich, da das Ziel bei der MUS-Entwicklung sich nicht auf die Erstellung eines isolierten Anwendungssystems bezieht, sondern den Aufbau einer abgestimmten MUS-Systemlandschaft für den gesamten dispositiven Bereich einer Unternehmung fokussiert. Das in dieser Arbeit entwickelte Gestaltungsmodell gliedert sich aus diesem Grunde in eine Makro- und eine Mikro-Ebene, wobei die Makro-Ebene die grundlegenden – an dem globalen Informationsmanagement der Unternehmung ausgerichteten – Rahmenbedingungen festlegt, während die Mikro-Ebene die mit dem Rahmenkonzept abgestimmten Entwicklungsprozesse der MUS-Teilsysteme beinhaltet.
Die Makro-Ebene detailliert sich in strategische Aufgabenbündel, die die Potentialplanung, die Entwicklung der dispositiven Datenarchitektur, die Erstellung des MUS-Projektportfolios sowie die Planung des Technikeinsatzes umfassen. Da die Erstellung und die kontinuierliche Anpassung dieser Rahmenbedingungen keine zeitlich befristete Aufgabe darstellt, ist für die Umsetzung, das Controlling und die Anpassung dieser Ebene eine dauerhafte Organisationseinheit zu bilden und in hierarchisch hoher Positionierung in der Unternehmung zu implementieren.

Die einzelnen Entwicklungs- und Re-Engineering-Prozesse, die im Rahmen der Mikro-Ebene durchgeführt werden, sind hingegen in Form von Projekten durchzuführen, wobei die personelle Zusammensetzung der Projektteams aus Vertretern des Managements, der datenliefernden Fachbereiche, der IV-Abteilung und der Makro-Ebene erfolgt. Das Vorgehensmodell der Mikro-Ebene ist bewußt prototypisch ausgerichtet und umfaßt die iterativon Aktivitätenbündel der projektbezogenen Datenmodellierung, der Erstellung des Informationssystems- und Komunikations-/Kooperations-System-Designs sowie der Entwicklung, Erprobung und Konsolidierung von lauffähigen Prototytpen. Diese Prototypen werden nach Abnahme durch die Manager vervollkommnet, indem sie um die Aspekte des Echtbetriebs erweitert und als operative MUS-Teilsysteme in den Einsatz übergeben werden. Während dieser Einsatzzeit wird mit Hilfe engmaschiger Controllingphasen analysiert, inwieweit das Teilsystem noch den sich wandelnden Anforderungen genügt, wobei bei geringfügigen Abweichungen sofortige Anpassungszyklen eingeleitet werden können, während bei gravierenden Änderungen ein Re-Engineering-Zyklus angestoßen werden muß, der einen nahezu phasenidentischen Aufbau zum Entwicklungsmodell besitzt.

Wie gezeigt, weisen Integrierte MUS erhebliche Unterschiede zu klassischen Formen managementunterstützender Systeme auf und bedingen daher die Implementierung neuer, komplexer Gestaltungsmodelle, für die in der Praxis einsichtigerweise kein Erfahrungswissen existiert. Die Anstrengungen, die in diesem Bereich zu unternehmen sind, können somit nur dann argumentiert werden, wenn die auf diese Weise entwickelten Systeme einen Nutzen für die Unternehmung bieten, der den hohen monetären Aufwand und das mit innovativen Gestaltungskonzepten verbundene Wagnis rechtfertigt.[1] Mit dieser Thematik beschäftigt sich der letzte Teil der Arbeit. Hier werden quantitative und qualitative Aspekte der Nutzenevaluierung Integrierter Management-Unterstützungs-Systeme entwickelt und diskutiert, wobei vor allem auch die Probleme und Risiken einer Migration von den bestehenden Lösungen der Managementunterstützung zu dem angestrebten integrierten System besondere Beachtung finden.

1 Vgl. Nagel /Nutzen 1990/ 1ff. und Antweiler /Wirtschaftlichkeitsanalyse 1995/ 56ff.

7 Abschließende Nutzen- und Risikeneinschätzung Integrierter Management-Unterstützungs-Systeme

Der folgende abschließende Teil der Arbeit behandelt den Nutzen und die Risiken, die mit der Gestaltung und dem Einsatz von Integrierten Management-Unterstützungs-Systemen verbunden sind.

7.1 Nutzen Integrierter Management-Unterstützungs-Systeme

Die Nutzenevaluation IT-gestützter betrieblicher Anwendungssysteme beschäftigt die Wissenschaft und Praxis seit Jahrzehnten. Da der Computer in den Anfängen des kommerziellen Einsatzes der Datenverarbeitung Ende der 50er bis Mitte der 60er Jahre primär für die Rationalisierung operativer Massenverarbeitungsvorgänge eingesetzt wurde, war die Nutzenbestimmung zu dieser Zeit nicht von besonderen Schwierigkeiten gekennzeichnet. In diesen Anwendungsfällen, die auch als *substitutiver IT-Einsatz*[1] bezeichnet werden, wurde der Computer bewußt als Ersatz von Arbeitskräften und Arbeitstätigkeiten eingesetzt. Somit wurde zwar in die Arbeitsprozesse eingegriffen, die grundlegenden Strukturen der Arbeitsabläufe blieben jedoch erhalten.[2] Vor dem Hintergrund dieser Rahmenbedingungen konnte der monetäre Nutzen des IT-Einsatzes relativ einfach über die Einsparung von Kosten mit Hilfe der klassischen Verfahren der statischen und dynamischen Investitionsrechnung ermittelt werden.[3]

Aber bereits Anfang der 70er Jahre änderte sich das Einsatzfeld der IuK-Technologie gravierend. So formulierte *Grochla* schon im Jahre 1970 in dem Vorwort zu seinem Kompendium über die Wirtschaftlichkeit automatisierter Datenverarbeitungssysteme: „Die Anwendungssysteme ändern sich insofern, als automatische Datenverarbeitungsanlagen nicht mehr nur für die Erfüllung von vergangenheitsbezogenen Abrechnungsaufgaben, sondern

1 Vgl. Schumann /Strategiebeiträge 1992/ 58.

2 Vgl. Nagel /Nutzen 1990/ 24.

3 Als statische Verfahren kamen zu diesen Zeiten die Kostenvergleichsrechnung, Gewinnvergleichsrechnung, Rentabilitätsrechnung oder Amortisationsrechnung in Betracht. Als dynamische Verfahren konnten die Kapitalwertmethode, Annuitätsmethode und Methoden des internen Zinsfußes herangezogen werden. Vgl. Wöhe /Betriebswirtschaftslehre 1996/ 683ff.

in erster Linie für die Vorbereitung von zukunftsbezogenen Planungs- und Entscheidungsprozessen auf oberen Leitungsebenen eingesetzt werden sollen."[1] Wie die Entwicklung zeigt, verstärkte sich diese schon damals erkennbare Tendenz in den folgenden Jahren erheblich und führte spätestens mit der kommerziellen Verbreitung leistungsstarker Personal Computer, der betrieblichen und überbetrieblichen Rechnervernetzung und der Existenz benutzerfreundlicher Entwicklungswerkzeuge zu einem vollständigen Umdenkprozeß.[2] Heute steht außer Frage, daß die IuK-Technologie strukturbestimmend in Form eines *Enablers*[3] nicht primär bestehende Arbeitsabläufe abbildet und rationalisiert, sondern neue Formen der Strukturierung und Segmentierung der Organisationen ermöglicht.[4]
Es kann daher heute nicht länger genügen, den Nutzen von IT-gestützten Anwendungssystemen ausschließlich über die tradierten Verfahren der Investitionsrechnung zu evaluieren.[5] Vielmehr ist es erforderlich, den Nutzenbegriff weiter zu fassen. In Anlehnung an *Schumann*[6] wird im folgenden aus diesem Grunde eine Differenzierung in

- direkt monetär quantifizierbare Nutzeffekte,
- indirekt monetär quantifizierbare Nutzeffekte und
- monetär nicht quantifizierbare Nutzeffekte

vorgenommen, mit deren Hilfe die quantitativen und qualitativen Nutzeffekte von Integrierten Management-Unterstützungs-Systemen im folgenden abgeleitet werden.

---

1 Grochla /Vorwort 1970/. Eine detaillierte Begründung für die Relevanz von Wirtschaftlichkeitsanalysen findet sich in: Grochla /Grundprobleme 1970/ 15ff. Einen frühen Ansatz zur Abgrenzung wirtschaftlicher Beurteilungsfunktionen liefert Szyperski /Wirtschaftlichkeitsstufen 1970/ 49ff.

2 Vgl. Seibt /Datenverarbeitung 1992/ 479f.

3 Zum Begriff *Enabler* vgl. Hammer; Stanton /Reengineering Revolution 1995/ 172.

4 Vgl. Frese /Organisation 1995/ 20. *Szyperski/Pulst* weisen jedoch auch mit Nachdruck darauf hin, daß zwischen Unternehmungserfolg und Technikeinsatz kein zwingender Zusammenhang besteht, da ohne organisatorische Konzepte Ineffizienzen lediglich „elektrifiziert werden". Vgl. Szyperski; Pulst /Geschäftsprozesse 1995/ 22ff.

5 Vgl. Franke /Wirtschaftlichkeit 1995/ 213f.

6 Vgl. Schumann /Nutzeffekte 1997/ 284.

7.1.1 Direkt monetär quantifizierbare Nutzeffekte Integrierter MUS

Direkt monetär quantifizierbare Nutzeffekte zeichnen sich dadurch aus, daß sie unmittelbar der Systementwicklung zugerechnet und sofort in Geldeinheiten bewertet werden können. So ist beispielsweise die in früheren Jahren der Datenverarbeitung häufig durchgeführte Umstellung der Lohn- und Gehaltsabrechnung von einer manuellen auf eine IT-gestützte Verfahrensweise ein klassisches Anwendungsfeld, in dem die Rationalisierungseffekte unmittelbar bestimmt und eindeutig der Systementwicklung zugerechnet werden können.[1] Wie zu erwarten, beschränkt sich dieses direkte Rationalisierungspotential bei Integrierten Management-Unterstützungs-Systemen auf einige wenige Felder, die im weiteren beschrieben werden.

- Personalfreisetzung durch Abbau berichtsaufbereitender organisatorischer Einheiten

Der aktive Einsatz von Integrierten MUS erlaubt den Führungskräften die eigenständige sichtenspezifische und methodenangereicherte Analyse der dispositiven Daten der Unternehmung. Die Manager werden demnach in die Lage versetzt, periodisch oder a-periodisch elektronische Berichte zu generieren, die im traditionellen Berichtswesen ausschließlich durch Mitarbeiter spezieller organisatorischer Einheiten erzeugt werden können. Bei uneingeschränkter Akzeptanz der neuen Medien können somit diese Abteilungen oder Gruppen aufgelöst werden und Kosteneinsparungen durch entsprechende Personalfreisetzungseffekte erzielt werden.[2]

- Einsparung von Kosten bei der Druckaufbereitung

Mit Hilfe des Medienwechsels von papierbasierten zu elektronischen Formen der Berichtserzeugung und einer konsequenten Ablösung des tradierten Berichtswesens lassen sich in den Unternehmungen Kostenreduktionen aufgrund entfallender Druckaufbereitungen realisieren. Zwar wird sich mit Hilfe des Einsatzes von Management-Unterstützungs-Systemen

---

1 Vgl. Seibt /Personalinformationssysteme 1990/ 123.

2 In der der Arbeit zugrundeliegenden empirischen Analyse bescheinigte jedoch lediglich eine Unternehmung, Kostenersparnisse aufgrund der Auflösung von berichtsaufbereitenden Abteilungen der Zentralabteilung „Betriebswirtschaft" umgesetzt zu haben. Vgl. Kapitel 3.3.9 der Arbeit.

wohl auch in naher Zukunft nicht die Vision einer „papier-losen" Unternehmung umsetzen lassen, da das Medium „Papier" auch heute noch unbestreitbare Vorteile gegenüber den elektronischen Medien besitzt.[1] Aufgrund der selektiven Recherche- und Druckmöglichkeiten lassen sich jedoch beträchtliche Reduktionen des Druckumfanges erzielen, die zu erheblichen Einsparungen papierbasierter Berichte führen können.[2]

- *Reduktion von Reisekosten*

Aufgrund der im MUS integrierten synchronen Kommunikations- und Kooperationsmöglichkeiten besitzen die Manager die Möglichkeit, Konferenzen unmittelbar vom Arbeitsplatz mit einem oder mehreren Gesprächspartnern durchzuführen. Obwohl diese Funktionalitäten sicherlich nicht sämtliche persönlichen Besprechungen ersetzen können, da Kommunikations-/Kooperationsaufgaben mit sehr hoher Komplexität nach wie vor die physische Anwesenheit der Gesprächspartner erfordern[3], können mit Hilfe dieser Funktionalitäten Reisetätigkeiten und die hierdurch anfallenden Kosten eingeschränkt werden.

Resümierend läßt sich jedoch feststellen, daß diese direkt bewertbaren Effekte als eher gering anzusehen sind. So kann davon ausgegangen werden, daß bei exklusiver Verwendung dieser unmittelbar monetär bestimmbaren Kriterien eine Vorteilhaftigkeit des Systemeinsatzes nicht gegeben ist, da die einmaligen Investitionskosten sowie der Aufwand für die Entwicklung und die einsatzbegleitenden Re-Engineering-Aktivitäten das Einsparungspotential mit hoher Wahrscheinlichkeit weit übersteigen.[4] Aus diesem Grunde werden im weiteren den indirekt und nicht monetär bewertbaren Nutzeffekten der Gestaltung und des Einsatzes Integrierter MUS besondere Beachtung geschenkt.

---

1 Beispielsweise sind Papierberichte orts- und netzungebunden, benötigen keine hard- und softwaretechnischen Visualisierungshilfen und erlauben einfache Annotationen.

2 Auch in diesem Bereich müssen die empirischen Ergebnisse der Arbeit als enttäuschend gewertet werden. So hatten in der Erstuntersuchung lediglich 4 der 20 befragten Unternehmungen das parallele papiergebundene Berichtswesen zugunsten des MUS abgeschafft. Vgl. Kapitel 3.2.3.3.1 der Arbeit.

3 Vgl. die Ausführungen zur *Media Richness Theorie* in Kapitel 5.3.1.2 dieser Arbeit und Rice /Analysability 1992/ 482.

4 Diese Annahme wird auch durch die Aussagen der Interviewten voll unterstützt. Sie gaben mehrheitlich an, daß traditionelle Wirtschaftlichkeitsanalysen im Bereich der Managementunterstützung nicht sinnvoll einsetzbar sind. Aus diesem Grunde wurden die Projekte – in vielen Unternehmungen erstmalig – ohne die Durchführung von Wirtschaftlichkeitsanalysen aufgesetzt. Vgl. Kapitel 3.2.3.2.2 der Arbeit.

7.1.2 Indirekt monetär quantifizierbare Nutzeffekte

Charakteristisch für indirekt monetär quantifizierbare Nutzeffekte ist, daß sie sich lediglich über mehrere Analysestufen in Geldeinheiten bewerten lassen. Häufig müssen hierbei Umwege über mengenmäßig bestimmbare Kriterien gegangen werden, die nachfolgend wertmäßig zu konkretisieren sind.[1] Zu dieser Kategorie von Nutzeffekten lassen sich im Bereich Integrierter MUS die folgenden, monetär hoch einzuschätzenden Bereiche identifizieren.[2]

- *Aufwandsdegression bei Neuentwicklungen und Re-Engineering-Aktivitäten*

In einem etablierten organisationsumspannenden Data Warehouse werden sämtliche dispositiven Daten einer Unternehmung in konsistenter, harmonisierter Form auf der Ebene der geringsten Granularität vorgehalten und um Aggregationen sowie betriebswirtschaftliche Anreicherungen ergänzt.[3] Auf diese Weise wird in den Unternehmungen ein dispositiver Datenpool aufgebaut, der bereits Grundfunktionalitäten und semantisches Wissen über betriebliche Kennziffern beinhaltet und somit weit über eine bloße Datenhaltung hinausgeht. Aufgrund dieser Merkmale der dispositiven Datenhaltung, die einem Paradigmenwechsel im Bereich der Architektur und Gestaltung managementunterstützender Systeme gleichkommen, werden an die auf dem Datenpool aufsetzenden Informationssysteme wesentlich geringere Anforderungen gestellt. So stellen die Systeme in diesen neuen Konzepten lediglich eine um spezielle Auswertungsmethodiken und Präsentationsfunktionalitäten angereicherte Sicht auf die dispositiven Daten dar. Neuentwicklungen und Re-Engineering-Aktivitäten bestehender Informationssysteme haben sich aus diesem Grunde bei einem in der Unternehmung etablierten Data Warehouse lediglich in sehr eingeschränktem Maße mit

---

1 Beispielsweise können monetäre Effekte indirekt bestimmt werden, die durch den Einsatz eines Anwendungssystems für die automatische Lagerdisposition zu einer mengenmäßigen Reduktion der Lagerbestände führen. Vgl. Schumann /Nutzeffekte 1997/ 284.

2 Selbstverständlich ist die konkrete Höhe der indirekt monetär bestimmbaren Kriterien stets unternehmungsindividuell zu ermitteln, jedoch sind die hier beschriebenen Nutzeffekte allgemein als hoch einzuschätzen.

3 Vgl. die Ausführungen zur Data Warehouse-Komponente im Kapitel 5.1 dieser Arbeit.

der Datenarchitektur und den Grundfunktionalitäten zu befassen.[1] Vielmehr konzentrieren sich die Aktivitäten im Entwicklungs- und Re-Engineeringprozeß lediglich auf die über die Grundfunktionalitäten hinausgehende Verwendung spezieller Methodiken und auf die Gestaltung der Präsentationskomponente, so daß eine erhebliche Aufwandsreduktion in diesen Prozessen bewirkt werden kann.[2]

- *Rückschlüsse auf Mängel in operativen Geschäftsprozessen*

Bei Integrierten MUS erfolgt – wie oben beschrieben – die dispositive Datenspeicherung nicht in systemspezifischen, isolierten Datenhaltungssystemen, sondern in Form eines unternehmungsweiten Datenpools. Diese Daten werden in der überwiegenden Mehrheit aus den heterogenen operativen Datenhaltungssystemen mit Hilfe von definierten Transformationsregeln gewonnen. Aufgrund der im Rahmen der Transformation durchgeführten Harmonisierungsaktivitäten, die ihren Niederschlag in der Abstimmung der in den operativen Systemen unterschiedlich abgegrenzten Daten finden, existiert in der Unternehmung die Möglichkeit, die Prozesse der operativen Wertschöpfung exakt zu analysieren und untereinander vergleichbar zu machen. So können auf diese Weise z.B. Produktionsprozesse einzelner Produkte oder Produktreihen untersucht und mit den äquivalenten Prozeßketten innerhalb der Unternehmung in Bezug auf Sach- und Personalkosten, Produktionsdurchlaufzeiten, Qualität usw. verglichen werden. Die auf diese Weise erkannten Unstimmigkeiten können ein Auslöser für die Durchführung detaillierter Schwachstellenanalysen der betroffenen Wertschöpfungsprozesse sein und auf diese Weise Business Process Re-Engineering-Projekte initiieren, deren Umsetzung zu quantitativ und qualitativ bewertbaren Nutzeffekten führt.

---

1 In der Aufbauphase des Data Warehouse sind selbstverständlich im Rahmen der Systementwicklung auch Transformationsroutinen zu entwickeln und zu implementieren, um die gewünschten dispositiven Daten aus den operativen und externen Datenbeständen gewinnen zu können. Sind diese jedoch definiert, können die auf diese Weise gewonnenen Daten von allen (künftigen) dispositiven Informationssystemen verwendet werden.

2 Nach *Paller/Laska* kann in traditionellen MUS-Projekten die Datenbereitstellung bis zu 90 % des Gesamtaufwandes ausmachen. Vgl. Paller; Laska /EIS-Book 1990/ 188.

Neben diesen, lediglich über Zwischenschritte monetär bewertbaren Nutzeffekten weisen Integrierte MUS vornehmlich monetär nicht quantifizierbare Nutzaspekte auf. Diese sind Gegenstand des folgenden Kapitels.

7.1.3 Qualitative, monetär nicht quantifizierbare Nutzeffekte

Die qualitativen, monetär nicht quantifizierbaren Nutzeffekte weisen sich dadurch aus, daß sie in ihren Wirkungen auf Kosten und Leistungen wegen der komplexen, multikausalen Wirkungszusammenhänge nicht exakt gemessen werden können.[1] Es ist naheliegend, daß gerade bei der Unterstützung des Managements mit Hilfe von MUS diese Kategorie von Nutzeffekten einen großen Raum einnimmt, da der Erfolg der Führungsaufgabe aufgrund vieler Faktoren determiniert wird, die teilweise komplementär und teilweise auch konträr zueinander in Beziehung stehen, in jedem Falle jedoch hochgradig durch die personeninhärenten Verhaltensweisen, Vorlieben und Bedürfnisse der jeweiligen Führungskraft beeinflußt werden.[2]
Im weiteren werden daher die Effekte der Gestaltung und des Einsatzes von managementunterstützenden Systemen dargelegt, die als positiv eingeschätzt werden können, deren Erfolgsanteil jedoch aufgrund des oben beschriebenen Zusammenhangs nicht monetär faßbar ist.

- Vermeidung von Fehlern aufgrund medienbruchfreier Informations-, Kommunikations- und Kooperationsunterstützung

In Integrierten MUS sind Informations-, Kommunikations- und Kooperationssysteme unter einer gemeinsamen Benutzeroberfläche eng miteinander verzahnt. Recherchierte und aufbereitete Informationen können somit ohne Medienbruch sofort zum Gegenstand von synchronen und asynchronen Kommunikations- oder Kooperationsprozessen zwischen zwei oder mehreren Partnern verwendet werden. Aufgrund dieser Integration reduziert sich die

---

1 Vgl. Stickel /Wirtschaftlichkeit 1992/ 48.

2 So differenziert *Gemünden* die soziodemographischen Merkmale, die kognitiven Fähigkeiten, die kognitiven Verhaltenstendenzen und die motivationalen Persönlichkeitsvariablen zur Erklärung des individuellen Informationsverhaltens. Vgl. Gemünden /Informationsverhalten 1992/ 1021f.

Anzahl der potentiellen Fehlerquellen, die bei traditionellen Unterstützungsformen durch manuelle Übertragungsaktivitäten, Kopiervorgänge o.ä. unvermeidbar sind.

- *Erhöhung der Entscheidungsqualität*

Entscheidungen bedingen als Wahlakte generell die Existenz von Handlungsmöglichkeiten aus zwei oder mehreren sich ausschließenden Alternativen. Zur Beherrschung der Komplexität werden üblicherweise verschiedene Phasen eines Entscheidungsprozesses unterschieden, und zwar *Zielbildung*, *Problemanalyse*, *Alternativensuche*, *-prognose* und *-bewertung*, *Kontrolle* und *Abweichungsanalyse*. Bei der Durchführung dieser Aktivitätenbündel, die nicht streng sequentiell ablaufen, sondern durchaus Rekursionen aufweisen, treten in der Praxis häufig Probleme auf, die zu nicht befriedigenden Entscheidungsergebnissen führen. *Witte* hat diese empirisch validierten Erkenntnisse zusammengefaßt und konstatiert, daß die größten Mängel u.a. bei der unvollkommenen Identifikation des Entscheidungsproblems, der fehlenden Klarheit über Alternativen und ihren Konsequenzen sowie in der unzureichenden Auswahl von Alternativen und deren Bewertung zu finden sind.[1] Sicherlich liegen die Ursachen für diese Mängel auch an dem grundlegenden, sozialpsychologisch begründbaren Charakteristikum menschlicher Problemlösungsstrategien, sich bereits mit satisfizierenden Lösungen zufrieden zu stellen. Ganz klar ist jedoch auch die begrenzte menschliche Informationsverarbeitungskapazität ein Engpaß, der einer Optimierung der Entscheidungsqualität entgegenwirkt. Diese Schwächen können durch Integrierte MUS erheblich reduziert werden, da die Systeme aufgrund ihrer Datenakzentuierung dem Manager eine bis dato nicht erreichte Flexibilität an methodischer und funktionaler Unterstützung bei der Recherche, Analyse und visuellen Aufbereitung der unternehmungsweit harmonisierten dispositiven Daten bieten.[2]

- *Zeitersparnis des Entscheiders*

Es zeigt sich in den letzten Jahren immer deutlicher, daß aufgrund der gestiegenen Dynamik in globalen Märkten neben der Produktdifferenzierung und der Kostenführerschaft der

1 Vgl. Witte /Entscheidungsprozesse 1992/ 552.

2 Vgl. Kapitel 5.2.2.1 dieser Arbeit.

Faktor *Zeitführerschaft* eine immer wichtigere Rolle einnimmt. Neben der Marktvergrößerung wird dieser Sachverhalt vor allem durch eine allgemeine Verkürzung der Produktlebenszyklen, die Zunahme von Produktmodifikationen und den Ausfall von Wiederholungskäufen aufgrund kurzer Produktlebenszyklen bewirkt.[1] Das Management von Unternehmungen steht demnach vor dem Problem, in den von steigender Komplexität, Unsicherheit und Innovation gekennzeichneten Märkten die für Entscheidungen notwendigen Informationen möglichst zeitgerecht zu erhalten. Einige Autoren sprechen in diesem Zusammenhang davon, daß in diesem dynamischen Umfeld nicht die durch die Unternehmungsgröße determinierten Skalenvorteile von entscheidender Relevanz sind. Vielmehr beeinflusse die Geschwindigkeit, auf neue Entwicklungen zu reagieren, den Erfolg nachhaltig.[2] Besonders anschaulich wird dieser Sachverhalt durch die Darstellung der sog. „Zeitschere“ in der Abb. 7-1, die die Diskrepanz zwischen der benötigten Reaktionszeit bei zunehmender Komplexität und der verfügbaren Reaktionszeit bei wachsender Dynamik darstellt.[3]

---

1 Vgl. Kattler /Wettbewerbsvorteil 1994/ 25. Für diese drei Aussagen können in der Praxis vielfache Beispiele gefunden werden. Besonders prägnant sind die Veränderungen im Bereich der PC-Technologie. Hier verkürzten sich die Produktlebenszyklen in einem Zeitraum von nur 5 Jahren von 60 Monate auf ungefähr 20 Monate. Augenfällig ist gerade in diesem Bereich, mit welcher Macht ein früher Markteintritt den Erfolg einer Unternehmung sichert bzw. inwieweit ein - wenn auch nur um Monate - verspäteter Eintritt eine bisherige Führungsrolle beenden kann. So büßte Mitte der 80er Jahre die Fa. IBM ihre Vorherrschaft im PC-Bereich ein, da sie die Einführung einer neuen Chip-Generation - den Wechsel von den 80286 auf die 80386 Chiptechnologie - aus Marketinggründen verzögerte. Diese Chance nutzte die neu gegründete Fa. Compaq und erreichte in kürzester Zeit als erster Anbieter dieser Technologie die Marktführerschaft. Eine ausführliche Beschreibung der Dynamik des PC-Marktes findet sich in Gates /Informationsgesellschaft 1995/ 61ff.

2 Häufig fallen in diesem Zusammenhang Schlagworte wie: „In der heutigen Zeit übernehmen nicht mehr die Großen die Kleinen, sondern die Schnellen die Langsamen.“

3 Vgl. Bleicher /Management 1992/ 26.

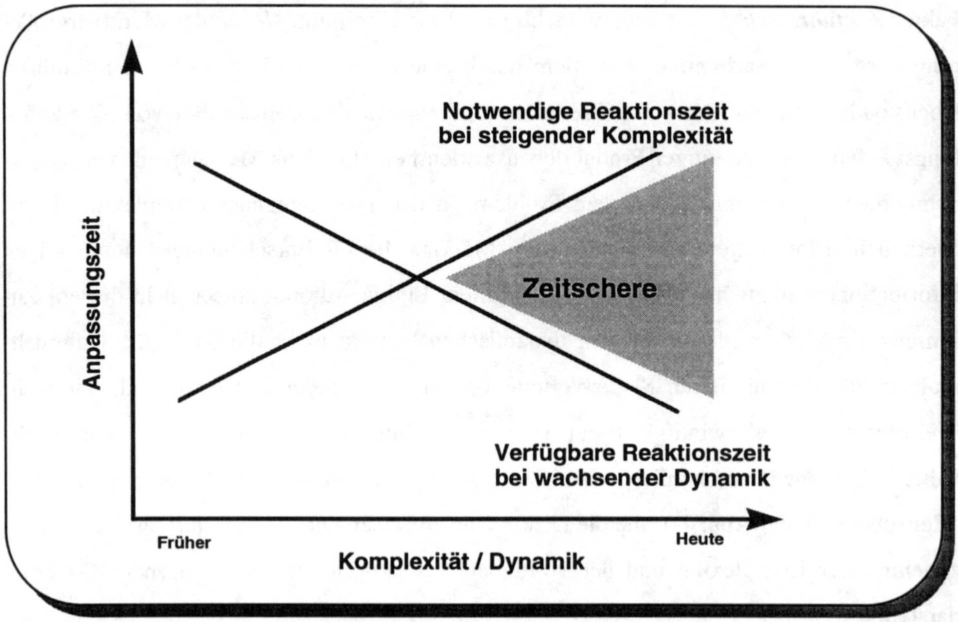

Abb. 7-1: Zeitschere im Entscheidungsprozeß

Der Erfolg von Unternehmungen kann dementsprechend positiv beeinflußt werden, indem die Lücke zwischen den in der Abb. 7-1 dargestellten Geraden minimiert wird. Da die verfügbare Reaktionszeit bei wachsender Marktdynamik durch die externen Rahmenbedingungen für die Unternehmungen weitestgehend als gegeben angesehen werden muß, verbleibt als Gestaltungsziel die Minimierung der Reaktionszeit in der Unternehmung. Aufgrund der harmonierten dispositiven Datenbasis, der hohen Auswertungsflexibilität und der starken Integration von Informations-, Kommunikations- und Kooperationskomponenten bieten Integrierte MUS hierbei eine entscheidende Hilfestellung, da zeitintensive Abstimmungsaktivitäten der betriebswirtschaftlichen Kenngrößen, Zeitverluste durch die Behebung von Schnittstellenproblemen und langwierige Bereinigungen von Fehlern infolge von Medienbrüchen entfallen.

- Verbesserung der informellen Zusammenarbeit

Wie die vorliegende empirische Untersuchungsreihe zeigt, kann der Einsatz von managementunterstützenden Systemen eine Verbesserung der Zusammenarbeit der Mitarbeiter auf allen Managementebenen bewirken. So bescheinigten die Befragten, daß aufgrund der größeren Transparenz eine Sensibilisierung der Mitarbeiter für die Aufgabengebiete anderer Abteilungen festgestellt werden konnte, die Intensität der innerbetrieblichen Kommunikation zunahm und auf diese Weise ein innerbetrieblicher Transfer von Erkenntnissen, Wissen und Meinungen initiiert wurde.[1] Diese Entwicklungen, die von *Krcmar* auch als *Prozeßwahrnehmung* bezeichnet werden, fördern demnach das Verständnis für die grundlegenden Abläufe in der Unternehmung und unterstützen das Denken in Zusammenhängen.[2] Sie können somit auch als Vorstufe zur Vitalisierung funktionaler Organisationsformen herangezogen werden bzw. die Akzeptanz für die Adaption der bestehenden Organisation an innovative Strukturen erhöhen.

- *Anpassung an innovative Organisationsstrukturen*

Gemeinsam ist der Mehrzahl neuerer Ansätze der Organisationsforschung die Abkehr der Optimierung von Einzelfunktionen und eine konsequente Hinwendung zu einer verstärkt prozessualen Sicht auf die Unternehmung.[3] Eine Unternehmung stellt sich nach dieser Auffassung als ein Geflecht von Geschäftsprozessen dar, die untereinander verbunden sind und im Prinzip jeweils als „Kunden-Lieferanten-Beziehungen" definiert werden können.[4] Da diese Prozesse erfolgsorientiert zu planen, zu steuern und zu überwachen sind, existiert notwendigerweise eine enge Verwobenheit zwischen dieser operativen Prozeßgestaltung und der Entwicklung und Nutzung von managementunterstützenden Systemen.[5] Aufgrund der Schaffung einer dispositiven Datenarchitektur, die sich in einem ersten Schritt an den strategischen Geschäftsprozessen der Unternehmung orientiert und in einem zweiten Schritt durch Zusammenführen der Einzel-Architekturen zu einer konsistenten, redundanzfreien Architektur synthetisiert wird, bieten Integrierte MUS eine frei gestaltbare Plattform für die Planung und Implementierung neuer Organisationsformen und unterstützen auf-

---

1 Vgl. Kapitel 3.2.3.3.2 der Arbeit.

2 Vgl. Krcmar /Informationsmanagement 1997/ 327.

3 Vgl. Kapitel 1.2 dieser Arbeit.

4 Vgl. Gaitanides; Raster; Rießelmann /Prozeßmanagement 1994/ 211.

5 Detaillierte Ausführungen zu Interdependenzen zwischen Prozeßgestaltung operativer Abläufe und der Entwicklung von Unterstützungssystemen mit strategischer Ausrichtung finden sich in: Frank /Geschäftsprozessen 1995/ 67ff.

grund ihrer universellen Verwendbarkeit die Migrationsprozesse von der existierenden zu einer angestrebten Unternehmungsstruktur.[1]

- *Kooperationsfähigkeit zwischen Unternehmungen*

Die Anzahl der Kooperationen zwischen Unternehmungen nimmt in Form von *strategischen Allianzen* und *Netzwerken, Joint Ventures, Value Added Partnerships* aufgrund der globalen Marktveränderungen stetig zu.[2] Diese Kooperationsformen stellen die Unternehmungen vor neue Herausforderungen und bedingen die Bildung gemeinsamer Strategien und die Abstimmung vormals rein unternehmungsinterner Abläufe, Strukturen und methodischer Unterstützungsprozesse. Der Einsatz Integrierter MUS kann in diesem Zusammenhang erhebliche Hilfestellungen leisten, da über die Metadaten sämtliche Transformationsprozesse des dispositiven Datenmaterials und die Verwendung findenden Methoden der Gesamtunternehmung dokumentiert werden. Weiterhin gewährleistet die hohe Integrationsdichte der Informations-, Kommunikations- und Kooperationskomponenten die einfache technische Erweiterung der Benutzerkreise, so daß auch überbetriebliche Formen der Zusammenarbeit unterstützt werden können.

Zusammenfassend kann festgehalten werden, daß Integrierte MUS das größte Potential in den Bereichen des qualitativen Nutzens aufweisen. Da Wirtschaftlichkeitsanalysen im klassischen Sinne zur exakten Bestimmung dieses Nutzens kaum erfolgreich durchführbar sind, ist die Initiative zur Entwicklung und zum Einsatz Integrierter MUS vornehmlich als strategische Entscheidung zu bewerten, um den mittel- bis langfristigen Erfolg der Unternehmung in einer Zeit sich dramatisch wandelnder Wettbewerbsbedingungen gewährleisten zu können.

---

1 Vgl. Kapitel 6.2.1.2.2 dieser Arbeit.
2 Vgl. Kronen /Unternehmungskooperation 1994/ 1.

7.2 Risiken der Gestaltung und des Einsatzes Integrierter Management-Unterstützungs-Systeme

Risiken entstehen aufgrund von Gefahren, die einer erfolgreichen Durchsetzung eines geplanten Vorhabens entgegenstehen können. Ihre Identifizierung ist die Voraussetzung einer rechtzeitigen effektiven Gegensteuerung, um die geplanten Ziele und Wirkungen eines Vorhabens erreichen zu können.[1] Im weiteren werden die Risiken der Gestaltung und des Einsatzes Integrierter Management-Unterstützungs-Systeme dargestellt, wobei diese Komplexe jeweils in die Bereiche technisch, organisatorisch und sozialpsychologisch bedingte Problemfelder aufgeteilt werden.

7.2.1 Risiken der MUS-Gestaltung

Die MUS-Gestaltung umfaßt gemäß des in dieser Arbeit entwickelten Vorgehensmodells den Aufbau der Makro-Ebene, den Zeitraum der Entwicklung der einzelnen MUS-Bausteine und die während des Lebenszyklus der Systembausteine durchzuführenden Re-Engineering-Aktivitäten.[2]

- Risiken aufgrund der technischen Komplexität

Wie die der Arbeit zugrundeliegende empirische Untersuchungsreihe gezeigt hat, verschärften sich in den befragten Unternehmungen die technischen Probleme erheblich. Argumentiert wurde dieses Phänomen meist mit wachsenden Benutzerzahlen der eingesetzten Systeme und den hiermit verbundenen Schwierigkeiten der Speicherung benötigter Daten sowie der Entwicklung von Filter- bzw. Berechtigungsstrukturen. Wenngleich auch diese technisch bedingten Probleme bei der Mehrzahl der analysierten Systemgestaltungsprozesse auftraten, können sie vor dem Hintergrund der heute verfügbaren leistungsstarken Hard- und Softwarekomponenten bei sorgfältiger Planung des Mengengerüstes der Daten und der Benutzerzahlen als relativ einfach lösbar angesehen werden. Gravierender sind die

---

1 Vgl. Werder /Risk-Management 1992/ 2213.
2 Vgl. Kapitel 6.2 dieser Arbeit.

Risiken einzuschätzen, die mit dem Einsatz von *Schlüsseltechnologien* verbunden sind, die zwar schon am Markt erhältlich sind, für deren Einsatz jedoch bislang kaum gesichertes Erfahrungswissen gesammelt werden konnte.[1] Zu diesen Techniken gehören neben den neuen hybriden Methoden der mehrdimensionalen und relationalen Datenspeicherungsverfahren ohne Frage sämtliche Techniken der synchronen und asynchronen Kommunikations- und Kooperationsunterstützung. Sie stellen bis dato sehr hohe Anforderungen an die Netzinfrastrukturen innerhalb der Unternehmungen und verlangen isochrone Übertragungskapazitäten, denen mit Hilfe der in den Organisationen etablierten Netzinfrastrukturen nur in sehr eingeschränktem Maße entsprochen werden kann. Eine Migration der etablierten, auf asynchronen Datentransfer optimierten Netzstrukturen zu leitungsvermittelnden Netzarchitekturen ist jedoch aufgrund der hohen Investitionen und der Neuartigkeit des Themenbereiches grundsätzlich mit hohen Risiken verbunden, wobei die auftretenden Schwierigkeiten sich nur bedingt antizipieren lassen.

- Risiken aufgrund der organisatorischen Komplexität

Die Gestaltung Integrierter MUS ist ein arbeitsteiliger Prozeß, der die enge Einbindung verschiedenster Anspruchsgruppen in den Unternehmungen und die Abstimmung der in den operativen Systemen Verwendung findenden Daten bedingt. Gerade die letztgenannte Anforderung beinhaltet hierbei erhebliche Risiken. So ist es nicht unwahrscheinlich, daß sich große Teile des operativen Datenbestands, die aufgrund von (ablauf-)organisatorischen Notwendigkeiten durchaus berechtigt unterschiedlich abgegrenzt und definiert werden, sich nicht oder nur mit hohem Aufwand in harmonisierte dispositive Daten überführen lassen. So können beispielsweise Unverträglichkeiten bei den Primärschlüsseln operativer Datentabellen erforderliche Konsolidierungen unmöglich machen, Synonyme und Homonyme in den Attributsbezeichnungen einer Zusammenfassung der Daten entgegenstehen oder unterschiedliche Kodierungen der Attribute die Datensynthese erheblich behindern. Da in gewachsenen operativen Strukturen die Unverträglichkeiten in den operativen Systemen in

---

1 Vgl. Kapitel 6.2.1.4.2 dieser Arbeit.

aller Regel nicht dokumentiert sind, wird das Ausmaß der Differenzen häufig erst im MUS-Entwicklungsprozeß deutlich und kann den Projekterfolg ernsthaft gefährden.[1]

- Risiken aufgrund der sozialpsychologischen Komplexität

Die sozialpsychologisch bedingten Risiken bei der Gestaltung Integrierter Management-Unterstützungs-Systeme beruhen vornehmlich auf Befürchtungen der Mitarbeiter, nach Einführung des Systems erhebliche negative Konsequenzen im direkten Arbeitsumfeld erleiden zu müssen. Diese Ängste offenbaren sich in der Besorgnis einer potentiellen Bewertung und Kontrolle durch Dritte, der Rücknahme von Verantwortung und Kompetenz, dem Prestigeverlust durch Wegfall formeller und informeller Kontakte sowie der Notwendigkeit der Rechtfertigung und führen – wie die vorliegende empirische Untersuchungsreihe dokumentiert – zu engagementloser Zusammenarbeit bis hin zur aktiven Boykottierung der Systementwicklung.[2] Die Risiken, die mit diesem Verhalten der direkt involvierten und betroffenen Mitarbeiter verbunden sind, werden in den Unternehmungen häufig völlig unterschätzt und bewirken nicht selten erhebliche Probleme im MUS-Gestaltungsprozeß.

---

[1] Ein plastisches Beispiel für diese Schwierigkeiten lieferte eine im Rahmen der empirischen Erhebungsreihe befragte Versicherungsunternehmung. Hier konnten geplante Potentialanalysen nicht realisiert werden, da in den spartenorientierten operativen Systemen die erforderlichen Daten nicht in geeigneter Form vorlagen. Da diese Erkenntnisse erst im Laufe des Entwicklungsprozesses deutlich wurden, führte der Wegfall der bereits avisierten Auswertungsmöglichkeiten zu Frustration der späteren Benutzer und gefährdete den Erfolg des Systems erheblich. Vgl. Kapitel 3.4.2.2 dieser Arbeit.

[2] Vgl. Kapitel 3.2.3.2.5 dieser Arbeit.

7.2.2 Risiken des MUS-Einsatzes

Die Risiken des MUS-Einsatzes werden durch die Gefahren verursacht, die im Rahmen des sich sukzessive ausweitenden Systemgebrauchs aufgrund technischer, organisatorischer und sozialpsychologischer Schwierigkeiten auftreten können.[1]

- Risiken aufgrund der technischen Komplexität

Die technischen Risiken des MUS-Einsatzes liegen zum einen in den zu bewältigenden Problemen einer *stufenweisen Migration* von der traditionellen Managementunterstützung zu den neuentwickelten Lösungen und in der Sicherstellung der *technischen Verfügbarkeit* der komplexen MUS-Infrastrukturen.

Die technische Migration weist hohe Risiken auf, da aufgrund der zeitlich verschachtelten Entwicklung und Übergabe der einzelnen MUS-Bausteine die traditionellen Unterstützungssysteme des Managements in Teilen parallel betrieben werden müssen. Hierbei ist es erforderlich, die beiden benötigten Infrastrukturen vorübergehend nebeneinander lauffähig zu halten, wobei eine besondere Herausforderung darin besteht, die tradierten Infrastrukturen schrittweise abzubauen und durch die neuen Lösungen zu ersetzen.

Im Gegensatz zu den üblichen Systemen zur Managementunterstützung stellt auch die Gewährleistung der technischen Verfügbarkeit der erforderlichen Infrastrukturen eine besondere Herausforderung dar. So sind traditionelle Systeme zur Managementunterstützung zumeist isolierte Anwendungen mit eigenen Datenhaltungskomponenten, eigenständigen Funktionalitäten sowie proprietären Benutzeroberflächen und bieten keine eingebundenen Möglichkeiten zur Kommunikations- bzw. Kooperationsunterstützung. Wenngleich auch diese Charakteristika der herkömmlichen Systeme – wie in der Arbeit ausführlich dargestellt – gravierende Nachteile aufweisen, so haben sie doch den Vorteil gegenüber Integrierten MUS, daß ihre Einsatzstabilität nicht ausschließlich von einer einzigen technischen Komponente determiniert wird. Bei Integrierten Management-Unterstützungs-Systemen hingegen sind die Systembausteine funktional eng miteinander verzahnt, bedie-

---

[1] Die stufenweise Ausweitung des Systemgebrauchs wird vornehmlich durch die zeitlich versetzten Entwicklungsprozesse der einzelnen Systembausteine und deren Übergabe in den operativen Betrieb verursacht. Vgl. Kapitel 6.2.2 dieser Arbeit.

nen sich gemeinsamer Datenbasen und Netzinfrastrukturen, so daß das Versagen bereits einer Komponente zu einem Totalausfall des Integrierten MUS führen kann. Die Gewährleistung der technischen Verfügbarkeit der komplexen MUS-Infrastrukturen stellt aus diesem Grunde eine herausragende Aufgabe dar, für deren Lösung Sicherheitskonzepte zur Reduktion des Ausfallrisikos erarbeitet und umgesetzt werden müssen.

- Risiken aufgrund der organisatorischen Komplexität

Die entwicklungsspezifisch bedingte stufenweise Einführung der MUS-Bausteine verursacht organisatorische Risiken, da hierdurch auch die sukzessive Ablösung etablierter organisatorischer Abläufe verbunden ist. So werden durch den Einsatz der Subsysteme Veränderungen in der Form der Informationsversorgung sowie des Kommunikations- und Kooperationsgebarens induziert, die in der Phase eines noch nicht unternehmungsweit etablierten MUS sich lediglich auf spezielle Arbeitsbereiche und spezielle Benutzergruppen beschränken. Aufgrund der parallelen Existenz von neuen sowie tradierten Unterstützungssystemen sind somit organisatorische Schnittstellenprobleme bis zum Zeitpunkt der vollständigen Migration unausweichlich, die zu erheblichen Koordinationskosten innerhalb der Organisation führen können.

- Risiken aufgrund der sozialpsychologischen Komplexität

Die sozialpsychologischen Risiken des MUS-Einsatzes sind eng mit den Konsequenzen eines ungeplanten, nicht antizipierten Benutzungsverhalten der Führungskräfte verbunden. Wie die empirische Untersuchung verdeutlicht, sind hierbei vor allem Verletzungen der etablierten Führungsstrukturen und Mißachtungen von gewachsenen unternehmungskulturellen Rahmenbedingungen zu beobachten. Aber auch der bei Managern der höheren hierarchischen Ebenen nicht selten vorzufindende Irrglaube, daß eine erhöhte Transparenz in der Unternehmung automatisch zu einer höheren Problemlösungsfähigkeit der Führungskräfte führe, birgt sozialpsychologische Risiken. So verursachen Manager nicht selten Anfragen über „mutmaßliche“ Abweichungen in Geschäftsbereichen, für die sie weder direkt verantwortlich sind noch die fachliche Kompetenz besitzen, um quantitative Abweichungen betriebswirtschaftlich beurteilen zu können.[1] Da aufgrund dieser nicht sinnvollen Interaktionsprozesse sowohl bei den Führungskräften als auch bei den befragten Geschäftseinheiten ein nicht zu unterschätzender Aufwand entsteht, ist solchen Verhaltensweisen konsequent Einhalt zu gebieten, was sich jedoch wegen der exponierten Positionen der oberen Führungskräfte und der damit verbundenen Freiräume nicht selten als äußerst schwierig gestaltet.

7.3 Fazit

Es steht heute außer Frage, daß die Informations- und Kommunikationstechnologie eine grundlegende Schlüsselposition für die Schaffung von Wettbewerbsvorteilen einnimmt. Wissenschaftler erklären dieses Phänomen damit, daß die IuK-Technologie universell in nahezu allen Unternehmungsbereichen anwendbar ist und ihr heutiger Einsatz weit über die Rationalisierung etablierter Strukturen hinausgeht, indem sie neue, bislang nicht umsetzbare Segmentierungsoptionen in den Unternehmungen ermöglicht.[2] Diese Erkenntnisse, die bereits zu gravierenden Veränderungen in der Unterstützung der operativen Prozesse der Unternehmungen geführt haben, finden in den letzten Jahren verstärkt auch Eingang in die Gestaltung der dispositiven Bereiche von Organisationen. Aufgrund der Komplexität der Unternehmungsführungsaufgaben mit ihren facettenreichen technischen, organisatorischen und sozialpsychologischen Gestaltungsfeldern konfrontiert der geplante intensive Einsatz der IuK-Technologie im Management die Wissenschaft und Praxis jedoch mit erheblichen Herausforderungen, für die bislang keine satisfizierenden Lösungen gefunden werden konnten.

Die vorliegende Arbeit stellt mit der empirischen Erhebungsreihe sowie der Entwicklung von Vorschlägen zur Architektur und zur Gestaltung Integrierter Management-Unterstützungs-Systeme den Versuch dar, sowohl Hilfestellungen bei der Identifikation und Operationalisierung der Problemfelder zu leisten als auch konstruktive Beiträge zur Überwindung der Schwierigkeiten zu liefern. Eines der wichtigsten Resultate der zeitraumbezoge-

---

1 Vgl. Kapitel 3.2.3.3.2 dieser Arbeit.

2 Ein Resümee der Auffassungen namhafter Forscher findet sich in: Macharzina /Unternehmensführung 1995/ 686. Vgl. i.d.Z. auch Frese /Organisation 1995/ 19f.

nen Interviewreihe ist hierbei die Erkenntnis, daß die explizite Berücksichtigung menschlicher Bedürfnisse, Erwartungen und Verhaltensweisen eine überragende Bedeutung für den nachhaltigen Einsatzerfolg managementunterstützender Systeme besitzt. Bei der Entwicklung der Vorschläge für die Architektur und für das Gestaltungsmodell wurden diese Ergebnisse bewußt einbezogen und finden ihren Niederschlag sowohl in Empfehlungen für die Implementierung konstruktiver Mechanismen innerhalb der Systeme als auch in Anregungen zur Durchführung der Entwicklungs- und Re-Engineeringaktivitäten.

Selbstverständlich können die in dieser Arbeit dargelegten Architektur- und Gestaltungsempfehlungen lediglich als erste Ansätze zur Erforschung eines bislang unzureichend explorierten Bereiches verstanden werden. Insbesondere die empirische Evaluation neuer Architektur- und Gestaltungsvarianten managementunterstützender Systeme ist dringend erforderlich, um gesicherte Informationen über Stärke und Richtung aller sich gegenseitig beeinflussenden Determinanten der technologiebasierten Managementunterstützung zu gewinnen. Unbestreitbar ist es hierfür erforderlich, daß die verschiedenen technischen, betriebswirtschaftlichen und sozialpsychologischen Disziplinen in enger, konstruktiver Zusammenarbeit diese Forschungsaufgaben angehen. Diese Interdisziplinarität, die im Grunde obligatorisch seit Jahrzehnten in allen anwendungsorientierten Forschungsbereichen gefordert wird, erfährt im Bereich der Management-Unterstützungs-Systeme existentielle Bedeutung und ist mehr als eine wohlgemeinte Floskel. So können im Bereich der Managementunterstützung einerseits niemals betriebswirtschaftlich erfolgreiche, von den Mitarbeitern aktiv unterstützte Lösungen aufgrund der bloßen Verfügbarkeit leistungsstarker Technikkomponenten aufgebaut werden. Anderseits ermöglichen – wie in dieser Arbeit mehrfach dargelegt – die neuen Informations- und Kommunikationstechniken aufbau- und ablauforganisatorische Gestaltungsoptionen, deren Nutzung die fundierte Kenntnis der Leistungsfähigkeit der Technologiekomponenten bedingt und gesichertes Wissen um Konzepte, Methoden und Modelle für die erfolgreiche Gestaltung von Informations- und Kommunikationssystemen erfordert.

Literaturverzeichnis

Ackhoff /Management Misinformation Systems 1967/
Russel L. Ackhoff: Management Misinformation Systems. In: Management Science, Nr. 4, 1967, S. 147 - 156

Adriaans; Zantinge /Data Mining 1996/
Pieter Adriaans; Dolf Zantinge: Data Mining. Edingbourgh 1996

Alemann /Forschungsprozeß 1984/
Heine von Alemann: Der Forschungsprozeß. Stuttgart 1984

Alter /Decision Support Systems 1980/
Steven Alter: Decision Support Systems: Current Practice and Continuing Challenges. Reading 1980

Angeli; Alandt; Siromach-Kostov /Datenbanksysteme 1989/
Axel Angeli; Klaus Alandt; Ljubomir Siromach-Kostov: Relationale Datenbanksysteme für Softwareentwickler. Bonn u.a. 1989

Anthony /Control Systems 1965/
Robert N. Anthony: Planning and Control Systems: A Framework for Analysis. Cambridge 1965

Antweiler /Wirtschaftlichkeitsanalyse 1995/
Johannes Antweiler: Wirtschaftlichkeitsanalyse von Informations- und Kommunikationssystemen (IKS) – Wirtschaftlichkeitsprofile als Entscheidungsgrundlage, Köln 1995

Atteslander /Methoden 1993/
Peter Atteslander: Methoden der empirischen Sozialforschung. Siebte, bearbeitete Auflage, Berlin, New York 1993

Bachem /Entwicklung wissensbasierter Systeme 1994/
Joachim Bachem: Vorgehensmodell für die Entwicklung wissensbasierter Systeme. Empirische Untersuchung der auf der Grundlage systematischer Vorgehensmodelle durchgeführten Gestaltung wissensbasierter Systeme. Bergisch Gladbach, Köln 1994

Back-Hock /Management-Informationssysteme 1993/
Andrea Back-Hock: Management-Informationssysteme – Überblick zu Gestaltung, Entwicklungen und Softwareeigenschaften. In: DSWR, Heft 5/93 S. 111 - 115

Ballensiefen /Werkzeugumgebung 1991/
Klaus Ballensiefen: Prozeß der Auswahl einer EIS-Werkzeugumgebung – dargestellt anhand eines Praxisfalles. Diplomarbeit am Lehrstuhl für Wirtschaftsinformatik, insbesondere Informationsmanagement der Universität zu Köln, Köln 1991

Balzert /Software-Entwicklung 1996/
Helmut Balzert: Lehrbuch der Software-Technik: Software-Entwicklung. Heidelberg, Berlin, Oxford 1996

Balzert /Softwareergonomie 1990/
Helmut Balzert: Softwareergonomie. In: Karl Kurbel; Horst Strunz (Hrsg.): Handbuch Wirtschaftsinformatik. Stuttgart 1990, S. 585 - 603

Balzert /Software-Management 1998/
Helmut Balzert: Lehrbuch der Software-Technik: Software-Management, Software-Qualitätssicherung, Unternehmensmodellierung. Heidelberg, Berlin 1998

Barz /Computernetze 1995/
Hans Wilhelm Barz: Kommunikation und Computernetze – Konzepte, Protokolle, Standards. 2., aktualisierte und erweiterte Auflage, München, Wien 1995

Bauer /OLAP 1996/
Gerd Bauer: OLAP im Information Warehouse. In: Online-Congress Band VIII: Data Warehousing, OLAP, Führungsinformationssysteme ... Neue Entwicklungen des Informationsmanagements. Velbert 1996, S. C831.01 - C831.11

Behme /Business Intelligence 1996/
Wolfgang Behme: Business Intelligence als Baustein des Geschäftserfolgs. In: Harry Mucksch; Wolfgang Behme (Hrsg.): Das Data-Warehouse-Konzept. Wiesbaden 1996, S. 27 - 45

Berthel /Informationsbedarf 1992/
Jürgen Berthel: Informationsbedarf. In: Erich Frese (Hrsg.): Handwörterbuch der Organisation. 3., völlig neu gestaltete Auflage, Stuttgart 1992, Sp. 872 - 886

Betzl /Unternehmenskonzepte 1996/
Konrad Betzl: Entwicklungsansätze in der Arbeitsorganisation und aktuelle Unternehmenskonzepte – Visionen und Leitbilder. In: Hans-Jörg Bullinger; Hans-Jürgen Warnecke (Hrsg.): Neue Organisationsformen im Unternehmen – Ein Handbuch für das moderne Management. Berlin, Heidelberg, New York 1996, S. 29 - 64

Beyer; Fehr; Nutzinger /Unternehmenskultur 1995/
Heinrich Beyer; Ulrich Fehr; Hans-G. Nutzinger: Unternehmenskultur und innerbetriebliche Kooperation – Anforderungen und praktische Erfahrungen. Wiesbaden 1995

Bialetzki /Multimedia-Kommunikation 1993/
Johann Bialetzki: Multimedia-Kommunikation. In: HMD, Multimedia, Heft 169/93, S. 29 - 38

Biethahn; Rohrig /Datenmanagement 1990/
Jörg Biethahn; Norbert Rohrig: Datenmanagement. In: Karl Kurbel; Horst Strunz (Hrsg.): Handbuch Wirtschaftsinformatik. Stuttgart 1990, S. 737 - 755

BIFOA /MIS-Forschungsprogramm 1971/
BIFOA: Vorschlag für ein MIS-Forschungsprogramm. Forschungsbericht
DV 71-01: Datenverarbeitung. Bundesministerium für Bildung und Forschung. Leopoldshafen 1971

Bischofberger; Pomberger /Software Development 1992/
Walter Bischofberger; Gustav Pomberger: Prototyping-Oriented Software Development – Concepts and Tools. Berlin, Heidelberg 1992

Bissantz; Hagedorn /Datenmustererkennung 1993/
Nicolas Bissantz; Jürgen Hagedorn: Data Mining (Datenmustererkennung). In: Wirtschaftsinformatik, Heft 5/93, S. 481 - 487

Bissantz; Hagedorn; Mertens /Data-Mining 1996/
Nicolas Bissantz; Jürgen Hagedorn; Peter Mertens: Data-Mining als Komponente eines Data Warehouse. In: Harry Mucksch; Wolfgang Behme (Hrsg.): Das Data-Warehouse-Konzept. Wiesbaden 1996, S. 337 - 368

Bleicher /Management 1992/
Knut Bleicher: Das Konzept Integriertes Management. 2., revidierte und erweiterte Auflage, Frankfurt, New York 1992

Bleicher /Organisationstheorien 1993/
Knut Bleicher: Organisationstheorien. In: Gabler-Wirtschaftslexikon. 13., vollständig überarbeitete Auflage, Wiesbaden 1993, S. 2514 - 2518

Blumenthal /Management Information Systems 1969/
Sherman C. Blumenthal: Management Information Systems: A Framework for Planning and Development. Englewood Cliffs 1969

Boar /Application Prototyping 1986/
Bernhard Boar: Application Prototyping: A Life Cycle Perspective. In: Journal Of Systems Management, Feb. 1986, S. 25 - 30

Bodendorf /Methodenbanksystem 1990/
Freimut Bodendorf: Methodenbanksystem. In: Peter Mertens (Haupt-Hrsg.): Lexikon der Wirtschaftsinformatik. 2., vollst. neu bearbeitete und erweiterte Auflage, Berlin u.a. 1990, S. 280 - 281

Boehm /Software 1981/
Barry W. Boehm: Software Engineering Economics. Englewood Cliffs u.a. 1981

Boehm /Spiral Model 1988/
Barry W. Boehm: Hierarchical Spiral Model of Software Development and Enhancement. IEEE Computer, May 1988, S. 61 - 72

Boone /Leadership 1991/
Mary E. Boone: Leadership and the Computer: top executives reveal how they personally use computers to communicate, coach, convince, and compete. Rocklin 1991

Borkowski; Geis /Anwendungen 1997/
Volker Borkowski; Wolfgang Geis: Expertensystem, Anwendungen in der Betriebswirtschaft. In: Peter Mertens (Haupt-Hrsg.): Lexikon der Wirtschaftsinformatik. Dritte, vollständig neu bearbeitete und erweiterte Auflage, Berlin u.a 1997, S. 158 - 160

Borkowski; Geis /Expertensysteme 1997/
Volker Borkowski; Wolfgang Geis: Expertensysteme, Grundlagen. In: Peter Mertens (Haupt-Hrsg.): Lexikon der Wirtschaftsinformatik. Dritte, vollständig neu bearbeitete und erw. Auflage, Berlin u.a 1997, S. 161 - 162

Bornschein-Grass /Groupware 1995/
Carin Bornschein-Grass: Groupware und computergestützte Zusammenarbeit: Wirkungsbereiche und Potentiale. Wiesbaden 1995

Brackett /Data Warehouse 1996/
Michael H. Brackett: The Data Warehouse Challenge – Taming Data Chaos. New York u.a. 1996

Brauchlin /Entscheidungstechniken 1995/
Emil Brauchlin: Entscheidungstechniken. In: Alfred Kierser u.a. (Hrsg.): Handwörterbuch der Führung. 2., neugestaltete Auflage, Stuttgart 1995

Braun /Leitsätze 1996/
Jochen Braun: Leitsätze moderner Organisationsgestaltung. In: Hans-Jörg Bullinger; Hans-Jürgen Warnecke (Hrsg.): Neue Organisationsformen im Unternehmen – Ein Handbuch für das moderne Management. Berlin, Heidelberg, New York 1996, S. 119 - 145

Braun /Organisationsgestaltung 1996/
Jochen Braun: Aufgaben und Ziele der Organisationsgestaltung. In: Hans-Jörg Bullinger; Hans-Jürgen Warnecke (Hrsg.): Neue Organisationsformen im Unternehmen – Ein Handbuch für das moderne Management. Berlin, Heidelberg, New York 1996, S. 7 - 27

Brenner /Informationsmanagements 1994/
Walter Brenner: Grundzüge des Informationsmanagements. Berlin, Heidelberg 1994

Bröhl; Dröschel /V-Modell 1993/
Adolf-Peter Bröhl; Wolfgang Dröschel (Hrsg.) Das V-Modell: Der Standard für die Softwareentwicklung mit Praxisleitfäden. München u.a. 1993

Brookes /DDS Development 1994/
C.H.P. Brookes: A Framework for DSS Development. In: Paul Gray (Hrsg.): Decision Support and Executive Information Systems. New Jersey 1994, S. 27 - 44

Bryman /Organization Studies 1989/
Alan Bryman: Research Methods and Organization Studies. London u.a. 1989

Budde; Kuhlenkamp; Züllinghofen /Prototypenbau 1986/
Reinhard Budde; Karin Kuhlenkamp; Heinz Züllinghofen: Prototypenbau bei der Systemkonstruktion – Konzepte der Systementwicklung. In: Angewandte Informatik, Heft 5, 1986, S. 198 - 204

Budde; Sylla; Züllighoven /Prototyping 1997/
Reinhard Budde; Karl-Heinz Sylla; Heinz Züllighoven: Prototyping. In: Peter Mertens (Haupt-Hrsg.): Lexikon der Wirtschaftsinformatik. Dritte, vollständig neu bearbeitete und erweiterte Auflage, Berlin u.a 1997, S. 332 - 333

Bullinger; Koll; Niemeier /Führungsinformationssysteme 1993/
Hans-Jörg Bullinger; Peter Koll; Joachim Niemeier: Führungsinformationssysteme (FIS) – Ergebnisse einer Anwender- und Marktstudie. Baden Baden 1993

Bullinger; Warnecke (Hrsg.) /Neue Organisationsformen 1996/.
Hans-Jörg Bullinger; Hans-Jürgen Warnecke (Hrsg.): Neue Organisationsformen im Unternehmen – Ein Handbuch für das moderne Management, Berlin, Heidelberg, New York 1996

Buytendijk /OLAP 1995/
Frank A. Buytendijk: OLAP: playing for keeps – maintenance and control aspects of OLAP applications. IRI working paper, Netherlands 1995

Chamoni /Architekturkonzepte 1998/
Peter Chamoni: Entwicklungslinien und Architekturkonzepte des OLAP. In: Peter Chamoni; Peter Gluchowski (Hrsg.): Analytische Informationssysteme: Data Warehouse, On-Line Analytical Processing, Data Mining. Berlin u.a. 1998, S. 231 - 250

Chamoni /Online Analytical Processing 1997/
Peter Chamoni: Online Analytical Processing – OLAP. In: Peter Mertens (Haupt-Hrsg.): Lexikon der Wirtschaftsinformatik. Dritte, vollst. neu bearbeitete und erweiterte Auflage, Berlin u.a 1997, S. 294 - 295

Chamoni; Zeschau /Management-Support-Systems 1996/
Peter Chamoni; Dietmar Zeschau: Management-Support-Systems und Data-Warehousing. In: Harry Mucksch; Wolfgang Behme (Hrsg.): Das Data-Warehouse-Konzept. Wiesbaden 1996, S. 47 - 84

Champy /Reengineering im Management 1995/
James Champy: Reengineering im Management – Die Radikalkur für die Unternehmensführung. Frankfurt, New York 1995

Chen /Entity-Relationship-Model 1976/
Peter Pin-Shan Chen: The Entity-Relationship-Model – Towards a Unified View of Data. In: ACM Transactions on Database Systems, New York 11/1976, S. 9 - 36

Christmann /Data-Warehouse-Lösung 1996/
Alfred Christmann: Data-Warehouse-Lösung der Stadt Köln. In: Online-Congress Band VIII: Data Warehousing, OLAP, Führungsinformationssysteme ... Neue Entwicklungen des Informationsmanagements. Velbert 1996, S. C822.01 - C822.12

Chroust /Software-Entwicklung 1992/
Gerhard Chroust: Modelle der Software-Entwicklung. München, Wien 1992

Codd /Database Management 1990/
Edgar F. Codd: The Relational Model for Database Management – Version 2. Reading u.a. 1990

Codd /Extending 1979/
Edgar F. Codd: Extending a Database Relational Model. In: ACM Transactions on Database Systems, Vol 4 (1979) , No. 4, S. 397 - 434

Codd /Relational Model 1970/
Edgar F. Codd: A Relational Model for Large Shared Data Banks.
In: Communications of ACM, Vol. 13 (1970), No. 6, S. 377 - 387

Codd; Codd /On-Line Analytical Processing 1995/
Edgar F. Codd; Sharon B. Codd: Ein neuer Begriff: OLAP – On-Line Analytical Processing. In: IT-Management vom 01.02.1995, S. 39 - 46

Codd; Codd; Salley /Beyond Decision Support 1993/
Edgar F. Codd; Sharon B. Codd; Clynch T. Salley: Beyond Decision Support.
In: Computerworld, 26. Juli 1993, S. 87 - 89

Codd; Codd; Salley /OLAP 1993/
Edgar F. Codd; Sharon B. Codd; Clynch T. Salley: Providing OLAP (On-line Analytical Processing) to User-Analysts: An IT-Mandate. O. O. 1993

Cyert; March /Behavioral Theory 1963/
Richard M. Cyert; J.G. March: A Behavioral Theory of the Firm. Englewood Cliffs, New York 1963

Derigs; Ems /Datenmanagement 1995/
Ulrich Derigs; Stefan Ems: Konzepte für ein unternehmensweites Datenmanagement. In: WISU, Heft 12/95, S. 1019 - 1024

Derigs; Ems /Datenmodellierung 1996/
Ulrich Derigs; Stefan Ems: Konzeptionelle Datenmodellierung mit dem Entity-Relationship-Model. In: WISU, Heft 2/96, S. 141 - 147

Derigs; Ems /Relationenmodell 1996/
Ulrich Derigs; Stefan Ems: Logische Datenmodellierung mit dem Relationenmodel. In: WISU, Heft 4/96, S. 346 - 355

Dill /Unternehmenskultur 1986/
Peter Dill: Unternehmenskultur – Grundlagen und Anknüpfungspunkte für ein Kulturmanagement. Bonn 1986

DIN /DIN 44300 1988/
DIN (Hrsg.): DIN 44300 Teil 2 – Informationsverarbeitung; Begriffe; Informationsdarstellung. Berlin 1988

Dorn /Information 1994/
Bernhard Dorn: Von der Information zur Unterstützung. In: Bernhard Dorn (Hrsg.): Das informierte Management – Fakten und Signale für schnelle Entscheidungen. Berlin u.a. 1994, S. 11 - 20

Dülfer /Kultur 1992/
Eberhard Dülfer: Kultur und Organisationsstruktur. In: Erich Frese (Hrsg.): Handwörterbuch der Organisation. 3., völlig neu gestaltete Auflage, Stuttgart 1992, Sp. 1202 - 1214

Düsing /Data Mining 1998/
Roland Düsing: Knowledge Discovery in Databases und Data Mining. In: Peter Chamoni; Peter Gluchowski (Hrsg.): Analytische Informationssysteme: Data Warehouse, On-Line Analytical Processing, Data Mining. Berlin u.a. 1998, S. 291 - 299

Eberwein; Tholen /Managermentalität 1990/
Wilhelm Eberwein; Jochen Tholen: Managermentalität – Industrielle Unternehmensleitung als Beruf und Politik. Frankfurt 1990

Eickholz /Data Warehouse-Strategie 1996/
Wilfried Eickholz: Aus dem Back-Office zu den Anwendern: Eine unternehmensweite Data Warehouse-Strategie. In: Online-Congress Band VIII: Data Warehousing, OLAP, Führungsinformationssysteme ... Neue Entwicklungen des Informationsmanagements. Velbert 1996, S. C815.01 - C815.13

Elgass; Krcmar/Computerunterstützung 1994/
Petra Elgass; Helmut Krcmar: Computerunterstützung für die Planung von Geschäftsprozessen. In: Ulrich Hasenkamp; Stefan Kirn; Michael Syring (Hrsg.): CSCW – Computer Supported Cooperative Work – Informationssysteme für dezentrale Unternehmensstrukturen. Bonn u.a. 1994, S. 67 - 83

Englisch /Ergonomie 1993/
Joachim Englisch: Ergonomie von Softwareprodukten – Methodische Entwicklung von Evaluationsverfahren. Mannheim u.a. 1993

Eversheim /Unternehmensorganisation 1995/
Walter Eversheim: Prozeßorientierte Unternehmensorganisation – Konzepte und Methoden zur Gestaltung „schlanker" Organisationen. Berlin, Heidelberg, New York 1995

Fayol /Verwaltung 1916 u. 1929/
Henry Fayol: Allgemeine und industrielle Verwaltung, Berlin 1929. Deutsche Übersetzung von: Henry Fayol: Administration Industrielle et Général. Paris 1916

Floyd /Systematic Look 1984/
Christiane Floyd: A Systematic Look at Prototyping. In: Reinhard Budde u.a. (Hrsg.): Approaches to Prototyping. Berlin u.a. 1984, S. 1 - 18

Frank /Geschäftsprozessen 1995/
Ulrich Frank: Memo: Eine werkzeuggestützte Methode zum integrierten Entwurf von Geschäftsprozessen und Informationssystemen. In: Wolfgang König (Hrsg.): Wirtschaftsinformatik ´95 – Wettbewerbsfähigkeit, Innovation, Wirtschaftlichkeit. Heidelberg 1995, S. 67 - 82

Franke /Wirtschaftlichkeit 1995/
Günter Franke: Zur Wirtschaftlichkeit von Management-Informationssystemen. In: Rolf Hichert; Michael Moritz (Hrsg.): Management-Informations-Systeme. Zweite, völlig neubearbeitete Auflage, Berlin u.a. 1995, S. 211 - 218

Frese /Organisation 1995/
Erich Frese: Grundlagen der Organisation, Konzept – Prinzipien – Strukturen. 6., überarbeitete Auflage, Wiesbaden 1995

Frese /Unternehmungsführung 1987/
Erich Frese: Unternehmungsführung, Landsberg am Lech 1987

Frick /Software-Entwicklungsprozeß 1995/
Andreas Frick: Software-Entwicklungsprozeß – Ganzheitliche Sicht. Grundlagen zu Entwicklungs-Prozeß-Modellen. München Wien 1995

Friedrich; Rödiger /Gruppenarbeit 1991/
Jürgen Friedrich, Karl-Heinz Rödiger: Computergestützte Gruppenarbeit – Einleitende Bemerkungen zur ersten deutschen CSCW-Tagung. In: Jürgen Friedrich, Karl-Heinz Rödiger (Hrsg.): Computergestützte Gruppenarbeit – Gemeinsame Fachtagung des German Chapter of ACM mit der Gesellschaft für Informatik (GI) und der Universität Bremen. Stuttgart 1991, S. 11 - 16

Friedrichs /Sozialforschung 1990/
Jürgen Friedrichs: Methoden empirischer Sozialforschung. 14. Auflage, Opladen 1990

Friend /Multi-Dimensional Data Server/
David Friend: The Elements of Multi-Dimensional Data Server Technology. White Paper by Pilot Software Inc., o. Jahresangabe.

Frisch /Data-Warehousing-Lösung 1995/
Hans-Heinrich Frisch: Eine ausgefeilte und differenzierte Data-Warehousing-Lösung. In: IT-Management Special: Data Warehouse II, 1995, S. 28 - 38

Fuhrmann /Bürokommunikation 1990/
Susanne Fuhrmann: Bürokommunikation (Überblick). In: Peter Mertens (Haupt-Hrsg.): Lexikon der Wirtschaftsinformatik. Zweite, vollständig neu bearbeitete und erweiterte Auflage, Berlin u.a 1990, S. 85

Gabriel /Wissensbasierte Systeme 1992/
Roland Gabriel: Wissensbasierte Systeme in der betrieblichen Praxis. Hamburg, New York 1992

Gaitanides; Raster; Rießelmann /Synthese 1994/
Michael Gaitanides; Max Raster; Dirk Rießelmann: Die Synthese von Prozeßmanagement und Kundenmanagement. In: Michael Gaitanides; Rainer Scholz, Alwin Vrohlings; Max Raster (Hrsg.): Prozeßmanagement – Konzepte, Umsetzungen und Erfahrungen des Reengineering. München, Wien 1994, S. 207 - 224

Gaitanides; Scholz; Vrohlings /Prozeßmanagement 1994/
Michael Gaitanides; Rainer Scholz, Alwin Vrohlings: Prozeßmanagement – Grundlagen und Zielsetzungen. In: Michael Gaitanides; Rainer Scholz, Alwin Vrohlings; Max Raster (Hrsg.): Prozeßmanagement – Konzepte, Umsetzungen und Erfahrungen des Reengineering. München, Wien 1994, S. 1 - 19

Ganter; Walgenbach /Arbeitsverhalten 1995/
Hans-Dieter Ganter; Peter Walgenbach: Empirische Untersuchungen zum Arbeitsverhalten von Managern. In: Alfred Kieser; Gerhard Reber; Rolf Wunderer (Hrsg.): Handwörterbuch der Führung. 2., neu gestaltete und ergänzte Auflage, Stuttgart 1995, Sp. 61 - 71

Gappmaier; Heinrich /CSCW 1992/
Markus Gappmaier, Lutz J. Heinrich: Computerunterstützung kooperativen Arbeitens (CSCW). In: Wirtschaftsinformatik, Heft 3/92, S. 340 - 343

Gardarin; Valduriez /Databases 1989/
Georges Gardarin; Patrick Valduriez: Relational Databases and Knowledge Bases. Reading 1989

Gärtner /Data Warehouse 1996/
Manfred Gärtner: Die Eignung relationaler und erweiterter Datenmodelle für das Data-Warehouse. In: Harry Mucksch; Wolfgang Behme (Hrsg.): Das Data-Warehouse-Konzept. Wiesbaden 1996, S. 133 - 164

Gates / Informationsgesellschaft 1995/
Bill Gates: Der Weg nach vorn - Die Zukunft der Informationsgesellschaft, Hamburg 1995

Gebert /Kommunikation 1992/
Diether Gebert: Kommunikation. In: Erich Frese (Hrsg.): Handwörterbuch der Organisation. 3., völlig neu gestaltete Auflage, Stuttgart 1992, Sp. 1110 - 1121

Geibel /Gruppenarbeit 1993/
Richard Geibel: Computergestützte Gruppenarbeit – Die Förderung von Gruppenentscheidungen durch „Group Decision Support Systems“. Stuttgart 1993

Gemünden /Informationsverhalten 1992/
Hans Georg Gemünden: Informationsverhalten. In: Erich Frese (Hrsg.): Handwörterbuch der Organisation. 3., völlig neu gestaltete Auflage, Stuttgart 1992, Sp. 1010 - 1029

Gemünden; Schmitt /Datenmanagement 1991/
Hans Georg Gemünden; Meinhard Schmitt: Datenmanagement in deutschen Großunternehmen – Theoretischer Ansatz und empirische Untersuchung. In: Information Management, Heft 4/91, S. 22 - 34

Gluchowski /Architekturkonzepte 1996/
Peter Gluchowski: Architekturkonzepte multidimensionaler Data-Warehouse-Lösungen. In: Harry Mucksch; Wolfgang Behme (Hrsg.): Das Data-Warehouse-Konzept. Wiesbaden 1996, S. 229 - 261

Gluchowski /Berichtssysteme 1998/
Peter Gluchowski: Techniken und Werkzeuge zum Aufbau betrieblicher Berichtssysteme. In: Peter Chamoni; Peter Gluchowski (Hrsg.): Analytische Informationssysteme: Data Warehouse, On-Line Analytical Processing, Data Mining. Berlin u.a. 1998, S. 179 - 200

Gluchowski; Gabriel; Chamoni /Management Support Systeme 1997/
Peter Gluchowski; Roland Gabriel; Peter Chamoni: Management Support Systeme – Computergestützte Informationssysteme für Führungskräfte und Entscheider. Berlin u.a. 1997

Gorry; Scott Morton /Management Information Systems 1971/
George A. Gorry; Michael S. Scott Morton: A Framework for Management Information Systems. In: SMR, 13. Jg., Nr. 1; 1971, S. 55 - 70

Goecke /Kommunikation 1997/
Robert Goecke: Kommunikation von Führungskräften. Fallstudien zur Medienanwendung im oberen Management. Wiesbaden 1997

Götzer /Innovative Organisationsstrukturen 1995/
Klaus Götzer: Innovative Organisationsstrukturen mit Office-Reengineering – Methoden, Tools und Technik zum Umsetzen von Reengineering- und Lean-Konzepten, Baden-Baden 1995

Grabmeier /Data Mining 1996/C816.04
Johannes Grabmeier: Von der Datenhalde zur Goldmine: Data Mining. In: Online-Congress Band VIII: Data Warehousing, OLAP, Führungsinformationssysteme ... Neue Entwicklungen des Informationsmanagements. Velbert 1996, S. C816.01 - C816.47

Gray (Hrsg.) /Decision Support 1994/
Paul Gray (Hrsg.): Decision Support and Executive Information Systems. New Jersey 1994

Griese /Softwareergonomie 1997/
Joachim Griese: Softwareergonomie. In: Peter Mertens (Haupt-Hrsg.): Lexikon der Wirtschaftsinformatik. Dritte, vollständig neu bearbeitete und erweiterte Auflage, Berlin u.a 1997, S. 367 - 368

Grochla /Grundprobleme 1970/
Erwin Grochla: Grundprobleme der Wirtschaftlichkeit in automatisierten Datenverarbeitungssystemen. In: Erwin Grochla (Hrsg.): Die Wirtschaftlichkeit automatisierter Datenverarbeitungssysteme. Wiesbaden 1970, S. 15 - 33

Grochla /Unternehmensorganisation 1976/
Erwin Grochla: Unternehmensorganisation – Neue Ansätze und Konzeptionen. Reinbek bei Hamburg 1976

Grochla /Vorwort 1970/
Erwin Grochla: Vorwort. In: Erwin Grochla (Hrsg.): Die Wirtschaftlichkeit automatisierter Datenverarbeitungssysteme. Wiesbaden 1970

Grohmann /Offenheit 1993/
Helmut H. Grohmann: Offenheit im Unternehmen – Offenheit der Informationsverarbeitung. In: Bernhard Dorn (Hrsg.): Unternehmensprinzip Offenheit – Grundlagen für offene Organisationen und Kooperationen. Bonn, Paris 1993, S. 121 - 140

Grote /Büro-Kommunikation 1993/
Gudela Grote: Schneller, besser, anders kommunizieren? – Die vielen Gesichter der Büro-Kommunikation. Zürich 1993

Gutenberg /Unternehmensführung 1969/
Erich Gutenberg: Unternehmensführung. In: Erich Grochla (Hrsg.): Handwörterbuch der Organisation. 1. Auflage, Stuttgart 1969, Sp. 1674 - 1685

Guthunz /Informationssysteme 1994/
Ulrich Guthunz: Informationssysteme für das strategische Management, Wiesbaden 1994.

Habermann, Leymann /Repository 1993/
Hans-Joachim Habermann, Frank Leymann: Repository. Eine Einführung. 1. Auflage München u.a. 1993

Hackathorn /Data Warehousing 1995/
Richard Hackathorn: Data Warehousing Energizes Your Enterprise. In: Datamation, Heft Februar 1995, S. 38 - 42

Hahne /Logische Datenmodellierung 1998/
Michael Hahne: Logische Datenmodellierung für das Data Warehouse. In: Peter Chamoni; Peter Gluchowski (Hrsg.): Analytische Informationssysteme: Data Warehouse, On-Line Analytical Processing, Data Mining. Berlin u.a. 1998, S. 103 - 122

Hammer, Champy /Business Reengineering 1994/
Michael Hammer; James Champy: Business Reengineering. Frankfurt 1994

Hammer, Champy /Reengineering 1993/
Michael Hammer; James Champy: Reengineering the Corporation – A Manifesto for Business Revolution. New York 1993

Hammer; Stanton /Reengineering Revolution 1995/
Michael Hammer; S.A. Stanton: The Reengineering Revolution. New York 1995

Hammergren /Corporate Knowledgebase 1996/
Tom Hammergren: Data Warehousing: Building the Corporate Knowledgebase. Milford 1996

Hänle /Unterstützung 1993/
Michael Hänle: Systeme zur Unterstützung von Gruppenentscheidungen – Konzeption und Implementation eines Prototypen. Bergisch Gladbach 1993

Hansen /Erfahrungen 1996/
Wof-Rüdiger Hansen: Erfahrungen mit unterschiedlichen Ansätzen und Lösungswegen in Data-Warehouse-Projekten. In: Harry Mucksch; Wolfgang Behme (Hrsg.): Das Data-Warehouse-Konzept. Wiesbaden 1996, S. 425 - 454

Hasenkamp; Syring /CSCW 1994/
Ulrich Hasenkamp; Michael Syring: CSCW (Computer Supported Cooperative Work) in Organisationen – Grundlagen und Probleme. In: Ulrich Hasenkamp; Stefan Kirn; Michael Syring (Hrsg.): CSCW – Computer Supported Cooperative Work – Informationssysteme für dezentrale Unternehmensstrukturen. Bonn u.a. 1994, S. 15 - 37

Heinrich /Informationsmanagement 1996/
Lutz J. Heinrich: Informationsmanagement – Planung, Überwachung und Steuerung der Informationsinfrastruktur. 5., vollständig überarbeitete und ergänzte Auflage, München, Wien 1996

Heinrich /Wirtschaftsinformatik 1986/
Lutz J. Heinrich: Wirtschaftsinformatik in Forschung und Ausbildung. In: Information Management, Heft 1/86, S. 63 - 69

Henkel; Schwetz /Schwachstellenanalyse 1992/
Klaus Henkel; Roland Schwetz: Techniken der Schwachstellenanalyse. In: Erich Frese (Hrsg.): Handwörterbuch der Organisation. 3., völlig neu gestaltete Auflage, Stuttgart 1992, Sp. 2245 - 2255

Hesse; Merbeth; Frölich /Software-Entwicklung 1992/
Wolfgang Hesse; Günter Merbeth; Rainer Frölich: Software-Entwicklung. Vorgehensmodelle, Projektführung, Produktverwaltung. München, Wien 1992

Hichert; Stump /Management-Informationssysteme 1992/
Rolf Hichert; Martin Stump: Ist-Situation und Zukunftserwartungen bei Management-Informationssystemen – Ergebnisse einer Befragung. In: Rolf Hichert; Michael Moritz (Hrsg.): Management-Informationssysteme. Berlin, Heidelberg 1992, S. 89 - 100

Hildebrand /Informationsmanagements 1995/
Knut Hildebrand: Gestaltung und Einführung des Informationsmanagements – Organisation, Architektur und Planung. Berlin 1995

Hill; Fehlbaum; Ulrich /Organisationslehre 1992/
Wilhelm Hill; Raymond Fehlbaum; Peter Ulrich: Organisationslehre 2. 4., ergänzte Auflage, Bern, Wiesbaden 1992

Hoffmann /EIS 1992/
Michael Hoffmann: Marktstudie: EIS-Systeme im Überblick. Mainz 1992

Horváth /Controllingsystem 1993/
Péter Horváth: Controllingsystem. In: Peter Horváth; Thomas Reichwald (Hrsg.): Vahlens Großes Controllinglexikon. München 1993, S. 142 - 143

Howard /performance 1995/
Phil Howard: Planning for performance in the data warehouse. In: Capacity Management Review, Heft April 1995, S. 1 - 11

Hufford /Metadata 1997/
Duane Hufford: Metadata Repositories: The Key to Unlocking Information in Data Warehouses. In: Ramon C. Barquin; Herbert A. Edelstein (Hrsg.): Planning and Designing the Data Warehouse. New Jersey 1997, S. 225 - 283

Hummeltenberg /Data Warehousing 1998/
Wilhelm Hummeltenberg: Data Warehousing: Management des Produktionsfaktors Information – eine Idee und ihr Weg zum Kunden. In: Wolfgang Martin (Hrsg.): Data Warehousing – Data Mining – OLAP. Bonn u.a. 1998, S. 41 - 71

Inmon /Data-Warehouse 1992/
William H. Inmon: Building the Data-Warehouse. 1. Auflage, New York u.a. 1992

Inmon /Data-Warehouse 1996/
William H. Inmon: Building the Data-Warehouse. 2. Auflage, New York u.a. 1996

Inmon; Hackathorn /Data Warehouse 1994/
William H. Inmon; Richard D. Hackathorn: Using the Data Warehouse. New York u.a. 1994

Inmon; Imhoff; Sousa /Information Factory 1998/
William H. Inmon; Claudia Imhoff; Ryan Sousa: Corporate Information Factory. New York u.a. 1998

Jahnke /Entscheidungsunterstützung 1993/
Bernd Jahnke: Entscheidungsunterstützung der oberen Führungsebene durch Führungsinformationssysteme. In: Dieter B. Preßmar (Hrsg.): Informationsmanagement. Wiesbaden 1993, S. 123 - 147

Johansen /Groupware 1988/
Robert Johansen: Groupware: Computer Support for Business Teams. New York 1988

Joshi /Role Conflict 1989/
Kailash Joshi: Role Conflict and Role Ambiguity in Information Systems Design. In: Omega, Vol. 17., No. 4, 1989, S. 369 - 380

Kaiser /Data Warehouse 1995/
Bernd-Ulrich Kaiser: Das Data Warehouse-Konzept: Basis erfolgreicher Managementunterstützung. Unterlagen für das BIFOA-Fachseminar „Executive Information Systems (EIS) der 2. Generation – Neue Wege in der Management-Unterstützung, 18./19. Mai 1995, Köln

Kaiser /Unternehmensinformation 1997/
Bernd-Ulrich Kaiser: Unternehmensinformation mit SAP-EIS – Aufbau eines Data Warehouses und einer inSight-Anwendung. Braunschweig, Wiesbaden 1997

Kargl /Informations- und Kommunikationssysteme 1998/
Herbert Kargl: Grundlagen von Informations- und Kommunikationssystemen. München, Wien 1998

Kasper /Führung 1995/
Helmut Kasper: Kontrolle und Führung. In: Alfred Kieser; Gerhard Reber; Rolf Wunderer (Hrsg.): Handwörterbuch der Führung. 2., neu gestaltete und ergänzte Auflage, Stuttgart 1995, Sp. 1358 - 1369

Kattler /Wettbewerbsvorteil 1994/
Thomas Kattler: Zeit als Wettbewerbsvorteil. Management-Unterstützungssysteme als Instrument der Prozeßbeschleunigung. In: Bernhard Dorn (Hrsg.): Das informierte Management – Fakten und Signale für schnelle Entscheidungen. Berlin, Heidelberg 1994, S. 23 - 35

Kauffels /Datenkommunikation 1994/
Franz-Joachim Kauffels: Moderne Datenkommunikation – Eine strukturierte Einführung. Bergheim 1994

Kemper /Akzeptanz 1997/
Hans-Georg Kemper: Akzeptanz. In: Peter Mertens (Haupt-Hrsg.): Lexikon der Wirtschaftsinformatik. Dritte, vollständig neu bearbeitete und erweiterte Auflage, Berlin u.a 1997, S. 8 - 9

Kemper /Benutzerforschung 1997/
Hans-Georg Kemper: Benutzerforschung. In: Peter Mertens (Haupt-Hrsg.): Lexikon der Wirtschaftsinformatik. Dritte, vollständig neu bearbeitete und erweiterte Auflage, Berlin u.a 1997, S. 51 - 53

Kemper /Benutzungsoberfläche 1997/
Hans-Georg Kemper: Benutzungsoberfläche. In: Peter Mertens (Haupt-Hrsg.): Lexikon der Wirtschaftsinformatik. Dritte, vollständig neu bearbeitete und erweiterte Auflage, Berlin u.a 1997, S. 54 - 55

Kemper /Data Warehouse 1996/
Hans-Georg Kemper: Das Data Warehouse: Voraussetzung für den Aufbau und Einsatz effektiver Management-Unterstützungs-Systeme. In: Online-Congress Band VIII: Data Warehousing, OLAP, Führungsinformationssysteme ... Neue Entwicklungen des Informationsmanagements. Velbert 1996, S. C811.01 - C811.12

Kemper /Dezentrale Anwendungsentwicklung 1991/
Hans-Georg Kemper: Dezentrale Anwendungsentwicklung. Bergisch Gladbach, Köln 1991

Kemper /Executive Information Systems 1991/
Hans-Georg Kemper: Entwicklung und Einsatz von Executive Information Systems (EIS) in deutschen Unternehmen – Ein Stimmungsbild. In: Information Management, Heft 4/91, S. 70 - 78

Kemper /Komplexität 1995/
Hans-Georg Kemper: Data-Warehouses befreien nicht von den Mühen der Komplexität. In: Computerwoche, Nr. 40, 6. Oktober 1995, Gastkommentar, S. 9

Kemper /Management-Informations-Systeme 1994/
Hans-Georg Kemper: Multimedia-Integration in Management-Informations-Systeme. In: DSWR, Heft 1-2/94, S. 17 - 20

Kemper /Management-Prozessen 1992/
Hans-Georg Kemper: Systeme zur Unterstützung von Management-Prozessen. In: Personalwirtschaft, Heft 10/92, S. 42 - 46

Kemper u.a. /Konzeption 1998/
Hans-Georg Kemper; Ralf Finger, Jürgen Padberg, Klaus van Marwyk: Tele-Team-Support – Die Konzeption, Entwicklung und Erprobung eines integrierten Telekooperationssystems zur Verbesserung der Zusammenarbeit in dezentralisierten Unternehmensstrukturen. Arbeitsbericht 1/98 des Lehrstuhls für Wirtschaftsinformatik, insbesondere Informationsmanagement der Universität zu Köln, Kön 1998

Kemper u.a. /Tele-Team-Support Band I 1995/
Hans-Georg Kemper; Ralf Finger, Jürgen Padberg, Klaus van Marwyk: Das Forschungsprojekt Tele-Team-Support. Band I: Ziele, Vorgehensweise und Forschungsschwerpunkte. Arbeitsbericht 2/95 des Lehrstuhls für Wirtschaftsinformatik, insbesondere Informationsmanagement der Universität zu Köln, Köln 1995

Kemper u.a. /Tele-Team-Support Band II 1995/
Hans-Georg Kemper; Ralf Finger, Jürgen Padberg, Klaus van Marwyk: Das Forschungsprojekt Tele-Team-Support. Band II: Grobkonzeption, Technik und Produktauswahl. Arbeitsbericht 3/95 des Lehrstuhls für Wirtschaftsinformatik, insbesondere Informationsmanagement der Universität zu Köln, Köln 1995

Kemper; Ballensiefen; Schardt /Marktrecherche 1995/
Hans-Georg Kemper; Klaus Ballensiefen; Dietrich Schardt: Entwicklungswerkzeuge zum Aufbau von Executive Information Systems (EIS) – Ergebnisse einer Marktrecherche. Arbeitsbericht 1/95 des Lehrstuhls für Wirtschaftsinformatik, insbesondere Informationsmanagement der Universität zu Köln, Köln 1995

Kemper; Finger /Datentransformation 1998/
Hans-Georg Kemper; Ralf Finger: Datentransformation im Data Warehouse, Konzeptionelle Überlegungen zur Filterung, Harmonisierung, Verdichtung und Anreicherung operativer Datenbestände. In: Peter Chamoni; Peter Gluchowski (Hrsg.): Analytische Informationssysteme: Data Warehouse, On-Line Analytical Processing, Data Mining. Berlin u.a. 1998, S. 61 - 77

Kemper; Padberg /Prototyping 1995/
Hans-Georg Kemper; Jürgen Padberg: Prototyping – Eine Entwicklungsmethode für Informationssysteme im direkten Umfeld der Führungskräfte. In: Rolf Hichert; Michael Moritz (Hrsg.): Management-Informations-Systeme. Zweite, völlig neubearbeitete und erweiterte Auflage, Berlin u.a. 1995, S. 219 - 226

Kemper; Stelzer /Wirtschaftsinformatik 1990/
Hans-Georg Kemper; Dirk Stelzer: Wirtschaftsinformatik als Studiengang an Hochschulen in der Bundesrepublik Deutschland, Österreich und der Schweiz. In: Wirtschaftsinformatik, Heft 1/90, S. 49 - 56

Kemper; van Marwyk /Informationssystem 1994/
Hans-Georg Kemper; Klaus van Marwyk: Medienintegrierte Informationssysteme. In: Bernhard Dorn (Hrsg.): Das informierte Management – Fakten und Signale für schnelle Entscheidungen. Berlin, Heidelberg 1994, S. 143 - 150

Keusch /OLAP 1996/
Claudia Keusch: Strategische Bedeutung von OLAP für ein effizientes Controlling im Behördenbereich. In: Online-Congress Band VIII: Data Warehousing, OLAP, Führungsinformationssysteme ... Neue Entwicklungen des Informationsmanagements. Velbert 1996, S. C832.01 - C832.11

Kevenhörster; Schönbohm /Management 1974/
Paul Kevenhörster; Wulf Schönbohm: Zeitökonomie im Management. Opladen 1974

Kienbaum (Hrsg.) /Executive Information Systems 1991/
Kienbaum (Hrsg.): Executive Information Systems Bd. 1 und Bd. 2. Düsseldorf 1991

Kieser; Kubicek /Organisation1992/
Alfred Kieser; Herbert Kubicek: Organisation. 3., völlig neu bearbeitete Auflage, Berlin, New York 1992

Kimbell /Data Warehouse 1996/
Ralph Kimball: The Data Warehouse Toolkit. New York u.a. 1996

Kirchner /Datenveredelung 1996/
Joachim Kirchner: Datenveredelung im Data-Warehouse – Transformationsprogramme und Extraktionsprozesse von entscheidungsrelevanten Basisdaten. In: Harry Mucksch; Wolfgang Behme (Hrsg.): Das Data-Warehouse-Konzept. Wiesbaden 1996, S. 265 - 299

Kirsch /Exploration 1978/
Werner Kirsch: Empirische Explorationen zu Reorganisationsprozessen. München 1978

Kleinbeck; Quast /Motivation 1992/
Uwe Kleinbeck; Hans-Henning Quast: Motivation. In: Erich Frese (Hrsg.): Handwörterbuch der Organisation. 3., völlig neu gestaltete Auflage, Stuttgart 1992, Sp. 1420 - 1434

Kleinhans; Rüttler; Zahn /Management-Unterstützungssysteme 1992/
Andreas Kleinhans; Martin Rüttler; Erich Zahn: Management-Unterstützungssysteme – Eine vielfältige Begriffswelt. In: Rolf Hichert; Michael Moritz (Hrsg.) Management-Informationssysteme. Berlin u.a. 1992, S. 1 - 14

Koll; Niemeier /Führungsinformationssysteme 1995/
Peter Koll; Joachim Niemeier: Führungsinformationssysteme – Erfahrungen, neue Ansätze und praktische Tips zur Projektdurchführung. In: Rolf Hichert; Michael Moritz (Hrsg.): Management-Informations-Systeme. Zweite, völlig neubearbeitete Auflage, Berlin u.a. 1995, S. 131 - 157

Koontz /Management 1980/
H. Koontz: The Management Jungle Revisited. In: The Academy of Management Review, Heft 2, 1980, S. 175 - 187

Kornblum /Unternehmenssteuerung 1994/
Wolfgang Kornblum: Die Vision einer effizienten Unternehmenssteuerung auf der Basis innovativer Führungs-Informationssysteme. In: Bernhard Dorn (Hrsg.): Das informierte Management – Fakten und Signale für schnelle Entscheidungen. Berlin, Heidelberg 1994, S. 75 - 101

Koslowski /Systementwicklung 1988/
Knut Koslowski: Partizipative Systementwicklung und Software Engineering. Opladen 1988

Krallmann /Kommunikationssysteme 1990/
Hermann Krallmann: Büroinformations- und Kommunikationssysteme (BIKOS). In: Karl Kurbel; Horst Strunz (Hrsg.): Handbuch Wirtschaftsinformatik. Stuttgart 1990, S. 543 - 559

Krallmann; Mertens; Schiemann /Entscheidungsunterstützendes System 1997/
Hermann Krallmann; Peter Mertens; Ingo Schiemann: Entscheidungsunterstützendes System (EUS). In: Peter Mertens (Haupt-Hrsg.): Lexikon der Wirtschaftsinformatik. Dritte, vollständig neu bearbeitete und erweiterte Auflage, Berlin u.a 1997, S. 149 - 150

Krallmann; Rieger /Decision Support System 1987/
Hermann Krallmann; Bodo Rieger: Vom Decision Support System (DSS) zum Executive Support System (ESS). In: HMD, Heft 138/87, S. 28 - 38

Krcmar /Computer Aided Team 1994/
Helmut Krcmar: Sitzungsunterstützung durch Computer Aided Team. In: Bernhard Dorn (Hrsg.): Das informierte Management – Fakten und Signale für schnelle Entscheidungen. Berlin, Heidelberg 1994, S. 151 - 163

Krcmar /Entscheidungsunterstützungssysteme 1990/
Helmut Krcmar: Entscheidungsunterstützungssysteme: Hilfsmittel und Werkzeuge. In: Karl Kurbel; Horst Strunz (Hrsg.): Handbuch Wirtschaftsinformatik. Stuttgart 1990, S. 404 - 418

Krcmar /Gruppenarbeit 1992/
Helmut Krcmar: Computerunterstützung für die Gruppenarbeit – Zum Stand der Computer Supported Cooperative Work Forschung. In: Wirtschaftsinformatik, Heft 4/92, S. 425 - 437

Krcmar /Informationsmanagement 1997/
Helmut Krcmar: Informationsmanagement. Berlin u.a. 1997

Krcmar /Informationssystem-Architekturen 1990/
Helmut Krcmar: Bedeutung und Ziele von Informationssystem-Architekturen. In: Wirtschaftsinformatik, Heft 5/90, S. 395 - 402

Krcmar /Überblick 1992/
Helmut Krcmar: Computer Aided Team – Ein Überblick. In: Information Management, Heft 1/92, S. 4 - 9

Kroenke; Hatch /Management Information Systems 1994/
David Kroenke; Richard Hatch: Management Information Systems. 3. Edition, Watsonville 1994

Kronen /Unternehmungskooperation 1994/
Juliane Kronen: Computergestützte Unternehmenskooperation: Potentiale – Strategien – Planungsmodelle. Wiesbaden 1994

Kurbel /Wirtschaftsinformatik 1987/
Karl Kurbel: Wirtschaftsinformatik = Betriebswirtschaftslehre und/oder Informatik?. - Rückblick, Bestandsaufnahme, Tendenzen. In: Journal für Betriebswirtschaft, 2/87, S. 90 - 106

Kurbel; Strunz /Wirtschaftsinformatik 1990/
Karl Kurbel; Horst Strunz: Wirtschaftsinformatik – Eine Einführung. In: Karl Kurbel; Horst Strunz (Hrsg.): Handbuch Wirtschaftsinformatik. Stuttgart 1990, S. 1 - 25

Küting /Informatik-Management 1993/
Heinz Küting: Informatik-Planung und Informatik-Management – Strategien und Methoden zur Innovation im Unternehmen. Düsseldorf 1993

Lamersdorf /Data Warehousing 1996/
Winfried Lamersdorf: „Data Warehousing“: Alter Wein in neuen Schläuchen?.
In: Online-Congress Band VIII: Data Warehousing, OLAP, Führungsinformationssysteme ... Neue Entwicklungen des Informationsmanagements. Velbert 1996, S. C810.01 - C810.20

Lamnek /Qualitative Sozialforschung Band 1 1995/
Siegfried Lamnek: Qualitative Sozialforschung, Band 1. Methodologie. 3., korrigierte Auflage, München 1995

Lamnek /Qualitative Sozialforschung Band 2 1995/
Siegfried Lamnek: Qualitative Sozialforschung, Band 2. Methoden und Techniken. 3., korrigierte Auflage, München 1995

Laske; Weiskopf /Hierarchie 1992/
Stephan Laske; Richard Weiskopf: Hierarchie. In: Erich Frese (Hrsg.): Handwörterbuch der Organisation. 3., völlig neu gestaltete Auflage, Stuttgart 1992, Sp. 791 - 807

Leavitt; Whisler /Management in the 1980´s 1958/
Harold J. Leavitt; Thomas L. Whisler: Management in the 1980´s: New Information Flows Cut New Organization Channel. In: HBR, 36 Jg. Nr. 6, 1958, S 41 - 48

Lehner /Informatik-Strategien 1993/
Franz Lehner: Informatik-Strategien – Entwicklung, Einsatz und Erfahrungen. München, Wien 1993

Lehner /Künstliche Intelligenz 1997/
Franz Lehner: Künstliche Intelligenz. In: Peter Mertens (Haupt-Hrsg.): Lexikon der Wirtschaftsinformatik. Dritte, vollständig neu bearbeitete und erweiterte Auflage, Berlin u.a 1997, S. 237 - 238

Lehner; Hildebrand; Maier /Wirtschaftsinformatik 1995/
Franz Lehner; Roland Maier; Knut Hildebrand: Wirtschaftsinformatik – Theoretische Grundlagen. München 1995

Lenz /Data Warehouse 1996/
Hans-Joachim Lenz: Data Warehouse, Föderale Datenbanken im M3-Design: Führungsinformationssysteme der nächsten Generation. In: Online-Congress Band VIII: Data Warehousing, OLAP, Führungsinformationssysteme ... Neue Entwicklungen des Informationsmanagements. Velbert 1996, S. C820.01 - C820.07

Levin /Data Warehouse 1997/
Ellen J. Levin: Developing a Data Warehouse Strategy. In: Ramon C. Barquin; Herbert A. Edelstein: Planning and Designing the Data Warehouse. New Jersey 1997, S. 53 - 89

Lewe /Computer Aided Team 1995/
Henrik Lewe: Computer Aided Team und Produktivität. Einsatzmöglichkeiten und Erfolgspotentiale. Wiesbaden 1995

Lorie; Daudenarde /Applications 1991/
Raymond A. Lorie; Jean-Jacques Daudenarde: SQL and Its Applications. New Jersey 1991

Macharzina /Unternehmensführung 1995/
Klaus Macharzina: Unternehmensführung: Das internationale Managementwissen – Konzepte – Methoden – Praxis. 2., aktualisierte und erweiterte Auflage, Wiesbaden 1995

Mahoney; Jerdee; Caroll /Management 1965/
Thomas A. Mahoney; Thomas H. Jerdee; S.J. Caroll: The Job(s) of Management. In: IR Nr. 2; April 1965, S. 97 - 110

Mann /Strategisches Controlling 1990/
Rudolf Mann: Strategisches Controlling. In: Elmar Mayer; Jürgen Weber (Hrsg.): Handbuch Controlling. Stuttgart 1990, S. 91 - 116

March; Simon /Organisation 1976/
James G. March; Herbert A. Simon: Organisation und Individuum: Menschliches Verhalten in Organisationen. Wiesbaden 1976

Martin /Business Performance 1998/
Wolfgang Martin: Business Performance: Steuern und Kontrollieren von Geschäftsprozessen. In: Wolfgang Martin (Hrsg.): Data Warehousing – Data Mining – OLAP. Bonn 1998, S. 17 - 37

Martin; von Maur /Data Warehouse 1997/
Wofgang Martin; Eitel von Maur: Data Warehouse. In: Peter Mertens (Haupt-Hrsg.): Lexikon der Wirtschaftsinformatik. Dritte, vollständig neu bearbeitete und erweiterte Auflage, Berlin u.a 1997, S. 105 - 106

Mattison /Data Warehousing 1996/
Rob Mattison: Data Warehousing – Strategies, Technologies, and Techniques. New York u.a. 1996

McClanaham /Enterprise Data 1996/
D. McClanaham: Making Sense of Enterprise Data. In: Databased Advisor, Heft 11/96, S. 76 - 79

Meier /Datenbanken 1992/
Andreas Meier: Relationale Datenbanken – Eine Einführung für die Praxis. Berlin Heidelberg 1992

Mellis; Herzwurm; Stelzer /Softwareentwicklung 1998/
Werner Mellis; Georg Herzwurm; Dirk Stelzer: TQM der Softwareentwicklung. 2., verbesserte Auflage, Braunschweig, Wiebaden 1998

Mellis /Strategien der Systementwicklung 1997/
Werner Mellis: Strategien der Systementwicklung. In: Peter Mertens (Haupt-Hrsg.): Lexikon der Wirtschaftsinformatik. Dritte, vollständig neu bearbeitete und erweiterte Auflage, Berlin u.a 1997, S. 383 - 384

Mellis /Systemdokumentation 1997/
Werner Mellis: Systemdokumentation. In: Peter Mertens (Haupt-Hrsg.): Lexikon der Wirtschaftsinformatik. Dritte, vollständig neu bearbeitete und erweiterte Auflage, Berlin u.a 1997, S. 391 - 392

Mertens /Expertisesysteme 1997/
Peter Mertens: Expertisesysteme. In: Peter Mertens (Haupt-Hrsg.): Lexikon der Wirtschaftsinformatik. Dritte, vollständig neu bearbeitete und erweiterte Auflage, Berlin u.a 1997, S. 162

Mertens /Informationsverarbeitung 1 1993/
Peter Mertens: Integrierte Informationsverarbeitung, Bd. 1: Adminstrations- und Dispositionssysteme in der Industrie. 9. Auflage, Wiesbaden 1993

Mertens /Moden 1995/
Peter Mertens: Wirtschaftsinformatik: Von den Moden zum Trend. In: Wolfgang König (Hrsg.): Wirtschaftsinformatik ´95 – Wettbewerbsfähigkeit, Innovation, Wirtschaftlichkeit. Heidelberg 1995, S. 25 - 64

Mertens /Wirtschaftsinformatik 1992/
Peter Mertens: Wirtschaftsinformatik – Standortbestimmung einer Hochschuldisziplin. In: Michael Curth, Ernst Lebsanft (Hrsg.): Wirtschaftsinformatik in Forschung und Praxis. München, Wien 1992, S. 3 - 21

Mertens u.a. /Wirtschaftsinformatik 1995/
Peter Mertens; Freimut Bodendorf; Wolfgang König; Arnold Picot; Matthias Schumann: Grundzüge der Wirtschaftsinformatik. Dritte, verbesserte Auflage, Berlin u.a. 1995

Mertens; Borkowski; Geis /Expertensystem-Anwendungen 1993/
Peter Mertens; Volker Borkowski; Wolfgang Geis: Betriebliche Expertensystem-Anwendungen. Dritte, überarbeitete und aktualisierte Auflage, Berlin u.a. 1993

Mertens; Griese /Informationsverarbeitung 2 1993/
Peter Mertens; Joachim Griese: Integrierte Informationsverarbeitung, Bd. 2: Planungs- und Kontrollsysteme in der Industrie. 7., aktualisierte und überarbeitete Auflage, Wiesbaden 1993

Mertins; Jochem /Unternehmensmodellierung 1995/
Kai Mertins; Roland Jochem: Unternehmensmodellierung – Basis für Reengineering und Optimierung von Geschäftsprozessen. In: Wolfgang König (Hrsg.): Wirtschaftsinformatik ´95 – Wettbewerbsfähigkeit, Innovation, Wirtschaftlichkeit. Heidelberg 1995, S. 99 - 113

Meyer-Wegener /Multimedia-Datenbanken 1991/
Klaus Meyer-Wegner: Multimedia-Datenbanken – Einsatz von Datenbanktechnik in Multimedia-Systemen. Stuttgart 1991

Mintzberg /Management 1991/
Henry Mintzberg: Mintzberg über Management: Führung und Organisation, Mythos und Realität. Wiesbaden 1991

Mintzberg /Managerial Work 1973/
Henry Mintzberg: The Nature of Managerial Work. New York u.a. 1973

Mintzberg /Struktur 1992/
Henry Mintzberg: Die Mintzberg-Struktur – Organisationen effektiver gestalten. Landsberg/Lech 1992

Mistelbauer /Datenmodellverdichtung 1991/
Heinz Mistelbauer: Datenmodellverdichtung: Vom Projektdatenmodell zur Unternehmens-Datenarchitektur. In: Wirtschaftsinformatik, Heft 4/91, S. 289 - 299

Mockler /System Approach 1968/
Robert J. Mockler: The Systems Approach to Business Organization and Decision Making. In: CMR, 11. Jg., Nr. 2, 1968, S. 53 - 58

Moriarty; Mandracchia /Warehouse 1996/
T. Moriarty; C. Mandracchia: Heart of the Warehouse. In: Databased Advisor, Heft 11/96, S. 70 - 74

Mucksch /Data Warehouses 1996/
Harry Mucksch: Charakteristika, Komponenten und Organisationsformen von Data-Warehouses. In: Harry Mucksch; Wolfgang Behme (Hrsg.): Das Data-Warehouse-Konzept – Architektur – Datenmodelle – Anwendungen. Wiesbaden 1996, S. 85 - 116

Mucksch /Datenbasis 1998/
Harry Mucksch: Das Data-Warehouse als Datenbasis analytischer Informationssysteme. In: Peter Chamoni; Peter Gluchowski (Hrsg.): Analytische Informationssysteme: Data Warehouse, On-Line Analytical Processing, Data Mining. Berlin u.a. 1998, S. 123 - 140

Mülder /Implementierung 1997/
Wilhem Mülder: Implementierung. In: Peter Mertens (Haupt-Hrsg.): Lexikon der Wirtschaftsinformatik. Dritte, vollständig neu bearbeitete und erweiterte Auflage, Berlin u.a 1997, S. 193 - 194

Müller /Datenbeschaffung 1998/
Jochen Müller: Datenbeschaffung für das Data Warehouse. In: Peter Chamoni; Peter Gluchowski (Hrsg.): Analytische Informationssysteme: Data Warehouse, On-Line Analytical Processing, Data Mining. Berlin u.a. 1998, S. 79 - 101

Müller-Böling /Organisationsforschung 1992/
Detlef Müller-Böling: Methodik der empirischen Organisationsforschung. In: Erich Frese (Hrsg.): Handwörterbuch der Organisation. 3., völlig neu gestaltete Auflage, Stuttgart 1992, Sp. 1491 - 1505

Müller-Böling; Ramme /Führungskräfte 1990/
Detlef Müller-Böling; Iris Ramme: Informations- und Kommunikationstechniken für Führungskräfte. München 1990

Nagel /Nutzen 1990/
Kurt Nagel: Nutzen der Informationsverarbeitung – Methoden zur Bewertung von strategischen Wettbewerbsvorteilen, Produktivitätsverbesserungen und Kosteneinsparungen. 2., überarbeitete und erweiterte Auflage, München, Wien 1990

Narayan /Data Dictionary 1988/
Ron Narayan: Data Dictionary. Implementation, Use, and Maintenance. 1. Aufl., Englewood Cliffs u.a. 1988

Nastansky /CSCW-Forschung 1993/
Ludwig Nastansky: Nach 20 Jahren CSCW-Forschung: Durchbruch in der Praxis bei Groupware-Anwendungen in Client-Server-Architekturen. In: Ludwig Nastansky (Hrsg.): Workgroup Computing. Hamburg 1993, S. 1 - 20

Nastansky /Endbenutzerwerkzeuge 1990/
Ludwig Nastansky: Endbenutzerwerkzeuge. In: Karl Kurbel; Horst Strunz (Hrsg.): Handbuch Wirtschaftsinformatik. Stuttgart 1990, S. 363 - 382

Neuschel /Management 1960/
Richard Neuschel: Management by System. New York 1960

Oesterle /Illusion 1994/
Hubert Oesterle: Von der Vision in die Illusion – Bleibt das unternehmensweite Datenmodell weiterhin Wunschdenken?. In: Computerwoche-Focus Nr. 3 vom 1.7.1994, S. 16 - 18 u. 35

Oesterle; Brenner, Hilbers /Unternehmensführung 1992/
Hubert Oesterle; Walter Brenner; Konrad Hilbers: Unternehmensführung und Informationssystem – Der Ansatz des St. Galler Informationssystem-Managements. 2., durchgesehene Auflage, Stuttgart 1992

Oppelt /Management 1995/
Ulrich G. Oppelt: Computerunterstützung für das Management – Neue Möglichkeiten der computerbasierten Informationsunterstützung oberster Führungskräfte auf dem Weg von MIS zu EIS?. München 1995

Ortner /Datenmodellierung 1991/
Erich Ortner: Unternehmensweite Datenmodellierung als Basis für integrierte Informationsverarbeitung in Wirtschaft und Verwaltung. In: Wirtschaftsinformatik, Heft 4/91, S. 269 - 288

Otten; Driara /Datenbankumgebungen 1993/
Angelika Otten; Mohamed Drira: Replikationskonzepte in verteilten heterogenen Datenbankumgebungen – Informationsabgleich zwischen Tabellenstrukturen und Compound Document Datenbanken. In: Ludwig Nastansky (Hrsg.): Workgroup Computing. Hamburg 1993, S. 33 - 47

Paller; Laska /EIS-Book 1990/
Alan Paller; Richard Laska: The EIS-Book: Information Systems for Top-Managers. Homewood 1990

Petkovic /SQL 1990/
Dusan Petkovic: SQL – die Datenbanksprache. Hamburg, New York 1990

Petrovic /Meeting Management 1993/
Otto Petrovic: Das Grazer Electronic Meeting Management als Anwendungsbeispiel von Groupware in Organisationen. In: Konrad Klöckner (Hrsg.): Groupware-Einsatz in Organisationen. GMD-Studien Nr. 220, St. Augustin 1993, S. 65 - 79

Pfennig /Data Warehouse 1996/
Heiko Pfennig: Das virtuelle Data Warehouse – eine Alternative?. In: Data Warehouse und Data Mining. Konferenzunterlagen, AIC-Konferenz vom 24. - 26. Januar 1996, Offenbach

Piatetsky-Sharpiro /KDD-Nuggets 1995/
Gregory Piatetsky-Sharpiro: KDD Nuggets 95:3, Internet: http://info.gte.com/~kdd/nuggets/95/n3.txt, o. O. 1995

Picot; Franck /Informationsmanagement 1992/
Arnold Picot; Egon Franck: Informationsmanagement. In: Erich Frese (Hrsg.): Handwörterbuch der Organisation. 3., völlig neu gestaltete Auflage, Stuttgart 1992, Sp. 886 - 900

Picot; Maier /Informationssysteme 1992/
Arnold Picot; Matthias Maier: Informationssysteme, computergestützte. In: Handwörterbuch der Organisation. 3., völlig neu gestaltete Auflage, Stuttgart 1992, Sp. 923 - 936

Picot; Reichwald /Unternehmung 1994/
Arnold Picot; Ralf Reichwald: Auflösung der Unternehmung? – Vom Einfluß der IuK-Technik auf Organisationsstrukturen und Kooperationsformen. In: Zeitschrift für Betriebswirtschaft, Heft 5/94, S. 547 - 570

Picot; Reichwald; Wigand /Unternehmung 1996/
Arnold Picot; Ralf Reichwald; Rolf T. Wigand: Die grenzenlose Unternehmung – Information, Organisation und Management. 2., aktualisierte Auflage, Wiesbaden 1996

Pietsch /Spiralmodell 1997/
Wolfram Pietsch: Spiralmodell. In: Peter Mertens (Haupt-Hrsg.): Lexikon der Wirtschaftsinformatik. Dritte, vollständig neu bearbeitete und erweiterte Auflage, Berlin u.a 1997, S. 374 - 376

Plowman; Rogers; Ramage /Workplace Studies 1995/
Lydia Plowman; Yvonne Rogers; Magnus Ramage: What are Workplace Studies For?. In: Hans Marmolin; Yngve Sundblad; Kjeld Schmidt (Hrsg.): Proceedings of the Fourth European Conference on Computer Supported Cooperative Work, Stockholm 10. - 14. September 1995, S. 309 - 324

Poe /Data Warehouse 1996/
Vidette Poe: Building a Data Warehouse for Decision Support. New Jersey 1996

Pomberger /Softwareentwicklung 1990/
Gustav Pomberger: Methodik der Softwareentwicklung. In: Karl Kurbel; Horst Strunz (Hrsg.): Handbuch Wirtschaftsinformatik. Stuttgart 1990, S. 215 - 236

Pomberger; Blaschek /Software Engineering 1996/
Gustav Pomberger; Günther Blaschek: Software Engineering. Prototyping und objektorientierte Software-Entwicklung. 2. Auflage, München, Wien 1996

Porter /Global Industries 1986/
Michael E. Porter: Competition in Global Industries – A Conceptual Framework. In: Michael E. Porter (Hrsg.): Competition in Global Industries. Boston 1986, S. 15 - 60

Porter /Wettbewerbsstrategie 1990/
Michael E. Porter: Wettbewerbsstrategie – Competitive Strategy – Methoden zur Analyse von Branchen und Konkurrenten. Frankfurt 1990

Porter /Wettbewerbsvorteile 1989/
Michael E. Porter: Wettbewerbsvorteile – Competitive Advantage – Spitzenleistungen erreichen und behaupten. Frankfurt 1989

Pribilla; Reichwald, Goecke /Telekommunikation 1996/
Peter Pribilla; Ralf Reichwald; Robert Goecke: Telekommunikation im Management – Strategien für den globalen Wettbewerb. Stuttgart 1996

Prince /Management Planning 1966/
Thomas R. Prince: Information Systems for Management Planning and Control. Homewood 19

Rechkemmer /executive support systems 1997/
Kuno Rechkemmer: A cross-cultural view of executive support systems. In: Wirtschaftsinformatik, Heft 2/97, S. 147 - 154

Reichwald; Nippa /Kommunikationsanalyse 1992/
Ralf Reichwald; Michael Nippa: Informations- und Kommunikationsanalyse. In: Erich Frese (Hrsg.): Handwörterbuch der Organisation. 3., völlig neu gestaltete Auflage, Stuttgart 1992, Sp. 855 - 872

Reindl /Datenmodells 1991/
Manfred Reindl: Re-Engineering des Datenmodells. In: Wirtschaftsinformatik, Heft 4/91, S. 281 - 288

Remitschka /Erhebungstechniken 1992/
Ralph Remitschka: Erhebungstechniken. In: Erich Frese (Hrsg.): Handwörterbuch der Organisation. 3., völlig neu gestaltete Auflage, Stuttgart 1992, Sp. 599 - 611

Rhefus /Unternehmens-Datenarchitektur 1992/
Helmut Rhefus: Top Down und/oder Bottom Up – Kritische Erfolgsfaktoren auf dem Weg zu einer Unternehmens-Datenarchitektur. In: Information Management, Heft 3/92, S. 32 - 37

Rice /Analysability 1992/
Ronald E. Rice: Task Analysability, Use of new Media and Effectiveness: A multi-site exploration of media richness. In: Organization Science, Vol 3., No. 4, November 1992, S. 475 - 500

Rice /Media Appropriateness 1993/
Ronald E. Rice: Media Appropriateness. Using Social Presence Theory to Compare Traditional and New Organizational Media. In: Human Communication Research, Vol. 19, No. 4, 1993, S. 451 - 484

Ricke /Realisierung des Information-Warehouse-Konzepts 1995/
Anja Ricke: Eine integrierte Realisierung des Information Warehouse-Konzepts. In: IT-Management Special: Data Warehouse II, 1995, S. 10 - 16

Rieger /Executive Information Systems 1990/
Bodo Rieger: Executive Information Systems (EIS): Rechnergestützte Aufbereitung von Führungsinformationen. In: Hermann Krallmann (Hrsg.): Innovative Anwendungen der Informations- und Kommunikationstechnologien in den 90er Jahren. München 1990, S. 103 - 125

Rieger /OLAP 1996/
Bodo Rieger: OLAP: Stand der Forschung und Entwicklung. In: Online-Congress Band VIII: Data Warehousing, OLAP, Führungsinformationssysteme ... Neue Entwicklungen des Informationsmanagements. Velbert 1996, S. C830.01 - C830.07

Rockart /Chief Executives 1979/
John F. Rockart: Chief Executives define their own Data Needs. In: HBR, 57.Jg. Nr. 2 März/April 1979, S. 81 - 93

Rockart /Critical Success Factors 1982/
John F. Rockart: The Changing Role of the Information Systems Executive: A Critical Success Factors Perspective. In: Sloan Management Review, Fall 1982, S. 3 - 13

Rockart; De Long /Executive Support Systems 1988/
John F. Rockart; David W. De Long: Executive Support Systems – The Emerge of Top Management Computer Use. Homewood 1988

Rogers /OLAP Council 1995/
Amy Rogers: OLAP-Council responds to criticism. In: Communication Week, Heft v. 23. January 1995, S. 90

Rohloff /Informationssysteme 1995/
Michael Rohloff: Integrierte Informationssysteme durch Modellierung von Geschäftsprozessen. In: Wolfgang König (Hrsg.): Wirtschaftsinformatik ´95 – Wettbewerbsfähigkeit, Innovation, Wirtschaftlichkeit. Heidelberg 1995, S. 83 - 97

Rosenstiel /Wertewandel 1995/
Lutz v. Rosenstiel: Wertewandel. In: Alfred Kieser; Gerhard Reber; Rolf Wunderer (Hrsg.): Handwörterbuch der Führung. 2., neu gestaltete und ergänzte Auflage, Stuttgart 1995, Sp. 2175 - 2189

Royse /Development 1970/
W.W. Royse: Managing the Development of Large Software Systems, Concepts and Techniques, Proceedings. Wescon 1970

Rühli /Koordination 1992/
Edwin Rühli: Koordination. In: Erich Frese (Hrsg.): Handwörterbuch der Organisation. 3., völlig neu gestaltete Auflage, Stuttgart 1992, Sp. 1164 - 1175

Sachdeva /Metadata 1995/
Sataya Sachdeva: Metadata. In: Application Development Trends 1995, Section: Data Warehouse Development, December 1995

Scheer /Geschäftsprozeß 1998/
August-Wilhelm Scheer: ARIS – Vom Geschäftsprozeß zum Anwendungssystem. Dritte, völlig neubearbeitete und erweiterte Auflage, Berlin u.a. 1998

Scheer /Modellierungsmethoden 1998/
August-Wilhelm Scheer: ARIS – Modellierungsmethoden, Metamodelle, Anwendungen. Dritte, völlig neubearbeitete und erweiterte Auflage, Berlin u.a. 1998

Scheer /Wirtschaftsinformatik 1993/
August-Wilhelm Scheer: Betriebs- und Wirtschaftsinformatik. In: Handwörterbuch der Betriebswirtschaft. Teilband 1, Stuttgart 1993, Sp. 390 - 408

Scheer /Wirtschaftsinformatik 1995/
August-Wilhelm Scheer: Wirtschaftsinformatik, Referenzmodelle für industrielle Geschäftsprozesse. Fünfte, durchgesehene Auflage, Berlin u.a. 1995

Schindler; Edlich; Ott /Groupware 1993/
Sigram Schindler; Stefan Edlich; Jörg Ott: Videokonferenzen und Groupware. In: Konrad Klöckner (Hrsg.): Groupware-Einsatz in Organisationen. GMD-Studien Nr. 220, S. 7 - 24

Schinzer; Bange /Informationssysteme 1998/
Heiko Schinzer; Carsten Bange: Werkzeuge zum Aufbau analytischer Informationssysteme – Marktübersicht. In: Peter Chamoni; Peter Gluchowski (Hrsg.): Analytische Informationssysteme: Data Warehouse, On-Line Analytical Processing, Data Mining. Berlin u.a. 1998, S. 41 - 58

Schinzer; Zeile /Führungsinformationssysteme 1995/
Heiko Schinzer; Christoph Zeile: Führungsinformationssysteme im Vergleich. In: Rainer Thome (Hrsg.): Informationsverarbeitung Aktuell. Band 1, Würzburg 1995

Schirmer /Arbeitsverhalten 1992/
Frank Schirmer: Arbeitsverhalten von Managern. Wiesbaden 1992

Schmitz; Seibt /Informatik 1982/
Paul Schmitz; Dietrich Seibt: Einführung in die anwendungsorientierte Informatik. Band 1: Systemtechnische Grundlagen. München 1982

Schnell; Hill; Esser /Methoden 1989/
Rainer Schnell; Paul B. Hill; Elke Esser: Methoden der empirischen Sozialforschung. 2. Aufl., München 1989

Scholl /Informationspathologien 1992/
Wolfgang Scholl: Informationspathologien. In: Erich Frese (Hrsg.): Handwörterbuch der Organisation. 3., völlig neu gestaltete Auflage, Stuttgart 1992, Sp. 900 - 912

Scholz /Effektivität 1992/
Christian Scholz: Effektivität und Effizienz, organisatorische. In: Erich Frese (Hrsg.): Handwörterbuch der Organisation. 3., völlig neu gestaltete Auflage, Stuttgart 1992, Sp. 533 - 552

Scholz /Personalmanagement 1993/
Christian Scholz: Personalmanagement – Informationsorientierte und verhaltenstheoretische Grundlagen. 3., neubearbeitete und erweiterte Auflage, München 1993

Schonnop /Group Support Systems 1997/
Jürgen Schonnop: Entwicklung und Überprüfung eines Kriterienkatalogs zur Beurteilung von Group Support Systems. Diplomarbeit am Lehrstuhl für Wirtschaftsinformatik, insbesondere Informationsmanagement der Universität zu Köln, Köln 1997

Schornstein /EIS-Gestaltung 1994/
Frank Schornstein: Die Unterstützung unternehmensindividueller Managementprozesse durch spezielle Maßnahmen der EIS-Gestaltung – Dargestellt am Beispiel eines multimedialen EIS-Demonstrators. Diplomarbeit am Lehrstuhl für Wirtschaftsinformatik, insbesondere Informationsmanagement der Universität zu Köln, Köln 1994

Schreier /Data Dictionary 1997/
Ulf Schreier: Data Dictionary. In: Peter Mertens (Haupt-Hrsg.): Lexikon der Wirtschaftsinformatik. Dritte, vollständig neu bearbeitete und erweiterte Auflage, Berlin u.a 1997, S. 103 - 104

Schreyögg /Organisationskultur 1992/
Georg Schreyögg: Organisationskultur. In: Erich Frese (Hrsg.): Handwörterbuch der Organisation. 3., völlig neu gestaltete Auflage, Stuttgart 1992, Sp. 1525 - 1537

Schreyögg; Hübl /Beobachtungsstudie 1992/
Georg Schreyögg; Gudrun Hübl: Manager in Aktion: Ergebnisse einer Beobachtungsstudie in mittelständischen Unternehmen. In: ZFO, Heft 2/92, S. 82 - 89

Schumann /Nutzeffekte 1997/
Matthias Schumann: Nutzeffekte der Informationsverarbeitung, betriebliche. In: Peter Mertens (Haupt-Hrsg.): Lexikon der Wirtschaftsinformatik. Dritte, vollständig neu bearbeitete und erweiterte Auflage, Berlin u.a 1997, S. 184 - 285

Schumann /Strategiebeiträge 1992/
Matthias Schumann: Betriebliche Nutzeffekte und Strategiebeiträge der großintegrierten Informationsverarbeitung. Berlin, Heidelberg 1992

Schwarze /Systementwicklung 1995/
Jochen Schwarze: Systementwicklung – Grundzüge der wirtschaftlichen Planung, Entwicklung und Einführung von Informationssystemen. Herne, Berlin 1995

Schwinn /Datenbanksysteme 1992/
Hans Schwinn: Relationale Datenbanksysteme. München, Wien 1992

Scott Morton /Management Support Systems 1983/
Michael S. Scott Morton: State of the Art of Research in Management Support Systems, Paper presented at the Colloquium on Information Systems, MIT July 10-12, 1983

Scott Morton /State of the Art 1986/
Michael S. Scott Morton: The State of the Art of Research in Management Support Systems. In: J.F. Rockart; C.F. Bullen (Hrsg.): The Rise of Managerial Computing: The best of the Center for Information Research. MIT 1986, S. 325 - 353

Seibt /Controlling 1990/
Dietrich Seibt: Informationsmanagement und Controlling. In: Wirtschaftsinformatik, Heft 2/90, S. 116 - 126

Seibt /Datenverarbeitung 1992/
Dietrich Seibt: Datenverarbeitung, individuelle. In: Erich Frese (Hrsg.): Handwörterbuch der Organisation. 3., völlig neu gestaltete Auflage, Stuttgart 1992, Sp. 479 - 499

Seibt /Informationsmanagement 1993/
Dietrich Seibt: Begriff und Aufgaben des Informationsmanagement – Ein Überblick. In: Dieter B. Preßmar (Hrsg.): Informationsmanagement. Wiesbaden 1993, S. 3 - 30

Seibt /Informationssystem-Controlling 1993/
Dietrich Seibt: Informationssystem-Controlling. In: Klaus Chmielewicz; Marcell Schweitzer: Handwörterbuch des Rechnungswesens. Dritte, völlig neu gestaltete und ergänzte Auflage, Stuttgart 1993, S. 902 - 910

Seibt /Lebensdauer 1996/
Dietrich Seibt: Vorgehensmodell für die BIS-Gestaltung während der gesamten BIS-Lebensdauer. Vorlesungsunterlagen für die Veranstaltung „Betriebliche Informationssysteme des Wintersemesters 1996/97 des Lehrstuhls für Wirtschaftsinformatik, insbesondere Informationsmanagement der Universität zu Köln, Köln 1996

Seibt /Management von Systemlebenszyklen 1998/
Dietrich Seibt: Modelle für das Management von Systemlebenszyklen. Arbeitsbericht 1/98 des Lehrstuhls für Wirtschaftsinformatik, insbesondere Informationsmanagement der Universität zu Köln, Köln 1998

Seibt /Personalinformationssysteme 1990/
Dietrich Seibt: Computergestützte Personalinformationssysteme. In: Karl Kurbel; Horst Strunz (Hrsg.): Handbuch Wirtschaftsinformatik. Stuttgart 1990, S. 119 - 136

Seibt /Systemlebenszyklus 1997/
Dietrich Seibt: Systemlebenszyklus, Management des. In: Peter Mertens (Haupt-Hrsg.): Lexikon der Wirtschaftsinformatik. Dritte, vollständig neu bearbeitete und erweiterte Aufl., Berlin u.a 1997, S. 393 - 395

Seibt /Vorgehensmodell 1997/
Dietrich Seibt: Vorgehensmodell. In: Peter Mertens (Haupt-Hrsg.): Lexikon der Wirtschaftsinformatik. Dritte, vollständig neu bearbeitete und erweiterte Auflage, Berlin u.a 1997, S. 431 - 434

Seibt /Wirtschaftsinformatik 1990/
Dietrich Seibt: Ausgewählte Probleme und Aufgaben der Wirtschaftsinformatik. In: Wirtschaftsinformatik, Heft 1/90, S. 7 - 19

Seibt u.a. /Executive Information Systems 1994/
Dietrich Seibt; Hans-Georg Kemper; Klaus Ballensiefen; Dietrich Schardt: Der Einsatz von Executive Information Systems in deutschen Großunternehmen – Ergebnisse einer empirischen Erhebung, Arbeitsbericht 1/94 des Lehrstuhls für Wirtschaftsinformatik, insbesondere Informationsmanagement der Universität zu Köln, Köln 1994

Seidenschwarz /DV-Controllingaufgaben 1993/
Werner Seidenschwarz: DV-Controllingaufgaben. In: Peter Horvath; Thomas Reichmann (Hrsg.): Vahlens Großes Controllinglexikon. München 1993

Semen; Baumann /Management-Unterstützungssystem 1994/
Boris Semen; Susanne Baumann: Anforderungen an ein Management-Unterstützungssystem. In: Bernhard Dorn (Hrsg.): Das informierte Management – Fakten und Signale für schnelle Entscheidungen. Berlin, Heidelberg 1994, S. 37 - 59

Simon /Management Decision 1960/
Herbert A. Simon: The New Science of Management Decision. New York 1960

Sinz /Erweiterungen 1990/
Elmar J. Sinz: Das Entity-Relation-Ship-Modell (ERM) und seine Erweiterungen. In: HMD – Datenmodellierung, Heft 152/90, S. 17 - 29

Soeffky /Middleware 1997/
Manfred Soeffky: Middleware. In: Peter Mertens (Haupt-Hrsg.): Lexikon der Wirtschaftsinformatik. Dritte, vollständig neu bearbeitete und erweiterte Auflage, Berlin u.a 1997, S. 264 - 267

Sommerville /Software Engineering 1992/
Ian Sommerville: Software Engineering. 4. Edition, Addison Wesley 1992

Spitta /Software Engineering 1989/
Thorsten Spitta: Software Engineering und Prototyping – Eine Konstruktionslehre für administrative Softwaresysteme. Berlin u.a. 1989

Splettstößer /Computergestützte Gruppenentscheidungen 1992/
Dietrich Splettstößer: Computergestützte Gruppenentscheidungen – Dargestellt am Beispiel einer Personalauswahl. In: Information Management, Heft 1/92, S. 10 - 15

Sprague; Watson /Decision Support 1996/
Ralph H. Sprague; Hugh J. Watson: Decision Support For Management. New Jersey 1996

Staehle /Führungstheorien 1992/
Wolfgang H. Staehle: Führungstheorien und -konzepte. In: Erich Frese (Hrsg.): Handwörterbuch der Organisation. 3., völlig neu gestaltete Auflage, Stuttgart 1992, Sp. 655 - 675

Staehle /Management 1994/
Wolfgang H. Staehle: Management – Eine verhaltenswissenschaftliche Perspektive. 7., überarbeitete Auflage, München 1994

Stahlknecht /Management-Informationssysteme 1990/
Peter Stahlknecht: Management-Informationssysteme (MIS). In: Peter Mertens (Haupt-Hrsg.): Lexikon der Wirtschaftsinformatik. 2. Auflage, Berlin u.a. 1990, S. 265 - 267

Stahlknecht /Wirtschaftsinformatik 1995/
Peter Stahlknecht: Einführung in die Wirtschaftsinformatik. 7., vollständig überarbeitete und erweiterte Auflage, Berlin u.a. 1995

Stahlknecht; Hasenkamp /Wirtschaftsinformatik 1997/
Peter Stahlknecht; Ulrich Hasenkamp: Einführung in die Wirtschaftsinformatik. 8., vollständig überarbeitete und erweiterte Auflage, Berlin u.a. 1997

Staneck-Pohl /Executive Support Systems 1997/
Christine Staneck-Pohl: Spezifische Executive Support Systems. Entscheidungsunterstützung bei Investitionen. Wiesbaden 1997

Stickel /Wirtschaftlichkeit 1992/
Eberhard Stickel: Verfahren zur Ermittlung der Wirtschaftlichkeit von Informationssystemen. In: Franz Schweiggert (Hrsg.): Wirtschaftlichkeit von Software-Entwicklung und -Einsatz. Stuttgart 1992

Steinbock /Informationstechnik 1994/
Hans-Joachim Steinbock: Potentiale der Informationstechnik – State-of-the-art und Trends aus Anwendungssicht. Stuttgart 1994

Steinle /Delegation 1992/
Claus Steinle: Delegation. In: Erich Frese (Hrsg.): Handwörterbuch der Organisation. 3., völlig neu gestaltete Auflage, Stuttgart 1992, Sp. 500 - 513

Steinmann; Schreyögg /Management 1993/
Horst Steinmann; Georg Schreyögg: Management: Grundlagen der Unternehmensführung, Konzepte – Funktionen – Fallstudien. 3., überarbeitete und erweiterte Auflage, Wiesbaden 1993

Steinmetz /Multimedia-Technologie 1993/
Ralf Steinmetz: Multimedia-Technologie – Einführung und Grundlagen. Berlin, Heidelberg 1993

Steinmetz; Rückert; Racke /Multimedia Systeme 1990/
Ralf Steinmetz; Johannes Rückert; Wilfried Racke: Multimedia-Systeme. In: Informatik Spektrum, Vol. 13, No. 5, 1990, S. 280 - 282

Steward /Management 1976/
R. Steward: Contrasts in Management. London u.a. 1976

Struckmeier /Führungsinformationssystemen 1997/
Helgard Struckmeier: Gestaltung von Führungsinformationssystemen. Betriebswirtschaftliche Konzeption und Softwareanforderungen. Wiesbaden 1997

Strunz /Anwendungsarchitektur 1990/
Horst Strunz: Anwendungsarchitektur. In: Peter Mertens (Haupt-Hrsg.): Lexikon der Wirtschaftsinformatik. Zweite, vollständig neu bearbeitete und erweiterte Auflage, Berlin u.a 1990, S. 43 - 45

Strunz /Informations- und Kommunikationssysteme 1990/
Horst Strunz: Zur Begründung einer Lehre von der Architektur informationstechnikgestützter Informations- und Kommunikationssysteme. In: Wirtschaftsinformatik, Heft 5/90, S. 439 - 445

Syring /Computerunterstützung 1994/
Michael Syring: Computerunterstützung arbeitsteiliger Prozesse – Konzipierung eines Koordinationssystems für die Büroarbeit. Wiesbaden 1994

Szyperski /Wirtschaftlichkeitsstufen 1970/
Norbert Szyperski: Abgrenzung und Verknüpfung operationaler, dispositionaler und strategischer Wirtschaftlichkeitsstufen. In: Erwin Grochla (Hrsg.): Die Wirtschaftlichkeit automatisierter Datenverarbeitungssysteme. Wiesbaden 1970, S. 49 - 61

Szyperski; Pulst /Geschäftsprozesse 1995/
Norbert Szyperski; Edda Pulst: Zur Wirtschaftlichkeit aktueller technik-gestützter Geschäftsprozesse. Ein Branchenvergleich. In: Information Management, Heft 3/95, S. 22 - 27

Szyperski; Seibt /ISAS 1976/
Norbert Szyperski; Dietrich Seibt: Entwicklung eines computergestützten Informationssystems zur administrativen Steuerung einer Unternehmung (ISAS) – Ergebnisse und Erfahrungen. Forschungsbericht DV 76-05: Datenverarbeitung. Bundesministerium für Forschung und Technologie. Eggenstein-Leopoldshafen 1976

Tanenbaum /Computernetzwerke 1997/
Andrew S. Tanenbaum: Computernetzwerke. München 1997

Terry; Franklin /Management 1982/
George R. Terry; Stephen G. Franklin: Principles of Management. 8. Auflage, Homewood 1982

Teufel u.a /Computerunterstützung 1995/
Stephanie Teufel; Christian Sauter; Thomas Mühlherr; Kurt Bauknecht: Computerunterstützung für die Gruppenarbeit. Bonn u.a. 1995

Thierauf /Executive Information Systems 1991/
Robert J. Thierauf: Executive Information Systems – A Guide for Senior Management and MIS Professionals. New York u.a. 1991

Tiemeyer /Führungsmittel 1995/
Ernst Tiemeyer: Information als Führungsmittel – Executive Information Systems – Konzepte, Technologie, Produkte, Einführung. München 1995

Tresch /Middleware 1996/
Markus Tresch: Middleware: Schlüsseltechnologie zur Entwicklung verteilter Informationssysteme. In: Informatik-Spektrum, Bd. 19, Heft 5/96, S. 249 - 256

Trevino; Daft; Lengel /Media Choices 1990/
Linda K. Trevino; Richard L. Daft; Robert H. Lengel: Understanding Managers´ Media Choices: A Symbolic Interactionist Perspective. In: Janet Fulk; Charles W. Steinfield (Hrsg.): Organizations and Communication Technology. Newbury Park 1990, S. 71 - 94

Ulrich /Führungsethik 1995/
Peter Ulrich: Führungsethik. In: Alfred Kieser; Gerhard Reber; Rolf Wunderer (Hrsg.): Handwörterbuch der Führung. 2., neu gestaltete und ergänzte Auflage, Stuttgart 1995, Sp. 562 - 573

Vetschera /Informationssysteme 1995/
Rudolf Vetschera: Informationssysteme der Unternehmensführung. Berlin u.a. 1995

Vetter /Datenmodellierung 1991/
Max Vetter: Aufbau betrieblicher Informationssysteme mittels konzeptioneller Datenmodellierung. 7., neubearbeitete und erweiterte Auflage, Stuttgart 1991

Vetter /Informationssysteme 1994/
Max Vetter: Informationssysteme in der Unternehmung: Eine Einführung in die Datenmodellierung und Anwendungsentwicklung. 2., überarbeitete Auflage, Stuttgart 1994

Vetter /Konzeptionelle Datenmodellierung 1990/
Max Vetter: Konzeptionelle Datenmodellierung. In: Karl Kurbel; Horst Strunz (Hrsg.): Handbuch Wirtschaftsinformatik. Stuttgart 1990, S. 383 - 401

Vogel; Wagner /Organisatorische Gestaltung 1993/
Christoph Vogel; Hans-Peter Wagner: Executive Information Systems: Ergebnisse einer empirischen Untersuchung zur organisatorischen Gestaltung. In: Zeitschrift für Führung und Organisation, Nr. 1/1993, S. 26 - 34

Vonk /Prototyping 1990/
Roland Vonk: Prototyping – The effective use of CASE Technology. New York u.a. 1990

Vorweg /Information Warehouse 1995/
Hildegard Vorweg: IBM Information Warehouse – ein Data Warehouse Plus!. In: IT-Management Special: Data Warehouse II, 1995, S. 18 - 27

Walke u.a. /Vernetzung 1994/
Bernhard Walke; Stefan Böhmer; Michael Bastian; Karl-Heinz Hörning: Betriebliche und überbetriebliche Vernetzung von Arbeitsplätzen. Braunschweig, Wiesbaden 1994

Walterscheid /Management-Entscheidungsprozesse 1996/
Heinz Walterscheid: Effektivität computergestützter Management-Entscheidungsprozesse. Wiesbaden 1996

Warnecke /Unternehmenskultur 1993/
Hans-Jürgen Warnecke: Revolution der Unternehmenskultur – Das Fraktale Unternehmen. Berlin u.a. 1993

Watson; Haley /Data Warehousing 1998/
Hugh Watson; Barbara J. Haley: Data Warehousing: A Framework and Survey of Current Practices. In: Peter Chamoni; Peter Gluchowski (Hrsg.): Analytische Informationssysteme: Data Warehouse, On-Line Analytical Processing, Data Mining. Berlin u.a. 1998, S. 27 - 39

Weber /Begriff 1990/
Jürgen Weber: Ursprünge, Begriff und Ausprägungen des Controllings. In: Elmar Mayer; Jürgen Weber (Hrsg.): Handbuch Controlling. Stuttgart 1990, S. 3 - 32

Webersinke; Lindenlaub /Strukturwandel 1994/
Klaus Webersinke; Frank Lindenlaub: Strukturwandel der Unternehmen und Folgen für die DV-Infrastruktur. In: Bernhard Dorn (Hrsg.): Das informierte Management - Fakten und Signale für schnelle Entscheidungen. Berlin u.a. 1994, S. 61 - 74

Wedekind /Betriebsinformatik 1980/
Hartmut Wedekind: Was heißt und zu welchem Ende studiert man Betriebsinformatik?. In: ZfB 50. Jg. (1980), S. 1268 - 1273

Weinberg /Prototyping 1991/
Randy S. Weinberg: Prototyping and System Development Life Cycle. In: Journal of Information Systems Management, Vol. 8, Number 2, Boston 1991, S. 47 - 53

Weinert /Anreizsysteme 1992/
Ansfried B. Weinert: Anreizsysteme, verhaltenswissenschaftliche Dimension. In: Erich Frese (Hrsg.): Handwörterbuch der Organisation. 3., völlig neu gestaltete Auflage, Stuttgart 1992, Sp. 122 - 133

Weiß /Erklärungskomponenten 1997/
Rainer Weiß: Übertragbarkeit des Ansatzes der Erklärungskomponenten auf konventionelle Anwendungsprogramme – Konzeption, Entwicklung von Prototypen und empirische Untersuchung. St. Augustin 1997

Welter /Heterogene Netze 1993/
Heinrich Welter: Heterogene Netze – Einführung in Standardarchitekturen, Protokolle, Verwaltung und Sicherheit. Bonn, Reading 1993

Werder /Risk-Management 1992/
Axel v. Werder: Risk-Management(s), Organisation des. In: Erich Frese (Hrsg.): Handwörterbuch der Organisation. 3., völlig neu gestaltete Auflage, Stuttgart 1992, Sp. 2212 - 2224

Whitman /Identification 1994/
Michael E. Whitman: Identification of factors affecting the use of information technology in strategic business reengineering, Aubum 1994

Wiendieck /Akzeptanz 1992/
Gerd Wiendieck: Akzeptanz. In: Erich Frese (Hrsg.): Handwörterbuch der Organisation. 3., völlig neu gestaltete Auflage, Stuttgart 1992, Sp. 89 - 98

Wiendieck /Teamarbeit 1992/
Gerd Wiendieck: Teamarbeit. In: Erich Frese (Hrsg.): Handwörterbuch der Organisation. 3., völlig neu gestaltete Auflage, Stuttgart 1992, Sp. 2376 - 2384

Wirtz /Methoden 1990/
Klaus-Werner Wirtz: Methoden und Werkzeuge für den Softwareentwurf. In.: Karl Kurbel; Horst Strunz (Hrsg.): Handbuch Wirtschaftsinformatik. Stuttgart 1990, S. 323 - 343

Wirtz /Software Engineering 1997/
Klaus-Werner Wirtz: Software Engineering. In: Peter Mertens (Haupt-Hrsg.): Lexikon der Wirtschaftsinformatik. Dritte, vollständig neu bearbeitete und erweiterte Auflage, Berlin u.a 1997, S. 362 - 364

Wiswede /Gruppen 1992/
Günter Wiswede: Gruppen und Gruppenstrukturen. In: Erich Frese (Hrsg.): Handwörterbuch der Organisation. 3., völlig neu gestaltete Auflage, Stuttgart 1992, Sp. 735 - 754

Witte /Entscheidungsprozesse 1992/
Eberhard Witte: Entscheidungsprozesse. In: Erich Frese (Hrsg.): Handwörterbuch der Organisation. 3., völlig neu gestaltete Auflage, Stuttgart 1992, Sp. 552 - 565

Witte /Nutzungsanspruch 1981/
Eberhard Witte: Nutzungsanspruch und Nutzungsvielfalt. In: Eberhard Witte (Hrsg.): Empirische Theorie der Unternehmung. Tübingen 1981, S. 13 - 40

Wittmann /Information 1980/
Waldemar Wittmann: Information. In: Erwin Grochla (Hrsg.): Handwörterbuch der Organisation. Zweite, völlig neu gestaltete Auflage, Stuttgart 1980, Sp. 894 - 904

Wittmann /Unternehmung 1959/
Waldemar Wittmann: Unternehmung und unvollkommene Information: Unternehmerische Voraussicht, Ungewißheit und Planung. Köln u.a. 1959

Wöhe /Betriebswirtschaftslehre 1996/
Günter Wöhe: Einführung in die Betriebswirtschaftslehre. 19., neubearbeitete Auflage, München 1996

Wunderer (Hrsg.) /BWL 1995/
Rolf Wunderer (Hrsg.): BWL als Management- und Führungslehre. 3., überarbeitete und ergänzte Auflage, Stuttgart 1995

Wunderer /Führung 1995/
Rolf Wunderer: Delegative Führung. In: Alfred Kieser; Gerhard Reber; Rolf Wunderer (Hrsg.): Handwörterbuch der Führung. 2., neu gestaltete und ergänzte Auflage, Stuttgart 1995, Sp. 227 - 240

Yin /Research 1994/
Robert K. Yin: Case Studies Research – Design and Methods. Second Edition, Thousand Oaks u.a. 1994

Young /Total System 1968/
S. Young: Organization as a Total System. In: CMR, 10 Jg. Nr. 3, 1968, S. 45 - 57

Zani /MIS 1970/
William M. Zani: Blueprint for MIS. In: HBR, 48. Jg., Nr. 6, Nov.-Dez. 1970, S. 95 - 100

Zeidler; Zellner /Software-Ergonomie 1994/
Alfred Zeidler; Rudolf Zellner: Software-Ergonomie – Techniken der Dialoggestaltung. 2., verbesserte Auflage, München, Wien 1994

Zenk /Lokale Netze 1993/
Andreas Zenk: Lokale Netze – Kommunikationsplattform der 90er Jahre. 2., überarbeitete und erweiterte Auflage, Bonn, Paris, Reading 1993

Zentes /EDV-gestütztes Marketing 1987/
Joachim Zentes: EDV-gestütztes Marketing – Ein informations- und kommunikationsorientierter Ansatz. Berlin, Heidelberg 1987

Zerbe; Schwarzer; Krcmar /Kooperation 1995/
Stefan Zerbe; Bettina Schwarzer; Helmut Krcmar: Kooperation, Koordination und IT in neuen Organisationsformen. Arbeitspapiere des Lehrstuhls für Wirtschaftsinformatik Universität Hohenheim, Nr. 93, Stuttgart 1995

Zügel /Datenmanagement 1996/
Werner Zügel: Datenmanagement und Information Warehouse. In: Online-Congress Band VIII: Data Warehousing, OLAP, Führungsinformationssysteme ... Neue Entwicklungen des Informationsmanagements. Velbert 1996, S. C824.01 - C824.13

Abkürzungsverzeichnis

A-/V-Konferenz	Audio-/Video-Konferenz
ATM	Asynchronous Transfer Mode
CPU	Central Processing Unit
CSCW	Computer Supported Cooperative Work
CSMA/CD	Carrier Sense Multiple Access / Collision Detection
DBMS	Data Base Management System
DDS	Data Dictionary System
DSS	Decision Support System
DV	Datenverarbeitung
DWH	Data Warehouse
EIS	Executive Information System
E-Mail	Electronic Mail
ERM	Entity Relationship Model
ESS	Executive Support System
EUS	Entscheidungsunterstützungssystem
FIS	Führungs-Informations-System
H-OLAP	Hybrides OLAP
IDV	Individuelle Datenverarbeitung
IT	Informationstechnologie
IuK-Technologie	Informations- und Kommunikations-Technologie
KEF	Kritische Erfolgsfaktoren
KI	Künstliche Intelligenz
LAN	Local Area Network
MAN	Metropolitan Area Network
MIS	Management Information System
M-OLAP	Multidimensionales OLAP
MSS	Management Support System
MUS	Management-Unterstützungs-System
OLAP	Online Analytical Processing
OLTP	Online Transaction Processing
PABX	Private Automatic Branch Exchange
PC	Personal Computer
PIM	Persönliches Informations-Management
R-OLAP	Relationales OLAP
SQL	Structured Query Language
WAN	Wide Area Network
XPS	Expert System

Stichwortverzeichnis